에밀 시오랑을 읽는 오후

에밀 시오랑을 읽는 오후

장석주

인문 에세이

ᏻ현암사

"당신의 절망에 대해 말해보세요, 그러면 나의 절망을 말해 줄게요."

— 메리 올리버, 「기러기」 중에서

책머리에

책과 책들 사이에서 서성이며

나는 슬픔의 부족, 재(灰)의 천국에서 길 잃은 여행자였다. 겨우 문자를 해독하고, 동과 서를, 낮과 밤을 분별하는 가운데 농작물처럼 자라났다. 나를 빚은 건 태반이 대지의 시간이다. 독서 편력은 내 자아에 윤곽을 부여하며 나를 사람 꼴로 빚어냈다.

나는 봄날 아침 뻐꾹새 소리, 깃발, 4월의 새잎들, 햇살에 금빛으로 빛나는 떡갈나무를 좋아하고, 라벤더 향과 빨래가 마르는 가을 오후를 사랑한다. 운동장을 달리는 소년의 고독, 마가목 열매, 여행의 끝자락에 밀려드는 멜랑콜리를 좋아한다. 그곳이 먼 곳이라면 멜랑콜리는 속절없이 짙어진다. 슬픈 인간이라는 것은 내 명예고 자랑이다. 현호색과 이끼를 좋아하고, 여린 생명들, 고양이, 물뱀, 작약의 일대기를 좋아한다. 외할머니의 호박죽을 먹고 자랐고 삼합과 냉면과 빈대떡과 도다리쑥국과 민어회를 좋아하는 어른으로 성장했다.

여름 아침의 수련, 진공관 앰프로 재생하는 베토벤 피아노 소나타 23번 〈열정〉, 잘 마른 면 셔츠를 입고 외출하기, 무용수의 도약, 친구의 첫사랑 이야기를 좋아한다. 가을 오후에 자는 듯이 죽은 개는 슬퍼서 나도 모르게 분노가 치민다. 항아리에 살얼음이 끼는 입동 무렵 부엌에서 끓는 배추된장국은 상상만으로도 기분이 좋아진다. 적막한 식욕의 기쁨과 곧 밥을 먹겠구나, 하는 기대로 설렌다. 당신의 미소와 쇄골을 사랑하고, 사랑할 수 없음, 그 불가능마저도 사랑한다. 가랑비 내리는 낮과 다정한 저녁들, 개밥바라기별, 눈[雪]과 호랑이의 위엄, 백야의 아름다움, 심심한 개들, 무정한 벗들과 몰입하는 주말의 포커게임을 좋아한다. 벗들은 도무지 자비가 없지만 그렇게 가식 없이 쌓은 우정은 오래 간다.

여름이면 태양이 뜨거워지고, 늙은 별들이 한숨을 쉬며 최후를 맞고 무덤 속으로 사라지는 우주에서 무엇보다 낯선 것은 나 자신이었다. 나는 에움길, 종이의 운명, 우연의 볼모 그 이상도 이하도 아니다. 평생을 읽고 쓰며 살았으나 끝내 아둔함을 떨쳐내지 못했다. 밥벌이는 비루하고 숭고했다. 현실의 중력에 눌려 등뼈가 휘는 줄 모르고 살았지만 늙으니 생의 의욕은 장작불처럼 사위고, 읽거나 쓰는 열정도 예전 같지 않다. 내 생의 역동이 줄거나 정신의 평화와 고요를 더 갈망하는 탓이다. 내 안의 동물은 착하지만 무릎으로는 세상을 건널 수 없다고 생각했다. 무릎이 너덜너덜 해지는 건 끔찍한 일일 테니까. 먼 곳과 북극의 오로라를 동경하며 모험을 기피하지 않았건만 내 안의 동물들은 죽는다. 감각은 무뎌지고 신념의 예각은 무너진다. 내 안의 존재는 그렇게 낡아간다.

내가 살아온 시대는 급류 그 자체였다. 그 가속도에 어리둥절하는 사이 시대의 맨홀들이 현존을 빨아들인다. 그 형체도, 정체도, 위치도 불분명하고, 그래서 두렵고 불안했다. 이제는 홍차를 마시며 보내는 오후를 사랑하는 사람이 되길 바란다. 동유럽 국가에서 태어나 파리를 떠돌던 에밀 시오랑을 읽는 내내 근심은 탕약처럼 졸아들고, 얼굴엔 가벼운 미소가 번지는 행복한 오후를 꿈꾸는 것이다.

무의식을 집요하게 물어뜯는 죽음의 저 압도적인 영향(이라기보다는 불안과 절망) 아래 숱한 책들 사이에서 서성거렸다. 스물 안팎 무렵부터 지금까지 계통 없이 읽은 책들은 나를 쉬이 놓아주지 않는다. 책들을 읽고 사유의 덩어리를 잘게 부수고 헤집으며 심연으로 침잠하는 시간은 행복했다. 그 몰입을 위해 저만치 밀쳐 두었던 현실은 사유의 시작이자 끝이다. 나는 불확실한 현실을, 그 모호함과 모순을 품은 현실을 사유한다. 내 사유의 원소들, 즉 몸, 음식, 사랑, 불행, 재난, 죽음, 전염병, 통증, 날씨, 장소, 시간, 취향, 풍속, 노동, 불면, 고독, 태도, 가족, 여행, 국가, 정치, 망각 들에 대해 쓴 것들을 여기에 모았다.

파주 교하에서 살며 동네 모퉁이 카페에서 원고를 정리했다. 단골로 다니는 동네 카페는 작업실이자 은신처, 휴식의 둥지였다. 카페 창밖으로 건너편 숲의 정경이 한눈에 들어온다. 나무들은 계절마다 다른 빛과 생동하는 기운을 보여준다. 이 산문집은 현암사에서 내는 다섯 번째 책이다. 원고를 선뜻 받아주신 조미현 대표님과 편집자 박이랑 씨, 표지 장정을 한 나윤영 팀장님의 수고에 깊이 감사드린다.

2023년 5월
교하의 한 카페에서

장석주

차례

경이로운 날들

나는 산책자다

침잠하는 날들

아무것도 하지 않는 날에 일어나는 일들

기다리는 날들

미래는 게으름에 있다

사랑하는 날들

행복한 나라를 위한 지도는 없다

기도하는 날들

당신이 망각한 걸 말해 봐

귀 기울이는 날들

지구의 종말 시계는 몇 시인가

경이로운 발들

나 는

산 책 자 다

지금 행복하지 않다면

연애도 나들이에도 좋은 봄날, 흰 꽃잎 분분한 벚나무 아래를 지날 때 아, 여기가 무릉도원이구나, 한다. 돌연 뇌에 도파민이 분출하면서 콧노래가 나온다. 그제는 헤이리의 '카메라타'에서 한나절 고전음악을 듣고, 어제는 파주출판도시의 카페에 나가 책을 읽었다. 로또 복권에 당첨하는 행운 따위는 없었지만 운석이 하필 머리 위로 떨어지는 재난도 없었으니 얼마나 다행인가. 우리에게 언제 최악의 사태가 덮칠지 모르지만, 햇빛 화창하고 꽃향기 넘치는 봄날엔 대체로 불운과 재난이 올 확률도 낮다.

행복한 이들은 대체로 고요하고, 부드럽고, 여유가 있다. 그들은 타인을 향한 감사와 경외감으로 가득 차 있다. 반면 불행한 이들은 늘 근엄하고 냉소적인 데가 있다. 그들 마음은 복잡하고, 까칠하며, 불만과 짜증으로 가득 차 있다. 행복한 삶의 조건은 무엇인가? "좋은 삶은 대단한 행복을 추구하는 데 있지 않고, 멍청함이나 어리석음, 유행 따르기를 피함으로써 이루어진다. 무언가를 더 많이 하는 것이 삶을 풍성하게 만드는 것이 아니라, '하지 않는 것, 절제하는 것'이 삶을 풍성하게 만든다."* 지금 행복한 이들은 행복의 강박

증에 눌리지 않고, 그저 어리석음과 유행을 좇지 않으려고
노력한다. 그들은 인생에 무엇을 더하는 대신 덜어내려고
애쓴다. 그들은 대체로 내재적 가치를 추구하는데, 그것은
돈을 많이 버는 게 아니라 우정과 사랑, 자아의 충만감, 영혼
의 성장, 가족과의 친밀함, 자기가 속한 집단에서의 좋은 관
계와 밀접한 그 무엇임을 안다.

　행복을 거머쥐려고 안간힘을 쓰는 사람의 시도는 대부
분 실패한다. 어떤 정치가는 지상 낙원을 만들겠다고, 사람
들이 갈망하는 바로 그것을 주겠다고 공약을 하는데, 가당
치도 않은 일이다. 정치가 행복을 목적으로 삼는 순간 지옥
으로 가는 지름길이 열린다고 말한 것은 칼 포퍼라는 철학
자다. 그는 『열린 사회와 그 적들』에서 "지상낙원을 세우려
는 시도는 언제나 지옥으로 안내한다."라고 한다. 정치가들
은 상품, 소비, 부가 행복을 빚어내는 걸로 오도하면서 국내
총생산의 수치를 행복의 지표로 제시하지만 국내총생산의
수치가 국내총행복의 측정치로 환원되는 일은 없다.

　많은 정치가들이 행복을 단 하나의 실재, 단 하나의 형상
으로 호도한다. 행복은 개별자가 감당하는 실존 조건들, 즉
건강, 직업, 환경, 소득, 교육 등 복합적인 것으로 이루어진
토대 위에서 수백 만 개의 가능성으로 존재한다. 최대 다수

＊　롤프 도벨리, 『불행 피하기 기술』, 유영미 옮김, 인플루엔셜, 2018

가 최대의 행복을 누릴 수 있다는 '멋진 신세계'는 신기루다. 정치가 행복을 빚어낸 시대는 단 한 번도 없었다. 좋은 정치는 단지 최악의 불행을 피해 차선의 불행으로 우리를 인도할 뿐이다. 역사는 '나쁜 정치'가 늘 대규모의 불행을 만들어 온 세계에 퍼뜨렸다고 말해준다.

행복은 나누고 베푸는 덕성과 이타성의 실행에서 나오는 즐거움 그 자체다. 행복은 정서적 충만의 순환이고, 지속되는 기쁨과 지복에의 믿음에서만 가능해진다. 행복한 자는 기쁨이 넘쳐서 행복한 게 아니라 행복해서 기쁨이 넘치는 것이다. 행복은 다양한 찰나와 경험 속에서 번쩍이며 나타난다. 그렇기에 행복은 유한한 삶에서 겪는 무한의 경험이다. 찰나에서 영원을 보는 것, 그 불가능의 가능성을 엿보는 게 행복이다. 행복이 불가능성 속에서 향유된다면, 그것은 신기루와 같은 허상에 지나지 않는다. 행복은 무한과 같이 인간이 촉지할 수 없는 어떤 것, 무한은 유한성에 갇힌 인간에게는 실현될 수 없는 불가능한 것으로 형태도 실체도 없다. 무한은 우리 경험 저편에 환영처럼 떠 있는 것. 행복이 무한의 향유라면 그것은 망상이다. 따라서 행복은 이내 사라지는 것이어서 만지거나 손아귀에 쥘 수가 없다. 행복이 오는 것은 한없이 더디지만, 불행이 닥치는 데는 단 몇 초도 걸리지 않는다. 행복은 말이 끄는 마차의 속도처럼 더디고, 불행의 속도는 빛과 같은 광속이다.

지금 나는 행복한가? 행복의 실체가 모호한 것은 그게 '무한'이란 이름의 장소이기 때문이 아닐까? 무한이란 촉지가 불가능한 추상, 이데아, 분할할 수 없는 전체, 진리가 작동하는 시간이다. 우리는 저 무한에서 와서 무한으로 돌아간다. 30대 초반, 나는 수행자도 아닌 주제에 집을 나와 개포동 서민아파트를 월세로 얻어 살았다. 개포동 서민아파트는 연탄으로 난방을 했다. 귀찮아서 겨우내 난방도 않고, 밥도 끓이지 않았다. 아파트에는 밤늦게 돌아와 잠만 자고 출판사로 나갔다가 다시 술에 취해 귀가했다. 어느 날인가는 만취해서 택시를 탔는데, '개포동'이란 지명이 도무지 떠오르지 않아 낭패를 겪은 적도 있다. 택시기사에게 "내가 행복했던 곳으로 가주세요."라고 말하지는 않았다.

많은 이들이 제 과거를 행복이 가득했던 시절로 윤색한다. "옛날엔 참 좋았어." 과연 행복한 과거란 사실일까? 과거의 행복이란 시간의 작용으로 우리가 겪은 역경과 불행의 직접성이 마모되면서 생기는 망각의 달콤함에 지나지 않는다. 그것은 기억의 윤색, 즉 거짓기억 증후군(false memory syndrome)의 결과물이다. 개포동 서민아파트에서 혼자 살던 시절, 행복하지 않았다. 막 30대로 들어선 나는 외롭고 불행했다. 출판사는 번창했지만 나는 행복하지 않았다. 왜 불행했을까? 누리는 모든 것이 내 것이 아니어서 불행했다. 입에 넣는 밥이 부끄럽고, 햇빛 아래 걷는 게 부끄러워서, 내 아이들과 떨어져 지내는 게 견딜 수 없이 슬프고 불행했다. 가장 가까운 사람과의 불신이 깊어지고 그 내상은 깊었다. 나는 불행의 밥을 먹고, 불행의 잠을 잤다. 한 계절에 며칠만 아이들과 함께 지냈다. 나는 동네 목욕탕에 가서 아이들의 등과 팔다리에 비누칠을 해줄 때 행복했다. 목욕탕을 나와서는 아이들을 고깃집으로 데려가 밥을 먹었다. 아이들은 아무 탈 없이 잘 자랐지만 그걸 바라보는 내 가슴은 쓰리고 아팠다. 세월이 흐르고 아이들은 성장해서 제 살길을 찾아 뿔뿔이 흩어져 떠났다.

행복해지려면 얼마나 더 불행을 견뎌야 할까? 내가 아는 것은 벚꽃이 지고 왔던 봄은 떠난다는 것, 봄이 끝나면 곧 여름이 다가온다는 것. 우리는 눈부신 햇빛 아래서 눈을 가늘게 뜨고 녹음 우거진 숲과 반점처럼 땅에 드리운 그늘을 바라볼 것이다. 땀 젖은 몸을 씻은 뒤 잘 익은 복숭아를 깨물 때 단 복숭아즙이 입가를 적신 채 흘러내린다. 우리는 여름 과일의 풍미와 향기를 듬뿍 맛보며 행복감에 취할 것이다. 그렇건만 봄날의 화사한 꽃들, 여름의 빛과 찬란함은 얼마나 빨리 사라지는가? 행복은 소유가 아니라 경험의 향유에서 가능해진다. 지금 이 순간의 행복을 꽉 잡으시라. 매화, 산수유, 벚꽃, 모란, 작약들이 벌이는 꽃 잔치와 사방에 넘치는 눈부신 빛, 살려는 의욕으로 충만한 이 찰나에 누리지 못하는 행복은 어디에서도 찾을 수가 없을 것이다.

내가 외계인이었을 때

한때 외계인 신분을 숨긴 채로 스무 살 청년 백수로 위장하고 음악 감상실과 시립도서관을 오가며 세상 염탐에 마음을 쏟았다. 내가 외부자의 시선으로 지구의 사물과 현상을 바라보는 것은 당연한 일이다. 처음으로 커피 향을 맡고, 까르륵 웃는 아기들을 보며, 모란과 작약이 피어나는 봄이라는 계절 현상에 놀란 나는 먼저 세상의 배열과 질서의 원리를 알아내고, 인간의 보이지 않는 마음이 분자적으로 작동하는 전모를 파악하는 데 집중했다. 우주를 떠돌다 어쩌다 지구라는 별에 불시착한 내가 캐낸 진실은 정말 단순하다. 인간은 태어나 일하고, 먹고, 웃고, 슬퍼하다 죽는 존재라는 것이다.

외투 한 벌, 낡은 구두 한 켤레, 고물 타자기, 몇 편의 습작시, 이력서에 쓰지 못하는 독서편력, 방황의 여정들, 파산한 영혼을 위로하는 파가니니와 차이콥스키와 멘델스존의 바이올린 협주곡들, 이것이 젊은 외계인이 소유한 목록의 전부다. 더 많은 것을 가질 수도 있지만 굳이 그럴 필요는 없었다. 밤새 시를 쓰고 이튿날 아침엔 그걸 찢어버리는 가난한 청년이자 주체할 수 없이 많은 시간과 열정의 부자로 위장한 내가 하는 일은 종일 빈둥대며 음악을 듣거나 책을 읽는 것이다.

　대부분 속화된 인간들은 제 현실이 낙원이 아니라고 확신한다. 심술궂고 뻔뻔하며 파렴치한 인간들은 어디에나 차고 넘쳤으니까. 정의롭다고 외치는 자들은 정의롭지 않고, 제 속내를 감추고 영혼의 스승으로 위장하는 자들은 타락의 끝까지 가버린 더러운 속물이다. 지구를 쥐락펴락 하는 자들은 사리사욕과 군수산업을 위해 전쟁을 일으키고, 탐욕에 가득 차 거시경제를 주무른다. 나머지 인간들은 갖가지 오염물질과 미세 플라스틱으로 지구를 뒤덮는 일에 힘을 보탠다. 그런 탓에 지구 대기는 이산화탄소로 가득 차고, 극지방의 두터운 얼음층은 녹고, 울울창창한 열대우림은 남벌로 사라진다. 지구에 번성하는 생물 종을 멸종시킬 기후 재난이라는 목전의 위기조차 인지하지 못하니 인간은 아둔하다고 할 수밖에. 죄 없는 길고양이의 밥에 독약을 타는 악마들의 내면에 들끓는 악의에 나는 경악을 한다. 악의에 사로잡힌 이들이 만든 뒤죽박죽의 세상은 한마디로 지옥일 뿐이다.

　이 지옥에서는 수시로 상상할 수 없는 일들이 벌어진다. 여기서 청춘 시절을 겪는 일은 어떤 의미가 있는가? 누군가 쓴 「내 스무 살 때」란 인상적인 시를 읽은 건 우연이었다. 스무 살이 인생의 가장 아름다운 시기라는 사실에 동의하지 않는다. 그럼에도 이 시가 지구에서 청년기를 보내는 이들이 겪은 일말의 진실을 머금고 있음을 부정하지는 않겠다.
뛰어나다거나 매혹적이라고는 할 수는 없으나 내 존재의
거푸집으로 삼기에는 적당한 시였다.

    참 한심했었지, 그땐 아무 것도
    이룬 것이 없고
    하는 일마다 실패투성이었지
    몸은 비쩍 말랐고
    누구 한 사람도 나를 거들떠보지 않았지
    내 생은 불만으로 부풀고
    조급함으로 헐떡이며 견뎌야만 했던 하루하루는
    힘겨웠지, 그때
    구멍가게 점원자리 하나 맡지 못했으니

    불안은 수시로 나를 찌르고
    미래는 어둡기만 했지
    그랬으니 내가 어떻게 알 수 있었을까, 내가
    바닷속을 달리는 등푸른 고등어처럼
    생의 가장 아름다운 시기를 통과하고 있다는 사실을.
    그랬으니, 산책의 기쁨도 알지 못했고
    밤하늘의 별을 헤아릴 줄도 몰랐고
    사랑하는 이에게 '사랑한다'는 따뜻한 말을 건넬 줄도
몰랐지

인생의 가장 아름다운 시기는 무지로 흘려보내고
그 뒤의 인생에 대해서는 퉁퉁 부어 화만 냈지

—졸시, 「내 스무 살 때」

인간들은 고작 여든 안팎의 기대수명을 사는 주제에 너무나 많은 것을 설계하고 실행에 옮기려고 한다. 그 무모한 도전의 결과는 뻔하다. 그들은 숱한 실패를 불운 탓으로 돌리고 술이나 마약 같은 중독 물질에 취해 자기변명이나 일삼으며 세월을 낭비한다. 그러면서 인생이 덧없다느니 허무하다느니 푸념을 늘어놓는다. 정말이지 인간이란 종은 감상적이고 나약하다는 게 내 결론이다. 물론 시와 동화를 쓰고 천상의 선율로 된 음악을 만들며 남을 위해 제 생명을 바치는 이타적이고 아름다운 인간이 아주 없는 것은 아니다.

주제넘게 충고하자면, 인간이 잘 살아가는 데 꼭 필요한 것은 한 줌의 윤리, 옳고 그름에 관한 확신과 행동, 작은 인내심, 재치와 익살과 해학뿐이다. 행복을 위해서라면 충분한 모성과 우정, 면 양말, 먹을 만한 스프 한 그릇이 더 필요할지도 모른다. 인간이 가장 먼저 버려야 할 것은 행복을 향한 강박증적인 몰입이다. 환상으로서의 행복은 탐욕스런 장사꾼들이 퍼뜨리는 '시장 만능 해피니즘'에 지나지 않는다. 대중 매체에 넘치는 광고들은 다양한 방식으로 인간 마음에 행복이라는 환상을 주입하는데, 그것들은 다 헛소리고 공허한 외침들이다.

무엇보다도 살아 있다는 건 좋은 일이다. 사실을 말하자면, 단연코 지구보다 더 아름다운 별은 없다. 날이 흐리건 밝건 간에 이 별에서의 모든 날들은 눈부시다. 안타까운 것은 그걸 인간만이 모르고 있다는 점이다. 인간은 제 생의 날들을 올실과 날실 삼아 교직하는데, 그걸 한데 뭉뚱그려 인생이라고 한다. 제가 가진 가장 좋은 것을 아낌없이 나누는 무오류의 인간은 아름답다. 자장가로 아기를 재우는 엄마들과 전쟁에 징집된 자식의 뒤에서 눈물을 흘리는 무오류의 어머니들이 그렇다. 인간 중에 "왜 목요일은 스스로를 설득해/금요일 다음에 오도록 하지 않을까?//청색이 태어났을 때/누가 기뻐서 소리쳤을까?"(파블로 네루다, 「질문의 책」)라고 엉뚱한 질문을 하는 자들이 있다는 데 나는 놀란다. 제 마음의 순수와 태양에게 바치는 경의를 은유의 언어로 옮겨 적는 무욕한 자를 나는 사랑한다. 나는 지구에 머무는 동안 시와 음악의 아름다움을 인생의 기쁨과 보람으로 삼은 자와 벗으로 어울리고, 세상 끝에서 노래하고 춤추는 외계인으로 남으련다.

수레국화가 피는 가을

대기가 맑으니 가시거리도 길어진다. 서울 남산타워에서 인천 앞바다가 손에 잡힐 듯 가깝고, 파주 통일전망대에서는 개성이 이웃 동네인 듯 다가온다. 먼 풍경이 다가올 때 횡재를 한 기분이다. 이것은 가을의 대기가 맑은 탓에 누리는 기쁨 중 하나다. 아침엔 강낭콩과 햅쌀로 지은 밥에 갈치조림을 먹었다. 갈치 토막에 고춧가루를 풀어 얼큰하게 조린 가을 무는 혀에 달았다. 볕 드는 창가에서 가르랑거리는 고양이를 무릎에 앉히고, 붉은빛 도는 남천나무 잎들을 바라볼수 있는 동안은 운 좋은 인생을 살았다 해도 좋으리라.

진주가 고향인 아주머니가 바로 옆집에 살았다. 그 집은 아들만 셋이고, 남편은 유명한 요정의 요리사였다. 간혹 남편이 요정에서 가져온 음식을 우리집과 나누곤 했다. 달콤한 생선 요리를 처음 맛본 나는 놀랐다. 세월이 많이 지난 탓에 아주머니 얼굴은 잊었지만 상냥한 진주 말씨는 잊지 못한다. 그 아주머니의 진주 말씨는 맑은 울림으로 귓가에 은종이 울리는 듯했다. 몇 년 뒤 아주머니가 일요일 종교 집회에 참석하려고 나섰다가 자동차 사고로 세상을 떠났다고 한다. 아주머니와 자매처럼 사이가 좋았던 어머니는 그 소식을 듣고 오래 슬퍼했다. 그 남편과 세 아이들은 잘 살고 있을까?

필립 라킨의 「잔디 깎는 기계」라는 시를 읽으며 진주 아주머니의 불운한 사고를 떠올렸다. 마당의 잔디를 깎다가 고슴도치를 죽인 이야기를 담은 시다. 먹이를 준 적 있던 고슴도치는 잔디 깎는 기계에 끼여 죽었다. 신이 잠깐 한눈을 팔았던 것일까? 고슴도치에게 닥친 이 느닷없는 재앙은 우연한 실수가 빚은 것이었을 테다. 부주의가 빚은 생물의 죽음 앞에서 한 점의 죄책감이나 회한이 없지는 않았을 것이니, 시인은 "이제 눈에 띄지 않는 그 세계를/내가 망가뜨린 것이다."라고 자책한다.

누구나 자기가 사는 세상을 망가뜨리는 실수를 범한다. 이런 실수는 결핍과 부조화의 결과이고, 자기 역량의 한계, 성급한 욕망, 잘못된 정보와 빗나간 판단, 부주의함에서 기인한다. 나 역시 숱한 실수를 하고 실패를 겪었다. 실수를 반복하고 그때마다 '도약에서 실패한 호랑이' 같이 절망을 했는데, 그 절망은 고갈과 탈진 속에 나를 내동댕이친 듯한 기분에서 비롯한다. 나는 실수에도 정량이 있다고 믿는 편이다. 청년 시절은 지식, 기술, 경험의 한계와 미숙성, 판단력 부족으로 더 자주 실수를 하고 시행착오를 저지른다. 하지만 실수는 또 다른 시작점, 재기를 위해 국면을 전환시키는 계기이기도 할 것이다. 내가 저지른 실수들이 잠재 역량을 키우고 인격을 단단하게 다지는 데 보탬이 되었다고 말할 수 있다. 실수를 딛고 재기하는 사람에게 그것은 미래를 위한 유보된 역량이고, 인생의 큰 자산이다. 거듭 시도하는 자에게 실수란 잠시 유예된 성공일 뿐이다.

실수를 딛고 일어서는 일은 자기 자신을 아는 것에서 시작할 수 있다. 중요한 것은 과정의 숭고함과 그 여정의 올바른 도덕성이다. 누구나 실수를 피하려고 하지만 실수 없이 거둘 수 있는 성취란 드물다. 그러니 실수를 숙독하라! 우리가 거둔 성취들은 크고 작은 실수에 대한 보상이다. 실수에 주눅 들지 말고 가슴을 활짝 펴라! 실수는 어떤 일을 도모하는 과정에서 겪는 경험의 일부다. 가장 좋은 것은 항상 늦게 도착하고, 무덤이 있는 곳에만 부활이 있다. 불사조는 타고 남은 잿더미 속에서 금빛 날개를 치며 날아오른다.

수레국화가 피는 가을이 오는 세계에서 열망과 불안을 안고 산다는 것은 기적이고, 계절의 보람을 누리는 것은 운 좋은 탓이다. 그 기적은 노력의 결과가 아니라 우연으로 빚어진다. 사방에 넘치는 빛의 격려, 작은 꽃들의 위로가 없었다면 인생은 얼마나 삭막했을 것인가. 나는 다른 나라, 다른 시간에서 태어나지 않고, 지금 여기에 태어나 누린 삶에 만족한다. 내가 실수로라도 누군가의 생이나 세계를 짓밟고 망가뜨리는 사람이 아니기를 바랄 뿐이다.

해 질 녘 아이를 부르는 어머니, 장기 입원한 혈액투석 환자들, 우체국 근무자, 젖 달라고 보채는 아기들, 사랑을 잃는 청년들이 함께 사는 세상에서 고슴도치가 아니라 사람으로 먹고 마시며 사랑하며 살아간다는 것, 그것만으로도 우리는 행운을 거머쥐었다고 할 수 있다. 잔디 깎는 기계에 끼여 죽는 일은 생기지 않을 테니까 말이다. 먼 고장에 덕이 많고 인심이 후한 고모들 두엇, 잘 웃는 처녀들이 고모의 딸들이라면 세상은 더욱 살 만하다고 느낄 것이다. 정강이뼈가 부러져 살갗을 뚫거나 교통사고로 온몸이 으깨지고 하반신이 마비되는 불운은 피하고 싶다. 물론 그런 소망은 내 뜻대로 될 일은 아니다. 그러니 통장 잔고가 비었다고 너무 낙담하거나 비탄에 빠지지 말자. 애초 살아 있음이 일으키는 번민은 우연의 조합이 빚어낸 사태일 뿐이다. 고운 단풍이 들고 수레국화가 피는 이 가을, 당신이 고슴도치나 해파리가 아닌 사람으로 살아 있음 자체가 당신의 운이 좋았다는 증거일 테다.

평범한 사물들의 인내심

집 근처 교하도서관 뒤편을 돌아 중앙공원까지 이어지는
오솔길엔 가을 단풍이 절정이다. 단풍 든 나무들이 서 있는
숲길은 가랑잎으로 덮이고, 걸음을 옮길 때마다 발밑에서
바스락거리는 소리가 난다. 오솔길의 노랫소리를 들으려고
숲길 산책에 나선다. 일조량은 줄었지만 가을의 며칠은 청
명하고 찬란하다. 파초가 자라는 마당에서 낮닭이 울고, 대
기에서는 방금 구운 밤 냄새가 진동한다. 아, 이 계절이 좋
다. 겸손한 태양과 하늘의 유순한 빛, 가을 저녁의 고요를 이
토록 좋아하는 것은 내가 늙은 탓인지도 모른다.

　내게도 새를 쫓고 나비를 잡던 어린 시절이 있었다. 그때
는 새순이 돋는 나무와 피어나는 꽃들의 속삭임을 다 알아
들었다. 시골 소년들은 대개 자연의 탐구자들이다. 우리는
꽃봉오리들이 열리고 햇빛이 쏟아지면 천지간에 가득 찬
봄의 속삭임에 귀를 기울였다. 살아라, 자라라, 꽃피워라, 꿈
꿔라, 사랑하라, 기뻐하라. 청년 시절엔 종종 사랑에 빠졌다.
사랑에 빠져 젊음을 흥청망청 써버린 것은 그게 행복이라
고 믿었던 까닭이다. 모험과 쾌락을 좇느라 바빴던 그 시절,
어여쁜 여자와 강화도까지 다녀오고, 축제의 날들처럼 먹
고 마시며 즐기는 것을 망설이지 않았다. 그 시절의 친구는

다 흩어졌다. 그 시절의 사교는 다 시들해졌다. 지금은 햇빛 아래에서 나른한 몸으로 책에 빠져들거나 음악에 심취하는 걸 더 좋아한다. 인생에서 구할 것은 죽는 모든 것을 감싸고 사랑하는 덕성과 할 일과 하지 말아야 할 일을 아는 분별, 그리고 조용한 체념의 지혜다.

날마다 일상과 낯익은 사물들로 채워진 공간이 우리를 포용한다. 이 너그러움, 이 포용이 행복을 위한 최소한의 필요조건이다. 한 시집을 뒤적이다가 찾은 시 한편에 눈길이 오래 머문다.

그것은 일종의 사랑이다. 그렇지 않은가?
찻잔이 차를 담고 있는 일
의자가 튼튼하고 견고하게 서 있는 일
바닥이 신발 바닥을
혹은 발가락들을 받아들이는 일
발바닥이 자신이 어디에 있어야 하는지 아는 일

나는 평범한 사물들의 인내심에 대해 생각한다.
옷들이 공손하게 옷장 안에서 기다리는 일
비누가 접시 위에서 조용히 말라가는 일
수건이 등의 피부에서 물기를 빨아들이는 일
계단의 사랑스러운 반복

그리고 창문보다 너그러운 것이 어디 있는가?

─팻 슈나이더, 「평범한 사물들의 인내심」

옷장 옷걸이에는 옷들이 아무 불만도 없이 걸려 있고, 비누는 욕조 안 접시 위에서 조용히 말라간다. 우리의 안녕과 행복은 찻잔이 차를 담고 있고, 의자가 제자리에 있는 것, 즉 평범한 사물이 제자리를 지킨 채 인내심을 발휘한다는 사실에 우리가 의지하고 있다는 깨달음은 정말 명석해서 놀랍다.

지난여름 베를린 여행을 다녀온 뒤 새삼 느꼈다. 현관문을 열자 낯익은 빛과 낯익은 공기가 밀려와 안도감을 안겨준다. 거실의 기물들이 제자리에 있고, 햇빛이 거실을 황금빛으로 물들인 고요한 광경과 마주쳤을 때 울컥 솟아나는 기쁨에 겨워 눈물을 흘렸다. 책들은 누구의 손도 타지 않은 채 서가에 꽂혀 있고, 수건은 우리 젖은 등에서 물기를 빨아들이고, 곡선으로 이어지는 계단은 사랑스러운 리듬을 반복한다. 우리가 날마다 누리는 안녕과 지복은 이렇듯 제자리를 말없이 지키고 있는 저 사물들의 인내심 덕분 탓이다.

호주의 젊은 시인 에린 핸슨은 "가장 환한 미소를 짓는 사람이 눈물 젖은 베개를 가지고 있다."라고 썼다. 늘 웃는 사람은 살아온 날들이 늘 평탄하고 화사한 탓만은 아니라는 것이다. 어쩌면 가장 불행한 사람이 환한 미소를 짓는다.

행복은 늘 조건의 문제가 아니라 그 찰나를 향유하는 능력의 문제인 까닭이다. 불행에 눌린 사람도 찰나의 행복은 느낄 수가 있다. 똑같은 현실에 처하더라도 행복한 사람은 행복을 발명하고, 불행한 사람은 희한하게도 불행을 양조해낸다. 행복과 불행은 각자의 덕목이고, 자기가 품은 성분의 일부에서 비롯한다. 여름이 덥다고 투덜거리는 사람에겐 잘 익은 복숭아나 자두를 깨물어 먹으며 그 달콤함이 주는 행복을 느끼라고 말해주고 싶다. 행복은 얼마나 자주 느끼는가에 달려 있다. 많이 가진 사람이 아니라 더 자주 행복하다고 느끼는 사람이 정말 행복할 것이다. 행복한 사람의 덕목은 일상의 작은 기쁨들, 즉 공기, 빛, 시간을 누리는 것조차도 감사하게 받아들이는 데 있다.

나는 살면서 단 한 번도 천사를 만난 적이 없다. 어느 날 눈떠보니 내 앞에 천사가 서 있었다, 라는 문장은 쓸 수가 없다. 나는 농사를 지어본 적이 없다. 시골에서 태어났지만 언제 씨를 파종하는지를 가르쳐준 사람은 없었다. 나는 오래 아파서 병원에 누워 있던 적이 없다. 고통과 재난에 짓눌려 뇌가 쪼그라든 적도 없다. 집과 고향을 잃고 난민 수용소에서 지내지는 않았지만 나는 '수많은 삶을 겪었다'라고 말할 수 있다.

젊은 시절 단골 술집에서 보드카나 위스키를 마셨지만 모터사이클을 몰고 폭주하다가 사고를 내거나 마리화나 해시시를 피우거나 코카인을 흡입한 적도 없다. 그저 도서관에 오래 틀어박힌 채 철학책을 읽거나 여기저기 떠돌며 음악에서 위안을 구했다. 지금은 보드카나 위스키는 입에 대지도 않는다. 남들이 외면하는 독립영화를 찾아보거나 고전음악을 들으러 헤이리의 한 음악 감상실 '카메라타'를 찾는다.

가족의 생계를 책임지려고 종일 허리가 휠 만큼 일했다. 더 행복해지려고 돈을 벌었다. 목마름을 해결하는 데 바다가 필요하지는 않듯이 행복해지는 데 큰돈이 필요하지 않음을 뒤늦게 깨달았다. 갈증을 해결하는 데는 단지 한 잔의 물이면 충분한 것을! 행복은 경험에서 얻지만 그것은 가치를 지향하는 태도와 어긋나지는 않는다. 가치 있는 일을 한다는 확신 속에서 우리 내면의 자존감과 행복감은 더 커진다.

행복에 필요한 요소는 지혜, 덕망, 보온력이 좋은 양말로 족하다. 지금 이 순간의 삶에 충실하고, 샤워를 하며 콧노래를 부르자. 혼자 고독하게 지내는 친구에게 안부를 묻는 편지를 쓰자. 강물은 쉬지 않고 흐르고, 해는 아침마다 떠오른다. 굳이 내일의 걱정과 근심을 오늘로 앞당기려고 서두르지는 말자. 그건 어리석은 짓이다. 새벽 서리와 눈 덮인 소나무, 북풍과 결빙의 날은 온다. 아직 오지 않은 한파를 두려워하지는 말자. 한파가 닥치더라도 그때 가서 대처하면 된다. 새벽에 오늘 쓸 원고를 다 끝냈다면 내 자신에게 보상을 주어야 한다. 그 보상이란 게 대단한 것은 아니다. 점심때 동네 국숫집에 가서 잔치국수 한 그릇을 사 먹은 뒤 교하 숲길을 한가롭게 걷다가 돌아오는 것으로 충분하다.

나는 산책자다

파주출판단지 안을 산책하다 매화나무 가지에 핀 하얀 꽃을 보며 기쁨의 탄성을 터뜨렸다. 반갑구나, 매화야! 검은 가지 어디에 저토록 흰빛이 숨어 있다가 터져 나온 것일까? 새벽에 깨어나면 불안에 감싸여 유령처럼 서성거렸던 시간들. 먼 고장에서 오는 친척을 기다리듯 봄을 기다렸다. 봄빛이 사방에서 폭죽처럼 터지며 일조량이 넘칠 때 기분은 고조되고 가슴은 설렘과 기대로 차오른다.

　나는 산책자다. 걷는 자는 몸의 가능성과 한계를 가늠하며 앞으로 나아간다. 걸으면서 미지의 것을 취하고, 상상을 한껏 넓히며 인식의 부피를 키운다. 걷기와 산책은 조금 다르다. 관광, 쇼핑, 거리 시위, 도망은 산책 범주에 들지 못한다. 산책은 미학적 양식으로 다듬어진 걷기를 말하는 것이다. 날이 궂거나 화창하거나 집밖으로 나와 걷는 습관은 내 일상의 일부다. 산책이란 몸의 일부인 다리의 근육을 주로 쓰되 점진적이고 계속적으로 쓰는 일이다. 무보상의 행위라는 데서 오는 숭고함에서 산책의 즐거움은 오롯하다. 오솔길을 걸을 때면 숲속의 쾌적함을 머금은 바람은 이마에 돋은 땀을 씻어주고, 나무의 우듬지에 앉은 새들의 지저귐에 귀를 기울인다. 가슴이 벅찬 희열과 쾌감의 찰나적 섬광은 산책이 주는 보상이다.

산책의 시간은 노동의 시간과는 결이 다르다. 노동의 시간이 생산성과 효율성에 얽매인 목표 지향적인 시간이라면 산책의 시간은 매인 데 없는 고요한 평화를 누리는 지복의 시간이다. 폐쇄된 작업장에서는 계절의 흐름을 알지 못하고, 계절의 빛과 소리들이 어우러진 찬란함을 자각하지 못한다. 존재가 자기 안에 머무르는 느긋함에서만 계절의 변화와 울림을 알아차릴 수 있다. 노동의 매임에서 풀어주는 산책의 시간은 느리게 흘러간다. 그 느림에 몸을 맡길 때 비로소 머뭇거림과 수줍음 속에서 계절의 변화를 만끽하게 된다.

산책은 계절의 오고 감, 기온의 차이, 하늘의 변화나 구름의 움직임, 변화무쌍한 기상 조건들에 대한 관찰이고 추인이다. 산책자는 본질적으로 날씨의 향유자들이다. 산책은 느림의 온전한 향유, 시·날·주·해 같은 단위 시간을 거머쥐려는 기도(企圖), 지각의 되먹임을 몸으로 반추하는 행위일 테다. 산책이 이쪽에서 저쪽으로 나아가는 신체 이동의 유력한 방식을 넘어서서 전문화된 취향의 영역으로 규정된 것은 불과 200년 전이다. 산책은 산업 혁명 이후 인류가 좇은 노동의 속도와 생산성에 대한 반작용이자 저항의 한 형식으로 받아들여진다. 보들레르가 19세기 파리에서 보여주었듯이 산책은 생산하지 않는 무위의 한 형태로 나타난다. 산책자의 출현은 걷기를 미학적인 것의 일부로 귀속시키는 일종의 문화 혁명이었다.

걷기는 머물러 있음을 끝내는 움직임, 요동, 변화의 충동에서 밀려나온다. 걸을 때 심장 박동이 올라가고 혈액순환이 빨라진다. 걷는 데 필요한 근육을 쓰는 동안 몸은 한결 가벼워진다. 내딛는 걸음이 영혼 안에 깊이 잠든 새들을 깨운다. 몸의 둔중함 속에서 깨어난 새들이 공중으로 솟구친다. 몸의 무뎌진 감각을 자극해 깨우고 상상력을 벼리며 걷는 자는 사물, 습관, 생각, 도덕, 믿음 따위를 제 오감 속에서 새로 빚는다. 걷기는 진정 무한의 시간과 맞서는 존재의 약동이며 도약인 것이다.

탈레스는 기원전 585년 전 소아시아에서 일어난 개기일식을 예측하고, 수학에서 '탈레스의 정리'를 공식화한다. 아리스토텔레스는 탈레스를 인류 최초의 철학자로 꼽는다. 산책 중 딴 생각에 열중하다가 발을 헛디뎌 우물에 빠졌던 철학자에게 사유의 궤적과 걸음의 행로는 하나로 겹쳐진다. 소크라테스, 플라톤, 몽테뉴, 칸트, 니체 같은 철학자들도 산책에 매혹되었다. 칸트는 오후 다섯 시 정각마다 산책에 나선 걸로 유명하다. 그 규칙을 어긴 것은 딱 두 번뿐이다. 1762년 루소가 『에밀』을 내놨을 때 그 책을 읽느라 정신이 팔려 산책을 건너뛰었다. 두 번째는 1789년 프랑스 혁명이 일어났을 때다. 너무 큰 충격으로 산책 나가는 걸 잊었다. 칸트는 두 경우를 빼고는 하루도 빠지지 않고 산책에 나섰다.

니체도 산책 마니아로 꼽을 만하다. '영겁회귀'의 철학을 담은 『차라투스트라는 이렇게 말했다』는 산책이 준 선물이다. 1881년 어느 날, 실바플라나 호수를 끼고 숲속을 걷다가 큰 바위 옆에서 발길을 멈췄다. 그 순간 '차라투스트라'에 대한 영감이 몸을 관통했다. 그는 영감을 가다듬으며 책을 써 나가는데, 오전에는 소나무 숲을 지나 멀리 바다를 바라보면서 걸었다. 약골에다 갖은 질병을 달고 살던 니체에게 산책은 빼놓을 수 없는 일과였다. 그는 산책을 정신의 영양 섭취, 자기 자신의 휴양을 취하는 방식으로 삼았다.

니체는 『이 사람을 보라』에서 이렇게 썼다. "야외에서 몸이 자유롭게 움직이는 가운데 구상되지 않은 어떤 생각도 믿지 마라."* 니체는 서재에서 낡은 서책을 뒤적이며 쓴 글을 신뢰하지 않고, 오직 몸을 움직이며 얻은 생동하는 지각들, 살과 피로 이루어진 사유만이 진짜라고 말한다. 니체는 날마다 파노라마처럼 펼쳐지는 전망이 좋은 고산 지대와 언덕들, 경관이 수려한 바닷가나 호숫가를 찾아 걸었다. 스위스 실스마리아의 호수들, 돌로미티 산맥, 지중해 절벽들, 이탈리아의 토리노나 제노바, 프랑스의 니스와 망통 같은 도시를 걷고, 걷는 동안 떠오른 생각들을 노트에 적었다.

---

* 프리드리히 니체, 박찬국 옮김, 『이 사람을 보라』, 아카넷, 2022

언제까지 금지된 것을 기다려야 한단 말인가.

가없은 무릎을 펼 우리의 안식처는 어디란 말인가.

　　　　　—세사르 바예호, 「불행한 만찬」 일부 *

　산책하다 들어온 카페에서 숨결을 고르고 시집을 펼쳐 소리내지 않은 채 읽는다. 바예호 시집을 읽는 시간은 한가로움과 안식, 고요한 몰입으로 채워진다. 먼 데서 봄비가 내리듯 귀의 달팽이관에 고요가 차오른다. 『오늘처럼 인생이 싫었던 날은』은 페루의 광산촌에서 태어난 시인 세사르 바예호(1892~1938)의 시집이다. 가난한 집에서 태어나 고등학교 과정마저 마치지 못한 채 독학하며 부친의 일을 돕다가 의대에 진학하지만 중도에 그만둔다. 그 뒤 여러 대학을 전전하다가 고향으로 돌아와 사탕수수 농장에서 회계 보조로 일하면서 스물 셋부터 시인들과 교류하며 신문과 잡지에 시를 기고했다.

　금지된 것을 기다리며 고통 속에서 궁지에 몰린 채 사는 것은 "불행한 만찬"에 초대받는 것이다. 얼마나 많은 이들이 목전의 필요와 기본 욕구를 해결해줄 최소한의 벌이에 속박된 채 살아가는가? 삶은 고단하고 괴로운 것. 자영업자와 소상공인들이나 보람 없는 노동에 매인 노동자들. 우리는

---

　* 세사르 바예호, 『오늘처럼 인생이 싫었던 날은』, 고혜선 옮김, 다산책방, 2017

한밤중에 배가 고파 잠 못 들고 칭얼대는 어린애와 같이 이 세계에서 삭막한 노동과 불행에 반응하며 산다. 얼마나 긴 세월을 팔꿈치를 괴고 머리 숙인 패자로 살아야 하는가? 생이라는 이 불행한 만찬이 언제 끝날지 모른다. 니체는 "오늘 웃는 자가 최후에도 웃는다."라고 쓴다. 웃음은 불행과 짐을 덜어낼 명약이다. 웃자. 더 자주, 더 크게 웃자. 더 좋은 건 함께 웃는 것이다.

출판단지 안 하천에서 물질을 하는 야생 오리들을 한참 보고 있었다. 천변에 마른 갈대들이 밀집해 있고, 작은 둔덕 버드나무 가지마다 연두색 물이 올라 있다. 산책을 하며 불행과 나쁜 기억이라는 축축한 옷을 말린 느낌이다. 걷는 동안 살아 있다는 내 감각은 더없이 생생해지고 기분은 한결 나아졌다. 어느덧 봄날의 해가 뉘엿뉘엿 진다. 이제 산책을 끝내고 돌아갈 시각이다. 대기의 마지막 빛이 낮은 고도로 깔리면서 버드나무 그림자가 늘어지고, 서편 하늘에는 노을이 붉게 타오른다.

숭고하거나 그렇지 않은 취향들

술이 주는 취흥보다 술자리에서 벌어지는 벗들과의 담소를 더 좋아한다. 개량한복보다 청바지를, 전자책보다 종이책을 더 좋아한다. 동양의 산수화보다 도시인의 고독을 즐겨 그린 에드워드 호퍼의 그림이나 마크 로스코의 추상 회화를 더 좋아한다. 르 코르뷔지에보다 핀란드 건축가 알바 알토를 더 좋아한다. 하드 록보다 고전음악 듣는 걸 더 좋아한다. 시리얼보다 밥을 더 좋아하고, 간판들이 즐비한 도심보다 제주도 사려니 숲이나 한적한 바닷가 걷기를 더 좋아한다. 이것은 곧 내 취향을 반향한 것이다.

좋아하는 습관이 취향으로 길러지는데, 취향은 우리를 즐겁게 한다. 그리고 삶을 풍요롭게 하는 데 보탬이 된다. 후천적 학습으로 얻은 사치, 특정 사물이나 경향에 끌리는 것을 취향이라고 한다면 이것은 실존보다는 가벼운 미적 감수성이고, 의식의 지향이며, 삶을 향유하는 방식의 일부다. 삶의 원리로서의 도덕이나 인생 중대사를 결정하는 척도를 제시하던 이성의 힘은 과거에 견줘 확연하게 약해졌다. 그 대신 취향이 삶을 그러쥐는 힘은 더 세졌다. 취향은 과거보다 소비생활이나 직업 선택에 두루 영향을 미치고, 과거에 견줘 훨씬 더 큰 지출을 일으킨다. 우리는 감성과 취향이 이 넘이나 도덕을 대체하는 시대로 들어선 것이다. 지금 우리를 쥐락펴락 하는 것은 감성이고, 취향이다.

친구 K는 누구보다 담배를 사랑했다. K에게 담배는 참을 수 없는 충동이고, 전유(專有)된 것, 자유, 제 마음대로 할 수 있는 대용물, 공중으로 덧없이 사라지는 한 줌의 쾌락이었을 것이다. K는 돌연 폐암을 진단받고 얼마 지나지 않아 죽었다. 아마 폐암과 흡연은 상관관계가 있을 것이다. K가 담배를 끊지 못한 이유는 무엇일까? 인간은 건강을 원하면서도 흡연의 유혹에 빠져든다. 흡연은 피로에 젖은 육신을 진정시키고 지루함을 견딜 수 있게 미약한 도취와 나른한 행복을 가져다준다. 의사이자 정신분석학자인 프로이트는 새벽부터 잠자리에 들 때까지 한시도 궐련을 입에서 떼어놓은 적이 없는 애연가였다.

흡연이 내 도락이나 취향인 적은 없었고, 앞으로도 담배를 피울 생각은 없다. 담배 맛을 모른 채 살았다고 억울한가? 그렇지 않다. 그냥 그렇다는 얘기다. 비흡연자의 보람이라면 금연을 이유로 육체 에너지나 시간을 소모하지 않은 점을 내세울 수 있다. 담배를 피우고 말고는 개인의 자유에 속한다. 흡연자가 의지박약이거나 타인의 건강과 행복을 위협하는 무례한 사람이라고 할 수도 없다. 물론 히틀러 같은 세기의 살인마가 흡연을 경멸하고 흡연자를 악마처럼 대했다는 걸 굳이 얘기하고 싶지도 않다.

당신은 흡연자인가, 비흡연자인가? 담배 피우기는 인류를 사로잡은 가장 강력한 취향 중 하나일 것이다. 담배를 손가락 사이에 끼고 피우는 행위, 즉 흡연은 해악이 많은 취향, 역설과 아이러니를 품은 도락이다. 오늘날 담배가 몸에 해악을 끼친다는 건 더 이상 비밀이 아니다. 백해무익한 담배를 끊지 못한다면 누구든 공공의 적으로 낙인이 찍혀 봉변을 당할 수도 있고, 공공장소에서 추방당할 수도 있다.

우리는 흡연자의 회색빛 슬픔에 대해 다 알지 못한다. 그런 까닭에 흡연이 몸에 해롭다는 이유로 흡연자를 겁박하는 행위는 마뜩치 않다. 흡연자가 태양계를 도는 행성들의 궤도에 영향을 미쳤다거나 지구 생물을 절멸시킨 만큼 나쁘지는 않다는 것을 우리는 안다. 누군가는 소금이나 후추를 더 좋아하고, 누군가는 설탕 든 음식을 더 선호한다. 우리 중 일부는 담배 한 대를 피우는 동안 심장이 심벌즈처럼 울리고 혈관의 피는 기쁨으로 소리칠지도 모른다. 그러니 "담배 없는 삶은 살 가치도 없다."라고 말하는 사람과의 논쟁에서 이기려고 드는 것은 부질없는 짓이다.

시인이자 화가였던 장 콕토는 담배를 입에 물고 라이터로 불을 붙여 한 모금을 폐 깊이 빨아들이는 흡연을 '의식'으로 승화시킨다. 담배 연기를 폐 깊숙이 흡입할 때 담배 끝에서 불꽃이 타오른다. 어둠 속에서 타오르는 작은 불꽃! 꺼지면 한 줌의 재만 남는다. 인간도 죽은 뒤 화장장의 불꽃에 삼켜지고 한 줌의 재만 남긴다. 우리를 재의 천국으로 이끄는 담배는 인생의 덧없음에 대한 은유로 부족함이 없다. 보들레르는 "인생은 담배이며,/불꽃, 재, 그리고 불 그 자체다."*라고 썼다. 담배 한 대가 가진 쾌락, 이 덧없고 달콤한 행복에 자기를 바치는 흡연자는 영웅적 자기희생자다.

프랑수아즈 사강은 마약 문제로 기소되자 재판정에서 "나는 나를 파괴할 권리가 있다."라는 유명한 말을 남긴다. 삶은 제 의지와 선택의 결과여야 한다는 사강의 자기결정권에 대한 옹호는 취향에서도 마찬가지로 존중되어야 한다. 지구인 중 일부가 여전히 흡연을 통해 고통을 견디는 힘을 얻고 가느다란 위안을 구한다면, 흡연자를 대할 때 약간의 너그러움이 더 필요할지도 모른다. 설사 흡연이 부정적 쾌락을 얻는 유력한 수단이라고 해도 나는 흡연자를 '색출'하고, '저격'하며, '추방'하려는 집단 광기에 힘을 보탤 생각은 없다.

시, 무용, 코미디가 그렇듯이 담배는 무용하다. 흡연은 무용한 것에 바치는 자기희생의 의식이다. 아름다움은 덧없음을 성분으로 삼는다. 취향의 숭고성은 그것이 산출하는 유용함에서 비롯하는 게 아니다. 하지만 담배의 쾌락이 더는 즐겁지 않다면, 그리고 약간의 꺼림칙함이 느껴진다면 담배를 끊어야 할 때가 되었다는 신호다. 꺼림칙함의 바탕

---

* 리처드 클라인, 『담배는 숭고하다』, 허창수 옮김, 페이퍼로드, 2015, 재인용

은 죄책감이다. 어떤 취향이든 우리 생의 에너지를 갉아먹고 죄책감을 준다면 그것과 결별하는 게 옳다. 당신이 방금 피운 담배 한 대는 마지막 담배다. 이제 당신의 취향 목록에서 흡연은 과감하게 삭제하시라.

기온이 영하로 뚝 떨어진 날 '얼어 죽어도 난 아이스 아메리카노야!'라고 말한다면, 이것은 무심코 발설한 당신의 취향일 테다. 옷·구두·모자·안경 같은 액세서리를 고를 때 드러나는 특정한 안목과 지향성이 취향이다. 모든 취향은 본디 뾰족하다. 뾰족한 탓에 겉으로 드러나지 않을 수 없다. 취향은 생활방식, 태도, 스타일에 관여하는 힘이고, 결과적으로 당사자의 품격과 분위기를 빚는다. 삶을 더 즐겁게, 멋지게 살고 싶다면 좋은 취향을 기르시라. 취향 없이 밋밋한 사람을 나는 친구로 삼고 싶지 않다. 좋은 취향을 갖지 못한 사람은 매력이 반감될 뿐더러 조금은 불행할 여지가 있기 때문이다.

통영에서의 하룻밤

새벽에 눈 떠보니 창밖에 바다가 한가득 밀려와 있다. 통영이다! 아침이다! 한반도 남쪽 해안도시에서 맞은 푸르스름한 물색의 아침, 내륙의 품으로 들어온 바다는 파도가 없이 잔잔하다. 하지만 근해의 풍경이 설렐 만큼 아름답지는 않다. 바지선과 거대한 크레인, 작은 어선과 여객선이 떠 있고, 내륙은 통영 세관, 가게와 음식점들, 도로 안쪽에는 활어와 건어물을 파는 재래시장이 이어진다. 어판장도 없는데, 이 많은 활어들은 다 어디서 가져온 것일까, 잠시 궁금했다. 어제 통영시립박물관에서 문학상 심사를 마친 S시인과 L평론가 등과 부둣가로 나와 해물탕을 먹고 헤어졌다. 버스터미널로 떠나는 그들을 배웅하고, 나는 부둣가를 걸어서 숙소로 돌아왔다.

　문득 갯내음이 강한 산들바람에서 여름이 끝이라는 감각이 왈칵 덮쳐온다. 이제 바다와도 작별, 붉은 꽃 피운 배롱나무와 백일홍과도 작별이다. "진주와 산호를 키우는 세상/모래밭에 일그러진 진주도 섞여 있는/세상, 세계"(김승희, 「지상의 짧은 시」)*에 와서 겪은 전대미문의 여름이 끝난다. 가슴을 파고드는 멜랑콜리를 겪으면서 여름의 전별식을 치른다. 올여름도 통영 바다를 볼 수 있어서 다행이구나! 통영의 시장통 식당에서 늦은 아침식사로 생선구이 백반을 먹고 고속버스를 타고 집으로 돌아간다. 집에 돌아가면 바흐의 샤콘느를 오래 듣고 싶다.

나는 바다를 굽어보며 얼마전 읽은 책의 구절을 떠올린다. 자크 아탈리는 바다를 가리키며 "자유와 영예와 도취와 비극을 가르친다."면서 "단지 어업, 모험, 발견, 교류, 부와 권력의 공간만은 아니다. 무엇보다도 바다는 인류 문화의 주요한 원천이다."**라고 말한다. 생물학자들은 생명의 기원이 지구 표면의 71퍼센트를 차지하고 그 면적은 3억 6100만 제곱킬로미터에 이르는 바다라고 말한다. 지구의 생명들이 탄생하는 데 물이 중요한 매개물이었다는 사실에 대부분 동의한다. 지구에 수천 만 종의 생명이 한데 어우러져 번성할 수 있었던 것도 물이 있어서 가능한 일이었다.

바다에는 13억 3000만 세제곱킬로미터의 물이 출렁이는데, 이 물은 어디에서 왔을까? 대략 44억 4000만 년 전 지구 대기를 감싸고 있던 수증기가 비가 되어 지표면에 떨어지며 바다가 생겼다. 이때 탄산가스, 황산염, 염화물이 녹아들고, 칼슘이나 마그네슘 같은 이온도 바닷물에 용해되었다. 최초의 생명은 바다에서 나왔는데, 약 41억년에서 38

   ＊   김승희 시집, 『단무지와 베이컨의 진실한 사랑』, 창비, 2021
＊＊   자크 아탈리, 『바다의 시간』, 전경훈 옮김, 책과함께, 2021

억 년 전 사이에 단세포 유기체나 원핵생물이 바다에 탄생한 것이다. 5억 4000만 년 전 캄브리아기의 대폭발 이후 바다에 140종의 식물과 동물이 나타났다. 이들의 활발한 산소 교환 작용으로 다양한 식물, 박테리아, 다세포 생물들이 빠르게 불어났다. 지구 생명체의 구성 성분 중 물의 비중이 가장 높다. 인간의 경우 70퍼센트가 물이고, 인간 혈장의 구성 성분은 바닷물과 거의 같다. 지구 생물이 살아가는 데 필요한 산소의 절반과 인간이 섭취하는 동물 지방의 5분의 1이 바다에서 나온다 하니 지구에서 물이 사라지면 생물들 역시 즉각 사라질 것이다.

생명을 가진 만물은 물에 기대어 제 생명을 잇는다. 물은 생명이 나고 자라는 기반이자 우주의 근본 원리다. 물은 형체가 고정되어 있지 않다. 물은 높은 곳을 취하지 않고 낮은 곳을 향해 흐른다. 물은 순환하면서 땅을 기름지게 만들고 초목의 뿌리를 적신다. 물은 만물을 이롭게 하나 그 이롭게 함을 내세워 제 공을 자랑하지 않는다. 물은 흐르다가 막히면 싸우지 않고 돌아서 나간다. 자연의 순리를 거스르지 않으며 흙탕물도 가만히 놔두면 스스로 정화를 하며 맑아진다. 동양 철학자 노자는 물의 성질을 두루 꿰뚫어보고 그 덕성을 예찬하며 물이 도와 가장 가깝다고 말한다.

공자가 강가에 서서 물을 찬미하며 감탄했다. 제자 자공이 "큰 강물을 바라볼 때마다 항상 관조하는데 그 이유가 무엇입니까?"라고 공자에게 물었다. 공자가 입을 열고 "모든 곳으로 퍼져나가고 모든 것에 생명을 주면서 아무 것도 하지 않는 물은 덕과 같다. 아래로 흐르면서 꾸불꾸불 돌지만 항상 같은 원리를 따르는 물의 흐름은 의와 같다. 솟아올라 결코 마르지 않고 흐르는 것은 도와 같다. 수로가 있어 물을 인도하는 곳에서 듣는 그 물소리는 반항하는 울음소리 같고, 백 길의 계곡을 두려움 없이 나아가는 것은 마치 용과 같다. 수평을 재는 자로 사용할 때의 물은 마치 법과 같다. 가득해서 덮개가 필요 없을 때의 물은 마치 정과 같다. 물은 유순하고 탐색적이어서 가장 작은 틈으로 들어가는데, 이 때의 물은 마치 찰과 같다. 물을 거치거나 정화되는 것은 선하게 되는 것 같다. 만 번이나 꺾여 흐르지만 항상 동쪽으로 흘러가는 것은 마치 지와 같다. 이것이 군자가 큰 강물을 바라볼 때 항상 관조하는 이유다."라고 대답했다.＊

　물의 여러 덕성을 찬양했던 노자는 "강과 바다가 백 개의 골짜기 물을 다스릴 수 있는 까닭은 강과 바다가 골짜기의 물보다 낮은 위치에 있기 때문이다."＊＊라고 했다. 물에서 도의 원리를 투시하고 무위 철학을 펼쳐낸 노자는 '상선약수(上善若水)'라고 선언한다. 노자의 도는 한마디로 물의

＊　　사라 알란, 『공자와 노자, 그들은 물에서 무엇을 보았는가』, 오만종 옮김, 예문서원, 1999
＊＊　노자, 『도덕경』, 김원중 옮김, 휴머니스트, 2018

도다. 물은 가장 유약한 것이면서 가장 강한 것을 이기고, 자연의 순리에 따라 높은 데에서 낮은 데로 흘러간다. 물은 무위에 따르며 억지로 함이 없다. 물은 만물을 이롭게 하나 다투지 않는데, 다투지 않음은 도의 기본 형질이다.

저 바다에서 내가 본 것은 무엇인가? 종일 출렁이며 아득한 태초를 떠올리게 했던 바다, 그리고 빈 곳을 다 채우고 앞으로 나아가는 물의 덕성과 겸허함이었을까? 여름이 다 가기 전에 통영 바다를 바라보며 하루를 보낸 것은 잘한 일이다. 광기와 대의명분으로 극렬하던 여름은 속절없이 물러나고, 태양이 뿜던 금속의 빛은 자취를 감출 것이다. 곧 천지간에 음의 기운이 차오르면 한해살이 식물의 마른 잎들이 바스러지는 소리로 천지간이 시끄러울 때 여름의 낙관적인 기분도 소멸할 것이다. 그것은 뉴질랜드산 마누카 꿀이 떨어지는 것과 같고, 녹색 채소, 일요일 저녁, 소녀들의 천진한 미소가 주던 작은 위안도 없이 견딜 날이 온다는 뜻이다. 바다여, 안녕! 어쩌면 나도 모르게 통영 바다에서 건조한 날과 계절의 우울감을 버틸 힘을 조금은 충전했을지도 모른다.

하찮은 악들을 바라보면서

살인, 폭력, 사기, 공갈, 협박 같은 고약하고 몹쓸 악행은 인간 존엄성에 반하는 나쁜 방식으로 자기 편의를 개척하는 행위 일체를 뭉뚱그려 드러낸다. 이런 악행의 가해자들은 법에 의해 처벌받지만 현실에는 그보다 처벌받지 않는 작은 악행이 더 바글거린다. 악의 무두질 속에서 우리 양심은 무뎌지는데, 이런 세계에서의 삶은 재난 영화의 주인공으로 사는 것에 견줄 수 있다. 악의 파편들이 즐비한 현실에서 재난 영화는 쉬지 않고 상영된다. 이것을 가까이에서 보면 비극, 멀리서 바라보면 희극으로 보인다고 한다.

남자의 오토바이가
좁은 골목길
앞서가는 폐지 리어카 노인한테

너무 작고 말라서
잘 보이지도 않던 노인한테

미친 듯이 경적을 누르며
욕을 해 대는 남자를

사귄 적이 있었다

그 오토바이 뒤에 앉아서
남자의 허리를 껴안고
이 사랑이 영원하게 해 주세요
빌기나 했던

빌어먹을 시절이 있었다
빌어먹을!

—김경미, 「그런 남자를 만난 적이 있었다」*

'빌어먹을!'이라고 내뱉는 처벌받지 않은 작은 악에 대한 관조를 담은 시를 읽으며 풋, 하고 가벼운 웃음을 터뜨렸다. 이런 미약한 악은 처벌받지 않는다. 그래서 악이라는 깨침을 갖기조차 힘들다. 어쩌면 들뜬 기분의 왕이 저지른 이 작은 악은 그저 방종에 지나지 않을지도 모른다. 자본의 증식과 속도의 효율성을 섬기는 사회에서 느림과 빠름은 필경 권력의 비대칭 관계를 이룬다. "좁은 골목길"은 상호 이해가 충돌하는 현실의 장이다. 오로지 속도를 선으로 여기는

---

* 김경미, 『당신의 세계는 아직도 바다와 빗소리와 작약을 취급하는지』, 민음사, 2023

오토바이가 좁은 골목길에서 느린 리어카를 추월하려고 경적을 울리며 위협하는 상황에서 제 사랑이 영원하게 해 주세요, 라고 비는 여자의 모습은 희극이다. 비루한 행위자의 편에서 약자 보호의 윤리를 몰각한 채 제 사랑의 승리를 빌때 그것은 "빌어먹을!" 연애로 변질된다. 악이란 아무리 작아도 "빌어먹을!"이란 욕을 먹을 만큼 부적절하고 부주의한 행위 이상도 이하도 아닌 것이다.

검사 아버지를 둔 학교폭력 가해자가 처벌 유예를 받으며 유명 대학에 진학했는데, 정작 피해자는 정신병원을 들락거리느라 대학 진학조차 하지 못했다. 이런 사실이 폭로되며 여론이 들끓자 국가 중요 직책에 임명받은 그 가해자의 아버지가 하루 만에 물러났다. 이렇듯 악은 현실에 미세 플라스틱 조각처럼 부스러져 흩어져서 그게 나쁜 것이라는 미약한 인지조차 없이 지나치는 경우가 잦다. 내 생각에는 과로와 번아웃도 제 심신에 저지른 작은 악의 합성물이다. 자연 상태인 심신이 고갈되는 것은 우리 욕망이 시킨 자기 착취의 결과라는 한에서 그렇다.

악과 선은 분리가 안 된 미분화로 얽혀 있어서 어디가 악이고 어디가 선인지를 자르고 가리는 것도 모호하다. 선은 단순하나 악은 다소 복잡한 양상을 띤다. 악은 우리 안의 도덕적 취약성과 관련이 있고, 제 잇속과 향유를 앞세우는 나쁜 본성에서 발현된다. 때때로 악과 맞서 싸워 "영웅적으로 승리하기를 원" 할 때 악이 나타나기도 한다는 통찰은 꽤 놀랄 만하다.* 사실 우리는 악의 창궐과 크든 작든 연루된 채로 살아간다. 살아간다는 일이 의도하건 의도하지 않건 간에 악을 쌓는 일인 까닭이다.

결핍과 충만 사이에서 진자운동을 하면서 진전하는 게 인생이라면 욕망은 이 진자운동의 동력이다. 현실은 제 안의 바글거리는 욕망이 상호 충돌하는 장이고, 사람은 누구나 제 욕망과 이익을 앞세우는 법이다. 알다시피 생명과 자기 보존 욕망은 가장 기초적인 본성이고, 욕망은 현실의 배치를 자기중심으로 바꾸는 방식으로 움직인다. 본디 욕망은 삶의 역동을 품으면서 온통 회색빛인 삶에 환희와 쾌락으로 빚어진 색깔을 부여한다. 욕망이 없다면 삶의 지속이나 성취의 화사함, 영웅적 승리의 기쁨도 없이 밋밋할 테다. 그래서 욕망 자체를 비난하기가 망설여지는 것이다.

욕망이 성취해내는 살아남음은 불운을 잘 피한 운 좋음이고, 그 자체로 권력의 영광을 거머쥐는 순간이기도 할 것이다. 누구든 악과의 연루에서 분리되는 일은 불가능한데, 그것은 사람이 영웅적 승리를 갈망하거나 제 가치를 증명하는 의미화의 과정에서 악을 분비하기 때문이다. 살아남음에는 늘 추악한 소문과 혐의가 따라붙는다. 끊임없이 제 욕

---

* 어니스트 베커, 『악에서 벗어나기』, 강우성 옮김, 필로소픽, 2023

망을 뒤집어보고 그 안팎을 요모조모 살피는 건 우리 안의
윤리의식이 작용하는 탓이다. 이성을 움직여 성찰하는 태도
는 사람이 마땅히 취할 바다. 제 삶을 향한 성찰의 게으름이
우리를 일그러진 욕망으로 치닫게 만든다. 욕망에 마구 휘
둘린다면 의미로 충만한 향기로운 삶에서 멀어지는 것이다.

　인생에서 사랑하고, 마시고, 미소 짓는 것보다 더 중요한
것들은 많다. 하지만 시인 페르난두 페소아는 사랑과 음식
으로 생명을 부양하는 것, 그리고 이웃에게 미소 짓는 걸 선
이라고 믿었다. 선은 육체에 주어진 기쁨이자 자신을 의미
있는 존재로 만드는 보람이다. 당신은 얼마나 자주 미소 짓
는가? 기쁨이 괴로움 뒤에 온다는 걸 자주 잊고, 작은 일에
도 가까운 사람들에게 화를 낸다면 당신이 정말 선을 위해
분투하는지를 되돌아봐야 한다. 제 욕망을 조절하며 타인을
기쁘게 맞지 않는다면 사랑도 미소도 불가능하다. 더 많이
사랑하라, 즐겁게 먹고 마시며, 더 자주 미소 지어라. 왜냐하
면 그게 제 안의 악을 누르는 선을 위한 분투이기 때문이다.

봄날엔 그 노래를 듣는다

벌써 도타워진 햇볕과 청명한 날은 추위로 웅크렸던 날에
대한 보상이다. 그래서 봄이 온다는 소식은 기껍다. 곧 한파
를 견딘 매화와 산수유에 꽃이 피고, 느릅나무와 버드나무
가지에는 연초록 새순이 돋을 게다. 아침에는 껍질째 사등
분으로 쪼갠 사과에 곁들여 호밀빵과 견과류를 챙겨 먹었
다. 포만의 행복은 없지만 한 끼로 부족하지 않다. 둔덕이나
빈 밭에서 나온 냉이나 달래를 넣은 된장찌개와 머위나 두
릅 같은 나물을 된장이나 액젓과 버무려 들깨가루를 넣어
곁들여 먹으면 좋았을 것이다. 입안에 퍼지는 흙냄새는 기
력이 쇠해진 사람의 묵은 병마저 떨치고 일으켜 세울 만한
봄의 보약이다.

조춘(早春)의 바람 끝은 차다. 이맘 때 유독 알러지가 심
해진다. 연신 재채기를 하고 콧물이 흐른다. 항히스타민류
의 약을 한두 알 먹지만 효과는 일시적이다. 약의 내성을 피
하려면 몸의 면역력을 높일 수밖에 없다. 우리보다 한 세기
를 먼저 살다 간 젊은 시인은 "바람이 부는데/내 괴로움엔
이유가 없다."(윤동주, 「바람이 불어」)라고 노래한다. 바람이 일
깨운 괴로움엔 이유가 없다고 했다. 눈 녹은 물이 종일 흐르
는 하천에는 일찍 겨울잠에서 깬 산개구리들이 모여 우는

데, 어쩌자고 어쩌자고 바람은 우리 안의 괴로움을 일깨우는 것일까.

낮엔 겨우내 덜컹이던 낡은 부엌문 문짝의 헐거워진 경첩의 나사못을 죄고 못이 빠진 판자에는 새로 못을 박는다. 봄볕 아래 낮잠을 자던 고양이들이 기지개를 켜고 하품을 한다. 허기로 출출해져 잔치국수를 끓여 한 그릇을 비우고 약수터까지 올라갔다가 내려왔다. 양지에 의자를 내놓고 무릎에 담요를 덮은 채 책을 읽었다. 책을 얼마나 읽었을까. 봄날의 낮은 까치 꽁지만큼이나 짧다. 누가 서편 하늘에 낡은 피를 한 양동이나 쏟았나? 어느새 뉘엿뉘엿 지는 해는 핏물인 듯 붉은 석양에 잠기지만 그건 아주 잠깐이다. 춥다고 실내에 웅크려 있던 아이들이 운동장에 나와 소리를 지르며 캐치볼을 하다가 돌아간 뒤 저녁답의 땅거미가 내려온다.

살아 있다는 것은 망각과 상실의 세월을 산다는 뜻이다. 어머니가 돌아가신 지 십여 년이 지났다. 어머니 애창곡은 옛 노래 〈봄날은 간다〉였다. 그 노래 말고는 들어본 기억이 없다. 꽃이 피면 같이 웃고 꽃이 지면 같이 울던 알뜰한 그 맹세에 봄날은 간다. 어머니의 노래에 자주 울컥했는데, 그 노래에 어머니의 온갖 슬픔과 시름이 다 녹아 있었던 탓이다. 앙가슴에 쌓인 회한의 내역도 아득해져 이젠 짐작조차 할 수가 없다. 그 아득함에 맞물려 홍콩 영화 전성시대의 배우 장국영이 출연한 영화의 한 대사를 떠올린다. "세상에

발 없는 새가 있다더군. 날아다니다 지치면 바람 속에서 쉰 대. 딱 한 번 땅에 내려앉는다는데 그건 바로 죽을 때지." 어머니는 발 없는 새 같이 살다 떠나셨다. 슬프게도 어머니의 봄날은 짧았다. 어머니가 요양병원에서 돌아가신 것은 이른 봄이다. 침상에 누운 어머니의 하얀 발이 이불 밖으로 비어져 나왔다. 그 발을 무심코 쓰다듬었는데 얼음처럼 차가워서 섬뜩했다. 어머니의 임종 순간 여동생 셋이 일제히 무너지듯 주저앉으며 오열했다. 2월 하순께 장례를 치르고 납골당에 모신 뒤 돌아왔다. 며칠 동안 어머니의 빈자리는 텅 빈 채로 허전했다. 어머니 유품을 정리하고 혼자 있으니 새벽마다 부엌에서 성경을 읽던 모습이 떠올랐다. 어머니는 시름없는 천국을 꿈꾸며 고된 생의 날들을 견디셨던 것일까.

아버지는 거듭된 사업 실패로 노동의 의욕을 잃은 채 오랜 세월 바깥 활동을 접고 집에만 틀어박혀 지냈다. 어머니가 아버지를 대신해 식솔을 챙기셨다. 초등학교 졸업 학벌에 기술도 익힌 게 없으니, 어머니가 감당할 노동은 남들이 다 기피하는 하찮고 궂은일뿐이었다. 이제는 어머니가 영원한 안식을 누리시기를 빈다.

젊은 날엔 봄도, 봄꽃에도 태무심하다가 나이 들어 봄꽃의 화사함을 알아보고 감탄하게 되었다. 부쩍 부고 소식이 잦은 봄날, 병과 죽음은 이렇듯 흔한데, 어쩌자고 어쩌자고 봄꽃은 마구 피어나는가? 담주엔 열일 제쳐놓고 저 먼 곳의 봄 바다를 보러 떠나자. 눈이 시리고 가슴 탁 트일 때까지 통영의 쪽빛 바다를 보자. 중앙시장통 허름한 식당에서 도다리쑥국을 사먹고, 박경리 문학관도 둘러보자. 이튿날을 쌍계사로 건너가 대웅전 부처도 만나고 뒤뜰을 살뜰하게 돌아본 뒤 하동에서 재첩국수 한 그릇을 먹고 상행 열차로 돌아오자.

우리가 아침의 시로 빛날 때

1월이다. 아침이다. 까치가 먹잇감을 물고 날며, 요람에서 아기들이 옹알이를 할 시각이다. 온통 이슬 떨기로 반짝이는 야생 자두나무 한 그루, 맑은 샘, 감나무 가지 위에 날아와 우짖는 박새와 함께 아침이 열린다. 침묵의 벽에서 떨어진 말들이 소리 날개를 단 채로 날고, 어젯밤 태어나 네 다리를 버티고 서서 어미젖을 처음으로 빤 어린 짐승의 등이 금빛인 듯 빛난다. 창백한 황혼과 모란꽃 지는 저녁, 산통으로 울부짖는 산모의 고통으로 얼룩진 긴 밤 지나고 아침이 오는 것은 기적이다. 이 낡은 세계에 아침이 온다는 우리의 믿음은 신실하다. 숲과 언덕들, 낮은 지붕들과 마을을 토해내는 빛 속에서 말하는 사람은 저마다 고귀한 의미의 존재로 떠오른다.

　밤은 도둑처럼 다녀가고, 빛의 무도회가 열리는 아침마다 물결치는 빛은 물상과 세계를 빚으며 움직인다. 빛은 명사가 아니라 동사다. 그것은 사방으로 뻗침, 기쁨의 약동, 일체 구속에서의 해방이다. 누리가 빛으로 물들 때 그것은 정신의 둘레를 감싼다. 빛 속에서 앞뜰과 산수유나무가 나타나고, 산수유 붉은 열매를 쪼는 곤줄박이의 울음소리는 반짝인다. 아침은 우리가 명석한 개별자로 머무를 수 있음을 보장한다. 친구여, 등이 휘도록 삶이 고달프고 사는 게 몸서리쳐진다면 아침의 대파 밭을 보아라. 서로 몸을 기댄 채 혹한을 견디며 파랗게 자라는 대파들을 보아라.

아침은 이 낡은 세계가 최선을 다해 빚는 희망이고 미래이며 피안이다. 희망이 설렘이고 갈망, 불가능한 시간을 향한 기다림이라면 뱃속 허기와 희망은 닮은꼴이다. 허기가 욕구와 만족 사이에 있듯 희망도 비어 있음과 충족 사이에서 번성한다. 희망은 희망이 없는 곳에서 들끓고, 절망에서 나오는 비명은 희망이 끊기는 곳에서 일어난다. 어둠을 무찌른 빛 속에서 세계가 세계로 돌아올 때 그 또렷한 분별 속에서 대지의 지향은 명확해지고, 우리 생의 감각은 되살아난다. 아침과 빛은 세계가 우리에게 돌려주는 은총이고 덕성이 아니던가?

1월이다. 아침이다. 제주 날씨는 내륙의 초봄 날씨와 닮았다. 해안가 식당에서 성게미역국과 김치 한 보시기, 멸치조림, 구운 파래 김, 간장 한 종지가 전부인 소박한 아침식사로 출출한 배를 채웠다. 아내와 나는 식당을 나와 바닷가를 오래 걸었다. 추울 거라고 지레 겁먹고 껴입은 패딩 점퍼가 무겁게 느껴진다. 제주 서부두 앞 방파제 너머 먼 바다 물결은 높지 않다. 하늘엔 분홍색 구름들이 드문드문 떠 있고, 태풍이나 해일 피해를 막으려고 쌓은 테트라포드엔 갈매기와 가마우지들이 떼 지어 앉아 쉬는 중이다. 김포에서 이륙한 비행기는 섬진강과 지리산 봉우리들을 넘어, 광주와 무안, 목포, 해남 상공을 달려와 제주공항에 착륙을 하려고 하강을 한다.

제주 공기는 온화하고, 이마를 간질이는 햇빛의 촉감은 보드랍다. 햇빛은 햇송아지의 첫 울음, 방금 구운 빵, 땅속 구근들의 꿈틀거림, 멀리서 오는 봄의 기척, 움트는 모란과 작약의 꽃망울, 식물의 빠른 성장 따위를 품는다. 어제는 숙소 근처를 산책하다가 길모퉁이 화단에서 저 혼자 만개한 동백꽃을 보았다. 우리가 떠나오며 벗어 놓은 빛바랜 하루와 비겁한 어둠은 저 너머에 있다. 봄의 기척을 가득 품은 대기가 주는 희망과 즐거움은 크다. 내일 아침 우리는 닷새 동안의 제주 여행이 준 즐거움과 보람을 안고 집으로 돌아간다.

1월이다. 아침이다. 빛과 은총이 넘치는 세계에서 우리는 날마다 새로운 사람으로 태어난다. 사람이 비누처럼 마모된다 할지라도 아침의 은총 속에 선 사랑하는 사람은 빛난다. 안녕, 이 녹색별에서 아침을 맞은 당신을 환영해. 누군가가 이렇게 인사한다면 좋겠다. 우연히 만난 사람에게 목례를 하고 상냥한 인사를 나누자. 안녕하세요? 아침 인사는 우리 존재 안에서 튀어나오는 명랑함이다. 시인은 마음을 돌려요, 라는 아침의 말을 우리에게 전달한다. "광부처럼 밤의 갱도로부터 걸어 나오는 아침은 다시 말한다./ 마음을 돌려요, 개관(開館)을 축하해요!"(문태준, 「아침은 생각한다」)＊ 아침이 세계가 개관하는 시각이라니! 눈부시게 쇄신하는 세계를 데려오는 아침의 중심으로 우리는 첫발을 딛고 들어선다.

1월이다. 아침이다. 기쁨으로 아침을 맞지 못하는 자는 의욕을 잃은 자다. 그것은 삶의 어딘가가 잘못 되었다는 징표다. 아침의 경이로움에 감탄하고, 삶의 벅찬 순간들을 더 자주 기억하자. 간밤에 한 줄의 시를 마저 쓰지 못하고 죽은 시인과 열이 들끓는 아이 머리맡에서 뜬눈으로 밤새운 어머니를 기억하자. 늦게까지 일하는 택배 배달원과 밤낮 없이 화재를 진압하러 출동하는 소방대원과 새벽 거리를 청소하는 미화원을 기억하자. 길고양이를 해코지하는 자들, 생명의 연약함에 한 줌의 공감도 없는 자들, 평범한 악에 기대어 제 잇속을 챙기는 자들, 그 비열하고 쩨쩨하게 사는 자들을 비웃어주자. 어제 죽은 자들이 그토록 갈망하던 오늘의 아침은 피로와 무기력을 떨치고 기지개를 켜며 일어날 시각이다. 아침의 공기, 빛, 시간이 우리에게 온 선물이 아니라면 무어란 말인가?

어젯밤에도 늙은 별 두엇이 마지막 한숨을 쉬고 밤하늘에서 사라졌다. 별들이 수명을 다하고 사라지는 우주에서

＊　문태준, 『아침은 생각한다』, 창비, 2022

살아 있음을 가슴에 애련함으로 품자. 몇 만 번의 아침들, 사랑하는 사람과 함께한 날들, 빈자의 식탁에 드리운 가느다란 한 줄기 햇빛에도 감사할 이유는 충분하다. 오랜 슬픔과 낡은 죽음을 떨치고 당도한 아침에 기쁨을 기쁨으로 받아들이지 못하는 자는 우민(愚民)일 테다. 어리석다면 어리석은대로 살아가자. 세계가 빛의 쇄신 속에서 파열하며 수만 개로 쪼개지는 아침이다. 빛으로 물든 세계의 밝은 둘레 속에서 아침의 감각들은 깨어난다. 꽃이 되고 새가 우짖는 이 아침에 깨어난 사람은 누구나 간밤의 죽음과 번민, 숙고와 숱한 머뭇거림에서 다시 태어난 새사람이다.

〈섬머타임〉이란 노래를 좋아하세요?

여름을 정말 좋아한다. 내가 여름을 좋아하는 이유는 〈섬머타임〉이란 노래 때문이다.

여름이란다. 그리고 삶은 평온하지.
물고기는 뛰어오르고 목화는 잘 자랐다네.
오, 아빠는 부자고 엄마는 미인이란다.
그러니 쉿, 아가야, 울지 마렴.

이런 아침이 계속 되면 넌 다 커서 노래하겠지.
넌 날개를 펼치고 하늘을 날 거야.
하지만 그때까지 아무것도 널 해치지 못할 거야.
엄마 아빠가 네 곁에 있으니.

―조지 거슈윈, 〈섬머타임〉

여름이면 이 노래가 가장 먼저 떠오르는데, 이 노래에 담긴 아련하고 슬픈 노스탤지어 때문에 인생의 웬만한 고달픔도 참을 만하다. 내겐 부자 아빠도, 자장가를 불러줄 젊은 엄마도 없지만 〈섬머타임〉이 흘러나오면 심장이 함부로 나댄다.

어린 시절 여름의 이른 아침, 하늘은 맑고 부지런한 외할머니가 비질한 마당은 깨끗하다. 수련 꽃대가 올라오고 참새들은 쩍쩍거린다. 막 잠에서 깨어나 기지개를 켤 때 뒷산에 올라 참나무 진액에 달라붙은 딱정벌레나 풍뎅이를 잡을 생각에 소년의 기분은 붕 뜬다. 먼 데서 수꿩이 울고, 하늘엔 흰 구름이 떠간다. 소년은 수줍음이 많았지만 숲에서는 용맹스러웠다. 아무 시름이나 걱정 없이 여름 숲을 어린 짐승처럼 땀 흘리며 뛰어다닌 소년의 작은 머리통에서는 풀 냄새가 진동했다.

가난했지만 가난이 뭔지를 몰랐다. 자주 배가 고팠지만 가난에 주눅 들지 않았다. 왜 맨드라미는 피었다가 지고, 돼지는 왜 해마다 열 마리나 되는 새끼를 낳는지를, 계절이 바뀔 무렵 장롱에서 꺼낸 옷에는 왜 단추가 하나둘씩 떨어졌는지를, 맹꽁이들은 어디에 숨어 있다가 비올 때만 일제히 나타나서 우는지를, 소년은 몰랐다. 땅거죽을 밀고 올라오는 작약 움이나 느릅나무 연초록 잎을 보면 기분이 좋아졌다. 아름다움이 뭔지도 모른 채 이 세상에는 온갖 아름다움이 흘러넘친다고 생각했다.

마을 언덕바지엔 교회당이 있었지만 소년은 교회를 가본 적이 없다. 소년은 여름 숲을 누비는 놀이의 천재일 뿐, 누구에게 기도해야 할지를 몰랐던 탓이다. 소년은 유황냄새를 맡거나 기차를 타본 적도 없었다. 소년은 제가 열여덟 살이 되고, 서른이 되고 쉰이 되리라고는 상상조차 못했다. 물론 모르는 게 그것뿐만은 아니었다. "왜 죽음은 내 존재를 가득 채우며 고동치고/내 일생을 몇 초(秒)의 날갯짓에 묶어 두는가?"* 그리고 눈[雪]과 태풍, 지구와 붉은 달, 살인과 단두대, 풋사랑의 서글픔이나 피맛 나는 그리움에 대해서도, 소년은 아는 바가 없었다.

눈이 녹고 아지랑이가 피어오르면 꽃들이 피어났다. 어딘가에 탑이 올라가며, 누군가는 죽고 누군가는 새로 태어난다. 슬픈 일도 많지만 세상은 살 만하다고, 소년은 생각했다. 어린 게 눈치가 빠르고 조숙해. 소년은 머리맡에서 어른들이 수군대는 얘기를 들었다. 어른들의 얘기를 더 들으려고 했지만 소년은 어느덧 잠에 빠져들었다. 아름다움은 덧없는 슬픔 속에서 반짝이며 온다는 걸 눈치 챈 소년은 정말 조숙했을까? 소년은 오뉴월 보리처럼 자라나고, 성상 같은 어린 시절은 참 빨리도 지나갔다.

여름이 오면 신들이 태양을 데려다가 노동을 시킨다. 태양의 중노동 덕택에 들에서는 농작물이 자라고 익어간다. 세상을 뜬 사람과 새로 태어나는 사람 사이에서 복숭아나무 가지에 매달린 복숭아가 무르익고, 채마밭을 뒤덮은 녹

---

* 아도니스, 『너의 낯섦은 나의 낯섦』, 김능우 옮김, 민음사, 2020

색 줄기에 달린 둥근 수박에 단맛이 배어든다. 여름의 신들이 가만히 속삭인다. 이 여름은 단 한 번 뿐이야. 여름의 행복도 두 번은 없어. 자, 이 여름의 향연을 맘껏 즐겨라! 눈 떠보면 햇빛 아래 꿀벌들이 수레국화 꽃송이들 위에서 잉잉거리고, 정수리 위에서는 고요의 무아지경이 폭발한다. 강에는 물고기들이 튀고, 텃밭에는 옥수수들이 쑥쑥 자란다. 세계 한편이 전쟁 폭력으로 시끄럽다 해도 다른 한편에서는 엄마들이 요람에 누운 아기를 재운다. 아가, 아무 걱정 말고 잘 자렴. 당신이 집으로 돌아가지 못한 채 먼 곳을 헤매도 세상은 아직 살 만하다. 우리에겐 한 줌의 희망이 있다. 소년은 자라나서 숱한 인연과 그리움을 겪으며 떠돌이별같이 방황했다. 손목을 채웠던 시계들은 다 어디로 갔을까? 사랑의 설렘과 환멸, 우연한 행운에 숨은 악의, 늙음과 병에 대해, 이제 알 만큼 자랐을 때 세상의 빛은 반쯤 사라졌다. 나이가 들며 얼굴도 취향도 달라지지만 변하지 않은 것도 있다. 영혼 깊은 곳을 두드려서 기어코 눈물 몇 방울을 쏟게 하는 〈섬머타임〉을 여전히 좋아하는 것, 그리고 덧없는 슬픔의 영역에 속한 아름다움에 속절없이 매혹 당하는 것이다. 그러니 죽지 말고 힘껏 살아보자.

에밀 시오랑을 읽는 오후

죽음은 피할 수 없는 존재의 한 숙명이다. 우리가 원치 않음
에도 불구하고 존재를 통째로 삼킨다는 점에서 죽음은 무
례하다. 재와 어둠의 바탕에서 불꽃은 살아나지만 죽음에서
는 단 한 사람도 살아서 돌아오지 못한다. 나는 한동안 죽음
의 불가사의함과 공포에서 벗어나지 못했다. 스무 살 무렵
부터 시립도서관을 드나들며 문학과 철학책을 읽고, 또 다
른 열정으로 성경을 완독하고 성서고고학 책 따위를 구해
읽었다. 종교 주변과 그 울타리의 안쪽을 기웃거렸지만 신
앙의 은총으로도 존재의 헐벗음은 가려지지 않고, 존재 소
멸에 대한 원초적 공포에서도 놓여나지를 못했다.

　　지독한 회의주의에 빠져 있던 그 시절, 내 안에 들끓는
혈기방장에 당황하고, 잉여의 자유에 현기증을 느꼈다. 한
여름에 동복을 입고 시립도서관을 드나든 것은 그런 혼돈
속에서 불거진 치기였을 것이다. 내 젊은 날의 의식 형성에
지대한 영향을 끼친 작가를 꼽자면 니체, 니코스 카잔차키
스, 에밀 시오랑을, 그리고 카프카나 카뮈, 사르트르나 하이
데거 같은 실존주의자들을 빼놓을 수 없다. 나는 한 줄기 햇
빛에 감동을 받고, 고전음악을 듣다가 오열했다. 해답 없는
죽음에 대한 상념은 불꽃이 되어 타올랐다. 불안에 대한 처

방을 비관과 회의에서 구했으니, "인간이므로 우리는 나쁜 별 아래에서 태어났다."라는 에밀 시오랑의 비관주의에 마음을 빼앗겨 열광한 것은 당연했을지도 모른다.

여름이 떠난 자리에 하늘은 높고 푸르며 산색은 고운 단풍으로 물든다. 나는 어린 짐승이 소금을 핥듯이 책을 아껴 가며 읽는다. 한적하고 고요한 가을 오후, 동네의 단골 카페에 나와 에밀 시오랑의 책을 읽는다. 생애 처음인 듯 맞는 이 전대미문의 계절은 시릴 만큼 아름답다. 계절의 청신한 감각을 살아서 누리는 기쁨으로 내 가슴은 벅차오르는데, 어딘가에는 '아침부터 저녁까지 무엇을 하십니까?'라는 물음에 '나는 나를 견딥니다.'라고 대답하는 사람도 있을 테다. 인간으로 태어났기에 불행하다고 믿는 사람, 자신의 출생이 자연이 저지른 테러라고 말하는 사람, 태어났음의 불편함에 진절머리를 치며 가장 좋은 것은 태어나지 않은 것이라고 말하는 사람도 있을 테다. 에밀 시오랑이 그런 철학자다.

시오랑은 1911년 루마니아에서 태어나고, 26세 때 국가 장학생으로 프랑스에 간 이래 파리에 정착해서 살다가 그곳에서 죽는다. 40세 때까지 대학 식당에서 끼니를 해결하며 니체, 베르그송, 키르케고르를 공부했다. 밥 사 먹을 돈도 없고 세를 낼 돈도 없는 가난뱅이로 살았으나 돈을 벌기보다는 논문을 쓰고, 철학의 여러 명제를 아포리즘으로 풀어내는 일에 몰두했다. 그는 야심 없는 삶을 살았다. 1995년

알츠하이머로 생을 마감할 때까지 구제할 길 없는 비관주의자이자 회의주의자로서 꼿꼿하게 살았다.

에밀 시오랑은 자주 자살을 입에 올렸다. 다들 그가 조만간 자살할 것이라고 예상했지만 그는 자연 수명을 다 누리고 죽었다. 그의 언행 불일치에 배신감과 분노를 느낀 이들이 왜 자살하지 않았느냐고 묻자, 그는 도리어 마음만 먹는다면 언제라도 죽을 수 있는데, 왜 굳이 자살한단 말인가? 라고 태연하게 반문했다. 시오랑은 사는 것은 죽음이 아니라 태어났음의 재난에서 도망가고 있는 것이라고 확신했다. 태어남의 불편과 재난에서 도망치는 일에 바빠서 미처 자살을 실행하지 못했던 것이다.

더 살아야 할 이유가 없을 때조차도 사람은 자살하지 않고 잘 산다. 왜 그럴까? 개나 고양이가 자살하는 법은 없다. 즉물적 존재로 현재만을 살 뿐인 동물 내면에는 자살의 동기가 되는 절망이 없는 까닭이다. 동물과는 달리 극한의 절망과 불안에 이른 사람조차 자살하지 않는 것은 세상에 웃음, 음악, 내일이 있는 까닭이다. 이 세 가지가 살아야 할 근거들이다. 이것마저 없다면 더 많은 사람들이 자살을 할 것이다. 자살은 환멸과 무기력에 빠진 자의 최후 결단이자 용기다. 더 이상 환멸할 수 없고, 더 이상 절망할 여력조차 없을 때 사람들은 죽음을 택한다.

사람이 웃을 수 있는 능력 때문에 자살하지 않는다는 게 근거가 있을까? 이것은 생각해볼 문제다. 개는 만족감에 꼬리를 흔들고, 고양이는 가르랑거린다. 개나 고양이는 웃지 않는다. 오직 인간만이 웃는다. 웃음 중에서 가장 아름다운 것은 아기의 웃음인데, 보들레르는 순수하고 무해한 어린아이의 웃음을 가리켜 마치 '꽃의 개화'와 같다고 말한다. 웃음은 심신이 이완 상태일 때 터진다. 웃음은 해학과 유머, 유쾌한 농담과 장난기로 인해 촉발된다. 아울러 타인의 실수나 우스꽝스러움에 대한 신경학적 반응이기도 하다. 빙판길에서 엉덩방아를 찧는 사람은 웃음을 유발하는데, 이 웃음은 인간적이면서도 풋내기 사탄의 심술궂은 신경학적인 반응이라고 할 만하다. 타인의 예기치 않은 실수가 우리 안의 무의식적 자만심을 자극해서 웃음을 유발한다. 바보 연기를 하는 코미디언도 우리를 웃게 만든다. 무대에서 열등한 존재로 강등된 어리석음을 연기하는 유랑극단의 광대나 코미디언들의 말과 몸짓은 대중의 내면에 도사린 우월감을 자극한다. 코미디언들은 실수를 하거나 실패할 수 없는 상황에서 실수하고 실패한다. 대중은 이들 어리석은 광대에게서 위안을 얻고, 인생이 견딜 만한 것이라고 낙관을 한다.

웃음을 철학의 명제로 탐구한 바 있는 베르그송은 웃음을 자칫 딱딱해질 수 있는 사회라는 신체의 마디마디에 활력과 여유를 불어넣는 일종의 사회적인 제스처로 보았다. 웃음, 이 신체의 반경련적 움직임은 복잡한 프로세스를 갖고 있다. 이것은 사회생활 중 나타나는 일종의 행동, 언어, 제스처다. 생리학적인 관점에서 웃음은 우리를 옥죄는 신경성 긴장의 방출이고 해소이며, 정신의 경직을 풀어주는 처방이다. 한바탕 웃고 나면 긴장이 누그러지고 굳은 마음은 풀어지는 것도 그런 까닭에서다. 다만 웃음의 대상이 된 사람에게는 굴욕을 안겨주는데, 웃음이 타인에 대한 우월감을 드러내는 동시에 타인의 어리석음과 태만에 내리는 처벌이기 때문이다.

웃음은 어느 순간 경련 발작을 하듯이 자동발사되는 폭탄이다. 정신적 충만감, 행복, 쾌락의 찰나 우리 안에서 신경성 잉여의 방출이 일어난다. 우리가 터뜨리는 흔쾌한 웃음은 인생의 불합리나 불행에서 자신을 보호하고 자존감을 드높이고, 아울러 불안과 절망을 견디게 하는 처방이기도 하다. 웃음은 환희의 시작점이 아니라 그 끝이다. 웃음 뒤에 씁쓸해지고 공허감이 깃드는 이유가 그 증거다. 웃음은 제 안의 강박증적인 불안과 끔찍함을 누그러뜨리는 치료제이자 방어 기제이고, 인생의 고됨, 나쁜 기억, 불행과 공포에 대한 보상이라면, 더 많이 웃는 사람이 더 행복한 사람일 것이다. 과연 에밀 시오랑이 가난과 불안이 옥죌 때 하늘을 보고 한바탕 웃었는지가 궁금하다.

인생이란 누구에게나 전대미문의 사건이다. 암흑과 섬광이 뒤섞인 이 사건을 처음 겪으니 우리는 자주 시행착오나 실수를 저지른다. 인간으로 태어난 것은 우리 의지나 선택의 결과가 아니라 우연일 뿐이다. 태어남이 우연의 지배 아래에서 일어나는 데 반해 죽음은 필연의 일이다. 내가 필멸의 존재라는 인식론적 깨침은 머리 위에 떨어진 최초의 번갯불이었다. 꼭 필요한 것도 아니었는데, 필멸의 존재로써 밥을 먹고, 잠을 자고, 걷는다는 생각은 어린 내가 감당하기에는 고통스러운 짐이었다.

　우리는 날마다 제 죽음을 허공에 묻는다. 그 다음에야 현존의 불을 밝히고 제 생의 날을 살 수가 있기 때문이다. 걷는 사람도 죽고, 공중의 새도 죽고, 숨결이 붙은 것은 다 죽는다. 죽음 앞에서 볼품없이 쪼그라든 인간에게 살아 있음은 과도한 무(無), 활동하는 무, 아무것도 아님, 거대한 속임수일 것이다. 죽음이여, 내 현존을 밝히는 어둠이여. 시인은 사물이나 현상에서 안 보이는 것을 본다. 우리에게도 시인의 직관이 있다면 새를 날아다니는 묘지라고 할 수 있었을까? 물은 흐르는 묘지, 공중은 허공의 묘지, 인간은 걸어 다니는 묘지다. 인간이 의미의 존재라는 믿음이 산산조각 나더라도 생은 아무것도 아니고, 죽음만이 전부다 라고 말하고 싶지는 않다. 나는 에밀 시오랑이 아니다. 먼 곳에 착한 누이들과 잘 웃는 조카들이 살고, 산기슭엔 구절초와 쑥부쟁이와 벌개미취가 한꺼번에 꽃을 피운 채 바람에 흔들린다. 지금 이 순간 나는 살아 있어서 좋다.

가을에 살아 있음을 기뻐하라

가을은 자기만의 방식으로 질서를 세우며 밀도 높은 고요를 안쪽에서부터 확장해간다. 모과나무 가지에서 모과가 익어가고, 행성은 제 궤도를 이탈하는 법이 없으며, 물은 더 낮은 데로 흐르는 관습을 어기지 않는다. 한해살이풀들이 시들어 버석거릴 때 철새는 편대를 이루고 북쪽에서 날아온다. 가을은 가을 그대로 완벽한 탓에 저탄장의 석탄은 더 이상 까매질 필요가 없고, 젖소에서 짜낸 우유는 더 이상 하얘질 필요가 없다.

가을은 외롭고 슬픈 영혼들의 합주로 완성되는 계절이다. 달이 지휘자라면 물은 겸손하게 낮은 곳에서 저음의 음역대를 맡고, 밤의 정적을 깨며 우는 풀벌레들은 높은 소프라노 파트를 맡는다. 가을에는 누군가에게 고해성사를 하고 싶다는 생각을 하게 된다. 대성당의 늙은 신부이든 해안가에 뒹구는 조약돌이든 상관이 없다. 누구라도 내 고해성사를 받아준다면 나는 더 단순해지고, 더 착해질 것만 같다.

우리는 단 하나의 삶과 동시에 하나를 변주한 여러 삶을 산다. 여럿의 삶은 여러 자아를 요구하는데, 내 자아의 가장 밑바닥에는 시골 사람이 있다. 그러나 나는 시골을 잃어버렸다. 시골은 장소나 자연이 아니라 돌아갈 수 없는 시간이고, 상실한 낙원이며, 깊은 흉터를 남긴 기억이다. 나는 풀숲에서 새 둥지를 찾고, 봉분이 무너진 무덤가 구덩이에서 뱀이 떼를 지어 엉겨 있거나 비온 뒤 마당에서 물고기들이 파닥거리는 걸 보며 어린 시절을 보낸 사람이다. 자연에서 죽고 사는 일은 다반사다. 죽을 수밖에 없는 생명들을 연민하는 것은 시골 사람의 덕목이다. 내 안의 시골은 멸실되고, 어린 시절에 길러진 덕목은 사라졌다. 이건 나고 죽는 일의 신비와 자연의 관대함을 잃어버린 탓이다.

나는 고만고만하게 규격화되고, 목적지향적인 삶을 따른다. 도시 사람이 도덕의 완성이나 영혼의 점진적 성장을 중시하지 않는 것은 도시에서는 자신을 극복하는 게 아니라 타인과의 경쟁에서의 승리만을 중요하게 여기는 탓이다. 씨를 뿌리거나 열매들을 땀 흘리며 손으로 딴 적이 없는 사람들은 마트에서 잘 익은 복숭아와 향기로운 포도를 고르고, 도정된 쌀과 포장육을 산다. 도시 사람들은 처세에 능란한데, 이것은 위선에 능란하다는 뜻이다. 위선의 본질은 착함의 모방이다. 위선은 최선을 다해 착함과 비슷하게 보이기를 원한다. 그렇다고 진심에서 착함을 지향하는 법은 없고, 다만 착함의 평판과 보람을 편취하려는 욕심을 품을 뿐이다. 위선은 선이 될 수 없고, 선을 대체할 수도 없다. 착함은 대가를 지불해야 하는 덕목인데, 위선은 어떤 대가도 지불하지 않는다. 역설적으로 정념이 격렬하게 작동하는 거친

야만이 착함이라면, 위선은 정념이 빠진 공허한 세련됨이다.

만인의 만인에 대한 투쟁으로 늘 시끄러운 도시에서는 누구나 눈 먼 자들의 시장에서 거울을 팔며 냉혈한처럼 복잡한 계산을 재빠르게 처리한다. 인터넷으로 먼 나라의 전쟁 뉴스를 검색하고 국내 주가의 등락을 주시하고, 주말엔 경마장엘 가거나 굴 요리를 먹는다. 술집에 모여 떠들썩한 사교를 즐기고, 자기 과시를 하는 일에 열을 올리지만 그렇다고 재산을 탕진하거나 알코올 중독자가 되지도 않았다. 나는 젊은 나이에 이미 허영의 깃발이 나부끼는 도시에서 성공을 거뒀지만 정작 갈망하는 삶에서 멀어지고 있음을 깨닫고 절망했다.

가을의 온갖 유실수들이 열매들을 데리고 돌아온다는 것은 기쁜 일이다. 만물은 만물로써 무르익고, 슬픈 것은 슬픈 것대로 제 영혼을 정돈한다. 숱한 실수를 저지르고도 끝내 성숙하지 못했음을 깨닫는 일은 뼈아픈 일이다. 잘못 살았다, 잘못 살았다. 회한이 잘 벼린 칼이 되어 영혼의 가장 깊은 곳을 벨 때 가을밤의 풀벌레들은 저 너머의 다른 세상이 있다고 우리에게 속삭이는 듯하다. 물론 나는 이 세상 너머의 다른 세상이 있는지 없는지를 모른다.

생명을 소진한 것들이 덧없는 소멸의 순간과 마주한다. 가을의 열매들은 제 무게를 못 이겨 땅에 떨어지고, 이 생이 처음이라고 울던 풀벌레들은 소슬한 죽음을 맞는다. 여름

내내 사납게 울던 매미 떼가 늦가을 아침 휴양지 산책로에 떨어져 젖은 날개를 파닥거리며 죽어갈 때 내 안의 생체시계는 외로움으로 떨며 째깍거린다. 아, 삶을 두 번 살 수 있을까? 두 번째 삶이 주어진다면 똑같은 실수를 저지르지 않을 수 있을까? 삶을 두 번 살더라도 실수를 되풀이하고 허둥거릴 게 분명하다. 나는 슬플 때 홑이불을 적시며 우는 어린 사람으로 살기를 바란다. 그리고 나는 소망한다. 지금 이 순간을 생동과 도약의 기회로 삼기를, 죽음을 영원한 부동으로 분별하기를, 덧없이 죽어가는 생명을 연민으로 품게 되기를!

달리기의 경이로움

내 꿈은 마라톤 선수가 되는 것이었다. 마라톤 경주를 볼 때 내 심장은 쿵쿵대며 뛰었다. "커서 무엇이 될래?"라고 물으면 나는 망설이지 않고 "마라톤 선수요."라고 대답했다. 중학교 시절엔 텅 빈 운동장에서 혼자 달렸다. 심장이 파열할 듯한 고통이 덮쳤지만 달리는 것이 좋았다. 달릴 때 몸과 내(자아)가 합일하는 느낌, 몰입, 고통을 초극하려고 분투하는 내 자신이 좋았다. 마라톤은 신체의 가능성을 저 끝까지 밀고 나가는 운동이다. 나는 그걸 아름답다고 여겼으나 그 아름다움을 향한 내 욕망은 가당치 않았다. 러너로서의 내 능력치는 그저 교내 운동회에서나 뛸 만한 수준이었다.

본업은 생물학자이지만, 울트라 마라톤에 도전할 만큼 달리기에 진심인 베른트 하인리히의 『뛰는 사람』을 읽었다. 그는 어쩌다가 장거리 경주라는 이 무모하고 고통을 자초하는 운동에 자발적으로 뛰어들었을까? 박각시나무, 뒤영벌, 나비, 꽃등에, 춤파리, 쇠똥구리, 까마귀, 큰까마귀, 딱따구리, 붓꽃, 미국밤나무, 청설모 등에 관한 여러 편의 실험논문을 쓴 생물학자가 펼치는 달리기에 대한 깊은 이해는 나를 흥분시킨다. 생명과 생명체, 환경과 생리, 내분비계와 삶의 속도의 연관성, 수명과 노화의 비밀 등에 대한 깨우침은 일상의 나른함을 넘어서는 경이와 함께 내가 모르는 다른 세상을 열어주고 뇌에 새뜻한 자극을 준다.*

인류는 야생의 도살자이자 포식자인 영장류의 후손이다. 우리 선조들은 사자나 표범 같은 동물과 달아나는 영양이나 가젤을 사냥하기 위해 경쟁을 벌였는데, 이때부터 달리기란 생존을 위한 활동이고, 인간종의 본성으로 굳어졌을 테다. 자연에서 이동성과 속도는 생존과 직결되지만 인간의 달리기 능력이 다른 경쟁자들보다 뛰어나다고는 말할 수 없다. 인간은 자동차와 비행기 같은 동력 도구를 이용해 이동성과 속도를 경이적으로 높일 수 있었다.

인간은 왜 달리는가? 피로골절 같은 부상의 위험에도 불구하고 우리는 왜 달리기 운동을 멈추지 않는가? 달리기는 팔을 흔들고 다리를 연속으로 내딛는 동작이 아니다. 그건 달리기의 일부 동작에 지나지 않는다. 달리기란 몸을 쓰는 운동이고, 식량이란 원재료로 쌓아올린 "과도하게 복잡한 구조물"인 몸을 태우는 일이다. 마라톤 경주자에게 항상 문제가 되는 것은 체열이다. 몸의 생리를 거스르며 뛰는 동안 내부의 열과 외부에서 유입된 열로 몸은 가열되는데, 이때 뇌의 체온조절 시스템이 작동해 말초 혈류를 통해 체열

을 낮춘다. 만일 체열이 계속 상승하면 몸에 과부하를 일으키고 결국 심각한 사태에 빠질 것이다.

우리가 달릴 때 들도 산도 달리고, 나무도 구름도 함께 달린다. 달리기에 매혹당한 사람들은 곧 깨닫는다. 몸의 생체역학적인 구조는 인간이 먼 거리를 달리기 위해 진화해왔음을. 사람들은 저마다 다른 이유로 달린다. 마라톤은 격렬한 활동의 지속이고, 체력이 고갈되고 에너지가 방전될 때까지 달리는 운동이다. 달리는 동안 몸에서 일어나는 변화를 관조할 기회를 부여하는 마라톤은 달리는 것 그 이상이다. 그것은 육체 근력을 단련하는 수련이자 동시에 정신적이고 영적인 존재를 위한 수행인 것이다.

달리기는 무력감을 떨치고 자존감을 키우는 계기를 준다. 누군가에겐 인생을 바꾸는 계기였을지도 모르는데, 조지 쉬언은 이렇게 말한다. "내면의 풍경을 새롭게 바라볼 수 있게 했다. 나는 내 안의 아래 위, 안과 밖, 내 불안한 존재와 변화 과정을 받아들였다. 나는 최선을 다했다."* 달리기의 효과를 건강 증진이나 수명 연장에 두는 것은 그 가능성을 작게 보는 것이다. 최선을 다한 달리기는 우리 존재를 바꾸는 마법을 품은 운동이지만, 이것이 수명을 연장한다는 어떤 증거도 없다.

---

* 조지 쉬언, 『달리기와 존재하기』, 김연수 옮김, 한문화, 2020

나는 달리기가 대지 위에 문을 열고 제 안에 불을 지펴 자기를 태우는 일이라고 생각한다. 달리는 자들은 바람을 뚫고 달리지만 동시에 자기 육체 안에서도 달린다. 그들은 달리고, 달리고, 달린다. 인류라는 건각의 무리에 합류해 달린다. 누군가는 살을 빼기 위해서, 혹은 탄탄한 신체를 갖고 싶어서 달린다고 말한다. 하지만 나는 상처와 슬픔을 넘어서기 위해, 내 태어남의 불운을 지복으로 바꾸기 위해, 내 피의 암울함을 넘어서기 위해, 내가 생에서 거둘 열매와 미래를 위해 달린다. 처음엔 달리기의 단순함과 순수함에 매혹되었지만, 그 다음엔 달릴 때 살아 있음을 실감하면서 그 즐거움에 빠져들었다. 달리기는 내 안에 각인된 타고난 본성, 미처 알지 못한 정체성이었을지도 모른다. 나는 달리기에서 살아가는 데 필요한 많은 것을 얻고 배웠다. 한계를 초극하는 용기, 인생이란 여정을 견디는 지구력, 그리고 평균적 인간보다 윤리 감각을 높이기가 달리기가 준 선물이다.

봉오리는 만물에 있다

우리는 집이란 장소에 닻을 내린다. 우리가 집에 붙박이 거주자로 즐거워하며 머무는 동안 공기, 빛, 공간, 시간들이 봉오리처럼 피어날 때 삶의 찰나들도 함께 피어난다. 거주의 안정감과 휴식과 재충전의 보람을 주는 집이 없다면 그런 지복을 누릴 수 없는데, 그런 까닭에 집은 기적을 영접하는 장소, 가족애와 생의 연대에 늘 감탄하는 장소다. 집이 있다면 기뻐하라! 아침에 창문을 열어 찬 공기를 들이마시는 것, 산수유나무가 피운 노란 꽃을 반기는 것, 낮에 하얀 빨래와 어린것의 운동화가 마르는 기적에 감탄하라!

암컷 늑대가 새끼를 품듯이 집은 우리를 품고 영혼과 미덕을 기를 기회를 준다. 내면과 기억을 빚는 생활의 공간, 안식처이자 추억의 둥지인 집이 없다면 삶은 거칠어지고 영혼은 울퉁불퉁해질 것이다. 집은 은신처이자 치유의 공간이다. 그런 공간이 없다면 대상포진을 앓거나 부러진 뼈가 살갗을 꿰뚫고 나온 자의 실존은 취약해질 것이다. 집이 있다면 병이 낫고 상처가 아물 때까지 기다려주련만! 무주택자는 병과 상처를 안고 거리를 떠돈다. 비범하든 평범하든 집은 모두에게 평등하게 주어져야 한다. 집에 대한 당신의 탐욕 때문에 집 없는 사람이 생긴다면 그걸 수치로 여겨야 한다.

집은 맹수처럼 으르렁거리는 불순한 기후를 견디는 피난처다. "집은 폭우 아래에서 등을 세우고, 허리에 힘을 준다."[*] 집은 사면 벽으로 둘러쳐진 공간인데, 사람들은 집의 보호 아래 비밀과 사생활을 기르며 고독의 시련을 견딜 용기를 키운다. 집은 모성으로 품고 보듬고, 문을 여럿 가진 어머니다. 품고 베푼다는 점에서 집과 어머니는 하나다. 어머니는 말썽꾸러기 아들의 외투 단추가 떨어졌을 때 반짇고리에서 찾은 단추를 새로 달고, 헤진 양말을 정성스레 꿰매셨다. 끼니때는 밥을 짓고, 배춧국을 끓이셨다. 나는 오랫동안 배부르고 평온한 저녁들이 다 저절로 온 것인 줄만 알았다. 고요와 평안이 넘치던 그 저녁이 아버지의 노동과 어머니가 종일 허리가 굽도록 수행하는 가사노동의 결과라는 걸 한참 뒤에야 깨달았다.

집이 있다면 더 많은 인생의 시작을 실행에 옮길 수 있다는 점에서 집은 삶을 풍성하게 만들 더 많은 기회를 준다. 가난한 사람들은 오랫동안 집 없이 살아야만 한다. 나 역시 집이 없던 젊은 날엔 툭 하면 살림살이를 꾸려서 셋방에서 셋방으로 이사를 다녔다. 외풍이 센 집에도 살고, 장마 때 빗물이 새서 천장에서 물이 쏟아지는 집에도 살았다. 젊은 시

---

[*] 가스통 바슐라르, 『공간의 시학』, 곽광수 옮김, 동문선, 2003

절 저 서울의 동쪽 둔촌동의 아파트 대단지 아파트에 입주할 수 있었던 건 행운이 따랐기 때문이다. 누군가 이사를 나간 그 아파트 내부의 묵은 때를 벗기고 도배를 새로 하고 이사한 첫날 밤 잠을 이루지 못했다. 내 이름으로 등기된 첫 아파트에 입주했을 때 젖니가 막 돋았던 막내는 성장해서 내 품을 떠났다.

집이 요구하는 의무는 숭고하다. 부지런히 식구를 부양하며, 좋은 취향을 기르고, 세상의 불확실성을 확실성으로 바꾸는 것에 보탬이 되는 존재가 되어야 한다는 것, 그것이 집이 우리에게 요구하는 의무다. 집을 가졌다면 음악을 듣고 책을 읽어라! 제 안의 아름다움을 찾아내고, 타인의 고통을 외면하지 말라! 먼 곳을 동경하고, 제 행동의 결과인 나쁜 운을 타인의 탓으로 돌리지 말라!

살고보니, 내가 산 집은 곧 내 운명이었다. 시인 골웨이 키넬은 사람도 집도 다 봉오리라고 노래한다. 기쁨과 웃음으로 세운 집이라면 어찌 그것이 꽃봉오리가 아니라고 말할 수 있을까? 이 봉오리 속에서 삶을 보듬고 키우며 찰나를 딛고 영원을 느끼는 사이 분유를 먹던 아기는 성큼성큼 자라고, 눈보라 치는 혹한과 장맛비를 걱정하던 어른들은 늙어가며 원숙해진다. 청미래 같이 파릇하던 자식들이 자라서 제 갈 길을 가고, 마지막에 집에 남은 건 늙은 지어미와 지아비뿐이다. 사람도 늙고, 집도 늙는다는 것은 세상이 다 아는 진리다. 세상의 기후를 견디느라 지붕과 기둥이 낡고, 문의 쇠붙이 장식들은 부식하고, 벽에 칠한 페인트도 벗겨진다. 언젠가 우리가 이 낡은 집과 이별할 때를 맞는다 해도 염려하지 말라. 옛집을 떠나보내면 새집이 온다. 집은 먼 곳에서 오는데, 우주 어딘가에는 우리가 살 집이 마련되어 있는 것이다. 지금 집이 없는 건 우리에게 집이 올 시간이 도래하지 않은 탓이다.

여운공락(與韻共樂), 딱 네 자다

봄밤은 표토를 뚫고 솟는 원추리 촉처럼 자라난다. 이 찰나 땅속 둥근 뿌리들과 하늘의 별들도 자라날 테다. 당신은 감나무 잎사귀만 한 귀를 열어 봄밤의 속삭임을 듣는가? 살아라. 피어나라. 뻗쳐라. 솟구쳐라. 사랑하라. 죽음과 망각을 뚫고 솟아난 것들이 봉오리를 맺는 봄이다. 곧 봉오리들이 일제히 터져 사방에 기쁨을 흩뿌릴 것이다. 기억하라, 당신과 나도 한때 봉오리였음을!

매화 향기가 고운 입자로 떠도는 봄밤, 나는 북악산 능선의 택지에 나지막이 앉은 한 미술관에 도착한다. 불면하는 이들에게 밤은 우정을 베풀지 않는다. 불면은 잉여의 의식이 바글거리는 틈이고, 잠들지 않음으로써 밤의 종교를 등진 배교자들은 그 틈에 웅크린 채로 무기력하게 허공을 노려본다. 관람객 없는 미술관에서 하룻밤을 보내야 한다고 했을 때 주저한 것은 내가 불면의 시간을 사랑하지 않는 까닭이다. 불면의 메마름이 의식을 찢고, 고독의 응집 속에서 자아의 심지를 촛불처럼 태우는 일은 마뜩치 않다.

서예가 일중 김충현(1921~2006)은 이 집에서 마지막 글씨를 썼다. 운을 나누며 함께 즐거워하라는 뜻이었을까? 아마

노구의 헐거워진 근육과 뼛속에 남은 힘을 모두 끌어다 네 글자를 쓰고 만금 같이 무거운 붓을 마침내 내려놓았을 테다. 아이가 쓴 듯 소박한데, 그 절필의 순간 노대가의 마음에 소용돌이쳤을 소회를 다 헤아릴 길은 없다. 붓이 머물다 떠난 텅 빈 종이에는 붓놀림의 흔적만 여실하다. 종이는 먹물을 빨아들이는데, 종이엔 붓의 망설임, 휘몰아치는 결단과 파국, 단호한 맺음의 흔적이 남는다.

북악산 아래 자리한 '보현재(普賢齋)'는 예서(隸書)의 대가인 일중이 말년의 거소로 삼았던 한옥이다. 그 한옥을 고쳐 얼마전 2층으로 된 미술관을 개관하고, 이 글씨를 이곳에 걸었다. 일중은 중동중학 1학년 신분으로 서예 공모전에서 한글 서예로 재능을 뽐냈다. 조선 선비 김상헌의 14대손 일중은 선각들이 이룬 정법을 본받고 따르되 매이지 않고, 표현의 자유로움을 어여삐 여기며 자신만의 필법을 세웠다. 몸을 먹과 함께 갈아 종이 위에 쏟은 예인과 그 소슬한 성취에 우리는 겸손해야 한다. 한글과 한문 서예에 능통하고, 현판, 주련, 서책 이름, 기문, 상량문 등에도 두루 필적을 남긴 일중에게 서예는 불가능한 것에의 투신이고, 깨달음의 집약이며, 예도의 완성이었을 것이다.

서예는 글씨인가, 혹은 그림인가? 나는 그런 범박한 물음을 품은 적이 있다. 붓은 돛 단 범선이 바다를 가르며 나가듯이 화선지 위에 미끄러지고 흐르며 휘감는 놀음으로 글자를 짓는다. 붓은 필기도구가 아니라 유희의 도구인 셈이다. 문자는 항상 흘러간다. 흐름이 포획하는 것은 풍(風)과 골(骨)과 채(彩)다. 셋의 어울림 속에서 서예는 얼의 깊이와 관능적 품격을 얻는다는 점에서 서예는 필묵의 자취로 구현하는 표현예술이자 문학과 시각예술이 섞이고 스민 융복합 장르일 것이다.

1층 안방은 일중의 작업실이었는데, 지금도 보료가 깔려 있고, 몇 겹 접힌 낡은 가죽이 놓인 좌식 탁자가 있다. 일중은 가죽을 펼친 뒤 무릎을 꿇은 채 일필일획(一筆一劃)에 혼을 담아 글씨를 썼을 것이다. 달의 인력은 바닷물을 끌어당기는데, 마치 달의 인력에 이끌리듯 나는 탁자 앞에 앉는다. 탁자 위에 노트를 펼치고 들숨과 날숨을 고르게 내쉬며 소회를 몇 글자에 담아 적는다. 한 사람은 글을 쓰고, 한 사람은 글씨를 썼다. 글과 글씨는 분별이 엄연하지만 둘은 저 깊은 데서 상통한다. 글이 얼이라면 글씨는 얼을 담는 수단이다. 세대를 넘는 교감의 찰나가 스쳐 갈 때 일중과 나는 닮은 듯 다르고, 다른 듯 닮았음을 깨닫는다.

붓글씨는 어떻게 예술의 작위를 얻었나? 서예는 붓의 예술이 아니라 텅 빈 손목의 예술! 손목의 힘을 빼서 붓을 자유자재로 놀리되 그 안에서 문자의 균형과 조화를 찾는 것이다. 서예는 피의 불가결한 기질과 기분과 취향에서 리듬을 구하고, 대의와 가치관에서 그 형식의 심오함을 얻는다. 비약하자면, 유교 문화권에서 자기 수양과 교양의 중추라는 소명을 다한 붓글씨는 의고주의(擬古主義) 예술로 잔존의 명분을 찾아낸다.

묵향이 흐르는 고적함 속에서 나는 무엇을 보고 느꼈나? 일중에게 서예는 보상 가능한 꿈을 좇는 일이었을까? 나는 차 몇 모금을 목구멍으로 넘기고, 전시물들 앞에서 멈추고 서성거렸다. 대상과 바라봄 사이에는 늘 불꽃이 일어난다. 나는 빽빽한 고요의 밀집 속에서 일어나는 붓의 스침과 흐름의 기척에 귀를 기울이며 작은 안녕과 고즈넉한 평화를 얻는다. 혼돈과 별의 찬란함을 품은 채 밤이 스러지고, 새벽은 저 먼 데서 온다. 일출 직전 희부윰한 빛이 북악 능선을 돋을새김으로 드러낼 때 나는 완전연소가 된 듯하다. 밤을 지새는 그동안 내 수염이 자랐을 테지만 한 예인의 고투를 톺아보고 사색하기엔 부족한 시간이다. 지난 자정의 나와 이 새벽의 나는 동일한 사람일까? 이 하룻밤이 내면 형질 어딘가를 미묘하게 바꾸었을지도 모른다. 보현재 문을 열고 나서며, 나는 봄밤의 노동을 잘 마쳤다는 기쁨과 안도감에 숨을 깊이 들이마신다.

생뚱맞은 무라카미 하루키 씨 이야기

바다 건너 무라카미 하루키(1949~)씨가 새 소설을 펴냈다는 소문을 들었다. 하루키 씨는 스웨덴 한림원이 노벨문학상 후보로 굳이 콕 집어 호명하지 않더라도 이미 일가를 이룬 작가다. 그의 소설은 수십 개의 언어로 번역되어 선풍을 일으켰다. 그는 카프카상이나 예루살렘 문학상 같은 세계의 유명 문학상을 거머쥐고, 해마다 노벨문학상에 가장 근접한 작가로 호명된다. 실종과 추적이라는 미스터리 플롯을 선호하고, 사람의 감성을 건드리는 감각적인 문장을 구사하며, 페이지터너로 명성을 얻은 하루키 씨의 첫 번째 정체성은 소설가이겠지만 그밖에 번역가, 에세이스트, 철인3종 경기를 뛰는 생활체육인, 애묘인, 미국과 그리스, 이탈리아 등을 떠도는 호모노마드라고 해도 틀림은 없을 테다.

와세다 대학 동문인 아내와 함께 장인에게 돈을 빌리고 은행에서 융자한 자금을 보태 호기롭게 재즈 카페를 꾸리던(장사가 잘 됐다고 한다) 하루키 씨는 19세기 러시아 소설과 페이퍼백으로 나온 영미소설을 마구잡이로 읽다가 갑자기 중편소설을 써서 한 잡지의 신인공모에 당선하면서 작가로 직업을 바꾼다. 와세다 대학 문학부 영화연극과 시절엔 줄기차게 미국의 소설과 영화, 재즈 따위에 열광했다. 탈일본

적 문화 환경이 빚은 하루키 씨의 감성 세계는 일본 문학의 전통 정서나 탐미주의에서 비켜서 있다. 그가 등단할 무렵 일부 비평가들은 그의 소설을 두고 '버터 냄새가 난다'느니 '다방 주인 문체'라고 비아냥거렸지만 무국적 취향과 탈일본적 감성은 서구의 원심력을 좇으면서 일본이라는 중심에서 한껏 멀어진 결과일 것이다.

하루키 씨는 1960년대에 소년기를 보내고 대학에 들어온 일본 '전공투' 세대의 일원이다. 전후 폐허에서 경제 부흥을 일군 기성체제에 저항한 이 세대는 현실의 대안으로 꿈꾸던 혁명에 실패하고 투쟁의 연대가 와해되면서 개별자로 뿔뿔이 흩어진다. 이들은 마치 누에가 고치로 숨듯 자기세계로 숨어 가족과 떨어진 채로 살며 자아라는 참호에 웅크린 외톨이로 변한다. 하루키 씨가 자주 묘사한 '히키코모리 현상'은 가족 해체와 중산층의 와해 조짐을 암시한다. 카페 영업을 끝내고 자정 무렵 주방 식탁에서 써내려간 등단작 『바람의 노래를 들어라』와 잇달아 내놓은 『1973년의 핀볼』 같은 초기 소설은 '레종 데트르'를 잃고 맥주와 연애, 사소한 것에 집착하며 방황하는 '상실의 세대' 초상을 잘 그렸다.

거대담론의 시대에서 미시담론의 시대로, 역사의 문제에서 개인 자아의 문제로 선회하는 20세기 후기의 작가 하루키 씨는 누구보다도 개인 실존과 페이소스를 담은 스토리를 빚는 데 뛰어난 솜씨를 드러낸다. 소설의 기본형은 '아버지(기성체제)와는 불화하고, 모호한 이유로 사라진 여자(소울메이트)를 쫓는다'이다. 이 기본형에 '하루키 코드들', 즉 현실과 비현실의 혼재, 관계의 파탄, 작중 인물들의 혼란과 긴 여행, 성애, 고급스런 기호와 취향의 편린들, 갑자기 나타난 조력자에게 도움받기 등을 겹쳐낸다. 하루키 씨는 특유의 코드를 엮고 펼치며 선과 악으로 뒤얽힌 묵시록적 세계를 조형해낸다.

지금 여기의 세계는 자명한 것들로 만들어진 복잡계다. 육체의 자명성, 타자의 자명성, 날씨와 계절의 자명성, 법과 도덕의 자명성 속에서 나날의 세계는 잘 굴러간다. 우리는 이 자명성을 경험과 사건으로 겪어내는데, 이 자명성 뒤에 '다른 세계'가 숨어 있다. 하루키 씨가 『1Q84』에서 그린 두 개의 달이 뜨는 세계의 모습이다. 개별자의 불행과 운명을 빚는 자명성과 이것을 차폐막 삼아 숨은 '다른 세계'는 상호 영향을 주고받는 관계다. 현실과 연접된 이 '다른 세계'는 어딘지 모르게 뒤틀려 있고, 그 뒤틀림 속에서 악과 거짓이 번성한다. 하루키 씨가 가벼운 상상력에만 의지한다는 건 착각이다. 그건 표면일 뿐이다. 그는 종종 어두운 묵시록적 상상력이라는 이면을 취하는데, 이런 경향은 『양을 찾는 모험』과 『댄스 댄스 댄스』에서 발화되어 『해변의 카프카』를 거쳐 『기사단장 죽이기』까지 이어진다. 개인의 시간은 탄생에서 죽음으로, 근원에서 종말로, 나타남에서 사라짐으로 흘러간다. 하루키 씨는 일상에 편재한 동시대적 징후들을 품고, 지금 여기에서 저편 너머로 사라지는 시간의 흐름이 만드는 투명한 슬픔과 허무주의에 조응한다. 작가로서 그의 역량은 『세계의 끝과 하드보일드 원더랜드』에서 만개한 바 있는데, 그 뒤로 소설 구조는 더 복잡하고 심오해진다.

하루키 씨는 무거운 주제를 쓸 때조차 무겁지 않을 것, 세계의 표면을 스쳐지나가는 것들을 포착할 것을 모토로 삼는다. 거기에 멜랑콜리와 가벼운 유머, 몇 스푼의 유희적인 것을 뒤섞는다. 일본이 타국에 저지른 전쟁 범죄에 대한 반성을 촉구하며 인류 보편의 윤리를 옹호하는 그의 역사관은 예루살렘 문학상 수상소감에서 잘 드러난다. 하루키 씨는 인간을 "깨지기 쉬운 껍질 속에 담긴 고유하고 대체할 수 없는 영혼"으로 보는데, "높고 단단한 벽과 그 벽에 부딪혀 깨지는 달걀이 있다면, 언제나 달걀의 편에 설 것이다."라는 천명 속에 그의 윤리관은 두드러진다. 동아시아를 넘어 미국과 유럽에까지 퍼진 '하루키 키드들'이 동시대성을 품으며 약자의 편에서 거악과 맞서는 하루키 씨의 소설에 열광하는 이유를 짐작하는 것은 어려운 일이 아닐 테다.

해마다 단풍이 들기 시작하는 10월쯤엔 그간 소식이 뜸하던 신문사 문화부 기자들에게서 연락이 온다. 올해도 하루키 씨가 노벨문학상 수상이 유력하니, 미리 원고를 준비해주세요. 그렇게 기자의 청탁을 받아 쓴 원고들은 하루키 씨의 노벨문학상 수상 실패와 함께 번번이 휴지 조각이 되어 날아간다. 생뚱맞게 왜 하루키 이야기냐고? 맞다. 가끔 흰 구름이 하늘에 둥실 떠가는 날의 오후에 풀밭에 누운 채 하루키 씨 소설이나 에세이를 읽고 싶어지는 것과는 아무 상관이 없이 튀어나온 얘기다. 뭐, 그렇다는 얘기다.

아무것도
하지 않는 날에

일어나는
일들

나는 이상한 미래에서 왔다

사람들이 떠난 빈집만 늘어난 시골에는 노인들, 허공을 향해 짖는 개들, 땅에 반쯤 묻힌 채 펄럭이는 페비닐, 농약병만 나뒹군다. 사람 온기가 사라진 시골은 조개무지, 고인돌, 옛사람의 유적만큼이나 고적하다. 빈집들이 늘고 사람의 북적임이 사라지며 촌락공동체는 깨진 지 오래. 그런 스산한 환경에서 10여 년을 넘게 밥 끓이며 고라니가 울어대는 밤이면 혼자 사는 자의 슬픔과 기쁨을 겪었다.

영산홍이 피었다 지고, 봄비가 다녀간 뒤 원추리 싹이 지표를 창끝처럼 밀어올린다. 새로 돋는 작약 움은 착한 소년 같았다. 영양분을 머금은 노오란 햇빛 아래 작약 꽃이 피고 나비는 우표만한 날개를 접었다 펴기를 반복했다. 버드나무 가지가 연둣빛으로 물들 무렵 직박구리가 감나무 가지에 와 울고, 나는 닷새마다 돌아오는 안성 장에 나가 나무시장에서 묘목 몇 주를 사다 심곤 했다. 사오년생 모란과 배롱나무 몇 주를 심었지만 냉해로 뿌리가 말라 죽었다.

이른 봄날 시린 무릎에 담요를 덮고 장자와 노자를 읽고, 강희안의 『양화소록(養花小錄)』이나 서유구의 『임원경제지(林園經濟志)』를 들춰보거나 들뢰즈의 책들을 꾸역꾸역 읽었다. 경제활동이 없던 내 사정을 안타깝게 여긴 누군가가 달마다 책을 사보라고 50만 원을 보내주었다. 단 한 번 만난 사이인 내게 조건 없는 호의를 베풀었는데, 나는 그 돈으로 양식처럼 새 책을 사들여 꾸역꾸역 읽었다. 그 쓸쓸한 밥을 삼키던 외로운 날에 독서가 무슨 쓸모가 있었을까. 목전의 필요에 닿지 않는 무용한 열정이던 독서 행위는 어쩌면 영원에 가닿으려는 불가능한 시도이자 침묵의 신에게 드리는 기도였을지도 모른다.

산에서 저수지로 흘러드는 하천에서 산개구리들이 시끄럽게 울었다. 호오이, 호오이. 첨엔 새가 우는 소리인줄 알았는데, 한두 해 뒤 누군가 짝짓기 할 짝을 찾는 산개구리 울음소리라고 알려주었다. 봄날 오후 구멍가게에서 사온 좁쌀막걸리 몇 잔을 들이킨 뒤 불콰한 얼굴로 누워 있었다. 혼자 누워 있자니, 또 외로움이 밀려든다. 끼니때면 어김없이 배가 고파서 혼자 먹으려고 김치전을 부치고 냉이된장국을 끓였다. 갓 지은 밥은 따스해서 좋았다. 냉이된장국에서는 냉이향이 코끝으로 달려들었다. 반바지를 입고 웃자란 풀을 벤 여름날엔 물 만 밥을 오이지와 함께 삼켰다. 밥을 목구멍으로 넘길 때 슬픔도 목울대를 타고 넘어갔다. 가을엔 고등어 한 토막을 굽고 청국장을 끓였는데, 김장 김치가 있으니 다른 반찬은 필요 없었다. 늘 소찬이어도 밥맛은 좋았다.

어느 해 여름 오후, 낯선 비구니 스님이 거처를 찾아왔다. 근처 암자에 산다는 비구니 스님의 방문은 의아했다. 어떤 경로로 나를 알게 되었는지는 알 수가 없었는데, 그이는 편지를 읽어주고 표표하게 떠났다. 내게 썼다는 편지는 내 손에 쥐어주지 않았다. 그게 전부다. 그 뒤로는 만난 적이 없다. 내가 혼자 밥 끓이며 살기 때문에 벌어진 해프닝이었다. 혼자 사는 이가 겪는 외로움은 일종의 진공상태다. 외로울 때면 아무 이유도 없이 머리를 벽에 찧었다. 내 안은 텅 빈 채였다. 누군가를 간절하게 갈망했는데 그 갈망은 타인과 살을 맞대고 숨결을 나누고 싶은 타는 듯한 욕구였다. 나중에 인간에게 '피부 갈망'이란 욕구가 있다는 걸 알았다. 내 외로움은 사회연결망에서 떨어져 나와 겪는 고립과 친밀함의 결핍에서 발원한 피부 갈망이었을 테다.

혼잣말로 외롭다, 외롭다고 하면, 하늘에선 선물처럼 눈이 푸슬푸슬 내렸다. 독수리 같이 외로움이 덮칠 때 날갯죽지가 두 개가 있다면 하나쯤은 부러뜨리고 싶었다. 4만 5천 년이나 되는 고색창연한 외로움과 싸우느라 나는 지쳤다. 솔직히 고백하자면, 낭만적 은둔의 날에 겪은 외로움은 감정의 사치에 지나지 않을지도 모른다. 나는 혼자로써 충만했으니, 외로움은 오롯한 자유를 만끽한 시간이었을 테다. 사탕을 녹여먹듯이 외로움을 천천히 삼켰다. 그리움이 아무리 깊어도 다시 그 시절로 돌아갈 수 없다. 아득한 과거로 굳어진 그 시절에 나는 이상한 미래에서 온 사람이었다. 나는 어디에서 와서 어디로 가는 것일까? 낯선 곳에서 표류하는 느낌이 내내 떠나지 않았다. 시골에 사는 내내 나는 이상한 미래에서 온 사람 취급을 당했다. 시골은 곧 부스러질 듯 낡은 세상이고, 외투를 입은 채 버드나무 아래를 걸어갈 때 나는 그 낡은 세상에 너무 일찍 도착한 사람이었다. 옛날은 내 안의 나이테로 굳어 있었다. 나는 아직 도래하지 않은 미지의 시간을 걸어가며 외톨이처럼 외로움을 곱씹었다.

상림의 춤곡을 연주하듯

새해의 빛나는 해 아래서 새 삶을 살겠다고 결심하는 자를 어리석다고 할 수는 없다. 삶을 바꾸겠다는 다짐은 새 마음이다. 새 마음을 품는 자는 어제의 그 사람이 아니라 새로 태어난 사람이다. 어떤 극적 계기가 있어야만 삶이 바뀌는 건 아니다. 아침의 별 한 점, 잎이 진 감나무 가지에 앉은 쇠박새의 울음소리, 먼 바다에서 달려와 해안에서 하얗게 뒤집어지는 파도 한 조각, 오후 2시와 3시 사이 아무 일도 일어나지 않는 심심함 속에서도 삶은 기어코 변화의 기미를 붙잡는다. 나의 오늘은 누군가의 내생(來生)이다. 오늘의 나는 이미 새사람인 것이다.

도대체 우리는 왜 일하는가? 사람들은 먹고 살려고 직업을 구하고 열심히 일한다. 존재가 나달나달해질 때까지 일하지만 행복한 미소를 지으며 일하는 사람을 만난 적은 없다. 건물 안팎을 쓸고 닦으며 폐기물을 치우는 청소 노동자들은 몸에서 나는 온갖 나쁜 냄새를 달고 살며, 허리가 끊기는 듯한 고통과 무릎 관절이 부서지는 통증에 시달린다. 청소 노동자가 사라진다면 도시는 금세 쓰레기로 넘치고 건물은 더러워질 것이다. 청소는 분명 사회적 의미를 생산하는 노동이지만 보람이 작은 것은 청소 노동만으로 가난을 벗는 게 힘들기 때문이다. "내가 암울한 가난에 지쳤다니. 가난해서 너무나도 우울하다. 너무나도 불행하다."* 스웨덴의 여성노동자 마이아 에켈뢰브는 청소 노동을 했으나 가난을 벗지 못했다고, 수없이 많은 바닥을 닦으며 내내 불행하다고 고백한다. 어떤 분야든 노동을 평생 했는데도 저임금과 가난의 굴레를 벗지 못한다면 그것은 무언가 잘못된 것이다.

노동의 본질은 쓸모와 효용을 생산하는 데 있다. 자기 시간을 담보로 급여를 받는 것은 오늘날 일 중심의 세계에서 가장 흔한 형태의 계약 노동이다. 정시 출퇴근 고용 노동자들은 가족의 생계를 위해, 제 보람과 행복을 위해 기꺼이 일에 뛰어든다. 대체로 일은 자아실현의 지속가능한 수단이지만 비자발적 임금 노동은 우리의 자유 시간을 제약하고 근육 피로와 정신적 스트레스를 낳는다. 과잉 노동은 주체에게 끔찍한 폐해를 남긴다. 그런데도 더 많은 성과를 내라고 다그치며 노동자를 노동현장으로 내모는 사회는 모두가 불행해지는 사회다.

가장 이상적인 노동은 일에서 긍지와 보람을 얻고, 지속적인 성과를 내며, 일과 삶 사이에서 균형을 유지하는 것이

---

* 마이아 에켈뢰브, 『수없이 많은 바닥을 닦으며』, 이유진 옮김, 교유서가, 2022

다. 『장자(莊子)』「양생주(養生主)」편에 등장하는 포정(庖丁)은 삶과 노동을 하나로 포개며 그 가운데 의미와 보람을 한꺼번에 거머쥔 인물이 아닐까? 포정은 소 잡는 백정인데, 솜씨가 얼마나 좋았는지 소의 몸통을 가르는 칼의 움직임이 상림의 춤곡[桑林之舞]을 연주하는 것 같고, 요 임금 시절의 명곡인 경수(經首)의 음률과도 잘 맞았다. 문혜군은 포정의 솜씨에 반해서 거듭 "훌륭하다!"고 감탄을 한다. 포정은 소를 정신으로 대했지 눈으로 보지 않았다. 비록 포정은 천한 직업을 가졌으나 칼 쓰는 기예가 최고에 이르고 무위자연의 정신을 좇으며 도의 경지에 이른 사람이다. 칼이 물 흐르듯이 움직인 탓에 소의 힘줄을 다치지 않고 뼈를 다치지 않으니 소는 고통을 느낄 틈조차 없었다. 칼은 춤추고 피 한 방울 튀지 않는데도 소의 살점이 투두둑 떨어졌다.

포정이 살던 시대에도 소 잡는 일은 사람들이 기피하는 노동이었다. 하건만 포정은 그 노동에서 자연의 섭리를 거스르는 법이 없었다. 비록 천대받는 노동이었으나 기술을 넘어 도의 경지에 도달한다. 포정은 제 일에서 영롱한 기쁨과 보람을 얻고, 그 일에서 의미를 찾았을 것이다. 과연 포정만큼 제 일에서 행복을 찾은 노동자가 있었을까? 나는 의미 있는 삶은 의미 있는 노동과 연계되어 있다고 믿는다. 말을 바꾸면 불행한 사람은 자기 일에서 사회적 효용이나 의미를 도무지 찾을 수 없는 사람일 것이다.

한 사람의 가치를 재는 잣대는 그의 생업이 낳는 사회적 효과와 효용성과 관련이 있을 테다. 일은 생계 수단 그 이상이다. 일하지 않는 영혼이란 '죄인의 의자'에 앉아 구걸하는 자일 텐데, 그런 영혼은 필경 타락한다. 일은 영혼의 부패를 막는 가장 강력한 수단이다. 사람을 행복하게 만드는 노동은 그것이 무엇이든지 간에 일이 자기 행복을 더하는 수단이고, 남들을 이롭게 하는 데 보탬이 된다는 확신이 전제되어야 한다. 생업을 잃는 것은 돈벌이의 상실만이 아니라 사회 공동체와의 결속에서 결락되는 일이다. 그런 까닭에 실업자들은 만성적 가난과 사회의 뿌리에서 뽑혀지는 데서 겪는 이중의 소외를 피하기 어렵다.

일의 기쁨과 슬픔은 곧 삶의 기쁨과 슬픔의 바탕이다. 하지만 더 많이 일하라고 다그치는 사회는 노동자를 착취하고, 노동자를 죽음으로 내몬다. 새해에는 그 누구든 과로노동으로 내몰리는 일은 없어지기를, 생산과 이윤을 내는 데 매몰된 채로 번성을 누리는 가짜 유토피아가 사라지기를 꿈꾼다. 과연 노동의 열매를 골고루 나누는 행복한 사회가 가능할까? 세계의 모든 일터에서 노동자의 한숨과 비명이 그치고 콧노래를 부르는 신명 속에서 일하기를! 일의 보람과 기쁨을 만끽하는 가운데 포정 같이 상림의 춤곡을 연주하듯이 즐겁게 일하기를!

난간을 붙잡고 견딘 것들

홍역과 볼거리를 앓고 다소 마른 채로 소년 시절을 지났다. 새우를 먹어보지 못한 채 바다가 부재하는 환경에서 자라났다. 내게 바다만이 없었던 게 아니다. 사촌도 없고, 고통을 위로해줄 숙녀도 없었다. 나는 들과 언덕을 뛰노는 내륙의 소년, 비산비야를 누비는 총아로 자라나 청년기와 중년기를 거쳐 노년기로 진입한다. 내 처지는 곤핍했다. 그 곤핍함 때문에 자아를 정립하고 가치관을 세우며, 시민으로서 책임과 의무를 짊어지는데 차질을 빚었지만 나는 밀랍 군인 인형이 아니었다.

내게도 버드나무 같이 파릇한 시절이 있었다. 중학생이 되어서는 미술반에 들어가 그림을 그렸다. 그림은 내 열정의 산물, 기쁨을 주는 재능의 열매였다. '국전'이나 국립미술관의 전시회를 찾아다니며 그림을 골똘히 보고, 빈곤한 재능의 불꽃에 기름 한 방울씩을 부었다. 동시에 문학에 깊이 빠져들며 여러 작가의 책들을 섭렵하며 뿌듯함과 보람을 느꼈다. 자고 일어나면 한 뼘씩 성장한다는 느낌에 뿌듯해졌다. 청년기에는 취직도 사랑도 뜻대로 되지 않아 낙담을 한 채로 방황을 했다. 이른 나이에 결혼을 하고 가정을 꾸렸다. 가족 부양을 위해 소규모 출판사를 창업하고, 책을 만들었다. 손에 쥔 것은 없었지만 활기로 넘쳤다. 그러나 인생은 뜻대로 풀려가지는 않는다. 파란과 곡절을 겪으며 나이를 먹고, 어느덧 노년기로 접어든 스스로를 돌아보며 화들짝 놀란다. 오후도 저물어 해거름의 시각에 다가갈 때 사방의 빛은 야위고 어둠의 그림자는 짙어진다.

코로나 바이러스 팬데믹은 예외상태를 상시화하고 세계의 활동량을 주춤거리게 한다. 팬데믹은 사회 전체에 영향을 끼쳐 전체주의 체제에서나 있을 법한 일들이 벌어지는데, 자유의 제약과 탈취, 확진자 감시와 강제 격리 조치들이 그것이다. 우리는 '이동하지 말고 집에서 머물러라! 마스크를 써라! 백신을 접종하라!' 라는 명령을 받고, 이동 제한을 수락하고, 백신을 맞으라는 권고도 기꺼이 받아들였다. 바이러스의 변이종이 잇달아 나오고, 확진자들이 쏟아지는 팬데믹 상황은 사회적 패닉을 낳고, 경제 활동에 큰 타격을 입힌다. 우리가 누리던 일상의 평화와 안녕은 깨지고, 사는 일에 보람과 재미를 잃었다.

인류가 팬데믹 이전으로 돌아갈 수 있을까? 미래는 도래하지 않고, 일상으로의 회귀는 더 멀어진다. 세계가 거대한 전환의 소용돌이에 내몰리자 철학자들의 말과 사유들이 흘러나온다. 팬데믹으로 말미암아 인권이나 생물학적 생명의 안위 같은 근대 국가 정치의 중요한 가치들이 훼손되는 경우가 종종 불거진다. 알랭 바디우, 조르주 아감벤, 슬라보예 지젝 같은 철학자들이 우리가 겪는 팬데믹 사태를 철학의 중요한 의제 중 하나로 다루는 것은 그 때문이다. 아감벤은 '두려움이란 무엇인가'라는 물음을 던지며 두려움과 그 근원에 대한 사유를 제안한다. 그에 따르면 두려움은 인간 내부에서도 외부에서도 오지 않는다. 그것은 하나의 양상으로 '세계-내-존재'에서 발생한다. 불확실성에 사로잡힌 세계에 퍼진 두려움이 우리 내면의 근심 덩어리로 자리 잡고 수시로 찌른다. 우리는 전대미문의 전염병으로 가족을 잃을까, 집과 재산을 잃을까를 두려워한다. 자유와 안녕의 상실에 대한 두려움이 우리를 집어삼킨다.

우울증과 지루함에 진절머리를 치며 이웃과 타인을 바이러스 전염병을 옮기는 자로 의심하는 사회는 위기의 사회다. 어쩌면 우리 안의 두려움이 더 큰 위기일지도 모른다. 실상 두려움은 그 대상에서 오는 것이 아니라 두려움 그 자체에서 발생한다. 두려움의 본질은 다가오는 두려움에 존재를 개방한 자의 기분이다. 우리 안에서 자라나는 불안과 두려움은 기분의 일종이다. 낯선 기분으로 겪는 두려움에 대해 철학자 하이데거는 "두려움은 이미 두려운 무언가가 다가올 수 있도록 세계를 발견한 것"이라고 말한다.

확진자가 빠르게 늘자 의료진은 눈에 띄게 지쳐갔다. 확진자를 수용할 병실은 모자라고, 의료 시스템은 마비되면서 중환자들이 병원 바깥에서 아무런 돌봄 없이 죽는 사태까지 빚어진다. 이런 사태 속에서 정부는 허둥지둥하며 헌

법을 위반하는 조치를 마구 쏟아낸다. 팬데믹 사회를 덮친 두려움과 더불어 과도한 감시, 봉쇄, 격리, 검사의 강제가 뉴노멀로 자리잡는다.

　난간을 붙든 채 이 두려움을 견디는 우리가 난간을 붙잡은 손을 놓는다면 나락으로 굴러떨어질 것이다. 두려움 안에서 두려움을 느낄 때 이것은 개별자의 윤리와 도덕, 정치와 종교의 신념을 넘어서는 위협이다. 두려움은 소름끼치는 경악과 전율을 불러온다. 두려움에 빠지면 주체는 얼어붙는데, 이것은 벌거벗은 현실과의 마주침이고, 얼어붙음은 정신과 의지의 마비 현상이다. 팬데믹은 두려움을 흩뿌리며 숱한 거짓과 가짜 뉴스들이 들끓는 계기가 되었다. 이것은 두말 할 것 없이 예외상태이고 긴급사태다. 두려움은 현재를 집어삼키고 내일 더 큰 두려움으로 도래할 것이다. 우리는 오늘이 아니라 내일을 더 걱정해야 할 처지다. 언제까지 난간을 붙잡고 있어야 할까? 지금은 두려움에 맞서고, 뒤섞인 거짓과 진실을 분별하며, 거짓에서 진실을 지킬 용기를 되찾을 때다. 그래야 우리에게 내일을 맞을 행운이 주어질 것이다.

삶이 축제라면 그건 고통의 축제다

어느 날 고통은 질병의 감염이나 고문으로 인한 통증의 지배 아래에 있는 몸을 발명한다. 사실을 말하자면 고통은 삶의 기본값이다. 어머니에게서 몸을 받고 태어나는 찰나 우리는 죽음과 고통으로부터 비용 청구서를 받는다. 죽음과 고통에 그 비용을 지불해야 하는데 그걸 누구도 피할 수는 없다. 고통의 원인이 다양하듯이 그 양상 역시 다양하다. 배제와 소외에서 오는 사회적 고통, 가난의 압박감에서 오는 심리적 고통, 암 세포가 만드는 실체적 고통···. 달콤한 사랑조차도 날카로운 고통으로 변한다.

　몸은 고통을 날조하지 못한다. 통증은 감염되고 훼손된 몸을 하나의 영토로 지배한다. 아픈 사람은 죽어가는 사람이고, 끝내는 죽을 사람이다. 고통은 참을 수 없는 존재의 불편함이고, 찔리고 베인 신체에 날것의 경험으로 개입하는 명료성이며, 항상 끝을 유예시키는 지루한 무엇이다. 고통의 찰나는 아무리 짧아도 길다. 고통이 극한일 때 외마디 부르짖음, 통곡이나 비명으로만 제 존재를 드러낸다. 신체적이든 심인성이든 우리는 고통을 회피한다. 고통 회피는 우리 안에 내재된 본능이고, 어쩌면 회피하는 것은 고통 자체가 아니라 고통 공포일지도 모른다. 돌이켜보니, 피와 심장,

피부라는 막에 싸인 채 존재하는 나란 인간은 고통을 모르고 산 듯하다. 고통을 안다는 게 존재의 비밀과 통한다는 뜻이라면 그 말은 맞다. 고통, 이 복합적인 것의 발생학을 숙고하는 것은 우리가 누구인가를, 한 존재가 사회와 맺는 관계 양상의 본질을 드러내는 일이다.

  한밤중 병원 응급실에 실려 간 것은 견딜 수 없는 통증 때문이다. 통증은 목구멍에 집중되었다. 목구멍을 칼로 찢는 듯한 인후통은 내가 겪은 최고의 고통이었다. 의사는 염증 수치가 비정상적으로 높다는 진단에 이어 즉시 입원을 명령했다. 자정 가까운 시각에 병실이 배당되고, 환복을 하고 침상에 눕자마자 바로 간호사가 와서 손등 혈관에 링거 바늘을 꽂고 수액과 항생제를 투여했다. 친절한 간호사는 채혈을 하거나 링거를 혈관에 꽂을 때마다 "조금 따끔하고 아플 거예요."라고 말해 주었는데 그게 작은 위로가 되었다. 주사바늘이 혈관을 찌를 때 통증은 뚜렷했다. 고통은 통증으로 포화된 존재의 나락이고, 명료한 체감으로 덮치나 독해는 허용하지 않는 수수께끼다. 다만 고통의 스펙터클이 몸이 제자리로 돌아가려는 고투의 물증이고, 면역 체계의 히스테리로 발현하는 것임을 깨달을 뿐이다.

  고통의 한가운데서 떠올린 것은 한 알의 진통제가 아니라 우습게도 포도주 한 잔이다. 고통과 대척적인 자리에 있는 포도주는 밋밋한 생활을 떨치고 일어나 마시고 도취하며 비상한 활력과 금빛 기쁨의 날개를 달고 존재를 솟구치게 하는 영약이다. 고통이 빚는 나락에서 벗어나기 위해 얼마나 자주 포도주의 위력에 기댔던가? 지금 이 순간 포도주 한 잔을 들이킬 수 있다면! 유리잔을 채운 식물의 정령, 그 붉은 진액을 삼킬 수만 있다면! 나는 어떻게 포도주를 마시는 상상에 매달리며 한 시인이 포도주를 두고 노래한 시를 떠올렸을까? 당장 불굴의 용기와 의지를 북돋아 주는 마법의 액체, 빛과 우정의 노래를, 사랑과 영광의 노래를 부르게 하는 잘 숙성된 포도주를!

보들레르는 포도주의 혼에 빙의되어 그 생리학을 꿰뚫어 본 뒤 "술은 하찮은 '인류'를 통하여/눈부신 팍토르스 강, 황금의 강이 되어 흐르네/술은 인간의 목구멍을 통해 제 공훈을 노래하고/여러 혜택 베풀며 진짜 임금처럼 군림하네" 라고 노래한다. 우리는 자주 벗들과 포도주를 마시며 젊음의 고양과 기쁨의 도취 속에서 사랑의 시를 쓰고 우정의 노래를 불렀다. 다시 한 번 "사랑과 영광의 노래가 용솟음치" 게 하고, "반은 한량, 반은 군인"의 혼을 지닌 이것, 누구에게나 일요일의 행복과 느긋함을 베푸는 이 묘약을 들이킬 기회가 온다면!

누구도 고통 속에서 표류하는 타인의 감각중추에 머물 수는 없다. 고통은 혼자 방치되어 겪는 외로운 경험이다. 고통이 말하는 것은 죽기엔 너무나 많은 기회가 남아 있고,

살아 있기엔 너무나 고갈되었음이다. 한나 아렌트는 고통을 두고 "가장 사적이면서 가장 전달할 수 없는" 경험이라고 말한다.* 인간은 타인에 공감할 수는 있으나 타인의 고통을 내 것인 듯 생생하게 겪을 수는 없는 노릇이다. 타인과 신체 교환 가능성이 제로라는 점에서 고통은 낱낱으로 고립된 채 겪는 사적 경험이다. 우리는 고통 속에서 존재가 낱낱이 찢겨 존재의 남루함으로 추락을 겪을 뿐이다.

건강이란 고통의 부재가 아니라 고통이 매개하는 몸의 취약함과 너덜너덜해진 자아와 분리된 잉여다. 건강하다는 것은 그 잉여를 상시적으로 누린다는 뜻이다. 건강한 사람은 몸의 일부로서의 고통을 모르고 삶의 밀도도 미처 알지 못한다. 내 맘대로 할 수 없음, 그 불가능성 너머에 고통이 존재한다. 통증의학은 동의하지 않겠지만 고통은 생을 새롭게 산출하는 경험이고, 이것은 우리의 닫힌 지각기관을 열고 존재의 은폐되는 비밀로 인도한다. 뿐만 아니라 고통의 여러 부정성에도 불구하고 그걸 극복하는 과정에서 고통이 일종의 치유력임을 깨닫게 한다. 고통이 둔중한 정신을 깨우고, 삶이라는 복잡한 족쇄에서 존재를 해방시키는 가운데 우리는 고통의 예민함 속에서 삶의 생동을 겪을 수 있다. 고통을 마주할 용기가 없다면 생존의 안락함도 거머쥘 수 없다.

---

* 앤 보이어, 『언다잉』, 양미래 옮김, 플레이타임, 236쪽. 재인용

긴 밤이 지나고 새벽이 온다. 창밖의 푸르스름한 여명을 바라보는데 눈물이 솟는다. 아, 살았구나! 삶은 어제 끝나지 않고 오늘을 건너 내일로 이어진다. 긴 통증을 이기고 아침을 맞은 스스로가 자랑스러웠다. 통증은 여전했지만 그것은 견딜 만한 크기로 줄고 빈도는 잦아들었다. 고통이 스쳐 간 자리에 평화가 내려앉는다. 세상이 숭고한 행복에 잠겨 있는 듯 보일 때 나는 비로소 살아 있음을 기뻐하고 안도한다. 삶이 축제라면 그건 고통의 축제다! 삶의 심연과 의미에로 이끄는 고통을 긍정하는 한에서 그렇다. 부디 고통에 지지 말자. 고통에 삼켜지지도 말자. 고통의 늠름한 수용 속에서 삶은 찬란해진다. 살아 보자, 더욱 살아 보자.

올해 벅찬 순간이 몇 번이나 지나갔을까

여느 날과 다를 바 없는 어느 가을 밤 할로윈 축제에 나선 젊은이들이 압사당하는 참사를 겪었다. 재난은 방심한 순간에 덮치고, 이웃들이 비통함으로 괴로워하는 동안 슬픔은 내 존재의 가장 약한 데를 찢는다. 나는 산소마스크 없이 에베레스트 산 정상을 등반하지 못한 채로 한 해를 보냈다. 그렇다고 낙담하지는 않았다. 그러기엔 내 육신이 너무 늙어버렸다. 그 대신 나는 아침 밥 먹기 전 사과 한 알을 먹고, 오후에는 산책에 나선다. 사과가 아삭하고 씹히는 찰나 살아 있음의 기쁨을 오롯하게 느낀다.

누군가는 죽어 세상을 뜨고 누군가는 콧속으로 밀려든 메마른 공기에 놀라 울음을 터뜨린다. 올여름에도 수박은 달고, 장호원 햇사레 복숭아와 캠벨 포도 몇 송이는 내 혀를 즐겁게 했다. 봄날엔 벚꽃 핀 나무 아래를 지나 동네 음식점에서 칼국수를 먹고 여름엔 콩국수를 먹었다. 가을쯤엔 코로나 바이러스 양성 확진자로 앓다가 급성 폐렴이 겹쳐 닷새나 입원 치료를 받았다. 아프다는 소식에 지인들이 쾌유를 빌어주며 갖가지 보양식이나 과일 따위를 보냈다. 마흔 해 전 나왔다가 오래 절판되었던 옛 시집이 복간되는 행운도 있었다.

올해 모함이나 분쟁으로 경찰 조사를 받거나 기소를 당하는 불운도, 뼈가 부러져 살가죽을 찢고 튀어나오는 사고도 겪지 않았으니 퍽 다행이라 여긴다. 내가 잠자며 어지러운 꿈속을 헤맬 때 고양이들은 침대 한쪽에서 곤하게 잠이 들었다. 잔등을 쓰다듬으면 고양이는 잠결에도 골골송을 불렀다. 그 평탄한 날을 누리면서 책 몇 권을 읽고 글을 쓰며 여행을 다녀왔다. 기후 온난화로 꿀벌이 멸종될지도 모른다는 불길한 소식에 낙담했지만 살아남은 꿀벌들이 힘을 내서 채밀한 덕분으로 몇 숟갈의 꿀을 삼킬 수가 있었다.

우리는 기후재난으로 고통을 당하지만 세상의 어머니와 아버지들은 여전히 제 딸과 아들에게 힘껏 사랑을 쏟아 붓는다. 용맹한 캣맘들의 부지런함으로 길냥이들은 굶주림을 겨우 면하고, 소방대원들은 화재 현장으로 달려가 불을 끄고 귀한 생명들을 구한다. 그들이 일할 때 나는 이런저런 일들과 생각을 씨줄과 날줄로 엮으며 일상을 직조한다. 그 일상에는 변화무쌍한 날씨와 밥 먹고 사랑하는 것, 누군가와 담소를 나누고 새로운 출판계약을 맺는 일들이 포함될 것이다. 내 들숨과 날숨은 순조롭고, 덕분에 인간관계나 밥벌이도 그럭저럭 원만했으니, 이만 하면 콧노래라도 부를 만큼은 살만했다고 할 수 있다.

일상이란 외부와 연결된 채로 이어지는 하나의 흐름이다. 우리는 외부에서 자양분과 에너지를 빨아들여 신진대사를 하고, 이 자양분과 에너지의 잉여는 외부로 방출한다. 그게 원활하면 사람들은 건강하다고 말한다. 행복이 욕망과 현실 사이의 균형이라고? 그럴지도 모른다. 행복은 혈관 말단까지 전달되는 혈액처럼 몸 구석구석으로 퍼져나간다. 행복은 동네 도서관에서 책을 한아름 대출해서 돌아오는 등의 일상 활동을 어려움 없이 수행하며 느끼는 충만한 감정의 흐름이고, 현실과 기대 사이의 균형과 조화이며, 박찬 순간 감각적 전율을 누리는 일과 다르지 않을 테다.

어제보다 더 행복해지는 일은 혼자만의 노력과 의지만으로 이루어지지 않는다. 나는 안다, 행복은 이름은 알 수 없는 이들의 도움과 선의가 없이는 불가능함을. 새벽에 쓰레기를 치우는 이들이 없다면 우리는 아침 거리에서 쾌적함을 누릴 수 없다. 누군가 밤새워 빵을 굽지 않는다면 아침에 크루아상을 삼키는 기쁨도 없을 테다. 우리는 남루한 현실을 바꾸려고 안 보이는 곳에서 애쓰는 이들의 노력과 노동을 고마워해야 한다. 행복은 생의 벅찬 순간에 마음이 추는 왈츠다. 심장은 펄떡펄떡 뛰고 혈관을 도는 피들은 기쁨에 넘쳐 탄성을 지른다. 행복은 생의 시간을 낭비하지 않고 잘 산 것에 대한 보상이다. 혼자 잘 먹고 잘 살겠다는 이기주의에서 벗어나 이웃과 더불어 잘 살아야 한다. 모르는 곳에 사는 이들과 함께 누리는 것이 행복이다.

고독 역량

어느덧 겨울의 들머리에 섰습니다. 중부지방에 된서리가 내리고 물은 얼었습니다. 낮은 짧고 밤은 길어집니다. 은행나무 노란 잎이 우수수 떨어지던 어느 날, 늘 명랑하던 당신이 "오늘처럼 인생이 외로웠던 날은 없다."고 말해서 놀랐습니다. 환절기에 멜랑콜리를 느끼는 것은 몸의 호르몬 분비가 일조량에 영향을 받는 탓일까요? 무엇보다도 인간은 외로운 존재일 겁니다. 분명 이 세상 것이면서 이 세상 것이 아닌 것만 같은 게 바로 외로움이지요.

인생의 한 시절을 혼자 고적하게 보낸 적이 있어요. 혼자 밥을 끓이고 혼자 잠자리에 들던 그 시절, 누군가를 간절히 그리워했으나 누군가는 멀리 있고, 타인을 향한 갈망은 타올랐지만 그 존재 자체는 불명확했습니다. "신의 외로운 인간"으로 재발명 되던 그 시절 내 영혼은 나무토막 같이 침울하고 내 안에 있던 그 많던 웃음은 사라졌어요. 외로움에 치를 떨며 절체절명의 위기에 한 발을 걸치고 있었던 거지요. 더러는 온몸이 통증으로 아프고, 마음은 저며지는 듯 요동쳤지요. 한밤중 홀로 깨어 진저리를 치며 머리를 벽에 쿵쿵 박으며 그토록 오래 나 자신을 돌아보며 숙고한 적은 없었지요.

외로움은 개인감정의 영역일까요, 고립이 초래하는 사회적 현상일까요? 더 외로운가, 덜 외로운가 하는 편차가 있을 뿐 외로움은 실존의 불가피한 본질입니다. 자신은 외롭지 않다고 말하는 사람은 인지적 감수성이 덜 발달했을 가능성이 높아요. 외로움을 잘 느끼는 사람은 소속감 없이 표류하는 사람들이겠지요. 정서적이건 도덕적이건 자기와 타자에게 항상 더 높은 수준을 보여주기를 욕망하는 이들이 더 외로움을 느낍니다. 그들은 완벽주의자들이거나 스스로 세운 높은 요구 수준 때문에 불만족에서 벗어나지 못하는 사람들이지요.

외로움은 혼자 있음이 초래한 감정의 결과물은 아닙니다. 타인을 향한 애착 욕구의 좌절이 외로움의 원인이 되기는 합니다. 영어에서 외로움(loneliness)과 고독(solitude)은 별개 현상입니다. 외로움은 고독에 견줘 더 부정적인 감정이라고나 할까요? 고독은 외로움의 긍정적인 양상을 드러내지요. 노르웨이 베르겐 대학 철학교수인 라르스 스벤젠은 외로움의 생물학적, 사회적, 심리적 원인을 조목조목 따지고 풀어 씁니다. "외로움은 드물고 이상한 현상, 나와 혼자 지내는 몇몇 사람에게만 유별난 현상이 아니라 인생의 피할 수 없는 핵심 사태라는 생각은 내 인생의 신념 그 자체다."* 외로움의 근간은 결핍입니다. 다정한 타자의 없음 속에서 겪는 고립의 삭막함이 외로움의 본질입니다. 외로움이 자기 폐쇄의 결과로 빚어진 사태라면 고독은 보다 열린 상태라고 할수 있습니다. 누군가 외로움의 부정성 속에 제 내면의 짐승을 가두고 울부짖는다면, 고독은 관조적 삶에 투기하는 것, 더 나은 자아로 가는 도정을 향해 고요하게 열린 상태입니다. 외로움은 상실과 결핍에서 빚는 감정입니다만 이것은 하나의 감정이 아니라 불안, 소외, 우울 따위가 복합적으로 겹쳐 나타나는 현상이지요.

외로움은 기분의 일종이고, 정확히 말하자면 가장 미약한 슬픔과 우울을 머금은 기분입니다. 감정(emotion)과 기분(mood)은 같은 정서 현상에 속하지만 엄밀하게는 다릅니다. 감정이 자기 바깥의 대상을 향하여 투사되는 마음의 일렁임이라면 기분은 주관적인 마음의 기류인 거지요. 감정이 세계와 자아에 잇대어진다면 기분은 자기 안에 침잠된 느낌의 집적입니다. 기분이 나쁠 때 우리는 자기 안으로 웅크리며 우울함에 젖지요. "기분이 더 일반적이고, 전체로서의 세계와 맞닿아 있다. 반면에 감정은 하나의 대상 혹은 그 이상의 특정 대상(들)에 향해" 있는 것이라면 기분은 사람이 세계를 향해 열린 감정의 한 영역이고, 인간 존재의 필수 성분 중 하나일지도 모릅니다. 기분은 우리가 어떻게 지내는지, 세계와 우리의 관계에 대한 자세, 삶이 얼마나 건강한 상

---

* 라르스 스벤젠, 『외로움의 철학』, 이세진 옮김, 청미, 2019

태를 유지하는지를 말해줍니다. 외로움이 실존의 기본적인 조건이라는 견해는 과장된 것은 아닙니다. 인간은 사는 내내 외로움에 사로잡혀 있고, 차라리 산다는 것은 자기 몫의 외로움을 감당하는 일이라고 할 수 있겠지요. 사회관계망과 공동체 안에 있어도 혼자라는 기분을 호소하는 사람들이 많습니다. 외로움은 개인의 친화성, 외향성, 신경증의 기질에 영향을 받고, 개인의 타고난 성향에 따라 그 정도가 다르게 나타나기 때문입니다.

외로움은 집단과의 연결에서 결락된 존재에서 발현하는 정서적 결핍 상태일 겁니다. 사회적 외로움과 정서적 외로움은 분리해서 이해해야 합니다. 외로움은 감정의 영역에 있는 소극적 자기 개시이고 위축된 자아 속에서 괴물처럼 출현합니다. 반면 고독은 능동적인 자기 선택의 결과이고 따라서 실존의 자유를 기쁨으로 바꿀 수 있을 때 존재의 도약대가 될 수 있겠지요. 자아가 성장하려면 외로움의 부정성에서 벗어나 '고독 역량'을 키워야 합니다. 고독의 몰입 속에서 무의미와 싸우며, 자아를 성숙시키는 계기를 찾는 사람이 바로 고독 역량을 키우는 사람입니다. 한사코 고독을 기피한다면 그것은 감정적 미성숙의 징후이겠지요.

무한과 영원을 사유한다면 고독이라는 사태와 만나는 것은 필연입니다. 김현승(1913~1973)은 고독에 민감한 시인입니다. 시인에게 고독은 자유에의 확고한 전념이고, 정직한 자기 응시에서 빛은 궁극의 목적입니다. 1968년에 출간한 시집 제목이『견고한 고독』이고, 네 번째 시집 제목은『절대 고독』입니다. 시인은 고독의 탐구자이자 탐미자, 고독의 수호자임을 마다하지 않습니다. 김현승 시인은「고독의 이유」라는 시에서 고독이 "정직하다"고 찬탄하고, 고독은 "신을 만들지 않"는다는 것에 주목합니다. 그리하여 고독은 우리 존재의 "목적"이고 더 나아가 "목적 밖의 목적"이라고 단호하게 말합니다. 좋은 고독은 타락한 본성에 대한 통찰의 전제 조건이고, 적당량의 고독은 무분별에서 벗어나 인생을 깊게 사유하며 살도록 이끄는 동기가 되겠지요.

헨리 데이비드 소로가 문명의 소란을 등지고 야생 자연에 제 생명을 의탁한 것은 결국 자기만의 고독 속으로 칩거한 것입니다. 고독은 소란과 번잡함에서 한 걸음 물러앉아 사물과 사태에 대한 분별력을 높이고, 정신적 고양과 자유를 추구하게 합니다. 고독은 아리스토텔레스가 최고의 인생이라고 꼽은 관조적 삶으로 향하는 지름길입니다. 하지만 고독은 어떤 사람에겐 매우 위험합니다. 고독이 정신의 활력과 즐거움을 바닥낼 수도 있으니까요. 겨울은 침잠과 은둔하기에 좋고, 소음과 동요에서 벗어나 고독 역량을 키울 수 있는 좋은 계절입니다. 고독 속에 칩거하는 것은 그만큼 자아에게 집중한다는 증거겠지요. 만성적 상호작용으로 번잡한 디지털 문명 속에서 고독이라는 자기만의 동굴로 숨어서 칩거해 보는 것은 어떨까요?

아무것도 하지 않는 날에 일어나는 일들

올가을이 이토록 참혹해질 거라고는 미처 알지 못했다. 그
날 당신은 진통제를 사러 약국으로 가고, 연인들은 한강 둔
치 공원으로 데이트를 나갔다. 고루 햇볕이 내리는 화창한
날에 한강 둔치 공원의 비둘기 떼는 모이를 쪼고, 중국집 주
방은 여느 날처럼 주문 음식을 조리하느라 바빴다. 파주의
습지에는 철새가 몰려오고, 오랜 벗이 수확한 모과 열매를
열 개 남짓이나 주었다. 우리가 날마다 품는 안녕에의 기대
는 갑작스런 참사 소식에 깨졌다. 나는 어금니를 발치하고
그 자리를 메우려고 치과를 찾지 않았고, 칼에 찔린 남자의
사체를 만난 적도 없는데 말이다.

아무것도 하지 않는 날이란 소규모의 삶과 작은 기획들
로 촘촘한 시간 속에서 무위와 기다림으로 직조되는 일상
이 주르륵 펼쳐진 나날이다. 무위는 기다림의 일꾼이고, 기
다림은 무위의 주인이다. 그 흐르는 나날들에 칫솔모는 닳
아 짧아지고, 두루마리 화장지의 부피는 덧없이 준다. 미국
에서 10년 만에 귀국한 아들은 제 일터로 돌아가고, 딸 부부
도 제 거처가 있는 플로리다로 돌아갔다. 어느 새벽에 지인
은 반려묘가 무지개다리를 건넌 슬픈 소식을 전하고, 아내

는 눈가가 짓무르도록 울었다. 우리는 곧추 세운 등뼈와 몇 리터나 되는 피를 가진 존재로 아무것도 하지 않은 하루를 평범하게 흘려보내는 중이었다.

이태원 참사가 일어난 날도 하찮은 일들로 소비한 많은 날들 중 하나였을 테다. 2022년 10월 29일, 할로윈 축제가 열린 이태원의 한 골목길에서 과밀 인파에 끼여 움쭉달쑥 못하던 159명이 생명을 잃었다. 우리의 아들과 딸, 누군가의 조카이고 누군가의 동무였던 이들이 돌연 불귀의 객으로 떠났다. 희생자들은 저마다 하나의 우주다. 그날 159개의 우주가 우리 곁에서 홀연 사라졌다. 도심 한복판에서 일어날 수도 없고, 일어나서도 안 되는 일이 벌어진 것이다. 이 참사는 누군가가 할 일을 하지 않은 탓에 닥친 사회 재난이다. 재난은 예고 없고, 각자의 사정을 봐주지도 않는다는 점에서 잔인무도하다.

다시 한 번 그날을 돌아보자. 이태원 일대가 통제 불능에 빠진 뒤 위기를 감지한 이들은 구조 요청을 한다. 당일 119와 112로 구조 요청을 한 전화 기록만 100여 건에 달한다. 첫 구조 요청은 오후 6시 34분에 이루어지는데, 압사 발생 전까지 네 시간이나 치안 권력은 꿈쩍도 하지 않았다. 기다림은 지체되고, 기다리는 자들은 늘 '기다려라!'라는 명령을 듣는다. 기다림이란 그저 견디고 살아 있어야 할 잉여 시간에 지나지 않는다. 그들은 잉여 시간에 사로잡힌 상태고,

페르소나는 텅 빈 채이며, 기다리는 일 외엔 아무것도 할 게 없다. "그들은 흘러가는 시간이 되었고, 시간을 담는 그릇이 되었으며, 시간이 자리를 드러내는 몸이 되었다."* 아무것도 하지 못한 채 기다림에 방기되는 일은 가혹하다. 기다림의 현존은 벌거벗은 가난함이고, 무력한 사로잡힘이다. 그 결과는 무고한 생명들의 대규모 희생이었다.

할로윈 축제가 한창인 시간에 누군가는 회사로 돌아가 서류를 찾으러 회전문을 통과해 건물 안으로 들어서고, 누군가는 설거지를 마치고 욕조에서 반신욕을 했으며, 누군가는 노모를 만나러 요양병원으로 갔다. 희생자들은 압사의 두려움으로 떨며 구조대가 오기를 기다렸다. 구조대는 너무 늦게 도착했다. 그 시각 용산경찰서장과 용산구청장, 그 윗선인 경찰청장과 행정안전부 장관은 어디에서 무엇을 했을까? 그들 중 아무도 과밀 인파에 대한 조직적인 통제나 질서를 유도하는 어떤 직무도 수행하지 않았다. 그 절박한 구조 요청에 국가는 아무런 응답도 하지 않았다. 압사 현장에 컨트롤 타워는 없었고, 사회 안전망은 작동하지 않았다. 이것은 국가의 직무유기다. 하지만 대통령은 사과를 미뤘고, 행정안전부 장관과 경찰청장은 책임 회피용 말을 늘어놓았다. 오죽하면 '이게 나라냐?'라는 외침이 나왔을까.

---

*   해럴드 슈와이저, 『기다리는 사람은 누구나 시인이 된다』, 정혜성 옮김, 돌베개, 2018

국가 애도 기간이 선포되었다. 애도 반응은 사랑하는 자가 떠난 뒤 따르는 자연스러운 현상이지만 이 애도는 국가에 의해 강제된 것이었다. 검은 정장에 검은 리본을 단 이들이 뉴스 특보를 진행했다. 우리는 심장이 찢기는 아픔에 사로잡혀 할 수만 있다면 일곱 해쯤 자고 일어났으면 했다. 누군가 해야 할 일을 하지 않은 탓에 일어난 재난과 슬픔은 국민의 몫이었다. 우리가 아무것도 하지 않은 날에는 재난이나 개기월식이 일어난다. 참사가 일어난지 열흘 뒤 개기월식이 있었다. 개기월식은 저녁 6시를 지나 달의 왼쪽 일부가 지구 그림자에 가려졌다가 7시 무렵부터 두 시간 가까이 이어졌다. 지구 그림자를 받은 붉은 달이 천왕성을 가렸고, 이런 현상은 앞으로 2백 년 동안 다시 없으리라 한다.

나는 가만히 있을 수가 없어 파주에서 버스를 타고 나와서 이태원 참사 골목길을 돌아보고 왔다. 골목길이 상상한 것보다 비좁아서 놀랐다. 이렇게 비좁은 장소에서 그토록 많은 이들이 희생되었다니! 헌화와 추도 메모들이 길바닥을 가득 메우고 있었다. 아직 누구도 참사가 불러온 충격과 그로 인한 상실과 부재가 일으킨 끔찍함에서 벗어나지 못한 채다. 누군가는 달군 쇠를 모루 위에서 내려쳐 두개골이 깨지는 고통을 느꼈고, 누군가는 슬픔의 발열 속에서 오열했다. "그것은 줄 없는 기타를 치는 여자의 슬픔이고, 여우로부터 헛되이 도망치는 토끼의 슬픔이다."* 우리는 국가 애도 기간 중에 슬픔을 씨앗처럼 삼키고 다시 돌아오지 않을 시간 속에서 그 슬픔을 어린 동물인 듯 돌봤다. 슬픔은 내면에서 일어나는 감정의 회오리이자 치유 기능을 품은 부드러운 힘이다. 슬픔의 시간이 지난 뒤에야 우리는 견딜 수 없는 것을 견딜 수 있게 된다. 그동안 사소한 불행과 행운을 안은 날들은 빈 술병이 굴러가듯 지나간다. 국가의 치안 권력이 제 기능을 다하지 못해 일어나는 이런 어처구니 없는 사태가 또 일어날 수 있을까?

＊　메리 루풀, 『나의 사유 재산』, 박현주 옮김, 카라칼, 2021

열대야에 대하여

빛이 누리에 반짝이고 수련이 흰꽃을 피우면 우리는 여름이 왔음을 알아챈다. 광장에서 브라스 밴드의 힘찬 행진곡이 울려 퍼지고, 여름은 막 개막한 축제의 첫날처럼 소란스럽게 온다. 옥수수들은 키가 훌쩍 크고, 돌들은 내려쬐는 땡볕에 달궈진다. 나는 여름 한낮의 열기를 피해 슬그머니 숲으로 피신한다. 큰 나무들의 우듬지와 무성한 잎들은 차양을 친 듯 하늘을 가린다. 그 차양의 틈을 뚫은 햇빛은 까맣게 익은 버찌열매들이 으깨진 지면에서 빛난다. 매미와 쓰르라미들이 맹렬하게 울고, 그 울음들 사이로 산비둘기들이 콘트라베이스처럼 저음으로 구구댄다. 몇 해 전 쓰러진 참나무에서는 버섯이 돋고, 그늘에서는 뱀들이 방전된 배터리처럼 더위에 지친 긴 몸뚱이를 늘어뜨린 채 휴식을 취한다.

　여름의 흰빛은 명석하고 그 빛은 어디에나 일렁이고 넘친다. 숲에서 돌아올 때 소년들이 편의점 앞에서 아이스크림을 들고 들뜬 목소리로 저 먼 나라의 푸른 바다와 흰 모래밭에 대해 떠드는 것을 보았다. 여름의 여행 일정을 짜는 동안 우리 기분은 부푼다. 정수리를 꿰뚫을 듯 강렬한 자외선과 한밤중에 덮치는 열대야야말로 여름의 정수다. 이것들로 여름은 비로소 여름다워진다. '여름이다!'라는 짧은 탄성 속에서 계절의 기쁨은 폭죽처럼 터져 나오고, 여름은 저의 내밀함 속에서 돌연 우리 존재를 하나의 신체로 발굴해내는데, 오, 이것은 열과 땀을 내는 신체다!

여름밤 식구들이 거실에 모여 잘 익은 수박을 깬다. 식구들은 낮의 노동과 수고에서 돌아와서 수박과 마주하는 것이다. 파블로 네루다는 수박을 "물의 보석상자/과일가게의 냉정한 여왕/심오함의 창고/땅위의 달"이라고 노래한다.[*] 나는 여름밤의 기쁨이고 보람인 수박을 찬미한 시인에 공감한다. 수박은 제 내부에 많은 물을 움켜쥐고 있다. 수박 한가운데를 쩍 가르는 순간 이 물은 우리의 것이 되고 만다. 붉은 보석 같은 수박의 속살을 탐하면서 우리 안의 고갈을 보충할 때 수박 한 통은 여름의 더위에 대한 더할 나위가 없는 보상이다.

우리가 밤의 영주처럼 군림할 때 열대야는 한낱 불청객에 지나지 않는다. 돌이킬 수 없는 존재함에 들러붙은 불편인 열대야 속에서 우리는 무력해진다. 깨어 있는 것은 우리가 아닐 지도 모른다. 어쩌면 밤하늘의 어린 별들과 은하, 몇억 광년 떨어진 데서 빛나는 산개성단과 구상성단들이 깨어 있다. 우리는 다만 밤의 깨어 있음 속에서 노출되어 있을

---

[*] 파블로 네루다, 『스무 편의 사랑의 시와 한 편의 절망의 노래』, 정현종 옮김, 민음사, 2007

뿐이다.

불면으로 뒤척이는 사람들에게 열대야는 결코 겪고 싶지 않은 메마른 존재 사건이다. 여름밤은 불면하는 이들에게 아주 작은 우정조차도 베풀지 않는 까닭이다. 잠은 살아 있는 존재에게 일종의 은신처다. 잠을 청하는 행위는 장소를 자기의 존재 기반으로 움켜쥐고 소유하는 일이다. 잠은 한시적이지만 장소를 존재의 기반으로 변환시킨다. 세계에의 신뢰가 담보되지 않는 한 잠은 위험한 도박이 될 수도 있다. 그 장소가 제 안전을 위협하지 않으리란 보장 없이 동물들은 편안하게 잠들지 못한다. 우리는 그런 동물의 일원이다.

열대야가 인류를 소멸시키지는 못한다는 것은 분명한 사실이다. 잠은 현재의 지속에서 존재를 잘라낸다는 점에서 작은 죽음이자 동시에 낮의 수고와 피로 속에서 좌초된 존재에게 열린 도주선이다. 이 도주는 휴식의 가능성이라는 점에서 대가없이 주어진 선물이다. 우리는 작은 죽음을 고치 삼아 그 안에 존재를 한껏 웅크린 채로 탕진된 것을 채운다. 한 가지 위안은 열대야가 지속된 열기로 인해 파생된 한시적 괴롭힘이라는 점이다.

열대야는 우리가 몸-존재라는 사실, 그리고 몸으로 견디는 일의 괴로움에 대한 사유를 강제한다. 우리는 세포핵과 뼈와 장기(臟器), 즉 뇌와 심장과 위 따위를 감싼 피부 자아를 갖고 산다. 피부는 외부로 노출된 자아다. 프랑스의 정신분석가인 디디에 앙지외는 "자아는 피부다"라고 그 사실을 고지한다.* 체열이 오르면 피부의 땀구멍들이 일제히 열리고, 마치 백합조개가 개흙을 토해내듯이 땀을 토해낸다. 물론 이것이 존재의 내구성을 흔들거나 변형을 가져오지는 않는다.

열대야는 잠을 잘게 찢어서 그 작은 조각들을 수거해 간다. 열대야가 수거한 잠에 대한 보상은 없다. 불면은 어떤 메마름 속에서 치르는 여름밤의 의례다. 불면이란 잠의 불가능성 속에서 촉지된 잠들 수 있는 가능성이다. 불면이 머뭇거림이고, 메마른 깨어 있음이라면 불면하는 자는 잠의 가능성 앞에서 그대로 방치된 불쌍한 존재다. 우리는 불면 속에서 익명의 존재로 표류하는데, 이때 밤의 허공에서는 날것들과 물것들이 붕붕댄다. 불면은 그것에서 벗어나려고 애쓸수록 우리를 더 메마른 힘으로 누르고 조인다. 불면은 잉여의 의식이 바글거리는 틈이고, 잠들지 않음으로써 밤의 종교를 등진 배교자들은 그 틈에 웅크린 채로 허공을 노려볼 뿐이다. 불면의 메마름이 의식을 찢고, 고독의 응집 속에서 자아의 심지를 촛불처럼 태우는 일은 마뜩치 않다.

새벽의 미명 속에서 열대야는 끝이 난다. 잎이 무성한 나무들은 키 큰 짐승처럼 서서 수런거린다. 황혼 무렵 시작

---

* 디디에 앙지외, 『피부 자아』, 권정아·안석 옮김, 인간희극, 2013

된 수리부엉이 같은 야행성 동물들이 사냥을 마치고 둥지로 돌아간다. 여름 새벽 일찍 잠에서 깬 작은 새들이 날개를 푸드덕이며 지저귄다. 새 소리는 여기에서 저기에로 파동을 이루며 퍼져나간다. 누군가는 새의 울음소리는 두운이나 각운이 맞지 않음을 알아채고, 이 울음소리의 질료성을 채집할 수 없으므로 좌절을 겪는다.

여름은 한 줌의 멜랑콜리를 남기고 덧없이 지나간다. 큰 욕망에 매달렸던 사람들이 참회하며 돌아온다. 여름 시즌이 끝나면 바닷가에 몰린 인파는 썰물 빠지듯이 사라지고, 숲에서 울던 매미와 쓰르라미의 기척은 잦아든다. 해가 진 뒤 황혼의 붉은 기운에 감싸인 바닷가에는 사람의 그림자가 길어진다. 사람들은 이 순간이 여름을 전송할 때임을 직감한다. 여름아, 흰빛들아, 소나무 숲의 광활함과 꽃핀 배롱나무야, 잘 가렴! 여름과 전별하고 나면 광노출의 영향으로 피부의 색소침착도 가라앉아 우리는 여름 이전의 피부를 되찾는다. 어느덧 열대야와 불면의 괴로움도 희미해진다. 지난 여름의 기쁨과 불운을 딛고 일어난 사람에겐 새로운 여름을 기다릴 의무가 있다.

국가가 짐승으로 변하는 까닭

심장 박동 소리에 놀라 눈 떠보니, 하필이면 대한민국이었다. 내가 선택한 게 아니었다. 국가 따위는 종달새 같은 존재에게 아직 저 먼 곳에 있는 추상에 지나지 않는다. 국가가 나를 쿵 하고 들이받으며 제 존재를 각인시킨 것은 1970년대 초반이다. 아직 현실 사정에 어두운 성장기 소년에 지나지 않았던 나는 어리둥절한 채로 가혹한 현실과 마주해야만 했다. 독재자들은 자신을 국가와 동일시하며 제 신념을 법과 규범보다 앞세운다. 군부 출신의 독재자는 장기집권을 꾀하며 고등학교를 병영화 프로젝트에 포함시켜 총검술 훈련을 강제했다. 총검술 훈련을 강요하고 특정 반공 이데올로기를 주입하려는 국가 때문에 내 안의 어린 동물은 괴로워했다.

국가는 국민과 영토를 볼모로 삼는 권력의 생산자이고, 종파주의적 분파들이 뭉쳐 공동 운명체를 꾸린다고 선전한다. 하지만 실제 삶 안에서 이것의 시스템이 작동하는 걸 실감하는 일은 어렵다. 이 짐승은 자기가 한 일의 흔적을 지우고, 자기 꼬리를 감추는 데 익숙하다. 정치적인 것을 배분하면서 '공정과 정의'를 내세우지만 이 짐승의 실체는 잘 드러나지 않는다. 이 짐승은 변신술에 능숙하고 그래서 실체를 직접 보는 일은 드물다. 이 짐승은 거짓과 기만의 불을 뿜으며 제 정체성을 숨긴다. 그 민낯은 피도 그리움도 모르는 폭력-기계인데, 바로 국가라는 괴물이다.

지그문트 바우만은 국가는 신성불가침의 절대 존재가 아니라 그저 공포를 관리하고, 공포를 재활용하면서 제 입지를 지키는 데 안간힘을 쓴다고 말한다. 공포를 이용한다는 점에서 국가와 교회는 닮은꼴이다. 철학자 니체는 이 둘을 가리켜 "불을 뿜는 개"라고 했다. 개가 입으로 뿜어대는 불은 공포를 불러일으킨다. 불길을 뿜는 게 이적은 아니지만 눈길을 끌 만한 퍼포먼스임은 분명하다. 교회가 '교회의 법을 따르지 않으면 지옥에 갈 거야'라고 겁박한다면, 국가는 '법과 규범을 따르지 않으면 감옥에 보낼 거야'라고 위협한다. 바우만은 『빌려온 시간을 살아가기』에서 "우리 시대의 삶을 흠뻑 적시고 있는 불확실성과 은근한 공포에 대해" 주의를 환기시키면서 "어떻게 일정한 양의 공포와 두려움의 유지가 정치적·경제적 제도들의 주요하고 필수불가결한 요소로 바뀌는지"를 말한다. *

우리 주변을 떠도는 '거의 모든 것의 붕괴'라는 유령은 러시아 군대의 우크라이나 침공으로 발생한 세계의 위기라

---

* 지그문트 바우만, 『빌려온 시간을 살아가기』, 조형준 옮김, 새물결, 2014

는 먹잇감을 포식하고 몸집을 불린다. 이 거대 유령은 공포와 두려움을 흩뿌리는데, 과연 무엇에 대한 공포이고 두려움인가? 우리 안에서 자라나는 통제 불가능한 불안에서 비롯하는 공포다. 말하자면 이것은 퍼펙트 스톰의 공포, 동시다발적으로 덮치는 경제 위기로 인한 공포다. 바우만은 다른 책 『유동하는 공포』에서 "공포가 가장 무서울 때는 그것이 불분명할 때, 위치가 불확정할 때, 형태가 불확실할 때, 포착이 불가능할 때, 이리저리 유동하며, 종적도 원인도 불가해할 때다."*라고 말한다. 이 공포는 어디에서 시작해서 어디로 나아갈지를 모른다. 그 위치도 정체도 형체도 불분명하다. 다만 가까이에 다가오는 기척만 알 수 있을 뿐이다. 이 공포에 대처하기도 어렵다. 이 공포의 끝 간 데에 국가 경제와 사회 안전망, 금융 시스템과 개인 파산의 도미노로 붕괴하고, 그 다음 피에 적신 태양이 떠오른다. 우리는 새의 몸통에서 뜯겨 나온 깃털이 흩날리는 한가운데에서 이것이 실재가 아니라 비현실적인 악몽이라고 중얼거린다.

국가는 폭력의 배타적 독점으로 거둔 폭력과 공포라는 두 기제를 통치 수단으로 이용한다. 주권 권력을 한시적으로 위임받은 것임에도 그게 본래 제 것인 듯 휘두른다. 제 취약성과 불확실성을 쉬이 드러내지 않는 국가는 국민의

---

* 지그문트 바우만, 『유동하는 공포』, 함규진 옮김, 산책자, 2009

자산과 생명을 지키는 마지막 보루라고 주장하며 치안과 전쟁을 위한 경찰과 군대를 꾸린다. 치안과 국방을 담보로 세금을 걷고 병역 의무를 지우는 국가를 떠올릴 때마다 나는 거대한 괴물을 상상한다. 부패로 악취를 풍기는 살아 있는 괴물. 괴물은 '국가를 믿어라!'라고 으름장을 놓으며 자주 포효하며 공포를 안개처럼 퍼뜨린다.

새 권력자는 제 권력이 다음 권력의 미래를 빌려온 것임을, 권력이 임시적이고 유효 기한이 지나면 소멸한다는 걸 인지하지 못한다. 권력 주체가 정치 철학의 부재와 정치 능력의 결여를 노출하고, 국가 위험과 문제를 나누고 재배열하는 데 실패한다면 그 피해는 국민들이 떠안는다. 우리는 조만간 현실을 덮칠 퍼펙트 스톰을 두려워한다. 새 권력으로 등장한 보수 정권이 퍼펙트 스톰에서 파생하는 위기관리를 해낼 수 있을까? 빈곤한 정치 자본이나 위기관리 능력을 미루어보건대 실패 가능성이 더 높지 않을까? 만일 실패한다면 그건 통치의 무능이나 도덕의 흠결 때문이 아니라 동시다발적으로 흩뿌려지는 공포 관리의 부재에 따른 결과일 것이다.

국가는 인민이 소금을 달라고 할 때 후추를 주고, 자유를 달라고 할 때 '당신의 안전을 위해' 자유를 유보해야 한다고 말한다. 국가는 인민에게 '너의 가장 중요한 것을 바쳐라!'라고, '국가가 네게 무엇을 해줄까를 묻기 전에 네가 국가를 위해 무엇을 할 것인가?'를 물으라고 강요한다. 애국주의는 독재자가 자주 휘두르는 이데올로기다. 국가는 노동, 세금, 병역 자원을 바치는 것 말고도 항상 더 많은 짐을 지라고 명령하고, 더 많은 출산을 강요한다. 국가가 저출생 사태를 심각하게 여기는 것은 이것이 국가의 소멸이나 파산으로 이어지기 때문이다.

정치의 목적은 우주적 정의의 실현이 아니다. 정의는 타락한 정치 집단에서 나오는 거짓된 구호일 가능성이 높다. 차라리 국가를 이루는 인민 대다수가 동의한 이익의 실현이 그 목적이다. 거칠게 말하자면, 정치 행위는 국가라는 이익 공동체를 통치할 권력을 배열하고 그 권력이 작동하는 방식을 감시하고 관리하는 일이다. 권력이 정치의 수단이자 목적이며, 기본 자본이라면 이것은 자유 시장주의 체제로 움직이는 유동적 시대에도 여전히 유효하다. 그렇다면 권력은 어떤 성분으로 이루어지는가? 놀랍게도 권력의 핵심 성분은 폭력이다. 국가는 여러 미덕으로 제 정체를 가린 사악함이고, 큰 사악함으로 작은 사악함을 제압하며 제 정당성을 증명한다. 국가는 합법적인 폭력으로 자잘한 폭력들에서 발생하는 중압을 분산하는데, 이것이 치안이 작동하는 방식이다. 치안 권력은 '잠깐 멈춰!', 혹은 '너의 정체와 신분을 밝히고 지나가라!', 혹은 '저 행렬을 따라가라!'거나 '집회를 해산하고 각자 흩어져라!'라고 명령한다. 무리의 흐름을 막거나 자유롭게 하는 치안 명령에 불응하는 자들은 즉시 체포

되거나 구금되는 것이다.

국가는 사방 어디에나 있다. 우리 주변에서 서성거리는 이것은 때때로 이성을 잃고 무서운 괴물이나 야만적인 짐승으로 변한다. 니체는 국가를 누군가로부터 "훔친 이빨로 무는 존재"라고 말한다. "아직도 사방에 사람들과 짐승과 같은 떼들 속에 국가들이 있다. 국가는 모든 냉정한 괴물 중 가장 냉정한 괴물로 거짓말을 한다. 국가가 국민이다. 이것은 거짓말이다. 국가란 사악한 눈을 가진 혐오이며 법과 관습에 대항하는 죄이다. 국가는 선과 악이라는 모든 언어로 거짓말을 한다. 국가가 가진 것은 누군가로부터 훔친 것이다. 훔친 이빨로 무는 존재인 국가는 모든 것을 문다."* 국가가 곧 국민이다, 라는 말은 국가가 자주 써먹는 거짓말이다. 국가는 위선과 거짓말이란 토대 위에서 번성한다. 니체가 국가가 끝나는 곳에서 인간이 시작된다고 말한 것은 그런 맥락에서다. 국가는 무리에서 일탈하는 소수자를 따로 분류하고, 포획하며, 뿌리를 뽑기 위해 제 권력을 사용한다. 소수자에게 적성국가와의 내통 혐의나 국가 내란 모의의 혐의를 덧씌우고, 입에 재갈을 물려 진실의 발화를 막으며, 국기 문란과 사회 혼란의 책임을 지운다. 그 과정에서 협박

＊　프리드리히 니체, 『차라투스트라는 이렇게 말했다』, 정동호 옮김, 책세상, 2019

과 고문, 투옥과 의문사가 발생한다. 그 모든 게 국가가 "훔친 이빨로 (인민을)" 무는 행위인 것이다. 국가가 짐승으로 변한다고? 그렇다. 국가가 훔친 이빨로 제 국민을 물어뜯을 때 그것은 짐승 그 자체로 변신하는 것이다.

조간신문을 읽는 보람과 기쁨

숲에서 울려오는 새소리는 파이프오르간 반주에 맞춘 합창 소리 같다. 초봄엔 유리창에 이마를 대고 매화나무 가지에 꽃눈이 맺힌 걸 보고, 가을엔 안개 자욱한 풍경을 눈여겨보았다. 오늘 아침엔 숲 아래로 종 치는 걸 잊은 교회 첨탑, 회색 구름 몇 장이 걸린 풍경이 보이는 것의 전부다. 식탁에는 빵 한 조각과 커피 한 잔, 껍질 채 사등분한 사과 한 알, 새벽에 배달된 조간신문. 나는 사과 한 조각을 입에 넣으며 조간신문을 펼친다.

한 프랑스 에세이스트는 "이것은 모순적인 사치다."라고 말한다.* 무엇이 모순적 사치란 말인가? 아침 식탁에서 조간신문 읽는 일이다. 신문배달원의 발걸음 소리와 함께 신문이 현관 앞에 떨어지는 소리가 고막을 두드린다. 이 경쾌한 소리가 하루의 시작을 알리는 신호다. 식탁에 펼친 조간신문엔 나라 안 흉악 범죄에서 먼 나라의 지진이나 홍수, 피로 얼룩진 내전과 테러 소식이 난무한다. 세상에 널린 죄악과 음습한 사건들로 소란스러운 조간신문은 아침 식탁의

---

* 필립 들레름, 『첫 맥주 한 모금 그리고 다른 잔잔한 기쁨들』, 김정란 옮김, 장락, 1999

고요함과 극단적으로 부조화를 이룬다. 우리는 종종 이 부조화의 괴리에서 기묘한 고통에 빠진다.

중학교 입학 무렵부터 조간신문을 즐겨 읽었다. 그 시절엔 집집마다 신문을 구독했다. 조간신문을 들고 와 읽는 기쁨은 각별했다. 조간신문에서 내가 좋아하는 작가의 연재소설을 읽고, 1968년 달 탐사선 아폴로 11호의 달 착륙 소식을 접했다. 인류 최초로 달에 첫 발을 내디딘 닐 암스트롱은 "한 인간에겐 작은 발걸음이지만 인류에게는 커다란 도약이다."란 말을 남겼다. 조간신문은 세상 견문을 넓히고, 한자를 더듬더듬 익히는 데 도움이 되었다. 한 지방신문에서 중고교 학생을 대상으로 '3·1문예상' 공모한다는 단신을 우연히 발견하고 시와 산문을 써서 보냈다. 두 부문에서 장원을 차지했다는 소식을 전보로 받고, 나는 D시에서 열린 시상식에서 순은 메달을 두 개나 목에 거는 기쁨을 누렸다.

세상의 소란과는 다른 정금 같은 고요와 평화 속에서 읽는 조간신문이란 무엇인가? 조간신문은 노동자 파업, 주가 변동, 나라 밖 지진이나 화산 폭발, 그밖에 갖가지 사건 사고 소식을 전하며 하루의 세계를 축약한다. 날마다 세계의 변화와 그 징후를 전달한다는 점에서 조간신문은 새로운 세상의 발명자, 희망의 선포자, 밤을 지키는 야경꾼이다. 조간신문에서 전대미문의 시와 수천억 은하의 흐름들, 증평의 자매가 꾸리는 수예점과 인제의 자작나무 숲, 제주 오름이나 사려니 숲의 소식과 내설악 다람쥐의 안부, 착한 소년의 취향에 대한 것을 찾기는 힘들다.

혼돈과 판단 정지와 흐름을 거슬러 오늘이라는 기적이 홀연히 나타남을 보여주는 것은 쉬운 일이 아니다. 세계가 꿈인지 현실인지, 우연인지 필연인지 분간이 안 가는 비동일화의 시간이 스미고 섞이는 복잡계인 까닭이다. 어제 그제 그보다 더 오랜 옛날은 순차적으로 '역사'라는 화석으로 변하지만 우리가 온몸으로 감당하는 오늘은 앞으로 다가올 숱한 내일들의 어머니다. 오늘을 알고 그 앎을 바탕으로 내일을 예측하는 일은 쉽지 않은데, 조간신문은 그 어려운 일을 해내는 것이다.

종이신문의 시대가 가고 있다. 종이신문은 '느린 매체'다. 속보 경쟁에서 디지털 매체를 이길 수가 없는 탓이다. 하지만 나는 아침식탁에서 조간신문을 펼쳐 읽는 세상에 살고 싶다. 독수리처럼 멀리 보고, 그늘진 구석구석을 살피며, 약한 자에겐 관대하고 힘세고 뻣뻣한 자에겐 공정한 잣대를 들이대는 조간신문이 하루도 거르지 않고 아침마다 문앞에 배달되는 세상에 살고 싶은 것이다. 좋은 시절은 지나갔다. 조간신문은 사라질 것의 목록에 속한다. 이미 조간신문이 누리던 영화는 옛말이 되었다. 세계의 모든 경험과 기억을 반추하며 이야기를 퍼뜨리던 활자 문명의 쇠락과 함께 조만간 자취 없이 사라질 것이다. 조간신문의 퇴장은 전례 없는 스태그플레이션과 퍼펙트스톰, 금융 붕괴, 기후 변화, 새로운 팬데믹, 강대국들의 충돌과 함께 인류가 맞을 초거대 위협의 신호탄이 될 것이다. 안타깝지만 이것은 근미래에서 일어날 사태다. 조간신문에서 풍겨나오는 특유의 냄새, 그리고 그것을 읽는 즐거움과 보람이 없다면 세상은 얼마나 더 삭막할 것인가! 식탁에서 빵처럼 떼어먹으며 누리는 조간신문 읽기의 설렘과 기쁨을 그 무엇과도 바꾸고 싶지 않다.

그 많던 한량들은 다 어디로 갔을까

어린 시절, 젊은 부모가 객지를 떠돌며 가난한 살림을 불리려고 일하는 동안 나는 외할머니에게 맡겨졌다. 외가인 광산 김씨 문중 제사마다 검은 두루마기 자락을 휘날리며 참석하던 할아버지뻘 친척 중 '삼례 양반'이 기억에 남는다. 지금은 얼굴도 기억나지 않지만 늘 사람 좋은 웃음을 지으며 막걸리를 좋아하던 이였다. 사람들은 "그 어른 참 한량이었지."라고 했다. 그 어른을 한량이라고 하는 말에는 어떤 비난의 뜻도 없었다.

정약용은 공무에서 물러 나와 건(巾)을 젖혀 쓰고 울타리를 따라 걷고, 달 아래서 술을 마시며 시를 지었다. 산림과 과수원, 채소밭의 고요한 정취에 취해 수레바퀴의 소음을 잊었다고 했다. 벗들과 '죽란사(竹欄社)'라는 시 모임을 만들어 날마다 모여 시를 돌려 읽고 취하도록 마셨다. 아마 정약용 같은 선비가 한량의 원조였을 것이다. 풍류를 즐기는 향촌의 유력계층의 젊은이들을 한량이라고 했는데, 이들은 국가 경제를 부흥시키거나 가계 살림을 불리는 일에 그다지 보탬이 되지 않았을 테다. 그저 풍류에 더 열심이었던 그들은 농작물의 파종이나 수확 같은 노동의 강제를 면제받는 대신 마을 공동체의 의례를 주재하거나 분란 해결에 앞장을 섰다. 농경시대가 저물고 산업화시대로 넘어가는 전환기의 소용돌이 속에서 마을 공동체들과 함께 한량들은 도태되어 사라졌다.

서양에도 노동에 나태한 채로 제 취향에 빠져 사는 부류가 있었다. '댄디'라고 불린 이들은 부모의 유산 덕택에 먹고살 걱정이 없던 젊은이들이다. 이들은 일체의 생산 활동에 참여하지 않고, 교양과 높은 예술적 안목을 쌓고, 세련된 복장으로 군중과 자신을 차별화하는 일에 열중했다. 멋진 의복을 차려입고 거북과 함께 파리의 거리를 산책하던 일단의 사람들. 시인 보들레르는 19세기 서양에 반짝 하고 나타난 이들을 일컬어 "영웅주의의 마지막 불꽃"*이라고 했다. 이 영웅주의 문명의 잔재는 모든 것에 침투하고 평준화하는 민주주의 물결에 밀려난다. 댄디는 지는 별처럼 한 점의 애수를 남기고 어둠 속으로 사라진다.

오래된 마을 공동체들이 무너진 뒤 온라인의 커뮤니티나 동호회들이 과거의 공동체를 대체한다. 신자유체제가 세계의 극장들을 공장으로 바꾸면서 놀이와 축제는 추방되고, 노동의 실행만이 가치를 부여받는다. 할로윈이나 크리스마스는 진정한 의미에서 축제가 아니라 사람의 감정을 들뜨

---

* 샤를 보들레르, 『화장 예찬』, 도윤정 옮김, 평사리, 2014

게 해서 대량 소비에 나서도록 부추기는 상업주의의 산물에 지나지 않는다. 이제는 한량도 댄디도 다 사라졌다. 모두에게 노동 의무를 지우는 생산 강제의 사회에서 노동으로 자기 부양을 하지 않는 사람은 사회 부적응자로 낙인이 찍히거나 고립무원의 처지를 벗어나기 힘들다. 노동을 거부한 채로 외톨이로 사는 이들은 한량의 돌연변이다. 오늘날 공동체에서 고립된 채로 외로운 늑대, '히키코모리'로 살아가는 이들은 간혹 반사회적 공격성으로 제 존재감을 드러낼 뿐이다.

한량이나 댄디는 생산의 유용성이 아니라 유희의 즐거움을 선택한다. 이들은 빈둥대는 것이 아니라 삶을 관조하며 제 몫의 자유를 누리려던 사람들이다. 한량들은 거간꾼이나 정치 모리배로 변질되어 사라진 뒤 우리는 공동체의 중재자를 잃었다. 그 많던 한량들은 다 어디로 갔을까? 한량들을 그리워하는 것은 새들의 지저귐과 계곡 물소리에 귀를 기울이고, 매화 향기에 취해 시를 짓던 이들이 살던 과거로 퇴행하자는 게 아니다. 느린 삶의 미덕과 가치를 되짚어 보고, 생산 강제에 속박당하는 삶에서 벗어날 방법은 없을까를 살펴보자는 것이다. 한량들이 맡던 공동체의 중재자들이 사라지자 사회 갈등은 더 첨예해지고 도덕과 풍속은 속되고 천박해졌다. 풍류 대신에 컴퓨터 게임에 몰입하고, 연애가 아니라 포르노에 빠지며, 삶의 순수한 기쁨을 말초적 흥분으로 대체해버린 시대에 한량들이 설 자리는 없다. 어쩌면 한가함과 여유 시간을 날려버리고, 자발적으로 노동의 강제에 휘말린 데서 우리 삶이 품었던 미덕과 기품들이 사라진 것은 아닐까?

밤의 멜랑콜리에 대하여

밤의 찬 기운 속에서 풀벌레 소리의 데시벨이 부쩍 높아진다. 가을의 징후들이 전면적으로 펼쳐진다. 불을 켜지 않은 어둠 속에서 풀벌레 울음소리는 마치 영원의 저쪽에서 보내는 신호 같다. 몸 안의 가장 작은 뼈인 추골, 침골, 등골까지 이 소리가 전달된다. 항우울제인 프로작을 삼켜야 할 만큼 심각하지는 않지만 이 청각의 깊은 데를 울리는 풀벌레들의 울음소리가 가을밤의 달콤한 쓸쓸함과 멜랑콜리를 자극한다.

19세기 초 런던 거리에는 약 4만 개의 가스등이 켜졌다고 한다. 헤드랜턴도 손전등도 없던 시절 작가 디킨스는 불면 때문에 축축한 습기와 안개가 떠도는 런던의 밤거리를 유령처럼 쏘다녔다. 촛불과 고래 기름을 써서 어둠을 밝히던 시대가 끝나자 백열구가 밤을 밝힌다. 산업사회로 들어선 뒤 인공조명들이 밤을 지배하는데, 그 결과로 밤은 빛 공해와 소음들로 뒤덮인다. 인간은 밤하늘에서 3천여 개의 별을 식별할 수 있다지만 더 많은 별과 은하수가 자취를 감춘 지 오래다. 아울러 밤을 낮처럼 밝힌 인공조명의 영향으로 인간 생체가 인식하는 빛과 어둠의 순환주기도 깨지고, 양서류와 파충류들은 생태 교란에 빠졌다.

우리 영혼 깊은 곳에는 밤에 대한 원초적인 두려움이 깃들어 있는데, 이는 저 선사시대 인류의 뇌에 눌어붙은 두려움이 유전된 탓이다. 맹수들이 포효하고, 재앙은 어디서 덮칠지 몰랐던 시대에 밤의 어둠은 지옥의 휘장이었다. 소등과 통행금지가 시행되던 중세의 밤은 악령들이 출몰하고 도둑들이 들끓었다. 밤이 미지와 불가사의한 사건이 벌어지고, 약탈과 방화가 일어나는 위험한 시간이었을 때 인류는 불안과 공포로 전전긍긍했다. "밤은 인간 최초의 필요악이자 가장 오래되고 가장 자주 출몰하는 두려움이다."[*] 현대에 와서야 밤에 덧씌워진 사악한 이미지가 벗겨지고, 인류는 밤의 두려움에서 해방되었다.

해 진 뒤 사위가 어둠에 갇히면서 시작하는 밤은 어둠의 시간이다. 빛이 어둠에 잠식되면서 개와 늑대가 분별이 안 되는 땅거미가 내린다. 낮과 밤이 교차하는 시간대를 가리키는 영어 관용구들로 땅거미(gloaming), 닭 가두기(cock-shut), 더듬거리는 시간(groping), 까마귀 시간(crow-time), 낮의 대문(daylight's gate), 올빼미 빛(owl-leet) 등등이 있다. 야생의 밤은 달빛과 별빛 말고는 한치 앞도 분간할 수 없을 만큼 캄캄하다. 그 어둠 속에서 큰고양잇과 동물을 비롯한 야행성 동물과

올빼미와 같은 조류들이 사냥감을 좇아 발걸음 소리를 죽이고 움직인다.

　밤은 우리 삶의 절반을 빚는 시간이다. 밤이 우리 생의 절반을 빚지만 그 의미와 비중은 자주 간과되는 편이다. 이것은 밤에 하는 일이 낮의 노동과 성취에 견줘 대단치 않다고 여기는 태도와 관련이 있다. 사람들은 밤을 잠과 꿈의 시간으로만 인식하지만 밤에는 그보다 훨씬 더 중요한 일들이 일어난다. 밤은 낮의 노동과, 낮이 불러오는 근심에서의 휴식과 해방을 가져다줄 뿐만 아니라 흥겨운 사교와 고독의 시간을 베푼다. 우리가 결락시킨 밤에 이루어지는 감정 생활과, 그보다 더 은밀하게 일어난 일들을 합해야 인간의 역사는 완전해진다.

　우리는 태양이 지구를 밝히는 최대 조명기구라는 사실을 자주 잊는다. 우주에서 태양은 몇 천억 개의 별들 중 하나다. 지구의 낮을 밝히는 이 거대한 광원은 밤이 시작하면 돌연 자취를 감춘다. 부엌, 뒷마당, 풀숲은 어둠에 잠기면서 인간의 시각 기능은 거의 쓸모가 없어진다. 달이 작은 조명기구 구실을 할 때 나는 가을밤의 고요와 쓸쓸함, 멜랑콜리를 맞는다. 왜 가을밤이 유독 우리 안의 멜랑콜리를 확장시키는지를 나는 모른다. "세계의 더 깊은 곳을 들여다보려는 갈망"*이라는 멜랑콜리는 가을밤에 누리는 특권이다. 낮보다 밤을 더 충만한 의미의 시간으로 향유하려는 자들은 가을밤을 낭비하고 싶어 하지 않는다. 아, 가을밤이다! "울밑에 귀뚜라미 우는 달밤에/길을 잃은 기러기가 날아갑니다"** 우주가 나를 감싼 채로 응시하는 동안 나 역시 청정한 불면 속에서 우주를 바라본다. 이 상호적인 바라봄은 고요하고 그 고요 속에서 내 존재는 살아 있음으로 진동한다. 살아 있음은 바로 존재의 진동이다. 가을밤을 물들이는 그 살아 있음의 숭고함을 잠으로 덮기에는 정말 아깝다. 지금 이 시각 깨어 있는 자들은 찰나의 살아 있음을 책의 낱장처럼 찢어서 삼킨다. 명징한 의식으로 자기 사유를 물고 헤집는 자들은 저마다 가을밤의 철학자들인 것이다.

---

* 에릭 G. 윌슨, 『멜랑콜리 즐기기』, 조우석 옮김, 세종서적, 2010
** 동요 〈기러기〉(윤복진 작사, 박태준 작곡)의 한 구절.

사라진 것들을 위하여

모닝커피에 달걀 노른자를 넣어주던 그 많던 서울의 다방
들은 다 어디로 갔을까요? 마흔 해 전쯤 서울 광화문 부근의
귀거래, 자이안트, 아리스, 연 같은 상호를 가진 다방들이 기
억에 떠오릅니다. 코스모스 피어 있는 고향역도, 기름진 금
전옥답으로 풍성하던 고향도 다 사라지고 없습니다. 시간
의 흐름 속에서 많은 장소들이 물거품처럼 꺼지고 많은 직
업들도 사라졌지요. 가마꾼, 유모, 전화교환수, 속기사, 필경
사, 버스안내양, 넝마주이, 사형집행인, 묘지기, 종지기, 굴
뚝청소부, 머리카락수집상… 등등의 직업군이 사라졌지요.
얼음절단사, 개미번데기수집상, 커피냄새탐지원, 촛불관리
인, 말장수, 모래장수… 등등도 오래전엔 인기가 있던 직업
군이라고 합니다.

　가장 아름다운 날은 우리가 아직 살아보지 못한 날들이
고, 가장 소중한 것은 대개는 이미 잃어버린 것들이지요. 어
린 시절 운동장에서 넘어져서 깨진 무릎, 예닐곱 살 때 빠진
유치(幼齒)들, 여름 정원, 가을밤 창공의 오리온 별자리, 스무
살 때 개복수술 후 전신마취에서 깬 새벽의 통증, 낮잠에서
깨어나 듣던 오후에 내리던 비, 굴뚝새의 노래, 논산 외가의
부엌에서 마주친 쥐의 머루처럼 까만 눈동자, 어느 날 오후

개의 고요한 죽음, 어느 여름 택시에 두고 내린 우산, 그토록 많은 계절과 노래들…. 우리는 사라진 시간과 상실들 위에 삶을 세웁니다. 그러니 모든 형태의 사라짐, 혹은 상실 없이는 어떤 삶도 있을 수 없지요.

　왜 모든 것은 아직 사라지지 않았을까요? 이것은 오늘의 철학이 제기하는 의문 중 하나입니다. 실재는 개념에 삼켜지고, 꿈과 욕망은 실현 속에서 자취를 감춥니다. 철학자 장 보드리야르는 "우리는 사라짐을 최종 차원으로서가 아니라, 널리 편재한 차원으로서 받아들여야 한다. 나는 존재의 필수적 조건이라고 말할 참이다. 자신의 사라짐의 기초 위에서 살지 않는 것은 아무것도 없다."*라고 씁니다. 세월의 느린 리듬 속에서 사라짐은 만물의 운명이자 존재가 짊어지는 숙명입니다. 사라짐이 존재의 필수 조건이라면 우리는 사라짐이라는 기초 위에 삶을 세워 살고 있는 셈이지요.

　가수 이문세가 부른 "남들도 모르게 서성이다 울었지/지나온 일들이 가슴에 사무쳐/텅 빈 하늘 밑 불빛들 켜져 가면/옛사랑 그 이름 아껴 가며 불러보네"라는 〈옛사랑〉(이영훈 가사, 1991)이란 우리 안의 애틋함을 일깨우는 노래가 있지요. 옛사랑의 이름을 아껴 가며 불러본다는 노랫말에 가

---

* 　장 보드리야르, 『사라짐에 대하여』, 하태환 옮김, 민음사, 2012

슴이 베인 듯 쩔쩔매는 사람도 없지 않겠지요. 옛사랑은 환영, 헛것, 꿈에 지나지 않습니다. 실재가 없는 사랑이 추억과 회한 속에서 사무치는 것은 그것이 지나간 사랑이기 때문이지요. 돌이킬 수 없고, 회복할 수 없는 모든 것이 그렇듯이 그것이 있어야 할 자리는 언제나 상실이라는 토대이지요. '옛사랑'의 애절함은 상실이라는 고통을 먹으며 자라난 슬픔의 다른 이름이지요. 기억에 남아 있는 한 그건 아직 사라진 건 아닙니다. 진짜로 사라지는 건 망각이 집어삼킨 것들이지요.

어제에 대한 동경은 사라진 것들에 대한 향수를 바탕으로 솟구칩니다. 흔히 옛날이 더 좋았어! 라고 말합니다. 물론 예전이라고 마냥 유쾌하고 좋았던 기억만 있는 건 아니지만 옛날은 꿈속의 세월이고, 아련한 그리움 속에서 미화된 기억으로만 존재하는 시간이지요. 옛날이 좋았다, 라는 말은 현재에 대한 불만이 과거라는 은신처로 내몬다는 인과관계 속에서 부분적 진실을 머금고 있는 셈이지요. 가고 없는 날을 기리는 노래는 우리 가슴에 아련한 슬픔을 남기지요. 청춘은 가고 없는 날인데, 우리가 보내지 않아도 어디론가 사라진 날을 붙잡으려는 손짓은 공허하지요. 사라진다는 것의 철학적 함의는 무엇일까요? 존재건 다른 무엇이건 소실점 저 너머로 사라져서 자취를 감춰버리는 것, 그래서 시야에서 멀어져 더는 보이지 않게 될 때 우리는 무엇인가가 사라졌다고 말합니다. 모든 존재는 사라짐의 운명 속에 있지요. 지금 살아 있는 우리는 어느 순간 죽음을 맞고, 무로, 태허로 돌아가겠지요. 무로 돌아간 주체는 제가 살았던 세계를 돌아볼 수도 없겠지요. 결국 무엇인가가 사라진 뒤 실재가 있던 자리는 공허와 무로 채워지겠지요.

　기술복제시대 이후 사진과 영상에서 파생된 재생이미지가 넘치는 세상에서 무엇인가가 완전히 사라진다는 게 과연 가능할까요? 장 보드리야르가 지적한대로 21세기가 미디어와 가상현실, 네트워크의 시대인 것은 분명합니다. "디지털적인 이미지는 엄청난 자기 증식을 통해 그 공허를 채워 나간다."는 말도 사실이겠지요. 주체는 사라져도 그 이미지, 이미지, 이미지들은 도처에 남아 떠돌아다니지요. 사라진 것들이 사라지지 않은 채 현실이건 가상공간이건 어딘가에 남아 영원히 떠돈다는 것, "끊임없는 이미지 재생의 그물망 속에 잡혀" 부유한다는 것은 끔찍할 수도 있겠지요.*

　한 번 존재한 것이 완전히 아무 자취도 없이 사라지는 일은 불가능합니다. 사라지는 것은 어떤 형식으로든지 제 흔적을 남기는 법입니다. 소실점 저 너머로 사라지는 것들은 그 뒤에 마치 그림자를 드리우듯 잔영을 남기지요. 환상, 유토피아, 욕망의 애틋함이 실재가 사라진 자리에 남은 잔

---

* 장 보드리야르, 앞의책.

영이지요. 지구 위에 출현한 생물 종은 멸종 선고를 받았을 지라도 완전히 사라지는 일은 없습니다. 사라졌지만 사라지기를 멈추고 그것이 항구적으로 존재하게 만드는 그 무엇인가 때문이지요. 그게 뭘까요? 클론, 정보화, 네트워크가 진짜로 사라지는 것을 막는 기술적 기반입니다. 진짜 살아 있는 것은 아니지만 모든 것은 가상으로 남아 있지요. 인간이 만든 인공지능의 공간에서 원본 없는 이미지들은 영원히 사라지지 않고 춤춥니다. 실재가 사라져도 이미지가 현실을 물고, 현실이 이미지를 물면서 영겁 운동을 합니다. 실재가 없는 이미지는 자기 덫에 걸려 이미지에 이미지들이 겹으로 덧씌워진 "이미지-재생"이라는 한계 속에서 자기 복제를 되풀이하겠지요. 지금 우리 시대는 무엇이든지 이미지 복제라는 영원한 운동 속에서 갇힌 탓에 사라진다는 것 자체가 불가능해져 버립니다.

젊었을 때는 미래를 더 자주 상상했는데, 지금 여기의 삶이 끔찍했던 탓이었겠지요. 나이가 들어 과거를 반추하는 일이 더 잦아집니다. 지금보다 훨씬 파릇하던 과거가 젊음의 영화를 누린 시절이라고 여기기 때문이겠지요. 이젠 푸르른 청춘의 때는 덧없이 사라지고, 그 노래를 부르던 이도 없습니다. 버드나무 잎처럼 푸르던 청춘과 함께 시간도, 장소도, 사람도 다 사라진다는 사실을 받아들여야 합니다. 사라진 존재는 다시 돌아오지 않아요. 시간을 거꾸로 돌릴 수 없듯이 한 번 간 것은 영원한 회귀 불능 상태에 놓이지요. 단 하나의 진실은 이 세계가 사라지는 것들을 기반으로 한다는 점이지요. 우리는 사는 동안 끊임없이 사라짐을 연기(延期/演技)합니다. 산다는 건 사라짐의 연기를 하는 것이고 세상이 더 이상 우리 연기를 필요로 하지 않을 때 우리는 진짜로 세상에서 사라지겠지요.

책 읽기라는 모험이 사라진 시대

지하철 좌석에 앉은 사람들이 스마트폰에 고개를 박고 열중한다. 언제부터인가, 지하철 좌석에서 '종이책'을 읽는 사람을 찾아보기 어려워졌다. 이런 광경을 만날 때마다 소름이 돋는다. 우리 시대의 문화가 디지털 중심으로 이동하면서 변화의 국면에 접어들었음을 실감하기 때문이다. 인류가 문해 기반 문화에서 디지털 기반 문화로 넘어오는 문명사적 전환 속에서 여러 조짐들이 동시다발적으로 나타나는 중이다. 그중 주목할 만한 것은 소셜 미디어에서 가상현실 게임까지 제 시간 대부분을 디지털 기기를 쓰면서 '디지털 뇌'를 장착한 새로운 인류가 출현한 점이다.

디지털 기기를 다루는 새 인류는 종이책 읽기에 길들여진 사람들의 고요한 눈과 마음을 더는 갖지 못한다. 날마다 디지털 기기를 끼고 앉아 소셜 미디어에 접속하면서 고요한 눈과 마음을 키울 시간도 동기도 다 잃는다. 디지털 기기를 통한 정보 자극에 주의가 흩어지면 제 신체를 제어하는 것도 텍스트에 몰입하는 인지적 인내심도 잃어버린 탓이다. 주의력의 질이 낮아지면서 읽기를 통한 비판, 성찰, 상상, 공감, 연역, 귀납, 분석의 기술과 능력에서도 점점 더 멀어진다.

인지신경과학자들은 읽기가 후천적 학습의 결과물이라

고 말한다. 본디 호모사피엔스의 뇌에는 읽기 능력이 탑재되어 있지 않았다. 문자 없이 문맹인으로 몇 만 년을 건너오는 동안 우리 선조는 문자를 읽을 수 없는 '원시인의 뇌'에서 더 이상은 진화하지 못했던 것이다. 문자 발생 이후 인류는 문자를 해독하고 읽는 학습을 반복하는 가운데 '읽는 뇌'를 가진 존재로 진화한다. 구텐베르크 활자가 나온 뒤, 인쇄와 제책의 기술 발달과 종이의 양산 등으로 책의 대중화를 위한 인프라가 갖춰진다. 그러자 뇌는 읽기에 최적화된 새로운 배선과 회로를 갖춘다.

오늘날 새 인류의 뇌는 디지털 기기들이 쏟아내는 수만 기가바이트의 정보 과잉으로 인지적 과부하에 걸린 상태다. 뇌는 이 문제를 해결하려고 정보를 압축해서 빠르게 취할 것과 버릴 것을 선별한다. 디지털 시대로 들어서면서 느긋한 읽기에서 멀어질 때 뇌는 읽기 능력이 전반적으로 떨어지고 복잡한 사유과정이 생략된 '원시인의 뇌'로 회귀한다. 읽기 회로가 제거된 뇌는 선조들이 그랬듯이 협소한 지식에만 기대면서 나태한 휴면 상태에 빠지는데 이것이 디지털 뇌의 시대에 일어날 수도 있는 변화다.

강연에 나설 때마다 종이책 읽기의 의미와 효과를 강조한다. 책 읽기가 나의 생업이니 이런 강연은 자연스럽다. 책 읽기는 내 생애의 가장 중요한 화두 중 하나였다. 책 읽기는 타인의 사유와 경험을 취함으로써, 내 좁은 사유와 유한한 경험을 무한으로 확장하는 일이다. 펼쳐진 책은 지식과 의미로 가득 찬 바다이고, 책은 읽을 때마다 나를 설레게 하면서 무궁무진한 가능성의 세계로 이끈다. 독서가 지식의 바다를 가로지르는 항해이고, 미지의 세계를 향해 나서는 지적인 모험이라면 우리는 그 모험을 통해 정신의 쇠락을 막고, 망각에 맞서며 궁극의 자아를 찾는 것, 그리고 새로운 인지적 지평을 확장한다고 할 수 있다. 읽기의 효과는 정보 편집력 키우기, 타인과의 공감과 소통력 키우기, 시뮬레이션 능력 키우기, 본질을 통찰하고 복잡한 사고를 수행하기의 분야에서 성과를 드러낸다.

책을 읽을 때 뇌에서 어떤 일이 벌어지는가? 책은 이 세계와 저 세계를 잇는 다리다. 읽는 사람은 책을 다리 삼아 현상세계와 내 안의 세계를 오간다. 책이 돛대 달린 배라면 배는 독서삼매경에 빠진 우리 자신이기도 할 것이다. 책을 읽을 때 문자를 보는 게 아니다. 눈은 문자 위에서 미친 듯이 '광학적 춤'을 추고, 뇌는 상상의 날갯짓을 멈추지 않는다. 이 춤과 날갯짓은 독서 행위에 몰입한 우리 행동의 전부다. 책은 몰입 속에서 우리를 저 먼 미지의 나라로 데려간다. 책에 코를 박고 몰입해서 꿈결 같은 여행을 하던 우리는 읽기를 멈추는 순간 이상한 나라로의 몽환적 여행에서 문득 깨어나 현실로 돌아온다.

인지신경학자 메리언 울프는 『다시, 책으로』에서 디지털 매체가 읽는 뇌에 어떤 영향을 미치는지를, 깊이 읽기가 사라진 뒤 다음 세대의 운명이 어떻게 바뀔지에 대한 인지과학의 연구 결과를 보여준다. 인류는 구술 문화 시대에서 문자 문화 시대를 거쳐 구텐베르크 이후 시대로 넘어오면서 학습과 훈련을 통해 '읽는 뇌'를 갖게 되었다. 우리의 뇌가 읽기에 최적화된 형태로 회로가 바뀌고, 배선과 그 구조가 달라졌다는 뜻이다. 읽기의 지속은 뇌의 인지적, 언어학적, 생리학적 변화를 가져오고, 뇌를 돌이킬 수 없는 '읽는 뇌'로 변환한다. 울프는 읽는 뇌 안에서 "뉴런의 연결망이 음속 수준으로 빠르게 반응하고, 다시 같은 속도로 뇌 구조 전역에 걸쳐 연결이 일어난다."고 설명한다.* 읽는 뇌는 깊이 읽기를 통해 인지적 공간으로 솟구쳐 도약하는데, 그 도약의 절정이 통섭이다. 통섭은 지식의 저장고인 뇌에서 미지의 것이 홀연 나타나는 현상이다. 그러니까 읽는 뇌는 지식과 정보의 해석을 넘어서서 통섭이라는 눈부신 도약을 이룬 뇌다.

읽기는 외부의 지식과 정보를 내 뇌로 이동하는 행위가 아니다. 그것은 훨씬 더 복잡한 프로세스를 거치는 인지적, 지각적 차원의 변화를 포괄한다. 지금 인류는 주변에서 일어나는 빠르고 다양하게 변화를 체감하고 있다. 디지털 기기와 미디어의 확산이라는 새로운 기술적 환경 안에서 우리 뇌는 "속도와 즉각성, 고강도의 자극, 멀티태스킹, 대량

---

* 메리언 울프, 『다시, 책으로』, 전병근 옮김, 어크로스, 2019

정보의 선호"에 아무 보호 장치 없이 노출되면서 변화의 강제 속에 놓인다.

디지털 기반의 환경 속에서 우리가 잃은 것은 심심함 속에 머무는 능력이다. 깊은 심심함은 정신의 이완에서 얻어지는 편안함의 한 정점이다. 우리는 어린 시절 자주 심심함에 빠지곤 했다. 이제 우리는 과거와 같이 쉽게 깊은 심심함에 도달하지 못한다. 편안한 잠이 그렇듯이 심심함은 쉽게 체득할 수 있는 능력이 아닌 것으로 변했다. 깊은 심심함은 신체의 참을 수 없는 산만한 움직임을 완벽하게 제어하고 정신 이완이 일으키는 역동인 까닭이다. 재독 철학자 한병철은 디지털 만능이 가속화되는 시대에는 "심심한 것에 대해 거의 참을성이 없는 까닭에 창조적 과정에 중요한 의미를 지닌다고 할 수 있는 저 깊은 심심함도 허용하지 못한다."라고 지적한다.* 심심함은 창조를 낳는 자궁이다. 깊은 심심함이 없다면 예술의 창조도 불가능하다. 사람들은 심심함에서 벗어나려고 조바심치면서 디지털 자극을 갈망한다. 그런 가운데 인류의 뇌는 불가항력적으로 디지털 뇌로 바뀌는 것이다. 디지털 기기에 과다 노출된 새 인류는 더 이상 읽는 뇌를 가진 이전 세대의 집중력을 되찾을 수 없고, 정신의 둔주 상태를 헤쳐 나가는 법에서 점점 멀어진다. 멀티

---

* 한병철, 『피로사회』, 김태환 옮김, 문학과지성사, 2012

태스킹에 능란한 디지털 뇌는 코르티솔과 아드레날린 같은 호르몬에 잠긴 채 외부 자극을 찾아 항시 주의집중 과잉 상태에 놓인다.

우리는 다양한 디지털 매체 환경에 맞춰 디지털 뇌로 살 것인가, 아니면 느긋한 인지적 노력이 요구되는 읽는 뇌를 장착한 채 살 것인가 하는 선택의 기로에 섰다. 문제는 우리가 멀티태스킹이 가능한 디지털 뇌로 갈아타는 순간 주의집중 과잉 상태에 빠지며 다시는 읽는 뇌로 돌아갈 수 없다는 점이다. 읽는 뇌의 시대가 끝나면 종이책도 사라질 것이다. 그 빈자리를 디지털 기기들이 파생시키는 '가속의 에토스'가 빠르게 차지할 것이다. 그 다음은? 종이책 읽기에 느긋하게 빠져 관조적 삶을 즐기던 시대는 막을 내릴 것이다.

우리는 디스토피아에서 산다

나는 본다. 한 쪽에서 한 아이의 탄생을 즐거워하는 노래가
울려 퍼질 때 다른 한 편에서는 아무도 돌봄 없이 버림받은
누군가가 혼자 죽어가고 있음을. 누군가는 무심코 행운 쪽
에 발을 딛고, 다른 누군가는 불행 쪽에 발을 딛는다. 불행은
날씨 같이 인간이 견뎌야 할 삶의 상수다. 춥지도 덥지도 않
은 날씨의 온도. 이 온도가 죽음의 온도라는 것을 망각한 채
로 살다보면 우리는 불행이나 죽음에 둔감해질 테다. 이 둔
감 속에서 불행은 독버섯처럼 화사하게 피어난다. 한 노동
자가 제철소의 용광로에 빠져 사라진다. 그 쇳물을 쓰지 말
라고 누군가는 울부짖지만 산업 재해가 사라지는 법은 없
다. 광주에서 신축 아파트가 무너지며 건축물 잔해에 노동
자들이 깔려 죽는다. 지중해를 건너던 시리아 난민의 세살
배기 아이의 사체가 터키 해안가로 흘러온다. 어느 날 아침
해안가에 잠든 듯 엎드린 소년의 주검은 인간이 겪는 불행
의 근원이 어딘지를 곰곰이 따져보게 한다.

호메로스 서사시, 그림 형제 동화, 셰익스피어의 희곡,
느와르 영화 같은 서사에는 살인의 백일몽이 어른거린다.
인간 본성 어딘가에 살인 충동이 숨어 있는지도 모른다. 지
구는 수십만 년 동안 살해당한 자들의 거대한 무덤이다.

1994년 르완다에서 100만 명이 단 석 달만에 살해당한다. 군인과 부랑자, 시민들이 이 집단 광기에 휩싸인 채로 이 살상에 가담한다. 나치의 홀로코스트로 유대인 600만 명이 가스실에서 사라지고, 일본 제국주의 군대는 중국 난징에서 30만 명의 무고한 시민을 죽인다. 캄보디아 크메루주 정권의 학살극에 100만 명이 사라진다. 이렇듯 인류 폭력의 잔혹성은 우리의 상상을 가뿐하게 뛰어넘는다.

불행이 상습화한 곳에서 한때 유행했던 웰빙과 힐링 바람은 얼마나 한가로운가! 한 일간지는 웰빙 바람을 메가 트랜드라고 했다. 그것은 좋은 삶을 누리자는 달콤한 권유였지만, 그 논의나 길잡이는 공허했다. 우리가 만나는 갖가지 불행을 덮어둔 채로 웰빙을 말하는 것은 자가당착에 지나지 않는다. 각자도생이란 구렁텅이에서 서로를 물어뜯는 무한경쟁을 지나며 우리 몸과 마음은 깊은 병이 들었다. 힐링 유행은 현실 모순에 불거진 어떤 문제도 해결하지 못한 채 기껏해야 위약 효과에 불과함을 드러낸다.

불행의 서사는 차고 넘치고, 지금 이 순간도 불행이라는 유령은 세상 곳곳에 서성거린다. 학교 폭력, 노상강도, 증오 범죄는 끊이지 않는다. 블레즈 파스칼은 "인간이란 얼마나 괴물 같은 존재인가? 이 얼마나 진기하고, 괴물 같고, 혼란스럽고, 모순되고, 천재적인 존재인가!"라고 탄식했다. 불행은 우리 안의 괴물이 저지르는 끔찍한 사태다. 가난, 병고,

사고 따위가 개인이 감당하는 불행이라면, 학살과 살육이 벌어지는 전쟁, 혁명, 유혈폭동 들은 집단으로 겪는 불행일 것이다.

인간은 태어날 때 죽음이라는 거대한 불행에 머리를 쿵 하고 박는다. 갓난아이는 제 비강으로 차고 메마른 공기가 밀려들 때 울음을 터뜨린다. 이 울음은 인간의 태어남이 가학성 폭력의 '거대한 유혈 아수라장' 속으로 내동댕이쳐지는 사태임을 말한다. 우리의 현존은 그렇게 야만적이고 메마른 불행에서 시작된다. 폭력과 불행은 늘 한 쌍이다. 어쩌면 이것은 인간 유전자에 각인된 불가피한 기질인지도 모른다. 이 잔혹하고 무익한 것이 핏줄과 문화를 타고 세계로 번지는 것이다.

왜 인류는 상호간 폭력을 그치지 못할까? 인류는 언제까지 이런 불행과 혼돈에서 허우적거려야 할까? 분노나 증오 같은 인간 본성의 어두운 측면들이 우리 안의 도덕 감정이라는 '선한 본성의 천사'를 짓누른 탓일까? 선사시대 이래로 인류사에서 폭력이 멈춘 적은 없었다. 한 사람을 죽이는 데는 한 스푼의 분노로 가능하다면 몇 백만 명을 살해하는 데는 이데올로기가 필요한 법이다. 여러 이데올로기로 감싼 가학성과 포식성이라는 우리 안의 악마는 잔혹한 살상을 일삼고 세계를 분란과 불행 속으로 밀어 넣는다.

인류는 문명화에 성공한 뒤에도 만인에 대한 만인의 투

쟁은 멈추지 못했다. 지구 한쪽에선 여전히 유혈 사태와 전쟁이 진행 중이다. 우리 안에 호전성, 복수심, 증오, 집단 이기주의 같은 악이 깃들어 있기 때문이다. 이 불행의 싹들은 인류가 흩뿌린 피를 먹고 자란다. 불행을 낳는 것도, 이 불행을 극복할 주체도 인간이다. 아름다운 지중해 해안에서 발견된 소년의 죽음이나 쇳물이 끓는 용광로 속에 숨진 노동자의 불행은 우리가 짊어질 책임이다. 우리 본성의 '선한 천사' 즉 타인의 비극과 불행에 예민하게 반응하는 양심과 도덕 감정이 살아나지 않는다면 이 불행은 끝나지 않을 것이다.

이 야만의 세상과 기이한 형태로 기생하는 악인들을 향한 분노를 멈출 수가 없다. 인류가 이상향을 꿈꾼 것은 불행의 고통을 회피할 수 없었기 때문일 테다. 서양엔 유토피아(utopia)가 있고 동아시아엔 무릉도원이 있었다. 유토피아란 본디 그리스어의 'ou(아니다)'와 'topos(장소)'를 합성한 단어로 '아무 데도 없는'(nowhere) 장소라는 뜻이다. 현실은 유토피아의 정확하게 역상(逆像)이다. 저 너머에서 우리를 기다리는 것은 디스토피아다. 나는 해열제를 사러 약국을 가는 당신을 스쳐 지나갔다. 당신은 나를 모른다. 하지만 우리는 지구화 시대의 가느다란 인연으로 이어져 있다.

토끼를 쫓는 사냥꾼이 있다고 상상해보자. 사냥꾼은 토끼를 포획한 수량에 따라 임금과 수당을 받는다. 숲속엔 사냥꾼들로 가득 차 있다. 사냥꾼이 훑고 지나간 숲에는 토끼들이 고갈되어 사라진다. 사냥꾼들은 다른 숲으로 이동한다. 아무도 사냥을 그만 둘 생각이 없는 이유는 사냥꾼을 그만 두는 즉시 사냥감이 되기 때문이다. 약한 자를 희생양 삼아 약탈하는 악마들, 소액 투자자를 제물로 삼는 헤지펀드, 사망보험금을 타내려고 '설계된 죽음'으로 내모는 인간의 탈을 쓴 괴물들, 그리고 자기 안의 갈망과 욕망에 사로잡힌 채 살아가는 우리 모두가 사냥꾼이다.

전 세계 부의 90퍼센트를 세계 인구의 1퍼센트가 소유하고, 그 나머지 10퍼센트의 부를 99퍼센트가 나눈다. 당신과 나는 99퍼센트의 인류에 속한다. 탐욕과 이기주의가 들끓는 세계 어디에도 유토피아는 없다. 존재하는 것은 사냥꾼의 유토피아뿐. 승자가 모든 것을 다 차지하는 유토피아에서는 누구나 성과를 내라고, 항상 포획물로 자루를 채우라는 명령을 받는다. 이들은 자주 번아웃을 겪는다. 안전과 행복을 약속하지도 못하고, 불확실성의 공포를 품은 사냥꾼의 유토피아는 지옥의 또 다른 이름이다.

지그문트 바우만은 현대 사회를 '사냥꾼의 사회'라고 규정한다. 우리는 자유주의적 지구화의 결과로 파시즘, 광신주의, 인종주의, 테러리즘 따위로 소동을 빚는 세계를 마주한 채 죽이거나 죽거나 하는 두 개의 선택지 중 하나를 고르도록 강요당한다. "이제 우리 모두는 사냥꾼이다. 또는 사냥꾼이 되라는 말을 들으며, 사냥꾼처럼 행동하도록 요구받거나 강요당한다."* 당신은 사냥꾼인가, 아니면 사냥감인가? 난민, 노숙자, 이주노동자들은 오늘날의 가장 취약한 사냥감이다. 이들은 사냥꾼과 몰이꾼에게 쫓기다가 막 다른 곳으로 내몰린다. 누군가의 포획물이 되거나 비참한 최후를 맞는다.

오늘 당신이 죽었다는 소식을 듣고, 나는 놀랐다. 유동하는 공포라는 올무에서 벗어나려고 스스로 죽음을 선택한 것은 당신만이 아닐 것이다. 해바라기 씨앗을 쪼고 물 몇 모금을 마신 앵무새도, 먼 곳으로 출장을 다녀온 열쇠공도, 정신병원에서 종일 복도를 서성이는 이들도, 장사꾼과 코미디언도 자기의 자리에서 잠든 한밤중 나는 이 세계의 고요를 깨고 싶지 않다. 자식이 제 부모를 쳐 죽이는 사회, 예측불허의 기후재난에 시달리는 이 세계. 죽거나 죽임을 당하는 지옥에서 각자도생의 길을 찾는 사람들. 청년들 중 일부는 탈주의 수단으로 자기 살해를 선택한다. 성과를 내라는 다그침 속에서 자기 수탈을 장려하며 끝내 죽음으로 내모는 사회에서는 누구나 괴물을 증오하면서 괴물을 닮는다. 유동하는 공포와 혼란이 뒤섞인 사회가 디스토피아라면 분명 이곳이 디스토피아다. 지옥은 저기에 있지 않고 여기에 있다. 우리는 자본주의 제단에 드리는 제사를 주재하는 제사장이자 동시에 그 제단에 바치는 봉헌물이다. 당신과 나는 어쩌

---

* 지그문트 바우만, 『모두스 비벤디―유동하는 세계의 지옥과 유토피아』, 한상석 옮김, 후마니타스, 2010

다 디스토피아로 내몰렸을까? 나는 손에 희생자들의 피를 묻힌 채로 잠든다. 그리고 꿈속에서 사냥꾼을 그만두라는 속삭임을 듣는다. 과연 나는 언젠가 사냥꾼 노릇을 그만둘 수 있을까?

그 많던 코미디 프로그램들은 왜 사라졌을까

언제부터인가 TV 방송 편성에서 코미디 프로그램이 사라졌다. 눈을 씻고 들여다봐도 그 많던 코미디 프로그램을 찾아볼 길이 없다. 코미디 프로그램이 TV 지상파 방송 편성에서 왜 사라졌는지, 나는 그 내막을 알지 못한다. 〈웃으면 복이 와요〉에서 〈유머 1번지〉, 〈개그 콘서트〉까지 코미디 프로그램들은 우리에게 웃음을 주고, 거짓과 위선의 가면을 쓴 쩨쩨한 정치를 풍자하며 사랑을 받았다. 팍팍한 삶에서 그나마 근심과 걱정을 덜어주던 코미디가 없으니 사는 재미가 덜해졌다. 그 많던 코미디언들은 어디에서 무슨 일을 하며 밥벌이를 할까?

웃음은 근심과 시름을 잊게 하고, 우리 내면에서 카타르시스를 통해 억압을 해소한다. 과도하게 경직된 태도, 기계적인 동작들은 웃음을 끌어낸다. 여럿이 어울릴 때 누군가 던진 재담으로 터진 웃음은 곧바로 좌중에게로 번져간다. 이는 웃음이 집단의식이거나 공범의식의 산물이란 증거다. 대개 웃음은 대상과 당위의 기대 사이에 비대칭 구도가 만들어지는 찰나에 솟구친다. 누군가 엉덩방아를 찧을 때 우리는 무해한 웃음을 터뜨린다. 제3자는 실수의 주체가 자기가 아니라는 점에 안도한다. 타인의 실수를 보고 웃음을 터뜨릴 때 웃는 자의 우월감과 짓궂음이 불거진다. 타자의 낭패에서 즐거움의 계기를 찾는 이 짓궂음을 악취미라고 비난할 수만은 없다. 웃음은 생각보다 복잡한 프로세스 속에서 나타나는 감정의 발현이기 때문이다.

웃음이 항상 기쁜 감정을 동반하는 것은 아니다. 이걸 처음 알린 이는 철학자 데모크리토스다. 그는 기원전 5세기 고대 그리스 북동쪽 압달라라는 지역에서 살았는데, 백과사전 같은 지식을 가진 철학자로 존경을 받았다. 나이 아흔 살쯤 되었을 때 그는 항구로 나와서 부둣가 노동자를 바라보며 웃어댔다. 사람들은 그가 노망이 들었다고 수군거렸다. 의사인 히포크라테스는 이 늙은 철학자를 진찰한 뒤 미치거나 병든 게 아니라고 단정했다. 그가 발작하듯이 웃어댄 것은 주민의 부조리한 상업 활동과 어리석음을 비웃는 가운데 나타난 몸짓이었던 것이다.

생리학자들은 웃음이 과도한 우월감을 드러내는 수단이라고 말한다. 코미디언들이 바보 연기로 웃음을 주는 것은 그 때문이다. 한때 '비실이' 배삼룡, '맹구' 이창훈, '영구 없다'의 심형래 같은 바보 연기의 달인들이 코미디 프로그램을 누비며 바보스러움과 엉뚱함으로 우리를 웃겼다. 우리는 무엇을 보고 웃었던가? "희극성의 근저에는 어떤 종류의 경직성이 있다. 바로 이 경직성으로 인해 자기 길만을 줄곧 고집하고, 그 어떤 것도 귀담아듣지 않으며, 아예 아무것도 듣고 싶어 하지 않는다."* 희극인들의 바보스러움, 경직, 어리석음은 연기에 지나지 않는다. 우리보다 훨씬 더 지혜롭고 온전한 인격을 가진 주체들인 코미디언들은 바보스러움을 연기하면서 우리 안의 자만과 착란을 자극하고 웃음을 터지게 한다. 광대의 익살극이 유행하던 시대의 시인 보들레르는 웃음을 "불행의 징후"라고 했다. 웃음이 심리적 고통에서 비롯한 신체 경련일 때, 혹은 제 안의 자만의식을 분출하는 행위일 때 그 웃음은 내면의 불순물을 방출하는 것이고, 제 안에 쌓인 불행의 징후를 타인에게 반사한 것에 지나지 않는다.

인간은 지상의 다른 동물들과 달리 웃을 줄 아는 드문 존재다. 웃음은 근엄한 독재와 파시즘, 광신주의에 균열을 일으키고, 악에 항변하는 저항의 한 방식이다. 코로나 팬데믹이 덮치면서 서민의 생활은 암울하고 팍팍해졌다. 그럴수록 웃음은 현실 극복 의지를 북돋는 청량한 자극제가 되거나, 유언비어와 가짜 뉴스들에 찌든 마음의 치유제가 될 수도 있을 테다. 맘껏 웃다 보면 감정을 옥죄는 불안과 무기력에서 해방될 수도 있을 테니까. 코미디 프로그램이 사라진 빈자리를 '먹방'이란 이름의 음식 포르노가 꿰찬 것은 마뜩치 않은 사태다. 상업주의에 빠진 개인 미디어에서 내놓는 먹방은 사회 비판이나 저항을 담아낸 코미디를 대체하지 못

---

* 앙리 베르그송, 『웃음』, 정연복 옮김, 문학과지성사, 2021

한다. 먹방은 비틀린 웃음과 가짜 만족을 낳는데 이것은 가짜 치료제다. 우리는 유쾌한 즐거움으로 꽉 찬 유머와 무해한 웃음을 갈망한다. 그 웃음이 우리 안의 불안과 불행을 보다 가볍게 만들 것이기 때문이다. 유머와 웃음을 주던 코미디언들이 다시 돌아오기를, 그들을 공중파 방송에서 더 자주 볼 수 있게 코미디 프로그램들이 부활하기를 기다린다.

가다리는 블록

미래는

게으름에

있다

요람과 관 사이에서

삶이란 요람과 관 사이의 진자운동일지도 모른다. 삶이 요람과 관 사이에서 무지몽매한 채로 헤매는 것이라면 요람과 관 사이는 이 세상에서 가장 먼 거리다. 우리는 먹고 자고 사랑하고, 기분 좋을 땐 콧노래를 부르며, 약간의 쾌락, 작은 의미, 성취에 따르는 보람 한 줌 따위를 품고 산다. 음악과 춤, 시와 이야기는 삶 위에 얹는 화사한 고명이다. 그 너머에서 아른거리는 행복은 초콜릿 한 조각처럼 구체적인 실물이 아니라 늘 추상이고 붙잡을 수 없는 신기루다.

우리의 살아남음은 수수께끼와 비밀들을 안고, 생사고락을 이어가는 모험이다. 그것은 눈부신 역동이고 그 자체로 권력이지만 우리는 자주 살아 있음의 가치를 잊는다. 살아 있음은 요구하는 것들이 많은데 이런저런 복잡한 요구에 응답하려는 와중에 우울증과 피로가 누적되고 더러는 소진을 겪는다. 존재가 고갈되어 그 바닥을 드러낼 때 우리는 좌절하며 죽고 싶어진다. 우리는 이렇게 속삭인다. 죽으면 편해질 거야!

살아 있음의 눈부신 찰나는 평범한 시간을 기적으로 바꾼다. 하지만 그런 찰나는 드물게 찾아온다. 여름 한낮의 땡볕이 정수리를 뻥 뚫어버릴 때 우리는 혼비백산한다. 주사 바늘이 혈관을 찌를 때 그 통증은 선연하고 날카롭다. 햇사과를 입 안 가득 베어 물 때 과육에서 나온 향기는 후각을 기분 좋게 자극하고, 달콤한 수분은 혀의 미각 돌기에 쾌락을 돌려준다. 가을 아침 낙엽 태우는 냄새는 몸 안에 엔돌핀을 솟게 한다. 그래, 우리에게 살아볼 내일이 있잖아!

나는 커피 한 잔을 즐기고, 밀크셰이크와 소금빵을 좋아한다. 아침 식탁에서 조간신문을 펼쳐놓고 읽는데, 신문의 뉴스들은 텔레비전에 견주면 거의 침묵에 가깝다. 텔레비전 뉴스들은 늘 우리 안에 깃든 내적 평화에 균열을 만드는 소음 폭격이다. 가을 한낮의 고요 한가운데서 머리칼과 손톱이 아무 기척도 없이 자라난다. 손톱과 발톱은 자라면서 우리가 권태에 빠지지 않게 일거리를 만들어 준다. 볕바른 곳에 앉아 손톱깎이로 손톱과 발톱을 자르는 순간들은 살아 있다는 신호들로 반짝인다.

인간이 가진 불완전성 때문에 삶에서 난파는 피할 수 없는 운명이다. 사는 동안 군데군데 부서지고 구멍이 뚫리고, 그 구멍들로 물이 들어와 찬다. 우리는 물이 새는 배를 끌고 저 바다를 항해한다. 그런 까닭에 산다는 것은 고통의 날줄과 슬픔의 씨줄로 짜는 피륙이고, 고통과 슬픔이란 두 악기로 합주하는 이중주다. 고통이 항상 존재에 마이너스를 가져오는 나쁜 경험은 아니다. 지혜로운 사람은 고통을 더 나은 삶을 위한 경험이 되게 한다. 고통과 슬픔의 심연에서 나오는 저 지혜의 목소리에 귀를 기울여라!

슬픔이 상실에 대한 애도 반응이라면 이것은 참을 필요가 없는 자연스러운 현상이다. 슬픔에겐 인내를 갖고 충분한 시간을 줘야 한다. 그렇게 할 때 슬픔은 견딜 수 없는 시간을 견딘 시간이 주는 선물이다. 질주하는 마음을 멈추어 주저앉히고 우리를 단련시키는 슬픔은 죽어가는 모든 것들에게 평등하게 분배되는 것이다. 슬픔은 차라리 모두에게 분배되는 삶의 양식이다.

인류는 지구에서 가장 오래 살아남은 동물군에 속한다. 나는 지구 자연에 적응하며 살아남은 인류의 일원이다. 내경험에 비춰보자면 살아 있음의 찬연함이 깃드는 순간은 내 안의 근심에서 벗어나 평안이 깊어질 때다. 홀연 숭고함이 강림하는 에피파니의 찰나에 나는 삶의 찬란함을 맛본다. 인류가 큰 번성을 누리는 동안 세계 기후를 교란시키고, 대기권의 이산화탄소 농도를 최악으로 높이고, 열대우림을 베어내고 해수면의 온도를 극적으로 올려놓았다. 지구 생물에게 대멸종의 시간이 다가온다는 불길한 경고 속에서 근심과 불안은 깊어진다. 지구적 혼란을 초래하고 생명의 터전을 깨트린 것은 그 누구도 아닌 인류가 자초한 실수다. 지구 종말을 늦추고 지구를 회생시켜 우리의 살아 있음을 빛나게 할 수 있는 방법이 있을까? 아무 가망이 없어 보일지라도 요람과 관 사이에서 진자운동을 하다가 가뭇없이 사라 질 우리 스스로에게서 희망을 찾을 수밖에 없다. 인류는 어 떤 생물보다 더 재능과 지략을 가진 존재로 "가혹한 기후와 험난한 대지에 맞섰고, 우리보다 훨씬 힘센 동물들을 두려 워했고, 주술로 우리를 압도하고 장엄함으로 우리를 초라하 게 만드는 자연에 복종하며 삶을 조심스럽게 그 둘레에 비 끄러매두었"으며, 그 결과로 "수명을 세 배로 늘렸고, 영아 사망률을 낮췄고, 대부분의 사람들이 건강 면에서나 일상의 안락 면에서나 과거보다 엄청나게 더 나은 삶을 누릴 수 있 게 했다."＊ 이런 인류의 지략과 재능에 기대어 우리는 다음 세대에게 한 줌의 낙관을 유산으로 남길 수 있을 것이다.

＊ 다이앤 애커먼, 『휴먼 에이지』, 문학동네, 김명남 옮김, 2017

죽지 말고 살아보자!

사방에 빛들이 눈부시게 넘친다. 이는 햇빛이 강해진 탓도 있지만 꽃들이 제 안의 빛을 밀어내는 까닭이다. 한껏 높아진 광도 속에서 만물은 생기를 얻는다. 이맘 때 성급하게 봄옷을 꺼내 입었다가 낭패를 보는 경우가 생긴다. 옛말에 영등할매 늦추위에 옹배기가 깨진다고 했다. 밤마다 호르르호르르 울던 산개구리가 기습 추위에 혼비백산하고, 김칫독이 터지는 불상사가 일어난다. 영등할매는 음력 2월 초에서 보름 동안이나 지상에 머물며 비바람을 관장하는 가신(家神)이다. 영남에서는 영등할매에게 한 해 농사의 풍년을 빌고 집안 식구의 안녕을 기원하는 관습이 내려온다.

우울증은 일조량이 준 겨울을 나면서 겪는 환절기 증후군이다. 이맘때마다 나는 딸꾹질 하듯이 찾아오는 우울증을 앓는다. 대인기피증으로 고립된 채 지내며, 매듭져야 할 문제를 미루고 회피한다. 해 질 녘 핏빛에 잠긴 붉은 석양 아래 지친 새와 같이 깊은 피로에 잠길 땐 스스로를 구제불능의 실패자로 여기고, 통제력과 의욕을 상실한다. 우울증에 잠식되면 사고의 균형을 잃고 모든 정보를 부정적으로 해석한다. 인지 왜곡(cognitve distortion)에 빠져드는 까닭이다. 비

현실적 사고에 과몰입하며 종종 자해나 자살 같은 나쁜 선택을 하는 경우도 있다. 우울증 따위에 지는 것만큼 바보 같은 일은 없다. 그러니 나는 우울증으로 낙담하거나 허송세월 하지는 않을 것이다. 금싸라기처럼 반짝이는 햇빛 아래 누리는 금생의 시간은 얼마나 아름답고 소중한가!

낮이 길어지고, 화창한 날씨가 이어진다. 서양의 중세 의학에서는 햇빛이 인간의 세포 조직을 키우며 장기에 활력을 불어넣는다고 가르쳤다. 그래서 건강하건 병약하건 햇볕을 자주 쬐는 것이 몸의 원기를 북돋는 데 도움이 된다고 믿었다. 봄비가 메마른 땅을 적시고, 비는 땅속 둥근 알뿌리와 씨앗을 뒤흔들어 깨워 싹을 움트게 한다. 나무는 저 땅속에서 수액을 줄기와 잎으로 퍼 올리며 꽃을 피우고 열매 맺을 채비를 한다. 양기는 만물의 생령을 일깨우고 무릇 생명 가진 것들을 약동하게 한다.

잿빛 대지가 차츰 연두색으로 바뀔 무렵 조류와 양서류들은 산란을 하고, 동물들은 새끼를 배태한다. 젊은 가슴에는 춘정이 발동한다. 처녀 얼굴엔 홍조가 돌고 웃을 때 드러나는 흰 이가 어여쁘다. 젊은이들이 짝을 구하고 사랑에 빠지는 것은 우연이 아니다. 짝 없이 혼자 봄을 맞고 청춘은 설움과 시름에 빠진다. 가장 찬란한 봄은 비 뒤에 온다. 봄비가 다녀간 뒤 이끼와 잔디는 파릇해지고, 검은 나뭇가지마다 온통 초록의 윤기로 반짝이는 잎사귀를 토하고 꽃봉오리들이 맺힌다. 꽃들이 지고 왔던 봄이 갈 때, 가는 봄을 붙

잡을 수 없기에 설움 많은 시인은 꽃자리에 주저앉아 운다
고 했다.

　나는 봄마다 살구나무가 꽃을 피우고 물맛이 좋은 우물
이 있는 농촌 마을에서 태어나고 소년으로 자라났다. 먹어
도 먹어도 자꾸 배가 고프던 소년 시절엔 해마다 키가 반 뼘
씩 자라났다. 봄이면 들판 저 너머까지 걸어갔다가 다시 돌
아오며 먼 나라를 상상했다. 어머니가 반짇고리에서 찾은
골무를 끼고 구멍 난 양말을 꿰매는 동안 어린 동생과 뒷동
산에 올라 새 둥지를 찾아 돌아다녔다. 뻐꾹새가 우는 산속
을 뛰어다니다가 심심하면 흙을 파먹고, 수풀 속 새둥지에
서 새알을 꺼냈다. 저녁 때 청둥호박으로 끓인 호박죽 한 그
릇을 얻어먹고 한 이불 아래 잠들었다. 한 이불 아래 잠든
어린 형제는 재속 프란체스코 수도회 형제만큼 신실한 믿
음을 갖진 못했지만 제 시간으로 무엇을 해야 옳은지를 가
늠하는 어른으로 자라났다. 어머니와 아버지는 이승을 떠났
지만 세상은 그때보다 더 나아진 것 같지는 않다.

　서울에서 사는 동안은 오동꽃 피고 지는 것도, 왔던 봄
이 덧없이 사라지는 것도 모른 채 그저 아수라 속에서 아등
바등 사는 일에 매달렸다. 다시 봄을 찾은 건 마흔 줄에 시
골로 내려와 집 짓고 살 때부터다. 응달에 쌓인 잔설이 녹고,
하천으로 눈 녹은 물이 흘러내려갈 무렵 저수지 물가에 무
리지어 서 있는 버드나무 군락이 연둣빛으로 물들고, 양지

쪽에는 복수초가 노란 꽃을 피워냈다. 겨우내 묵은지 짠맛에 혀가 진저리를 칠 때 둔덕에서 캔 달래나 원추리를 물에 데친 뒤 된장에 버무려 먹으면 입맛이 파릇하게 돌았다.

이 봄날이 난생 처음 맞는 봄이 아니라고 슬퍼하지는 말자. 들에 지천으로 돋은 씀바귀와 뽈냉이에게 인사하자. 청매화 몇 송이 피었다 진 뒤 산수유 생강나무 가지에서 피어나는 노란꽃을 기뻐하자. 지금은 다랭이 논에 물이 차오르고, 물찬 논에서 우렁이가 새끼를 치는 봄날이다. 자잘한 근심이나 걱정 따위는 개나 물어가라고 하라! 봄날엔 어디론가 무작정 떠나자. 예산장터 버들국수집을 찾아가 장터국수 한 그릇 후루룩 먹고 돌아올까. 통영을 찾아 도다리 쑥국을 먹고 박경리 선생 무덤이 있는 언덕바지에 올라 푸른 봄 바다를 시리도록 바라보다 돌아올까. 섬진강변에서 매화꽃 구경을 하고 벌교를 들러 삶은 참꼬막 푸짐하게 한 양푼 까먹고 난 뒤 배불러 졸음이 오면 아무 데나 등 대고 낮잠을 한숨 자고 돌아올까.

구근들이 지표로 새싹을 밀어 올리면 동내의를 벗어 빨아 널고 빨래가 마르기를 기다리자. 사랑이 끝났다면 사랑 이후의 사랑을 꿈꾸자. 새들이 공중을 활강할 때 숯을 굽는 이들은 산에서 숯을 굽는 일에 열심이고, 청명한 날씨에 바다에서 숭어를 잡는 이들은 그물에 걸려 퍼덕이는 숭어 몇 마리를 데리고 온다. 꿀벌들이 잉잉대며 노래할 때 우리는 게으름을 떨치고 일어나 어린 인류를 보살펴야 한다. 어깨에 다정하게 손 얹듯 내리는 도타와진 볕 아래를 걷노라면 팔다리에 피가 잘 돌고 기분이 좋아진다. 그건 신경화학 전달물질인 도파민, 세레토닌, 엔도르핀 같은 호르몬이 돌기 때문일 테다. 오후엔 기름 두른 솥뚜껑에 배추전을 부쳐 막걸리 한 잔을 마신 뒤 가난에 주눅들지 않고 당당하던 김관식 시인의 시집을 꺼내 읽고, 소식이 끊긴 지인들에게 안부 편지를 쓰자.

'봄'이라고 가만히 입술을 달싹이며 발음해 본다. 왔던 것은 가고 간 것은 다시 돌아오지 않는 봄이라고 아쉬워하지 말고 온몸으로 봄기운을 만끽하자. 이 봄은 작년에 왔던 그 봄이 아니다. 새로운 봄을 맞은 청년 윤동주는 봄의 맥동이 혈관 속에 시내처럼 흐른다고 썼다. 당신이 행복하건 불행하건 살아서 새봄을 맞는 것은 기적이다. 이 봄날을 기뻐하면서 먹고 노래하고 사랑하자. 봄이 귓가에 소곤거리는 말을 경청하자. 우리의 행복이 평범한 사물들의 인내심 때문이라는 걸 잊지 말자. 길고양이 밥에 독약을 푸는 이처럼 비루하고 쩨쩨하게 살지 말자. 어린 것을 무릎에 앉힌 채 가갸거겨 한글을 깨우쳐 주고, 옳고 그름을 분별할 줄 아는 사람으로 자라도록 도와주자. 시골 눈두렁 길은 풀빛으로 파래지고, 뺨을 스치는 바람은 포근해질 테다. 파릇한 봄의 싹들과 빛나는 햇살 속에서 우리의 근심이나 우울 따위는 하찮다. 자, 다시 살아보자! 다시 돌아오지 않을 새 봄이다. 주

말엔 이른 아침밥을 해먹고 지어미 지아비가 손 맞잡고 고
창 선운사 뒤편 대웅보전에나 가서 동백꽃이 피었나 안 피
었나 돌아보고 오자.

삶이라는 기적

이즈막 기분이 나아진 것은 순전히 쾌청한 가을 날씨 덕분이다. 보온성이 좋은 수면 양말을 신고 무명이불을 덮고 잠드는 게 좋다. 새벽에 침대 한쪽에서 몸을 동그랗게 말고 잠든 고양이에게 가만히 손을 뻗어 등을 쓰다듬는다. 고양이는 잠결에도 내 손길에 기분이 좋아져 골골 거린다. 먼 곳에의 그리움이 속절없이 깊어지는 상강 무렵 맑고 건조한 햇빛 아래 구절초 꽃이 흔들린다. 먼 길 떠나는 자와 먼 길에서 돌아오는 자의 걸음이 우연인 듯 엇갈리는 계절이다.

소규모 살림이 나아질 가능성은 희박하지만 그래도 견디며 살 만하다. 가끔 강가에 나가 모래와 물을 바라보다 돌아오며 자주 내가 누구인가를 묻는다. 날씨의 독재 아래서 구두는 낡고 양말엔 구멍이 난다. 낡는 게 죄가 아니라면 무엇일까? 내 안에는 감정과 욕망이 소용돌이친다. 욕망은 삶을 생산하는 동력이면서 동시에 나를 빚는 중요 성분이다. 나는 이것들에 휘둘리며 고투하는 존재이다.

난방용 연료로 연탄을 태울 때 생긴 일산화탄소가 농밀하게 떠도는 서울의 탁한 공기를 들이마시면서도 독일 뮌헨의 가스등과 안개를 그리워하던 독문학도 전혜린은 "아무튼 낯익은 곳이 아닌 다른 곳, 모르는 곳에 존재하고 싶은 욕구가 항상 나에게는 있다."고 썼다. 먼 곳을 그리워함! 인간이 저 너머를 꿈꾸는 것은 지금의 현실이 낙원이 아니라 고통과 불행을 낳는 자리라는 부정적 인식에서 시작한다. 1960년대의 독일 유학생이자 젊은 문학도였던 전혜린은 제 조국의 가난한 현실과 척박한 지적 토양에 진절머리를 치며 저 서구의 나라를 꿈꾸었을 테다.

먼 곳을 그리워함은 더 나은 삶을 향한 욕망이다. 모르는 곳에서 삶을 꾸리고 싶다는 소망이 가없는 꿈일지라도 그 달콤함에서 깨고 싶지는 않았을 테다. 이것의 바탕은 살아보지 못한 장소에 대한 동경, 먼 곳을 향한 노스탤지어, 자유에 대한 갈망이다. 이 동경을 철부지의 호사 취미이자 향서 취향이라고 몰아세우는 것은 가혹한 일이다. 독일 유학에서 돌아온 뒤 전혜린은 대학에서 강의를 하고 독문학 책들을 번역하다가 돌연 이승의 삶과 작별한다. 그것은 급작스러운 일이어서 사회에 꽤 오랫동안 파장을 남겼다.

생활에 근접해서 사는 자에게 삶의 비루함은 더 잘 보인다. 삶의 근경에 붙박여 살 때 우리 뇌가 더 비관으로 기우는 것은 그 때문이다. 별들을 보며 걷는 자는 필경 진창에 빠질 위험을 안고 있지만 마음의 근심을 떨쳐내기 위해서라도 먼 것을 꿈꾸고 바라본다. 먼 곳을 동경하는 사람은 이상주의자일 텐데, 이들은 짐승들이 으르렁대는 동물원에서 천국 보기를 포기하지 않는 자다.

영국 시인이자 극작가인 로버트 브라우닝은 "사람은 반드시 잡을 수 없는 것을 향해 손을 뻗어야 한다."고 말한다. 현실 저 너머의 환상을 빚는 뇌는 불가능성한 것을 꿈꾸고, 저 먼 곳에 도달하려고 노력한다. 게으른 사람도 근면한 사람도 다들 행복을 꿈꾸지만 대개는 행복이 무엇인지 딱히 모르고 산다. 삶이 기적이라는 대긍정에서 빚어지는 낙관적인 감정에 젖은 채 사는 것이 행복이 아닐까? 먹고 사랑하는 나날들 속에서 아이들은 자라나고, 강물은 바다를 향해 흐르며, 계절은 영원히 순환한다. 이게 기적이 아니라면 무어란 말인가!

가을의 공기에서는 말똥 냄새가 난다. 말똥 냄새가 나는 계절이 끝나면 나는 장롱에서 눈[雪]과 봄, 소금과 후추, 그리고 양초 여섯 개를 위해 마련한 두터운 스웨터를 꺼내 입을 것이다. 시인들은 가을을 즐겨 노래한다. 그중에서 "물은 희고 길구나, 하늘보다도./구름은 붉구나, 해보다도./서럽다, 높아 가는 긴 들 끝에/나는 떠돌며 울며 생각한다, 그대를."(김소월, 「가을」, 1922)란 시를 가만히 읊조린다. 김소월은 가을의 물은 희고, 구름은 붉다고 썼다. 이 희고 붉음의 뚜렷한 대조에서 어딘지 모를 슬픔을 느낀다. 일제 강점기에 태어난 소월은 불운을 짊어진 채로 낭인처럼 어디에 풀길 없는 서글픔을 안고 떠돌았다. 소월의 슬픔은 짐작조차 할 수 없을 만큼 고요하고 높았을 것이다.

한가로운 날엔 악착 같이 살려는 마음을 내려놓고 흔히 나비넥타이라고 불리는 보타이를 매고 외출하고 싶다. 카페는 낯선 사람들로 북적이고, 실내는 사람들의 말소리와 음악이 뒤섞여 시끄럽다. 카페를 나와 경쾌한 걸음으로 걷다가 볕 좋은 공원 벤치에 앉아 샌드위치를 먹을 때 근처로 비둘기 몇 마리가 구구거리며 모이를 찾아 모여든다. 녹색 짐승 같던 활엽수는 어느덧 단풍이 든다. 우리는 날마다 다른 하루를 맞고, 날씨의 변화무쌍함과 계절의 순환을 받아들이며 산다. 이 기적에 기대어 우리는 덧없음과 허무를 넘어서고, 새로운 날을 맞는다. 가을엔 누구에게라도 태어나서 죄송하다고, 그리고 어제보다는 좀 더 나은 사람으로 살아야겠다고 고백하고 싶다.

미래는 게으름에 있다

터키의 작가 아흐메트 알탄은 체제 전복을 모의한 혐의로 수감생활을 하는 가운데 숨 막히는 두려움을 겪는다. "나는 죽어버린 생명의 시체 안에 갇혀 있었다. 나는 움직일 수 없었고, 그것에서 빠져나올 수 없었다."* 아흐메트 알탄은 생체 시계가 멈추는 두려움에 빠진 뒤 스스로 새로운 시계를 발명할 필요를 깨닫는다. 그는 비좁은 감옥 안을 걸으며 걸음을 세고 분과 초를 분별하고 시간을 쪼개고 가늠하면서 시간의 압박에서 벗어난다.

인간은 시간의 포박 속에서 살아간다. 카를로 로벨리에 따르면 시간은 물질이나 물질의 입자가 아니라 "구조들, 즉 복잡한 층들이 모인 것"**이다. 인간은 우주의 수많은 물리계 중 하나에 속해 살아가는데 시간은 공간과 더불어 이 물리계의 한 축이다. 시간은 우리 바깥에도 있고, 안에서도 재깍거리며 흘러간다. 시간은 자연도 아니요, 실재도 아니다. 우리는 시간을 의인화하는 습관 때문에 이것을 실재로

---

* 아흐메트 알탄, 『나는 다시는 세상을 보지 못할 것이다』, 고영범 옮김, 알마
** 카를로 로벨리, 『시간은 흐르지 않는다』, 이중원 옮김, 쌤앤파커스

착각하는 오류를 빚지만 시간은 추상일 뿐이다.

시간은 1초, 1분, 1시간, 1일, 1년이라는 흐름을 이루며 흘러간다. 시간은 과거에서 미래로 움직일 뿐 미래에서 과거로 역행하지는 못한다. 컵이 산산조각 깨졌다면 그 조각들은 다시 컵으로 되돌아가지는 못한다. 동일한 장소에 두 사람이 있더라도 시간은 동일한 속도로 흐르지 않는다. 이를테면 한 사람은 멈춰 있고, 다른 한 사람은 움직인다면 움직이는 친구는 움직이지 않는 친구와 견줘 덜 늙는다. 가만히 있을수록 시간은 빨리 흐르고, 많이 움직일수록 시간은 더 느리게 흐르기 때문이다.

시간은 에너지의 파동과 방향, 물질을 이루는 분자 구조의 변화를 이끌고 나아간다. 이때 시간은 양자장의 복잡한 진동과 힘들의 순간적인 상호 작용에 영향을 미치고, 이 변화는 다시 인간을 덮친다. 이 변화들의 영향 아래 있다는 점에서 인간은 시간이 빚은 존재일 것이다. 시간은 인간을 규정하는 기본값이지만 우리는 정작 시간에 대하여 모르는 게 많다. 시간이 다층적인 층으로 이루어져 있지만 우리가 아는 것은 협소한 경험에서 얻은 아주 작은 조각의 지식이다. 시간을 알건 모르건 가족이나 벗들이 죽는 이 행성에서 우리는 마치 자신만은 불멸의 존재인 듯 각자의 시간을 살아간다.

사실을 말하자면 시간은 흐르지 않고, 시간에 포박된 물질이 흐른다. 인간과 물질은 시간의 흐름 속에서 늙거나 낡아간다. 불꽃은 피어올랐다가 꺼지고, 식물은 자라다가 성장을 멈춘다. 만물의 조락, 쇠잔, 소멸은 시간 때문이 아니라 엔트로피가 일으키는 결과일 뿐이다. 과거, 현재, 미래는 시간을 구분하는 세 차원이고, 우리는 그 세 차원을 거머쥐고 산다. 초점은 늘 현재에 맞춰진다는 점에서 우리는 현재라는 바다를 항해하는 중이다. 멀어진 육지는 떠나온 과거이고, 저 너머의 대륙은 미래이다. 우리는 현재라는 찰나에 시간을 찢고 나온다. 현재는 고통과 쾌락으로 비벼지고, 유혹과 공포가 함께 하며, 나를 발명하는 시간이다. 사는 게 고단할 때 우리는 미래를 선취하며 현재의 시련을 견뎌낸다. 내일은 괜찮아질 거야. 내일은 오늘보다 나아질 거야. 러시아 시인 푸시킨이 "마음은 미래에 살고/현재는 한없이 우울한 것"이라고 노래한 것은 미래를 책임과 의무가 유예된 시간이자 토막 난 꿈들로 가득한 상상으로만 겪기 때문이다.

사람들은 시차를 두고 기억과 분별력으로 과거를 떠올린다. 과거는 현재를 만드는 상수이면서 동시에 미래의 과잉이 밀어낸 현재의 다른 이름이다. 오직 기대 수명 속에 잠긴 미래는 형태가 부여되지 않은 미정형의 시간이고, 곧 태어날 아들이며, 내일 필 꽃과 함께 오는 새 계절이고, 영원히 쥐어지지 않을 무한이다. 어떤 미래는 우리를 장밋빛 전망으로 이끈다. 강력한 희망의 근거라는 점에서 미래는 놀라움의 대상이자 우아한 절망이다.

　모든 장소에서 시간이 똑같은 속도로 흐른다고 믿지만 시간은 위치, 장소에 따라 흐름이 다르다. 물리학자는 시간이 산에서 더 빨리 흐르고, 평지에서 더 느리게 흐른다고 말한다. 고층아파트에 사는 주민의 시간과 저층 아파트에 사는 주민의 시간은 다르게 흘러간다. 마찬가지로 탁자 위의 시간과 탁자 아래의 시간은 다르다. 고층에서 사람이 더 빨리 늙고, 저층에서 사람은 더 천천히 늙는데 이런 현상은 지구의 중심에서 멀어질수록 시간이 빠르게 흐르는 까닭이다. 지구의 시간은 달의 시간이나 목성의 시간과는 다르다. 위치뿐만 아니라 물질의 질량, 움직이는 속도에 따라 시간의 흐름이 달라진다. 평지의 거실에서 바흐의 무반주 첼로 모음곡을 들을 때와 비행기를 타고 수백 킬로미터의 상공을 나는 시간은 다르다. 시간이 장소마다 다르다면 우주 안에 똑같은 현재는 없고, 무수히 많은 다른 현재들이 동시적으로 지나갈 뿐이다.

　시간은 과거에서 미래로 연결되는 연속체다. 현재는 과거의 성분들을 포함하는데, 과거가 없는 현재란 있을 수 없다. 미래를 품지 않은 완전한 현재도 있을 수 없다. 이미 현재에 미래의 성분들이 균질하지 않은 상태로 존재한다. 현재는 과거의 확장이고, 미래의 축소로 비치는 데는 그만한 까닭이 있다. 과거란 파티가 끝나고 손님들이 돌아간 뒤 잔해물들이 나뒹구는 시간이다. 우리는 그것을 설거지해야 한다. 과거는 덧없이 흘러가버린 시간, 낭비된 시간, 후회와 회한의 덩어리가 아니다. 사람들이 과거를 설거지 하고 청산하는 데 현재를 써버린다면 이것은 어리석음을 되풀이하는 퇴행이다. 현재는 현재로써 빛나야만 하고, 우리가 매달릴 최후의 보루이자 수단이기 때문에 중요한 시간이다. 우리의 신체 감각 속에서 모든 현재는 급류다. 현재는 우리를 기다려주지 않고 수습할 수도 없이 빠르게 스쳐 지나간다. 카르페 디엠. 현재를 붙잡아라!

야마구치 미치코가 쓴 책을 읽다가 "미래는 '게으름'에 있다"*란 문장 앞에서 좀 놀랐다. 그 말은 내 의표를 찌른다. 반(反) 노동이고, 아무것도 생산하지 못하는 태업의 시간이란 점에서 게으름에 대한 세간의 평가가 곱지만은 않은데 미래가 '게으름'이 품은 한계에 있다니! 이 문장은 "저는 언제나 게으름을 최대한 활용합니다. 게으름은 소중하죠. 책은 보통 시간을 낭비하면서 완성되니까요."라는 프랑수아즈 사강의 말에서 유추된 것이다.

사강이 말한 게으름은 무위에 가깝다. 엄밀하게 말하자면 게으름과 무위는 다르다. 무위에는 게으름의 성분인 나태함이 없다. 무위란 단순히 하지 않음이 아니라 하지 않음에 부지런함이다. 노자나 장자 같은 동아시아 철학자들은

---

* 야마구치 미치코, 『사강의 말 : 삶은 고독과 사랑으로 가득 차 있다』, 정수윤 옮김, 해냄, 2021

무위가 도의 바탕이라고 가치를 부여한다. 이는 무위가 게으름의 피동성을 삼켜버린 능동성인 까닭이다. 게으름이나 무위란 창의적 착상과 발견을 위한 필요조건인지도 모른다. 미래는 '게으름' 속에서 밀도가 높아지고 무르익는 그 무엇이기 때문이다.

왜 기다리는 것은 더디 오는가

밤이 괴로운 사람은 날이 밝기를 기다리고, 환자를 식구로 둔 이들은 환자의 쾌유를 기다리며, 구직처에 이력서를 낸 청년은 취업 성공 소식을 기다린다. 이렇듯 인간은 늘 무언가를 기다리며 산다. 그게 메시아거나 연인이거나 일자리이거나 기다림은 대상을 저 너머에 머물게 하는 장치다. 메시아는 저 너머 어딘가에 숨어 있고, 그의 도래가 늘 미뤄진다. 기다림이 대상의 운둔 앞에서 무한한 흩어짐을 겪는 일이라면 기다림은 대상을 꼭꼭 싸매 숨겨서 안 보이는 것의 아우라를 만든다. 결국 기다림이란 시간을 먹고 자라는 불가능함이고, 시간에 삼킴을 당하는 일이다.

　기다리는 자와 대상 사이에는 근원적 거리가 있는데, 그리움과 노스텔지어가 생기는 것은 그 때문이다. 기다림을 숭고한 것으로 만드는 것도 그 거리다. 우리는 기다림 안에서 존재의 흩어짐을 겪는다. 그게 우리가 겪는 최초의 실패이고, 절망일 것이다. 기다림은 대상과 주체의 객관적 거리를 무한으로 늘리고, 기다리는 자의 현실을 악몽과 우스꽝스러운 부조리극으로 바꾼다. 사무엘 베케트의 희곡『고도를 기다리며』는 기다림 자체가 존재의 부조리임을 드러낸다. 두 부랑자 블라디미르와 에스트라공은 '고도'가 누구인지도 모르고, 그가 올지 안 올지도 모른 채 '고도'를 기다린다. 두 부랑자는 그 기다림의 불확실성에 자기를 헌납한 가없은 존재들이다.

기다리는 자들은 대상이 부재하는 자리에 먼저 가서 기다린다. 기다림은 다른 선택의 여지가 없는 절대 명제다. 그런 까닭에 그들은 의심이나 의혹이 틈입할 수가 없는 기다림에 포박된 채 꼼짝도 하지 못한다. 그들은 기다림에 지친다. 애초에 기다릴 수 없는 대상, 아니 기다리지 말아야 할 대상을 기다린 것이 그들의 잘못이라면 잘못이다. 기다리는 자는 유죄 판결을 받는다. 기다림의 지체와 불가능의 귀책사유는 항상 기다리는 자의 몫이다. 에스트라공은 지쳐서 기다리는 장소를 떠나자고 말하지만 블라디미르는 반대한다. 한 사내가 '왜?'라고 묻자 다른 사내는 '고도를 기다려야지.'라고 대답한다. 기다리는 자들은 기다림의 피로감이 신체를 덮치는 순간과 만난다. 피로감은 실패의 현전이고, 우리는 그 피로감 속에서 존재의 비루함과 마주친다. 기다림의 본질이 기다릴 수 없음이라는 걸 깨닫는 것은 기다림이 실패 속에서만 그 본질을 드러내는 까닭이다.

기다림에 대해 사유하자니 문득 종말론자의 휴거 소동이 떠오른다. 생업도 엎어버리고 집도 팔고 기도에 전념하면서 휴거의 날을 기다리던 사람들이 있었다. 그들은 통성기도를 하며 휴거를 기다렸지만 정작 휴거의 날이 닥쳤을 때 아무 일도 일어나지 않았다. 휴거가 한바탕 소동을 치르고 지나갔을 때 사람들은 기다림이 본질에서 불가능성의 영역에 있는 것임을 깨닫는다. 휴거를 기다렸던 사람의 어리석음은 단지 이 세계가 어떤 기다림도 허용하지 않는다는 걸 몰랐던 점에 있다. 기다림은 어리석은 시간 낭비이거나 존재를 침식하는 지루함에 지나지 않는다. 그런 까닭에 많은 이들이 기다림을 아무 짝에도 쓸모가 없는 폐기해야 할 대상이라고 생각한다.

기다림이란 정말 보람 없는 일인가? 와시다 가요카즈는 『기다린다는 것』에서 "기다림에는 '기대'나 '바람'이나 '기도'가 내포되어 있다고 한다. 아니, 내포되어 있어야 한다. 그런 뜻에서 기다림이란 껴안는 것이다."라고 말한다. 누군가를 기다려본 적이 있다면 알 것이다. 기다림이란 절망과 희망 사이에서 진자운동을 하며 견디는 일임을. 하지만 기다림이 아무 쓸모가 없다는 것은 사실이 아니다. 기다림을 품고 견디는 일은 존재의 향기를 만드는 일이다. 내게도 한줌의 향기가 있다면 그건 내 인생의 갈피마다 겪은 기다림에서 비롯된 것이리라. 당신은 내게 잘 지냈느냐고 묻는다. 나는 휴거가 없는 세상의 삭막함을 견디며 그럭저럭 살아간다. 휴거를 기다리던 그 많은 사람들은 다 어디로 갔을까? 그들은 또 어디선가 기도를 하며 또 다른 휴거의 날을 기다릴 것이다. 기다림은 긴 머무름이고, 그 안에서 지속하는 태도다. 재독철학자 한병철도 기다림이 하나의 태도라는 사실을 지적

한다. "이 기다림은 어떤 것을 기다리는 것이 아니라 어떤 것 안에서 기다리는 것을 말한다."* 기다리는 사람은 늘 유예되는 것에 순응한다는 점에서 기다림은 그 자체로 하나의 태도다. 그는 불가능성을 끝없이 반추하는 시간 안에서 어떤 태도를 견디고 있는 것이다. 기다림이란 가능성의 불능 상태 안에서 새로 태어나는 자의 자세라면 우리는 기다림이 현존을, 삶의 양식을 빚는다고 말할 수 있을 것이다.

기다림 바깥으로 내쳐진 자, 바깥을 한없이 떠도는 처지에서 보자면 기다림은 늘 더디게 오는 것을 기다리는 일이다. 대상이 늦거나 끝내 오지 않는 경험의 누적 속에서 우리는 기다림이 무한임을 깨닫는다. 그걸 알더라도 멈출 수는 없다. 멈출 수 없음이야말로 기다림의 비극이다. 기다림을 회피하지 못하는 것은 우리의 현존이 이미 수락한 실패이기 때문이다. 기다림은 주체를 삼킨다. 기다림은 신체가 없는 대상의 잉태, 늘 자기 안에 슬픈 존재를 잉태하는 일이다. 그 잉태는 고통을 체감할 신체가 없는 까닭에 아무 고통도 따르지 않는다. 고통을 배제한 신체만이 기다릴 자격을 부여 받는다.

기다리는 자는 대상을 환대할 준비를 마친 뒤에도 그게 실현되지 않음에 절망한다. 기다림의 주요 성분은 지루함이

---

* 한병철, 『고통 없는 사회』, 이재영 옮김, 김영사, 2021

고 견딤이다. 그렇다고 지루함이 존재를 집어삼킨다고 말할
수는 없다. 오히려 기다리는 자의 신체는 설렘으로 차오른
다. 기다리는 자들이 기꺼이 기다리는 자세를 견지하는 것
은 기다림이 대상의 발아인 까닭이다. 기다림은 헐벗은 자
의 자기 위로라는 소망 안에서의 태도이다. 기다림은 존재
의 가난을 초래한다. 기다리는 주체는 늘 기다림에 필요한
지루함이라는 비용을 많이 지불한다. 기다리는 자의 등이
쓸쓸한 것은 그 때문이다. 기다리는 자는 늘 외로움을 동반
한다고 할 수 있다. 기다리는 자의 내면에 바글거리는 것은
외로움이라고 명명하는 정서, 즉 감미로운 패배의 예감이
다. 기다림은 느림 속에서 이루어지는 숭고로 차오른다. 이
때 기다림은 속이 텅 빈 열매에의 약속이다. 열매는 고유한
향기를 품지만 아무 실익도 없다. 기다림은 향기가 전부인
삶의 태도일 뿐이어서 그 실현은 애초에 승리와 그 결과로
주어지는 기쁨을 배제한다.

　기다리는 자의 마음에 꿈틀거리는 예감과 전조는 희망
의 근거다. 우리는 헛된 희망에 자주 속는다. 기다림은 절대
공짜가 아니다. 기다림은 항상 대가를 요구하는데, 즉 기다
림은 우리의 시간을, 피를, 믿음을 요구한다. 우리는 기다림
안쪽으로 들어갈 수가 없다. 슬프게도 우리는 기다림 바깥
에서 죽는다. 한 인간이 평생 겪는 기다림의 총량은 누구나
엇비슷하다. 우리는 기다림을 하나씩 꺼내 쓰면서 세월을
보낸다. 산다는 일은 기다림의 지속 안에서 이루어지는 존

재-사건이다. 기다림은 죽을 때까지 끝나지 않는다. 우리가 살아 있는 동안 기다림에는 종말이 없다. 아마도 죽음이 산 자가 가닿을 수 없는 기다림의 궁극이라는 점에서 그렇다. 기다림의 본질은 무한이라는 불가능이다. 기다림은 자주 그 불가능 앞으로 우리를 소환한다. 기다림이 기다리는 행위에 존재를 구속하는 일이라 할지라도 누구도 기다림을 포기하지 못한다. 구원은 늘 기다림을 통해서만 올 것이고, 기다림이 미래에 도착하는 자를 향한 환대를 예비하는 행위인 까닭이다.

가을로 오라

진로를 예측하기 어려운 태풍이 지나간 뒤 다시 하늘은 쾌청하다. 빨래를 널면 잘 마를 날씨인데 이런 날씨는 기분을 좋게 한다. 우주에 새로운 별들이 나타나 붕붕거린다. 미국 항공 우주국(NASA)은 제임스 웹 우주망원경으로 '타란툴라 성운'의 우주 먼지와 가스에 숨은 젊은 별 수만 개를 찾아냈다고 발표한다. 이 성운은 지구에서 약 16만 1천 광년 떨어진 대마젤란은하 내에 약 340광년에 걸쳐 펼쳐져 있다.

본디 이름은 황새치자리 30(30 Doradus)인데 거미를 닮아 '타란툴라'라는 또 다른 이름을 얻었다. 나는 미지의 우주에 대해 알아갈 때마다 흥분된다. 우리는 고양이를 집안에 남겨두고 동네 빵집을 들러 바게트와 크루아상을 사고, 세탁소에 들러 지난 계절의 옷들을 찾고, 오후 느지막히 동네 산책에 나선다.

불꽃 여름은 끝나고 왔던 것들은 덧없이 사라진다. 물은 맑아지고 하늘은 깊은 푸름을 갖게 된다. 셔츠의 소매단을 접어 올리며 관습적 죽음에 저항한다. 태양을 보라. 벌써 저 너머로 지려고 한다. 뉘엿뉘엿 태양이 지고 나면 어스름 속에서 울려퍼지는 저 풀벌레 울음소리를 들어라. 저건 생명의 신호이자 곧 도래할 죽음과 쇠락의 신호다. 베개를 안고 근심하는 자에게 근심은 불멸에 따르는 품삯이니, 근심하는 자는 그 근심함으로 제 삶을 살아낸다.

근심이 불멸의 심지를 태워 저를 빛나게 한다면 고독에게 미래는 없다. 미래는 제가 올 때를 알리지 않고 불쑥 나타난다. 석탄은 먼 과거에서 온 열의 힘줄이자 가능성이다. 석탄의 힘은 저 맹목의 쌓여 있음에서 나온다. 쌓여 있음이 석탄의 부(富)다. 저탄장에 쌓인 저 검은 것은 불이라는 제 본질을 감춘다. 눈보라가 하얗게 표면을 덮고 있으니 저 석탄의 내면 형질이 불이라는 사실을 우리는 깨닫지 못한다, 그 사이 불은 석탄을 집어삼키고 천천히 소멸시킨다.

타오름을 부추기는 저것은 수직 상승하는 불의 에너지다. 불의 종말은 재다. 타오르고 남은 에너지가 재다. 재는 무다. 무에서 솟구쳐 날아오르는 새여, 불사조여. 밤의 근간에서 이마를 수그리고 있는 처녀들, 문득 어둠이 달을 희생 제물로 데려온다. 너는 모든 고양이들의 어머니인 달을 처형한다. 세상의 아궁이는 제 슬픔으로 불을 꺼트리고 침묵한다. 너는 밤의 책을 펼쳐라. 너는 지상에서 수직 낙하하는 별을 보고 죽은 별들의 한숨소리를 들을 수 있다.

가을이 시작되는 자리에서 가을을 갈망하던 자들과 우리가 새로 무엇인가를 도모할 때, 오, 아직 우리에게 시간의 부스러기가 있는가? 고통에서 새로운 생각을 출산하고, 고통만이 우리에게 치유력을 줄 것이다. 고통은 생각을 찢고 나온다. 아직 길고 느린 고통을 견딜 수 있는가? 고통을 잘 견딘다는 것은 도덕적으로 완성된다는 뜻이다. 우리가 쓴 시와 우리가 그린 그림은 스스로 아름다워지리라.

잘 익은 포도는 따 내려라. 여름내 햇빛에 그을은 아버지와 아들이 힘을 합쳐 포도원의 수확을 끝내고 나면, 이제 포도원은 차갑게 부는 바람의 차지다. 그 아버지와 아들은 봄이 올 때까지 포도원을 찾지 않을 것이다. 지금 침상에 누운 자들은 다시 일어날 때다. 은신과 변신의 계절이 오면 너는 어디로 갈 것인가?

존재는 주어지는 것. 존재는 우연의 누적 속에서 제 모습을 나타낸다. 그리고 존재는 지상을 움켜쥐고 제 삶을 도모한다. 인내와 기다림은 존재의 미덕이고 숭고함이다. 인내와 기다림이 없다면 이 세상의 무구하고 아름다운 것들 중 절반도 남지 않을 것이다. 쇠락과 죽음과 재의 시간이 펼쳐지는 가을에 유랑하는 자들의 조국은 멀리 있다. 바람은 난폭해지고 문들은 서둘러 닫힌다. 수확을 끝낸 농부들의 일손은 더 분주해진다. 이듬해 농사를 위해 씨앗을 갈무리하기에 바쁜 것이다. 씨앗들은 파종의 때를 기다리며 겨우내 발아의 가능성을 단단한 껍질 속에 가둔다. 살아서 가을을 맞는 자들은 존경 받아 마땅하다.

나는 당신을 가을로 초대하는데 당신을 초대하는 시간은 한 시인에 따르면 변화가 깨어나는 시간이다. "나의 얼굴

은 저녁이고, 그대의 속눈썹은 아침 그리고 우리의 발걸음
은 피와 그리움"이다.* 그리운 것을 그리워하면 우리 가슴
은 더욱 벅차오른다. 오라, 당신, 우리의 가을로! 와서 잘 익
은 열매들을 따 내리자.

---

* 아도니스, 『너의 낯섦은 나의 낯섦』, 김능우 옮김, 민음사, 2020

떠난 자리로 돌아오는 것이 여행이다

낯선 곳으로 떠나라! 이것은 여행사들이 내거는 슬로건이다. 일상의 반복과 익숙한 것들과의 이별, 낯선 곳을 향해 출발하는 것이 여행이다. 낯선 곳은 먼 곳이고, 내가 살아보지 못한 삶이 번성하는 곳이다. 더 멀리 떠날수록 여행의 흥분과 기쁨은 커진다. 우리는 왜 낯선 곳을 동경하는가? 인류의 조상들은 생명을 잇고 더 잘 살기 위해 이곳에서 저곳으로 이동을 했다. 그 본성으로 남은 게 여행에의 욕망일 것이다. 지금도 우리는 낯선 장소에서의 다른 삶을 꿈꾼다. 낯선 장소에서 낯선 풍경들과 마주하며 지칠 때까지 걸어보고, 이색적인 음식을 맛보고 싶어 한다.

　국제공항, 기차역, 시외버스 터미널, 항구마다 여행객으로 북적거린다. 해마다 5억 명 이상의 인류가 자기 사는 곳을 떠나 다른 지역으로 여행을 떠난다고 한다. 쇄빙선이 두꺼운 얼음장을 깨고 전진하듯이 여행은 틀에 박힌 현재를 깨고 나아가는 일이다. 여행자는 불가피하게 출발지와 도착지 그 사이 어디쯤에 머무는 '사이'의 존재다. 변하지 않는 진리는 여행이 떠나는 게 아니라 돌아오는 것이라는 점이다. 한 장소에 정주하는 이들은 반드시 출발지로 돌아올 것을 약속하며 떠난다. 집을 떠나 다시 돌아오지 않는 행위는 여행이 아니라 출가, 은둔, 잠적, 방랑이라고 부른다.

편안함을 찾는 행위가 아니라 모험과 위기에 뛰어드는 일이 여행이다. 여행은 돌발사고, 물건이나 여권 따위의 분실, 시행착오를 감수해야 하는 일이다. 낯선 여행지에서 어떤 일이 벌어질지 모른다. 예측할 수 없는 탓에 스트레스 호르몬인 코르티솔과 아드레날린 분비가 동시에 일어난다. 우리는 흥분하고, 걱정한다. 설레면서도 초조해한다. 과연 안전하게 출발지로 돌아올 수 있을까? 그래서 여행자에겐 늘 긴장과 불안과 설렘이 교차한다.

여행은 자발적으로 크고 작은 위기의 경험을 돈 주고 사는 것이다. 여행은 내면 에너지의 흐름을 바꾸고, 우리를 여행 이전과 다른 사람으로 만든다. 이것은 내가 겪은 이야기다. 20대를 막 넘긴 어느 해 부산 여행을 갔다. 내 거주지에서 부산까지는 내륙에서 가장 먼 곳이었다. 그해 '한국해기사 협회'가 공모한 '제1회 해양문학상'에서 내 시 「바다의 부활수업」 등의 시편이 당선되어 시상식 참석을 겸하여 여행 계획을 잡은 것이다. 그 여행에는 친구 동생인 17세 소년이 동반했는데 그는 고등학교를 중퇴하고 집에서 놀고 있었다. 그 친구를 나는 프랑스의 조숙한 천재시인 '랭보'라고 불렀다. 랭보는 집에서 훔쳐온 조니워커라는 양주 한 병을 품에 안고 부산 여행에 동참했다.

시상식이 끝난 뒤 며칠 묵으며 부산 을숙도 갈대밭 등지를 다녀올 작정이었는데 나는 을숙도 갈대밭 풍경을 그리려고 캔버스와 유화물감을 챙겨갔다. 기차를 타고 떠난 우리의 낭만여행은 참담하게 끝났다. 랭보가 품에 안았던 양주병은 바닥에 떨어져 박살나고(이때는 술도 못 마시던 시절이다), 여관방은 불결하고 종업원은 불친절했다. 을숙도 갈대밭은 황량했고, 게다가 분뇨 냄새도 심했다. 유화물감은 더디 마르는 탓에 물감이 옷과 소지품에 묻어났다. 우리는 2박 3일 만에 지치고 꾀죄죄해진 모습으로 돌아가기로 했다. 여행에서 돌아온 뒤 얼마 지나지 않아 나는 이사를 했고, 그 친구와도 멀어졌다. 10년쯤 지난 어느 날, 신문을 펼쳐보다가 깜짝 놀랐다. 한 미술대전의 대상작이 발표되었는데, 그 주인공의 이름이 바로 나와 함께 여행을 떠났던 랭보였다. 그는 이후 미술대학에 진학했고, 화가로 변신해 있었다. 단 한 번도 그림을 그려본 적 없었던 그가 화가가 되었다니! 신문 한 면이 온통 그의 작품과 인터뷰로 도배되어 있었다.

여행은 우리의 내면 형질을 바꾸고, 뜻밖의 운명으로 데려가기도 하는 법이다. 쓰디쓴 실패, 무참한 낙담을 안겼을 때조차도 여행은 우리를 다시 태어나게 한다. 여행자가 여행에서 행복의 충만, 사치와 고요를 꿈꾸는 것은 당연한 일이다. 여행에서 거머쥐려는 것들에 대해 보들레르는 노래한다. "거기선 일체가 질서와 아름다움,/사치, 고요와 그리고 쾌락뿐"(보들레르, 「여행에의 초대」). 다 아름다운 것만은 아니지만 우리는 여행에서 최대치의 행복을, 최대치의 즐거움을 꿈꾼다.

여행자는 낯선 시선으로 낯선 풍경을 바라보는데 이때 풍경은 현실이 아니라 하나의 백일몽이거나 판타지일 것이다. 안 보이던 풍경의 질서를 본다는 점에서 여행자는 풍경의 발견자다. 당신은 이국의 도시에 있는, 가끔 엘리베이터가 쉭 하고 오르내리는 소리만이 들리는 조용한 호텔방에 있다가 돌연 어떤 생각의 실마리가 풀려나와 환호성을 지른 적은 없는가? 누구에게나 내면에 잠든 꿈과 백일몽들이 갑자기 깨어나는 찰나가 있다. 특히 여행자의 뇌는 창의적인 생각들로 가득 차고, 번득이는 아이디어들이 반짝인다. 알랭 드 보통은 "때때로 큰 생각은 큰 광경을 요구하고, 새로운 생각은 새로운 장소를 요구한다."며, "여행은 생각의 산파"*라고 결론을 내린다.

여행자는 낯선 곳을 떠도는 주변인이고 이방인이다. 지도를 들여다보고 방향을 찾아 두리번거리는 동안 여행자는 안에 있으면서 동시에 밖에 있는 자다. 오, 누가 당신을 여행자로 만들었는가? 당신을 여행자로 만든 것은 바로 당신이다. 다른 삶을 꿈꾸고, 다른 곳을 사유하기 위해 스스로 떠나

---

* 알랭 드 보통, 『여행의 기술』, 정영목 옮김, 청미래, 2011

온 당신은 규범과 관습에서 최대한 멀리 달아나려 한다. 누리지 못한 자유를 만끽하려는 일탈 욕구는 이국의 환경 속에서 폭발한다.

떠나라, 더 늦기 전에. 여행이 주는 것은 어쩌면 작은 기쁨이나 위로, 아름다움의 덧없음 따위 일지도 모른다. 그럼에도 여행을 떠나야만 한다. 일상에서 짓눌린 채로 닳아버린 감각을 쇄신하고, 인식의 전환을 위하여. 야망과 피로를 벗어던지고 다르게 생각하기 위하여. 여행에서 당신의 잠든 영감을 깨워라. 여행은 낭비적 소비가 아니라 새로운 경험들을 풍부하게 하는 자기 자신을 위한 값진 투자다.

아름다움이 우리를 구원한다

"영원히 여성적인 것이 우리를 구원한다."는 괴테의 문장은 옳다. 내 경험에 따르면 이 문장은 단 한 자도 수정할 여지가 없을 만큼 옳다. 여성적인 것은 우매함 속에서 헤매는 우리를 이끌고, 지상낙원으로 인도한다. 열 살 무렵 서울의 달동네에서 만난 어느 부인을 평생 잊지 못한다. 진주가 고향이라는 명랑하고 우아하며 맑은 기품이 있던 부인의 집을 드나든 건 그이가 '노란 개나리꽃을 오래 들여다보면 머리가 어지러워요.'라고 재잘대는 어린애를 반기고 간식을 내주곤 했기 때문이다. 나는 얼굴에서 빛이 흘러나오고, 말소리에 기분 좋은 울림이 있던 그 친절한 부인을 흠모했다. 얼마 뒤 그 부인은 이사를 가며 동네를 떠났다. 그 부인이 그 뒤로 어떻게 살았는지 나는 알지 못한다. 그 부인은 나이를 먹으면서 변했을 것이다. 모든 얼굴은 시간의 빛과 그늘을 받으며 변한다. 우리 얼굴을 만드는 것은 세월이다. 나는 일찍이 무언가를 잃어버렸고, 그 잃어버린 것을 찾으려는 무의식의 기도 속에서 시를 썼을지도 모른다.

아름다움은 내 존재 바깥에 존재하는 그 무엇이다. 내 안의 결핍에서 아름다움은 폿대로 또렷했다. 그 결핍은 아름다움을 찾는 동기이자 동력이었다. 하얀 접시, 무심한 저녁, 천진무구한 새끼 고양이, 파초 잎을 실로폰처럼 두드리는 7월의 빗소리, 새싹들, 옛 절의 단청, 밤하늘을 가로지르는 은하수, 옛날의 목가구, 바흐의 '파르티타', 리 오스카의 하모니카 연주, 마이클 케나의 사진, 오랜 우정, 장 필립 뚜생의 단편들, 피나 바우쉬의 무용 등에서 나는 아름다움의 충만을 느낀다. 아름다운 것은 비율과 비례가 맞고 조화로우며, 되바라지지 않고 흠이 없고, 맑은 소리를 내며, 결이 고른 순수 그 자체다. 우리는 아름다움 앞에서 종종 슬퍼지는데, 정말 아름다운 것은 덧없고 쓸모가 없는 탓이다.

정말 아름다운 것, 근접한 거리에서 보는 절경을 시로 쓰기란 불가능한 일이다. 아름다운 것을 시로 썼을 때 언제나 한 줌의 식어버린 재와 같은 언어 무더기만 남았다. 대상의 아름다움은 숨어 있거나 멀어질 때 나타난다. "미는 은신처다."* 시는 은유라는 외투 속에 제 몸통을 숨기는 전략을 쓴다. 시에서 미는 숨어 있고 드러나지 않은 아름다움이다. 시만이 아니라 예술 일반은 은폐 전략을 통해 미의 깊이를 실현한다. "은폐, 지연, 방향전환은 미의 시공간적인 전략이기도 하다."**

여기 미가 있다면 저기에 추가 있다. 미와 추는 대칭적

---

  *   한병철, 『아름다움의 구원』, 이재영 옮김, 문학과지성사, 2016

**   한병철, 앞의 책, 46쪽.

균형을 이룬다. 추의 역상으로 존재하는 미는 감각을 충만으로 이끄는 형식이다. 반면 괴이하고 불쾌감을 일으키는 추는 조화를 깨트리고 고요와 질서를 뒤흔든다. 미가 빛이고 감각의 충만이라면 추는 빛의 소멸이고 아름다움의 일그러짐이다. 우리가 추를 멀리하고 아름다움에 끌리는 것은 타고난 본성이다. 우리는 모든 장소와 모든 찰나에서 기쁨을 계시하는 순간, 홀연한 존재 내면의 지각 변동을 일으키는 경험으로 아름다움을 받아들인다.

아름다움은 평온한 조화, 숭고함과 광휘의 찰나로 지나간다. 안타깝지만 아름다움에 머물 수 없다는 이 불가능성은 영원하다. 시와 음악, 회화 같은 예술은 차라리 그 불가능성을 붙잡으려는 무모하고 헛된 시도가 아닐까? 예술가들이 하염없는 존재인 것은 예술이라는 불가능성을 사유 재산으로 귀속시키려는 헛된 시도 때문이다. 오래전 로마의 바티칸에서 미켈란젤로의 〈천지창조〉를 보았을 때나 루브르 박물관에서 레오나르도 다빈치의 〈모나리자〉를 만났을 때, 그 순간은 미처 덧없음조차 느낄 수 없을 만큼 짧았다. 우리가 손에 쥐었다고 생각하는 찰나 아름다움은 이내 시들고 자취 없이 사라진다. 아름다움을 찬미하고 흠향하려는 욕망은 쉽게 더럽혀진다. 아름다움에의 몰입과 집착이 종종 미친 행동을 낳고 광기를 분출하기 때문이다. 이는 아름다움이 일으키는 열락이 거머쥘 수 없는 불가능성 속에서만 유효한 탓인지도 모른다.

그 소녀들은 다 어디로 갔을까

시골 누이들은 실뜨기 놀이를 즐겨 했다. 실이나 노끈의 양쪽 끝을 연결한 실테를 두 사람이 마주 앉아서 번갈아가면서 손가락으로 걸어 떠서 여러 모양으로 변형시키는 이 놀이는 심심함을 잊기에 좋았다. 누가 실뜨기 놀이를 고안해 냈는가를 묻지도 않고 누이들은 그 즐거움에 빠져 보냈다. 간혹 어른들의 꾸지람도 없지 않았지만 누이들은 한나절을 찐 고구마를 먹고 까르륵거리며 실뜨기 놀이에 열중했다.

실뜨기는 나바호족, 에스키모, 오스트레일리아나 뉴기니 원주민이 만든 놀이 중 하나라고 한다. 영국 케임브리지 대학교 인류학 교수인 A.C. 해던은 뉴기니 섬이나 보르네오 섬 등지에서 줄을 갖고 갖가지 동물 모양을 만드는 놀이를 한다는 사실을 밝혀낸다. 그의 딸 캐슬린 해던 리시베스도 이 인류학적 놀이를 연구하면서 태평양 섬의 원주민들을 만나는데 말은 달라도 서로 같은 것을 좋아하는 것을 알았을 때 흥분과 기쁨을 나눌 수 있었다고 말한다. 이 놀이는 동아시아 국가인 한국, 중국, 일본을 포함해 필리핀, 보르네오 등지에도 성행했다. 실뜨기 놀이가 유럽에도 전해졌지만 문명국가에서는 그 맥이 이어지지 못한 채 끊겼다.

1960년대 가난으로 허덕이던 어른들이 삶의 버거움과 암담한 내일에 진절머리를 칠 때도 누이들은 실뜨기 놀이를 즐겼다. 어느 사이에 동백이나 모란보다 더 화사한 누이들이 제 살길을 찾아 뿔뿔이 흩어졌다. 형과 삼촌들은 '청룡부대'나 '백호부대'에 뽑혀 베트남에 파병되고, 누이들은 구로공단에서 가발이나 인형을 만들거나 '금성사 라디오'나 '대한전선 텔레비전' 부품 조립 라인에서 일했다.

구로공단과 달동네가 엄연하던 시절, 우리는 채변 봉투를 갖고 등교하고, 교실에서는 국민교육헌장을 자랑스럽게 외웠다. 배호의 〈돌아가는 삼각지〉, 나훈아의 〈고향역〉, 남진의 〈님과 함께〉 같은 대중가요를 들으며 공단 쪽방에 살던 누이들은 낮엔 '산업 역군'으로 일하고, 밤엔 산업체 부설 고등학교를 다녔다. 산업화 시대와 계엄과 위수령의 시대를 지나 서울올림픽이 열렸다. 어느덧 구로공단이 디지털 산업단지로 바뀌고, 나라 살림 규모는 예전과 견줘 몇 백 배나 더 커졌다.

신자유주의 체제로 들어서며 생산 강제와 성과 강제에 포박된 채로 우리 각자는 고립 속에서 자기 생산에 몰두한다. 재벌들이 글로벌 기업으로 성장하는 동안 재래시장은 거대 쇼핑몰로 탈바꿈한다. 나라가 선진국 대열에 들어섰지만 계층 간 소득불균형의 골은 깊어졌다. 소득불균형은 고착되고, 현실의 불확실성은 더 커졌다. 공장형 양계장에서 닭들이 24시간 알을 낳을 때 젊은이들은 계층 간 이동사다리가 사라진 사회에 절망하며 '이생망(이번 생은 망했다)'을 외친다.

돌이켜보면 누이들과 실뜨기를 하던 시절은 좋은 시절이었다. 그 한가롭던 시절은 너무 빨리 지나갔다. 공장에서 가발이나 만들던 누이들은 할머니가 되었고, 실뜨기 놀이를 하던 아이들은 사라졌다. 시골에는 그저 빈집을 지키며 허공을 향해 짖는 개와 경로당을 찾는 노인 몇몇만 남았을 뿐이다. 신생아의 울음소리가 그치고, 마을 공동체가 소멸하는 동안 우리는 얼마나 더 행복해졌을까?

누이들이 그 특유의 화사함과 명랑함을 잊은 채 노동 현장에서 '여공'으로 산 세월은 '유효한 역사'일 텐데, 그 역사는 우리 기억에만 가까스로 남았다. 그 망각은 더 높은 윤리 지표 위에 삶을 세우는 일의 태만에서 나타나는 삶의 실패이자 유죄의 증거일 테다. 우리가 놀이 능력을 잃고, 삶의 방향성도 잃은 채 갈팡질팡 하며 나아가는 사이 실뜨기 하던 소녀들은 다 사라졌다. 그 소녀들 중 하나라도 고독사를 맞는다면, 이 불행의 책임은 마땅히 우리의 몫이라야 한다.

이 순간에도 시간은 있다

현실은 시간의 흐름 속에서 변화를 겪으며 요동친다. 이 변화는 감각적이고, 수량적이며, 실체적이다. 자고 일어나면 예전 세계는 사라지고, 새로운 물결이 밀려온다. 농경 중심의 전통사회를 넘고 산업사회와 정보사회를 거쳐 후기 탈산업사회로 탈바꿈하는 동안 농업 인구는 소멸하고, 디지털 뇌를 장착한 새 인류가 디지털 환경 속으로 밀려들어온다. 인공지능과 알고리즘의 세계에서 인류는 그 누구의 요구나 강제 없이 자기 착취를 일삼고 피로라는 만성 질병에 찌들어간다.

건물은 높아지고, 살림 규모는 커졌으며 명목상 가계 수입은 늘었다. 해외여행이 늘고, 집값은 다락 같이 올랐다. 음식점에서 내놓는 음식 맛은 짜거나 달게 변한 것도 변화의 품목이다. 짜고 단맛에 대한 선호가 일반화된 탓이라고 짐작하지만 음식 맛이 왜 이토록 달고 짜게 되었는지 그 균일화의 배경이 무엇인지는 딱히 알 수가 없다. 종이책을 읽는 독자나 신문 구독자가 준 대신 스마트폰, 태블릿이나 컴퓨터 사용자들은 부쩍 늘었다. 영화는 색감이 화려하고, 활영 기법은 세련되었지만 그 내용은 훨씬 잔혹해졌다. 잔혹 범죄가 넘쳐나는 현실 탓이겠지만 피가 튀기는 폭력이 난무하는 영화를 두 시간씩이나 바라보는 것은 끔찍한 일이다.

젊음은 계절로 치면 파릇한 봄이다. 봄은 솟고, 움트고, 자라고, 뻗치고, 피어나고, 꿈틀대고, 깨어나는 계절이다. 생동의 충만 속에서 살고, 사랑하고, 넘치도록 기뻐하는 계절을 청춘이라고 한다면 이것은 단지 생물학적 나이로만 규정되지 않을 것이다. 꺼질 줄 모르는 불꽃, 모험과 투쟁의 질료, 승리를 위해 전진하는 동력이라는 성분적 요소가 없다면 나이가 어리다고 무조건 젊다고 할 수만은 없다. 참된 젊음은 세계를 바꾸려는 의지와 열정, 거짓과 불의에 타협하지 않는 용기를 지녀야 한다.

젊은 세대가 세계의 결핍, 부조리, 불공정 따위를 직시하며 맞선 것은 자랑스러운 전통이다. 부조리에 반항하고, 불가능에 도전할 때 젊음은 대체로 무모하다. '도대체 어쩔 셈이냐?'라고 걱정하는 어른을 비웃으며 젊은 세대는 자주 합목적성에서 벗어난다. 그들은 기성 정치나 관습에 맞서고, 두려움을 떨치고 반항, 불복종, 봉기, 반란에 나선다. 목전의 이익이 아니라 내면의 순수한 도덕적 명령에 따르는 탓이다. 1960년 '국부'라는 우상으로 추앙받은 독재자를 끌어내린 것도, 강고한 유신체제로 영구집권을 노골화하던 박정희 야욕에 맞서 줄곧 선봉에서 싸운 것도 젊은이들이었다.

어느 사회에나 청년들은 사회의 최전선에서 변화를 가장 먼저 맞고 그 실감을 체화한다. 이들이 변화의 촉매이자 발화점이 된 예는 헤아릴 수 없다. 한국의 4·19혁명 세대, 일본 전공투 세대, 프랑스 68혁명 세대, 반문화·반전운동을 이끈 미국의 히피도 다 청년들이 중심이었다. 오늘의 한국 청년 세대는 취업절벽이나 계층 이동의 사다리가 사라진 곤경 속에서 스펙 경쟁을 하느라 제 존재 역량을 다 쏟는다. 이들은 부의 양극화와 사회적 기회의 불공정에 분노로 들끓지만 불안과 강박을 안고 생존 게임에 속수무책으로 내몰릴 뿐이다. 수능 시험이 끝나면 50만 명이 넘는 청년이 현실의 최전선으로 몰려나오는데, 이들 중 대다수가 '루저'라고 불리는 소득 하위집단에서 생존을 위해 분투할 것이다.

한편으로 젊음의 시기는 혼란과 불안에 빠지기 쉽다. 그들의 걸음이 자주 기우뚱거리는 것은 완숙 경험의 부재로 인해 어리석은 선택을 하거나 실수를 저지른 결과다. 일탈과 씻을 수 없는 과오를 저지르며 탕아로 전락하는 젊은이들을 보면 청춘이 항상 '승리로 가득한 아침'을 맞는 것만은 아닌 게 분명하다. 젊음은 그보다 더 자주 실패와 고난의 뒤안길에서 헐떡거리고 방황한다. 프랑스 철학자 폴 니장(Paul Nizan)은 한 책에서 "나는 스무 살이었다. 나는 누구라도 그때가 내 삶에서 가장 아름다운 시기라고 말하도록 내버려두지 않을 것이다."*라고 쓴다. 스무 살이 가장 아름다운 시기라고 말하는 것은 과장된 낙관주의에 따른 무책임한 수

---

* 알랭 바디우, 『참된 삶』, 박성훈 옮김, 글항아리, 2018, 재인용

사에 불과하다. 누군가에게 스무 살은 끔찍스러운 경험일 수도 있는 것이다. 스무 살 무렵 내가 겪은 혼란과 방향 상실, 모순과 불확실성 들을 떠올릴 때가 그렇다.

엊그제 '1990년대생이 온다'고 했는데, 지금은 2000년대생들이 우리 앞에 와 있다. 젊음의 세대 교체는 아주 빠르다. 오늘의 젊은이들에게 '미래 없음'은 엄중한 현실이다. 빈부의 양극화, 취업절벽, 계층 이동 사다리가 사라진 현실의 한가운데로 내몰린 젊은이에게 살아남음은 그 자체로 절박한 서바이벌 게임이다. 자신을 패배자라고 여기는 오늘의 젊은이들이 '이생망(이번 생은 망했다)'이라고 푸념할 때 약동하는 힘과 패기를 숭배하는 청춘 지상주의는 기만에 불과하다. 그들의 젊음은 상업 자본주의에 수탈당하고, 미래는 그들이 쓰지도 않은 가상의 빚 때문에 차압당한다. 젊음을 지나치게 미화하는 자를 경계하라! 이들의 기만과 위선을 직시하라!

한 세대집단을 하나의 이데올로기, 하나의 라이프 스타일로 뭉뚱그릴 수는 없다. 오늘의 청년 세대는 다른 취향과 감성, 시대정신, 마음가짐을 가진 개별자 집단이다. 그럼에도 청년을 한 묶음으로 호명하는 움직임은 하나의 관행이다. 라이프 스타일의 특이점을 끄집어내 청년 세대에게 다른 이름을 붙이는 미디어의 작명술에 따르면 '88만원 세대'가 몰려오더니, 이어서 '1990년대생'이 오고, 지금은 'MZ세대'가 몰려온다. MZ세대가 물러난 자리를 또 다른 청년 세대로 채워질 것이다. 오늘의 노동 시장에서 구직 활동을 하는 오늘의 청년은 누구인가? 오늘 편의점이나 카페에서 만난 아르바이트하는 청년, 건설노동이나 배달노동을 하는 청년은 누구인가? 이들은 당신의 딸과 아들이고, 혹은 동생이거나 조카일 것이다.

여기 쇠락하는 지방 공단에서 땀에 전 노동복을 입은 채로 이 공장에서 저 공장으로 떠도는 한 하청 노동자의 성난 외침이 있다. 아무리 열심히 일해도 부모에게서 세습된 가난과 낮은 학벌의 굴레를 벗을 수 없는 청년 노동자의 외침에는 오늘의 청년 세대가 마주친 소득불균형으로 얼룩진 현실을 향한 분노와 절망의 그늘이 내비친다. "구닥다리 청춘 예찬 늘어놓는 꼰대들이 싫었다. 돌이켜보면 당시의 배배 꼬인 생각은 청춘으로서 누린 혜택이 없기에 나온 억하심정이었다."* 서바이벌 게임에 내몰린 청년 세대에게 현실은 지옥 그 이상도 이하도 아니다. TV에서 인기를 얻은 서바이벌 프로그램들은 살아남음이라는 막다른 길에 내몰린 청년 세대의 절망을 반영한다. 오늘의 살아남음에 전전긍긍하는 청년들에게 T.S 엘리엇의 "백번이나 망설이고,/백번이나 몽상하고 백번이나 수정할 시간은 있으리라"고 노래한 구절을 들려주고 싶다. 지금은 수정과 결단의 시간이

---

* 천현우, 『쇳밥일지』, 문학동네, 2022

다. 그것만이 불평등과 불공정으로 기울어진 운동장을 바꿀 것이다. 이 순간에도 시간은 있다! 가장 늦었다고 생각한 순간이 결단을 내리기엔 가장 빠른 시간이다. 포기하지 말자. 지금 이 순간을 붙잡으라. 지금은 "감히 한번 해볼까?/천지를 뒤흔들어볼까?"라고 내면의 결단을 다그칠 순간이다.

내가 나라는 걸 증명할 자는 누구인가

한 비트코인 자산의 보유자가 코스타리카 해안에서 수영을 즐기다가 조류에 휩쓸려 사망했다. 루마니아 기업가이고 암호화폐 선구자로 알려진 미르시아 포페스쿠라는 억만장자는 2011년부터 가상화폐에 10억 달러(우리 돈으로 환산하면 1조 1,300억 원이다)를 투자했다. 그가 갑작스럽게 사망하자 당장 문제가 불거졌는데, 그것은 본인 말고는 비트코인 계좌의 비밀번호를 아는 사람이 없었고, 그럴 경우 비트코인 자산은 디지털 지갑에 묶여 찾을 수 없기 때문이다.

금융 계좌의 비밀번호는 주인을 인증하는 장치다. 흔히 패스워드(password)라고 하는데 이것은 신원을 확인하고 누군가를 배제하거나 받아들이는 시스템의 일부다. 개인정보와 금융자산을 지켜주는 패스워드는 보안이 생명이다. 패스워드를 만들 때 몇 자리 이상의 숫자, 영어, 특수문자 등을 조합해서 가능한 한 복잡하게 만들라는 요청을 받는다. 해커들로부터 방어벽을 보호하는데 이 복잡함이 도움이 되기 때문이다. 마틴 폴 이브에 따르면, 패스워드는 "신원 확인과 인증의 메커니즘"이고, "공간·정보·실행에서 누군가를 배제하는 도구"이다.* 오늘날 금융 거래나 디지털 통신 체계에서 신원 인증 방식으로 널리 쓰이는데, 이 용어는 '어딘가를 통과하기 위해 제시하는 단어(word)'다. 사용자가 패스워드를 잊었을 때 문제가 생긴다. 나 역시 인터넷을 하거나 금융 거래에서 설정한 패스워드를 잊어서 낭패를 본 기억이 여러 번 있다. 패스워드를 잃어버렸거나 기억이 나지 않을 때의 난감함은 곧 온라인 시스템 안에서 나를 잃어버렸을 때의 난감함이다.

패스워드는 디지털 세상을 지켜주는 보안장치다. 차단된 저 너머의 비밀 세계를 열어주는 은밀한 보안장치이자 안전망이다. 그러니까 패스워드는 차단된 저 너머 금단의 세계를 향한 잠금 장치를 여는 마법의 주문인 것이다. 디지털 환경에서 많은 업무들이 패스워드가 수행하는 기능 속에서 이루어진다. 로그인, 서핑, 클릭, 엔터 등을 실행하려면 패스워드를 알아야 한다. 패스워드는 은닉된 가치에 접속하는 수단 외에는 별 쓸모가 없다. 하지만 정보 통제에 바탕을 둔 이 보안 장치가 우리 자산과 사생활을 보호한다는 점에서 고맙고 편리한 장치다.

온라인 시스템 안에서 사생활이나 사유재산 따위를 지키는 방호벽이 반드시 필요한데 그럴려면 나 혼자 독점하는 배타적 비밀성(secrecy)이 보장되어야 이 비밀성이 다른

---

* 마틴 폴 이브, 『패스워드』, 최원희 옮김, 플레이타임, 2017

사람의 접근을 막아주는 것이다. 은닉된 자산이 클수록 보안에 대한 갈망도 커진다. 하지만 이 마법의 주문이 언제나 난공불락은 아니다. 패스워드 시스템을 깨고 숨겨진 정보나 가치를 탈취하는 사람들이 있다. 패스워드 시스템을 무력화시키고 접속하는 행위를 '해킹'이라고 하는데, 이는 부당한 방식으로 타인의 온라인 재산을 훔치려는 온라인상의 사기나 무단 탈취와 같은 범죄행위이다.

　패스워드는 인류 역사만큼이나 긴 역사를 갖고 있다. 휘파람 같은 약속된 신호, 현관 디지털 도어락을 해제하는 비밀번호, 군대에서 쓰는 암구호, 〈알리바바와 마흔 명의 도적 이야기〉에 나오는 동굴을 여는 '열려라 참깨' 같은 주문 따위가 다 패스워드의 기능을 수행한다. 오늘날 생체 인식 기술에 기반을 둔 시스템은 첨단 과학을 차용한 방식이다. 사실을 말하자면 패스워드는 물리적 자산도 아니고, 피인증자의 명세를 증명하지도 못한다. 다만 그것은 "배제의 맥락 없이는 이해하기 힘든 일종의 분류 기술"일 따름이다.

　패스워드는 사전에 약속된 정보를 바탕으로 신원을 식별하는 체계로 이루어지는데 이것이 작동하려면 질문과 응답이라는 요소 두 개가 필요하다. "너는 누구냐?"라는 신원 확인을 하는 물음에 미리 약정해둔 패스워드를 입력하는 것, 이 절차가 "나는 바로 나다"라는 응답 행위이다. 패스워드는 디지털 암호 기술을 기반으로 점점 더 진화하고, 그 사용 범주가 더 넓어지고 있다. 다양한 온라인 인증 시스템을 통한 보안 확인 절차를 거치지 않고는 개인 컴퓨터 사용도, 온라인 송금 같은 금융 거래 따위도 불가능하다. 내가 누구인지를 말할 수 있는 자는 누구인가? 이것은 셰익스피어의 희곡에 등장하는 미친 리어왕의 외침이 아니다. 오늘날에도 우리는 여전히 내가 누구인가를 증명하라는 요청을 받으며 살아간다.

정치에 상상력을 허하라!

2020년 4·15 총선은 가장 기이한 선거 중 하나로 기억될 만하다. 선거에 특정한 이슈도 없고, 뽑을 만한 후보자도 마땅치 않다는 게 중론이었다. 투표율이 낮아진 사태는 가장 나은 후보자가 아니라 차악을 가리는 선거가 되어버린 탓이다. 총선이 임박할수록 정치권에서 흩뿌리는 말의 양도 급격하게 늘어난다. 공중에 산포되는 정치 언표가 다 진실을 담보한 것은 아니다. 모호함 속에서 떠돌다가 사라진 말들 중에 한 대학교수의 '민주당만 빼고'라는 칼럼도 그중 하나다. 민주당을 콕 집어 투표에서 배제하자는 주장은 정치 선동이다. 민주당이 발끈하며 칼럼 집필자와 매체를 고소했다가 곧 이를 거둬들였다. 그 정도로 이 소동이 잠잠해진 것은 그나마 다행이다.

현대 사회에서는 누구나 정치에 포획을 당한다. 정치가 대중의 주요 관심사 중 하나이고, 삶의 양태를 결정 짓는 큰 테두리이기 때문이다. 정치집단 내부의 갈등과 실정, 소모적인 정쟁은 정치 환멸을 불러온다 하더라도 정치는 해악이라는 '민주당만 빼고'라는 칼럼의 주장에 선뜻 동의할 수가 없다. 거친 논증과 논리의 비약에 바탕을 둔 이 주장이 우리 정치의 발전에 아무 도움이 되지 않는다고 여겨지는 까닭이다.

말로 시작해서 말로 끝나는 한에서 말은 현대 정치의 요체이다. 정치의 실행은 다양한 말(의견)과 말(명분)의 경쟁 너머에서 이루어진다. 정당 간 경쟁은 말의 정합성과 그 실천에 대한 유권자의 평가와 선택으로 판가름 난다. 한마디로 정치는 말들이 소통하는 공간을 만들고, 이 말들이 만든 질료적 힘으로 위계와 공간을 나눈다. 민주주의 체제에서는 누구나 자유롭게 말을 하고, 이 발화는 정치의 공간, 자기의 참여/몫으로 돌려받는 근거이다. 정치의 핵심이 사회적 합의에 의한 힘과 권리의 분배라는 점에서 이 참여/몫을 나누는 실행은 말과 권력의 흐름에 단절과 연속으로 개입한다. 이 연장선에서 정치는 한 사회의 재화와 권리들, 그 몫의 분배를 구조화한다. 정합적 진리와 투명한 공정성을 담보할 때 정치는 사회를 통합하는 바탕으로 신뢰를 얻을 수 있다.

정당들은 선거 때마다 가계 소득을 높이고, 더 많은 행복과 자유를 주겠다는 달콤한 공약을 쏟아낸다. 더 나은 현실과 장밋빛 미래를 약속하는 말들은 선거가 끝나면 곧 휘발된다. 정치가 늘 불가능한 현실, 실현이 불가능한 유토피아를 약속한다는 점에서 정치술은 말을 통한 '해방의 기획과 행복의 약속'이라고 할 수 있을 것이다. 자크 랑시에르는 정치를 "세계의 리듬"이자 "노동·교환·향락의 세속화된 활동들"을 배열하는 기술이라고 정의한다. 정치 없는 세계가 우리의 이상이 될 수 없다. 정치가 없다면 말들이 설 자리도 비좁아지고, 말들의 영역이 좁아진 세계는 끔찍한 일이다. 말과 말이 부딪치며 소란을 빚는 나쁜 정치라도 존재하는 게 우리 삶을 더 낫게 만드는 데 도움이 될 것이다.

마음에서 떠나지 않는 한 가지 의문점. 우리 정치엔 왜 늘 상상력이 빈곤할까? 야당의 선대위원장은 '못살겠다, 갈 아보자'를 총선 슬로건으로 제안했다. 60년 전 구호를 정치 슬로건으로 소환한 것은 상상력 빈곤이 낳은 결과물이다. 빈곤한 상상력은 정치의식의 퇴행과 낡은 관습에 기대는 행동을 낳고, 구태를 재연하는 정치의 당위성으로 굳어질 테다. 야당 처지가 부지깽이의 힘이라도 보태야 할 정도로 옹색하니 올드보이들의 귀환을 두고 시비를 따지고 싶지는 않지만 '싱크탱크'라는 그자들의 상상력 빈곤은 곧 현실 인식의 나태함, 속화된 인지의 바닥이 한국 정치의 민망한 수준이고 참담한 민낯이다.

상상력이란 복잡계를 꿰뚫고 나오는 빛, 인과적·인습적 사유를 깨고 즉물적 세계 저 너머를 보고, 먼 데 있는 것을 가져오는 능력이다. 그것은 추상과 관념에 대한 사유를 가능하게 하는 것, 직관과 통찰로 나아가는 힘이다. 아직 미지의 영역인 '내일'이라는 추상을 실재로 인지하는 것도 상상력의 힘이다. 인류는 상상력을 기반으로 위대한 신과 태초 창조의 이야기를 만들고, 부족 신화를 바탕으로 종교와 국가라는 공동체를 건설했다. 농업 혁명과 과학의 혁명도 상상력이 일군 승리였다. 상상력은 정치, 전쟁, 예술, 철학의 기반일 뿐만 아니라 문명 건설의 토대가 되었다.

인간은 상상에 기대어 질서를 빚고, 이 상상의 질서가 우리 욕망의 형태를 규정한다. 유발 하라리는 『사피엔스』에서 인간의 상상력이 유례없이 거대한 협력의 네트워크를 만들어나간 동력이라고 말한다. 수렵이나 채집 활동 시대에는 근육의 힘만으로 생존이 가능했지만 인지 혁명 이후 부족정신, 국가, 유한회사, 인권 같은 추상에 대한 사유와 전달 능력이 필요해졌다. 근육의 시대에서 뇌의 시대로 진입한 이후 뇌에서 발현되는 상상과 창의성이 만개를 한다. 이 상상과 창의성의 기반 위에서 농업 혁명과 과학 혁명이 일어나고, 인류라는 종은 '별로 중요치 않은 동물군'에서 비범한 호모사피엔스로 도약한다.

상상력은 동물과 인간을 가르는 중요한 경계다. 상상력은 인간관계와 사회생활에도 두루 필요한데, 특히 현실 정치에는 늘 집단적 상상력이 작동한다. 권력의 소임은 유동성의 조정, 욕망과 힘의 분배, 그 조정과 분배의 구조를 만드는 데 있다. 정치 집단의 상상력이 진부할수록 현실은 퇴행하고 욕망은 진부해진다. 욕망의 진부함 속에서 삶은 불가피하게 일그러지고 찌들어간다. 한국 정치의 수사학과 규범들이 당리당략이나 진영 논리를 넘어서지 못하는 것은 창의적 상상력이 빈곤한 탓이다. 상상력이 진부하고 빈곤할수록 정치 슬로건의 언어는 퇴행하는 것이다.

지금은 한국 정치에 참신한 상상력이 필요할 때다. 정치 집단이 그토록 청년을 요구하는 것도 그 때문이다. 낡은 정치의 관행을 바꾸는 상상력과 창의성을 갖춘 인재가 필요하건만 총선에서 올드보이만 활개치는 것은 한국 정치가 퇴행한다는 증거다. 우리 정치가 고비용 저효율이라는 지탄을 받는 이유도 정치 집단이 진부한 상상력과 낡은 관행에 갇힌 채로 비생산적인 진영 싸움에만 몰입한 탓이다. 새 정치를 갈망하는가? 그렇다면 정치에서 청년에게 더 많은 자리를 주고 그들이 상상력을 발휘하도록 허하라.

웃어라, 세상이 너와 함께 웃으리라

숲은 신록으로 울울창창하건만 우리는 웃지 못하는 날들, 웃음을 잃은 날들에 갇혀 지낸다. 웃음의 화관(花冠)을 잃은 채 무기력과 우울 속에서 살다보니 언제 웃었는지 기억이 가물가물하다. 벌써 몇 달째 꿈속에서조차 웃지 못하는 유폐의 날들을 보내는 중이다. 코로나 19 팬데믹에 짓눌리고, 불안에 포박된 자는 우울증이라는 헛구렁을 벗어나지 못한다. 만성적 불안에 의식이 짓눌린 상태를 누군가는 '코로나 블루'라고 진단한다.

웃음은 우스꽝스런 대상이나 사태에 대한 내면 반응이다. 코미디 연기에서 익살을 떠는 바보가 자주 등장하는 이유가 거기에 있다. 바보 연기를 보며 웃는 것은 타자의 어리석음에 대한 주체의 우월성에서 오는 즐거움의 표현이다. 타인을 어리석음으로 대상화하는 웃음은 '독이 묻은 화살을 쏘는 것'이다. 이 웃음은 타인에게 상처를 입히는 것, 선한 본성이 아니라 우리 안의 고약함이 그 바탕이다. 타인에 대한 조롱, 경멸과 비웃음을 동반한 웃음은 덕과 인간성으로 순화되지 않은 사악한 재능이다.

동네 숲길을 걷다가 '웃어라, 아무 근심 걱정이 없는 듯이'라고 혼자 중얼거렸다. 철학은 왜 웃음을 진지하게 다루지 않는가? 웃음을 경박한 망동이나 가벼운 익살과 시시덕 거림으로 여긴 탓이리라. 웃음을 철학 바깥으로 추방하는 것에 반기를 든 철학자들로 플라톤, 쇼펜하우어, 베르그송, 프로이트, 니체를 꼽을 수 있다. 18세기에 '우스꽝스러움의 우월 이론'을 대체하는 웃음 이론이 나오는데, 위엄과 진지함, 고상한 것에 대조되는 초라함과 불경이 웃음을 낳는다는 '불일치(incongruity) 이론'이 그것이다. 우리는 길거리에서 꽈당 하고 넘어진 사람을 보고 웃는다. 이는 우월 감정이 아니라 위엄과 초라함이라는 표상의 익살스런 대비에서 빚어진다. 예상하지 못한 사태의 반전, 기대와 현실의 불일치, 모순이 나타나는 순간의 발견이 웃음을 분출해낸다.

'순진무구한 웃음'을 예찬한 철학자 니체는 웃음의 맞은 편에 악마가 있다고 상상했다. 이 악마는 항상 엄숙하고, 심각하며, 심오하고 당당하다. 악마는 웃을 줄 모르는데, 모든 악마는 '중력의 악령'이기 때문이다. 사물을 나락으로 떨어지게 하는 이 중력의 악령들이 인간에게서 춤과 웃음을 회수해간다. 매사에 엄숙, 심각, 심오한 태도는 웃음의 불능을 초래한다. 하지만 어린아이들은 아무에게도 해를 끼치지 않는 웃음을 웃는다. 오직 어린아이만이 제 몸속에서 신이 춤추는 듯 즐거워한다. 거만함과 비열함이 아니라 제 안의 벅찬 환희를, 존재의 법열감을 분출하는 어린아이들의 웃음만이 진짜다. 우리는 어떻게 목적 없는 놀이에 빠지며 몰입의 기쁨 속에서 어린아이로 살 수 있을까?

웃음의 빈곤 속에서 사람은 사소하게 불행해진다. 순진무구한 웃음만이 불행을 중화시킨다. 까르륵거리며 웃는 존재들로 세상은 밝아진다. 교활하거나 조롱이 섞인 불순한 웃음이 아닌 어린아이의 웃음은 세상의 악에 대한 해독제다. 행복해지려면 어린아이 같이 웃어라. 어른은 강박관념과 신경증에 사로잡혀 웃지 못한 채로 존재의 무거움으로 가라앉는다. 이들은 제 안에 필요 이상의 엄숙, 심각, 심오함을 끌어안고 사는 탓이다. 어린아이들은 얼마나 가벼운가! 우리는 변신과 비상을 위해 제 안의 중력의 악령을 떨쳐내고 가벼워져야 한다. 오직 가벼운 자만이 웃음의 신이 제 몸속에서 춤추고 있는 듯이 웃는다.

여름의 초입

여름 초입에 가뭄으로 저수지가 바닥을 드러내고, 땡볕에 농작물이 타들어간다고 걱정들이 많습니다. 건조한 날씨 탓에 유독 산불이 잦고 오랜 숲들이 화마에 집어삼키는 장면들이 뉴스 화면에 나올 때마다 탄식이 터져왔습니다. 비 소식이 없었는데 갑자기 폭우가 쏟아져 마른 땅을 적시고 저수지를 채웠습니다. 비 그친 저녁엔 개구리와 맹꽁이들이 가까운 데서 울어댔습니다. 습지가 없는데 어딘가에 개구리와 맹꽁이들이 숨을 죽이고 살아 있었나 봅니다. 고양이 두 마리가 초저녁 잠에 든 뒤, 저 습지에서 울어대는 개구리와 맹꽁이의 소리에 오래 귀를 기울였습니다.

집 건너편의 녹색 숲은 바람이 불 때마다 군무를 추듯 율동을 보여줍니다. 저 꿈틀대는 녹색 짐승들! 그건 참을 수 없는 녹색의 희열이 심연에서 터져 나오는 것만 같습니다. 며칠 전 에어컨 기사가 들러 집안의 에어컨의 작동 상태를 점검하고 냉매가스를 충전했습니다. 올 여름엔 계면활성제가 든 생활용품 사용을 줄이고, 호밀빵이나 씹으며 파블루네루다 시집 『100편의 사랑 소네트』를 읽고, 그 다음엔 숲속 그늘을 찾아다니며 호메로스의 『일리아드』와 『오디세이아』

를 읽으며 보낼까 했습니다. 여름의 향기에 취해 숲 그늘들과 물의 고요를 오래 지켜보고 싶었습니다만 그 꿈은 난망한 것이 되고 말았습니다.

여름의 초입에 여러 일들이 있었습니다. 책 두 권이 새로 출간되고, 우리나라 아름다운 100대 정원 중 하나로 뽑힌 대관령의 '살바토레' 북스테이에서 강연을 하고, 생후 두 달된 아기고양이를 입양하고, 뜻밖의 병으로 누워 지냈습니다. 고양이가 온다는 것은 우리 생활의 변화를 초래하는 일입니다. 이건 대단한 사건, 멀리서 온 기적! 아기고양이는 생명의 약동 그 자체입니다. 이 작고 놀라운 존재는 한 순간도 멈춤 없이 에너지를 방출해내는데 그 모습이 경이롭기조차 합니다.

며칠 앓아 누웠는데, 대단한 병은 아니고 갑자기 찾아든 근육통, 두통, 고열 때문이었습니다. 병원에서 처방전을 받아 약을 먹었는데 쉬이 낫지 않고, 밤에는 이불이 축축해질 정도로 많은 땀을 흘렸습니다. 평소 건강 체질이라 대수롭지 않게 여겼는데. 고열이 지속되어 걱정이 되었습니다. 병이란 외부의 나쁜 바이러스가 우리 몸에 침투해 일어난 소동이거나 생명의 동적 평형이 어긋나고 깨진 상태입니다. 아파보니, 알겠습니다. 우리가 숨 쉬고 살아 있다는 것, 당연하게 누리는 건강이 얼마나 귀중한 것인가를! 이 순간도 얼마나 많은 환우들이 병상에 누워 병과 싸우고 있는 걸까요? 그들이 병을 떨치고 일어나는 기쁨을 누리고, 생명의 약동과 희열을 맛보기를 소망합니다. 당신도 아실지 모르지만 오래 전에 읽은 박희진 시인의 「회복기」라는 시가 떠올랐습니다. 조지훈의 「병에게」, 윤동주의 「병원」과 함께 제가 즐겨 읽는 시입니다.

어머니 눈부셔요.
마치 금싸라기의 홍수 사태군요.
창을 도로 절반은 가리시고
그 싱싱한 담쟁이넝쿨잎 하나만 따주세요.

금싸라기 홍수 사태라는 햇빛 이미지는 질병의 어두운 이미지와 대조를 이루며 선명하게 빛납니다. 삶은 본디 순진 무구한 녹색의 불길입니다. 시인은 이런 삶의 본래성에 눈길을 돌려 병의 어둠을 고찰하고, 병의 속성을 끄집어냅니다. 병이란 이런 것이다, 라고 나름의 핵심을 짚는 것입니다.

병이란 삶 안에 쌓이고 쌓인 독이 터지는 것,
다시는 독이 깃들지 못하게
나의 삶은 타는 불길이어야 하고
나의 피는 끊임없이 새로운 희열의 노래가 되어야죠.

병의 한가운데를 뚫고 살아서 돌아온 어린 환자는 '어머니'라는 큰 존재를 불러들여 제 생을 의탁합니다. 여기서 어머니는 열일곱 살 소년의 실제 어머니이자 동시에 부드러운 약손을 가진 근원 존재, 생명을 낳고 기른 대지모신입니다.

제 몸을 "하마터면 영영 시들 뻔하였던 이 열일곱 어지러운 꽃봉오리"라고 노래하는 이 시는 병의 깊고 어두운 협곡에서 빠져나온 눈부신 생명의 세계로 돌아온 어린 환자의 생명 찬가이자 병에 대한 깊은 사색을 담은 노래입니다. 이 시를 읽을 때마다 울컥해지곤 했습니다. 다시 읽어봐도 영양분이 듬뿍 담긴 음식처럼 풍성한 사유를 끌어내는 시입니다.

겨우 열일곱 살의 나이라면 제대로 꽃봉오리를 활짝 펼친 적도 없겠지요. 그런데 웬일로 아픕니다. 하마터면 생과 이별할 뻔 했습니다. 그 병을 견디고 이제 회복기로 들어서며 사람들이 금싸라기 햇빛을 받으며 신나게 웃고 떠드는 소리, 활보하는 소리에 들뜬 기분이 고스란히 느껴집니다. 살고 싶다라는 고백은 얼마나 간절하고 순정한가요? 여름의 녹색 불길 그 자체인 나무처럼 살고 싶다는 소년의 간구, 삶의 환희에 대한 기대로 들썩이는 기운이 불현듯 내 소년 시절의 기억을 소환합니다. "약에 취해 잠들던 그 낮과 밤들을 잊을 수가 없다. 질병은 신체의 함량미달, 상궤에서 벗어남, 취약점들의 우연한 노출이다. 나는 자주 의기소침해지고 비관주의에 빠지곤 했지만 병이 항상 최악의 것만은 아니다. 식구들이 다 나가고 빈 집엔 고요가 끓어 넘치는데, 공중에서는 제비가 날고 환한 햇빛이 넘치는 마당엔 모란과 작약이 꽃을 피우고 서 있다. 나는 깨끗한 이불을 덮고 혼자 누워 있다. 천천히 흘러가는 시간의 정밀이 손에 만져질 듯 지금도 생생하다. 밖에서 돌아온 어머니가 차가운 손으로 고적하게 한 나절을 견딘 내 이마를 짚을 때 나는 진정으로 사랑받고 있다는 느낌으로 안도하곤 했다. 가벼운 병들은 고요한 몰아의 체험이고, 병을 떨치고 일어날 때마다 몸과 마음이 부쩍 자라 있곤 했다."

병은 우리 삶의 불가피한 일부입니다. 아플 때 잊고 있던 몸을 문득 돌아보게 됩니다. 병이란 쓸쓸하고 고독하게 찾아와 우리 몸을 통렬하게 깨우는 것! 병은 몸을 발견하는 것, 그리고 지나온 삶의 여정을 찬찬히 돌아보게 합니다. 병은 오랜 영혼으로 가는 고요한 통로일지도 모릅니다. 병이 삶의 나쁜 방식이나 도덕적 나태에 내리는 징벌은 아니지만, '과연 나는 잘 살아 왔는가?'라는 물음과의 마주침을 피할 수가 없습니다.

여름은 바다의 소금을 단단하게 만들고, 모든 노래에 멜랑콜리를 충전시키며, 어린 포도 알을 무르익게 하고, 비의 나무들을 자라나게 합니다. 낮엔 온갖 과일들이 태양 아래 단맛이 들고, 밤엔 하늘을 가로지르는 은하수와 함께 흐르며 별들이 붕붕거립니다. 단 한 번의 여름! 여름은 저 멀리에서 와서 영원의 중심을 관통하고 지나갑니다. 나는 이 여름이 이룩하는 눈부신 기적을 노래하고 싶습니다. 당신의 여름이 빛나기를 바랍니다. 그래야 내 여름 또한 빛날 것이기 때문입니다. 내 병과 여름의 경도 사이에는 아무 상관도 없습니다. 다만 생의 의례로서 병을 섭섭지 않게 맞고 떠나보낼 생각입니다. 그리고 나만의 강렬하고 찬연했던 여름과 전별하겠습니다.

습관이 존재를 빚는다

사람마다 가진 능력의 총량은 엇비슷할 거라고 생각한다. 성장하면서 학습 능력이나 일의 숙련도, 작업의 결과와 성취에서 차이가 드러나는 이유는 무엇 때문일까? 그것은 환경과 습관이 다른 데서 생기는 변화가 차이를 만드는 까닭이다. 환경은 한 인간의 내면을 빚는 데 영향을 끼치고, 습관은 한 인간의 실존의 윤곽과 형태를 결정짓는다. "당신의 모습은 당신이 반복적으로 행하는 행위의 축적물이다. 탁월함은 하나의 사건이 아니라 습성이다."(아리스토텔레스) 인간의 능력이란 그것을 반복적으로 행하는 행위의 축적물일 뿐이다. 습관이 한 사람의 개성을 특화시키고, 예측불허인 존재의 내면을 빚는다고, 나는 믿는다.

　사람은 습관의 동물이다. 따라서 산다는 건 크고 작은 습관의 발명 속에서 이루어진다. 코로나 바이러스의 팬데믹 시기에 일상의 습관과 생활 리듬이 바뀐 것은 자명한 사실이다. 우리는 다른 어느 때보다도 더 우리 의식과 삶의 양식에 깊은 영향을 미치는 습관의 영향 아래 살아간다. 나는 샤워를 하고 양치질을 하는데, 아내는 양치질을 하고 샤워를 한다. 이렇듯 사람마다 습관이 다르다. 흡연자는 식후 무심하게 담배 한 대를 피워 물고, 다른 사람은 식후 반드시 커피를 마신다. 습관은 우리의 시간을 배열하고, 통합과 질서를 형성하고, 그렇게 함으로써 생활양식을 떠받치고, 그 리듬을 자연스럽게 잇는다.

우리는 반복과 일탈의 자장 사이에서 진자 운동을 하며 습관을 이어간다. 습관은 효율성을 배가시키는 합리적인 행동인가, 혹은 의지를 거머쥐고 옥죄는 퇴영적 잔재물인가? 습관은 어떤 행동을 반복하게 만드는 몸에 밴 오랜 시간의 자취이고, 불확실성과 선택에 따르는 감정 소모를 줄여 효율성을 높이는 행동의 연속체다. 습관은 몸에 새겨진 생활 리듬이고, 무의식에 각인된 행동의 패턴으로 우리 삶을 빚고, 한 사회의 규칙과 통념을 빚는다. 그것은 예측가능한 개인의 행동 양식을 넘어서서 한 사회 공동체의 구성원을 지배하는 집단적인 문화 양식으로 굳어지는데, 만일 이것이 외부의 요인으로 중단된다면 개별자의 생활 리듬과 양식은 뒤틀리고 균열이 생길 테다.

내전이나 테러, 전염병의 대유행 사태는 삶의 리듬을 만드는 시간의 배열이나 습관이 움직이는 기반을 무너뜨린다. 오래된 습관이 비상사태 속에서 무너지고, 불안이 영혼을 잠식하면 삶의 안녕을 빚는 토대가 사라진다. 그러면 일상의 리듬을 낳는 시간의 배열이 뒤틀리는 것은 불가피한 일이다. 사람들은 낯선 상황에 당황하고 허둥지둥할지도 모른다. 일상의 습관 속 평화에서 멀어지는 낯선 상황이 불안과 스트레스를 키울지도 모른다. 코로나 팬데믹 기간에 짜증이 늘고 신경이 예민해졌다면 우리 영혼을 잠식한 불안과 스트레스가 그 원인일 테다.

습관은 변화와 유동이 커진 현대 사회에서 적응하기 위해 발명한 행동의 DNA일 수도 있다. 습관의 안정적인 기반이 깨진 상태에서 낯선 사람을 전염병균의 보균자로 의심하고 두려워하는 지금 상황은 더도 덜도 아닌 삶의 위기일 것이다. 개인이건 사회건 위기의 징후는 일상의 습관을 안정적으로 지탱할 수 없는 상황의 유동성이 커질 때 불거진다. 이 위기를 넘어서려면 공동체의 내부에서 관용, 인내, 환대와 같은 사회적 덕목을 발현시키는 착한 습관을 기르는 게 필요하다. 누군가는 바이러스 감염증이 덮친 도시를 도우러 달려가고, 누군가는 질병 퇴치를 하는 의료인을 돕기 위해 통 크게 기부를 한다. 이게 다 개인의 내면에서 길러진 덕목과 습관의 결과이다. 언제 일상의 안정과 평화 속으로 돌아갈 수 있을까? 사람들과 만나 악수를 하고, 카페에서 담소를 나누며 나날의 안녕과 평온을 만끽하는 날들이 그리워진다.

좋은 습관을 가진 사람은 좋은 사람이 되고, 나쁜 습관을 가진 사람은 나쁜 사람이 된다는 게 합리적 추론이다. 습관이 우리 뇌를 새롭게 바꾼다. 독서 습관에 대해 생각해 보자. 독서를 꾸준히 유지하면 사람의 뇌는 미묘하게 바뀐다고 한다. 이는 뇌의 가소성(plasticity)이란 특징 덕분이다. 독서 행위는 뇌에서 일어나는 복잡한 프로세스를 포괄한다. 인지신경학자인 매리언 울프는 지속적인 독서 행위의 결과로 "뉴런의 연결망이 음속 수준으로 빠르게 반응하고, 다시 같은 속도로 뇌 구조 전역에 걸쳐 연결이 일어"나는데 특히 전두엽 앞부분의 브로카 영역과 측두엽 부근의 베르니케 영역 같은 언어중추 부분이 집중적으로 활성화되는 것을 볼 수가 있다고 한다.*

사람은 자라는 동안 저절로 소리에 반응하면서 그 뜻을 분간하지만 문자를 읽고 이해하는 것은 그 프로세스가 아예 다르다. 문자 해독은 일정 기간 훈련을 통해서만 습득할 수 있는 추가적인 옵션인 것이다. 독서가 습관으로 고착될 때 우리는 초보 독서가에서 숙련된 독서가로 나간다. 책을 읽을수록 문해력과 어휘의 가용 능력, 창의적 능력이 커질 것이다. 아울러 몸에 배인 읽기 습관은 뇌에 생물학적, 인지적, 정서적 자극을 주면서 그 지형을 바꾼다. 뇌에 장착된 읽는 능력은 어디로 사라지지 않고 우리 안에 차곡차곡 쌓인다. 독서 습관의 결과로 나는 읽고 쓰는 일을 생업으로 삼는 작가가 될 수 있었다.

책 읽기에 집중하려면 신체의 부스럭거림을 제압하고 뇌에서 일어나는 잡다한 노이즈를 통제해야만 한다. 완전한

---

* 메리언 울프, 『책 읽는 뇌』, 전병근 옮김, 살림, 2009

몰입에 들면 청각기관의 달팽이관에 고요가 물방울처럼 한 방울씩 똑똑 떨어지는데, 그 고요의 약동이 우리 존재의 봉오리를 깨우고 세계를 향해 몸을 열어젖히게 한다. 한 선사는 "걸을 때는 걸음 그 자체가 되고, 죽을 때는 죽음이 되어라"고 말한다. 책 읽을 때는 책과 온전히 하나가 되라! 몰입은 원융의 경지 속으로 들어가는 일이고, 그것에는 반드시 보상이 따른다. 그 보상 중 하나가 내면의 고요와 근심에서 벗어나 맛보는 초월적 기쁨이다. 그 평화와 기쁨을 얻으려고 나는 책을 읽고, 읽고, 또 읽었는지도 모른다.

독서는 단순히 문자를 해독해서 얻어지는 능력이 아니다. 독서란 책을 매개로 이루어지는 비판, 성찰, 상상, 공감, 연역, 귀납 능력을 기르는 일이다. 더 나아가 나와 세계의 합일과 통섭 능력의 확장을 위한 기획이다. 우리는 책을 통해 저 너머를 동경하고 새로운 미래 속으로 자신을 밀어 넣는다. 지속적인 독서 습관을 통해 얻을 수 있는 선물은 여럿이다. 특히 문해력, 기억력, 분석과 추론 능력, 창의력 같은 것은 디지털 환경 속에서도 유용하게 쓸 수 있는 능력이다. 독서 습관을 통해 길러진 놀라운 지적 능력의 중요성은 디지털 시대에도 사라지지 않는다.

팬데믹 그 이후

신종 바이러스의 확산과 그로 인한 소동은 세계사 연표에 기록될 만한 초유의 사태다. 감염자에게서 비감염자에게로 옮겨가는 이 바이러스는 전염력이 강력하다. 이것이 불러온 불안과 공포는 존재의 거푸집이자 창백한 자아가 깃든 둥지인 우리 몸을 돌아보는 계기가 되었다. 몸은 뇌, 심장, 간, 폐, 담낭, 콩팥, 위, 창자, 갑상선, 혈관, 맹장, 생식기 따위의 합체이자 인류라는 종(種)의 부분이고, 그 자체로 유전적 생식을 하는 하나의 계(界)로 엄연하다.

몸으로 산다는 점에서 실존은 몸의 형태로 사는 사태 일체를 포괄한다. 몸은 독립된 개체이지만 다른 몸을 받아들이고 섞는다. 장기 이식이나 수혈은 그 섞음의 의학적 양태일 것이다. 바이러스 전염병도 유전적 재생산 없이 이 몸과 저 몸이 섞이는 일의 일부일 것이다. 다른 몸에서 침투한 바이러스가 내 몸의 면역계를 무너뜨리려고 위협하는 것이다.

바이러스는 생물도 무생물도 아니다. 이것은 아주 작은 불활성 유전 물질 덩어리로 숙주 세포를 감염시키고 세포에서 복제되어 다른 숙주에게로 옮겨간다. 바이러스는 미생물과 마찬가지로 내 안의 타자, 즉 '비자기(nonself)'라고 할 수 있다. 몸은 미생물이나 바이러스를 품은 하나의 생태계다. 이때 미생물은 숙주에게서 영양을 공급받고 생존을 꾀하는 대신 소화를 돕고 비타민 합성을 거드는 등 숙주의 이익에 기여한다. 바이러스는 숙주의 세포를 이용해 감염과 복제를 일삼고, 인간은 바이러스를 겪으며 유의미한 생물학적 진화를 이루어왔다. "많은 바이러스는 우리가 없으면 번식하지 못하지만, 우리도 바이러스에게서 얻었던 것 없이는 번식하지 못하는 것이다."* 인간은 숱한 변종 바이러스의 질병에 적응하며 스스로 유전체를 바꾸며 살아남았다.

바이러스의 역사는 인류 역사와 비례한다. 인류는 몸에 침투하는 바이러스라는 불완전한 정체성과 싸우며 공진화(共進化, coevolution)를 꾀한다. 인간은 결핵, 천연두, 홍역, 볼거리, 풍진, 조류독감, 인플루엔자… 같은 질병에 면역계의 항체로 맞서며 진화한 존재다. 놀라지 마시라, 바이러스는 질병 원인이면서 동시에 인류 생존에 보탬이 되었다. "간혹 바이러스가 생물체를 감염시켰을 때, 바이러스의 DNA가 그 생물체의 유전 부호의 일부가 되어 그 생물체의 후손에게 전달되는 경우가 있다. 인간의 유전체 중 꽤 놀랄 만큼 많은 양이 그처럼 옛 바이러스 감염이 남긴 부스러기들이다."** 바이러스가 번성한 것은 인류라는 숙주 덕분이고,

---

* 율라 바스, 『면역에 관하여』, 김명남 옮김, 열린책들, 2016
** 율라 바스, 앞의 책

인간 역시 바이러스를 통한 유전체의 변이로 진화상의 이득을 챙긴다.

이 코로나 바이러스 전염병의 위험에 어떻게 대처해야 좋을까? 두려움은 좋은 것도 나쁜 것도 아니다. 두려움은 우리로 하여금 바이러스 감염에 대해 더욱 조심하는 태도를 만든다. 반면 두려움의 나쁜 영향으로 바이러스와 질병의 원인을 타자에게 투사해 혐오를 퍼뜨리는 행위를 들 수 있다. 불특정한 타자를 전염병의 보균자로 단정짓고, 타자성과 질병을 융합시켜 타자 혐오를 만드는 일은 드물지 않다. 타자를 향한 근거가 없는 혐오감이 제노포비아(xenophobia)를 낳는다. 이미 코로나 19 질병의 진원지가 아시아계라는 낙인 때문에 아시아계 인종을 겨냥한 차별과 혐오가 확산되었다. 코로나 바이러스 확산 초기에 이탈리아의 한 대학에서 중국인은 물론이고 한국인과 일본인 유학생의 수강 신청을 거부했다는 뉴스가 그런 사례. 코로나 19는 전염력은 강하지만 치사율은 사스(10퍼센트)나 메르스(30퍼센트)보다 훨씬 낮은 3퍼센트 안팎에 머물고 있다. 당장 창문 밖으로 시체가 떨어지는 것을 목격한 듯이 공포를 증폭시키며 소동을 벌일 필요는 없다.

어느 날 외국 여행지에서 찍은 사진을 물끄러미 들여다본다. 헬싱키에서 여름휴가를 보낼 때 찍은 사진인데, 사진 속에서 아내는 활짝 웃고 있다. 우리는 북유럽 도시의 벼룩시장을 둘러보고, 바닷가 식당에서 해산물 요리를 먹었다.

이국의 도시에서 꿈결 같이 보낸 휴가였다. 불과 서너 해 전인데, 그 여행이 기억에서 아득했다. 사진을 들여다보며, 그리움과 안타까움이 뒤섞인 기분이 몰려오는 찰나 가슴이 먹먹해졌다.

코로나 팬데믹이 덮치자 일부 매체와 사람들은 면역 위기를 앞세우고 바이러스와 관련한 유언비어와 가짜 뉴스를 퍼뜨리고, 공포와 불안을 키웠다. 바이러스는 감염자의 비말로 전염되거나 무증상으로 퍼진다. 따라서 코로나 바이러스가 품은 공포는 흩뿌려지고 퍼져나가는 것의 공포다. 바이러스는 특정 계층을 겨냥하지 않고 건강한 사람조차도 잠재 감염자일 뿐이다. 누구도 안전을 담보하지 못한다.

질병청 관계자가 날마다 미디어에 나와서 확진자의 숫자를 발표하고, 개인위생에 대한 주의를 환기하며, 마스크 쓰기를 독려한다. 손을 잘 씻고, 외출할 때 마스크를 써라! 사람이 많이 모이는 곳을 피하라! 팬데믹 사회는 감염의 위기를 끊임없이 환기하며 공포에 사로잡히게 만든다. 우리는 붐비는 지하철 안과 음식점과 카페에서 옆 사람을 의심한다. 이웃은 잠재적 바이러스의 보균자이고 그 전파자이기 때문이다. 이런 근거가 미약한 의심이 이웃과 불화를 낳고 관계에 뒤틀림을 가져온다. 사회적 거리두기와 마스크 쓰기가 면역의 방호벽으로 여겨진 탓에 그걸 어긴 사람은 공분의 대상이 되었다. 여럿이 모이는 모임을 금지시키고, 이동이나 사회 활동은 최소한으로 하라는 권고는 삶의 실질적인 제한이다. 결혼식이나 강연 같은 대면 행사는 줄줄이 취소되고 스포츠 경기는 무관중으로 치러졌다.

확진자는 거의 범죄자 같은 취급을 당하는데, 확진자의 동선 일체가 낱낱이 까발려지고, 확진자에게는 자비가 베풀어지지 않는다. 팬데믹이 격리 사회를 만들고, 바이러스는 우리를 좀비로 발명한다. 확진자가 좀비로 방치되는 가운데 우리는 삶의 최소주의에 속박된 채로 살았다. 그러나 코로나 예방 백신으로 확진자는 줄지 않고 바이러스는 퍼져나 갔다. 백신을 맞은 사람마저도 돌파 감염이 되었다. 백신이 치사율을 떨어뜨렸지만 바이러스는 변이를 일으키며 위세를 떨쳤다. 팬데믹의 위기는 곧 생명의 위기다. 코로나 팬데믹이 퍼뜨린 공포는 일상을 헝클어뜨리고 중소 상공인들과 영세 자영업자의 줄도산을 불러왔으며, 이것은 곧 생존의 히스테리로 이어졌다.

인류는 무작위로 흩뿌려지는 바이러스의 기원도 밝히지 못한 채 팬데믹 이전과 다른 세계로 들어선다. 이전의 안녕과 평화로운 삶으로의 회복은 불가능한 것처럼 보인다. 우리는 이전에 겪지 못한 생명의 위기 앞에서 진절머리를 치며 불안과 싸운다. 우리는 팬데믹을 겪으며 여전히 불안과 위기감이 일렁이는 오늘에 이르렀다. 인류가 살아 있는 한 바이러스가 사라지는 일은 없으니, 바이러스와 공존하는 방식을 모색할 수밖에 없다.

지금은 바이러스의 박멸이 아니라 면역 위기가 만든 불안과 두려움을 넘어서서 팬데믹 이후를 설계할 때다. 삶은 계속되어야 하고, 사랑하는 이들과 만나 웃고 먹고 마시는 여유를 되찾아야 한다. 일상의 질서와 리듬을 회복하고, 소박한 기쁨을 유예하지 않고 누리는 것보다 더 중요한 일은 없다. 벗들과 만나 담소를 나누고, 공원을 산책하자. 극장에서 새 영화를 보고, 전시회장을 찾아 작품을 감상하며, 공연장을 찾아 공연을 즐기자. 그렇게 의미와 생기로 가득 찬 나날을 누리자. 만성화된 불안과 제약을 털어내면 충분히 가능한 일이다.

다르게 생각하는 사람이 세상을 바꾼다

피카소의 〈두 자매〉(1902년)란 작품이 있다. 피카소가 스물한 살 때 그린 청색시대를 대표할 만한 작품이다. 푸른 색조로 뒤덮인 화면 중앙에 푸른색 옷으로 몸을 감싼 두 여성이 서 있다. 두 여성은 발등을 덮을 정도로 긴 옷을 입었는데 겨우 얼굴과 발 일부만 드러나 있다. 왼쪽 여성은 눈을 감고, 오른쪽 여성은 품에 아기를 안았다. 두 여성에게는 깊은 침묵과 슬픔과 우울이 드리워져 있는데, 두 여성에게 어떤 곡절이 숨어 있을까?

두 여성을 어려서 헤어진 자매라고 상상해보자. 자매는 세월이 흐른 뒤 병원의 수용 병동에서 만난다. 한 여성은 수녀로 감호 병동 봉사활동을 하러 오고, 또 다른 여성은 가난에 찌든 매춘부로 살다가 병원 돌봄을 받다가 만난다. 자매의 운명은 극단적으로 엇갈린다. 피카소가 이 작품을 완성하는데 들인 시간은 1년이 넘는다. 그것은 두 여성의 기구한 운명을 꿰어보는 상상력에 들인 시간이다. 만일 피카소가 대상을 사실적 묘사하는 데 그쳤다면 이 작품은 밋밋한 수준에 그쳤을 것이다.

우리는 저마다 고유한 상상세계를 갖고 산다. 상상력은

대상의 우발적 풍부화를 이루는 조건이다. "한밤의 꿈, 환각, 시각망상"*의 조각들로 이루어진 상상세계에서 삶 속의 또 다른 삶을 꿈꾼다. '상상하다'는 머릿속으로 그려보고 이미지를 떠올려 '본다'는 뜻이다. 상상이란 대상을 건너뛰고 가로지르는 능력, 연상 행위로 지금 여기에 없는 것을 눈앞에 불러내는 능력이다. 인형놀이를 하는 소녀들은 상상을 현실로 옮긴다. 소녀의 상상세계는 내면의 현실이다. 현실이 그 상상세계를 감싼다. 아울러 우리는 상상을 통해 현실을 뛰어넘는다. 무언가를 상상할 때 그것은 곧 현실이 될 수 있는 새로운 가능성의 세계가 열리는 것이다.

사람은 이것과 저것의 유비를 통해 상징과 은유를 만들고, 여기에 부재하는 저 너머를 보는 능력을 드러낸다. 상상력은 우리 감각을 확장하고, 원격표상으로 이끈다. 피카소가 보여 주었듯이 대상을 넘어서는 예술의 화사함은 곧 상상력의 화사함이다. 화가들은 경험과 기억에 상상력을 보태 감각을 갱신하고, 대상과 세계를 경이로움 속에서 다시 본다. 예술가에게 상상력은 동물에서 식물을 꺼내고, 인간의 피에서 괴물을 꺼내는 마술이다. 시인들은 비 온 뒤 생긴 웅덩이에서 길의 눈동자를 보고, 바닷속에서 살롱을 본다. 시인은 상상력을 기반으로 풀을 "내 기분의 깃발, 희망찬 초록

---

* 장 폴 사르트르, 『사르트르의 상상계』, 윤정임 옮김, 기파랑, 2010

뭉치들"(월트 휘트먼)로 바라본다.

동물이 저 너머로 나아가지 못한 채 지금 여기에서 즉물적 존재에 머무는 것은 상상력이 없는 까닭이다. 상상력의 부재가 동물을 제 생명을 부지하는 활동에 전념하는 물질 덩어리로 만든다. 동물과 인간의 차이는 상상력과 인지 능력의 차이에서 비롯한다. 상상력은 지각, 기억, 연상을 기반으로 하는 인지 능력의 일부다. 인간은 상상력으로 자기 한계에 저항하며, 현실의 제약을 훌쩍 뛰어넘는다. 또한 새로운 도구와 사물을 발명하고 자기의 필요와 욕망에 부응하는 것이다. 상상력이 없었다면, 인류 문명은 얼마나 메마르고 빈곤했을 것인가.

다르게 생각하라(Think Different)! 다르게 생각함의 뒷배는 상상력이다. 인류는 없는 것을 실재로 눈앞에 불러내는 이 능력 덕분에 건축, 농업, 야금술 등을 발명하고 문명의 발달에 기여할 수 있었다. 호모 사피엔스가 무의식에서 원형과 이데아를 끄집어내고, 시와 동화와 기호와 신화를 빚는 창조 역량인 상상력을 발휘했기에 다른 영장류를 제치고 우뚝 설 수 있었다. 상상력은 21세기 인재의 갖춰야 할 중요한 덕목이고, 문명을 바꿀 원동력이 될 것이다. 마치 다른 행성에 온 듯이 새로운 눈으로 사물을 보고 다르게 생각하라. 다르게 생각함이 혁신의 시작이다. 이걸 뒷받침하는 게 상상력이다. 상상력과 창의성이 없는 인재는 어느 분야에서든 성공하기 어렵다. 상상력 없이는 혁신이나 창의적 아이디어도 불가능하기 때문이다. 예술 분야는 물론이고, 축구나 골프 같은 스포츠, 정치와 경제 분야의 인재에게도 상상력이 요구되는 시대다.

애플의 창업자 스티브 잡스는 틀에 갇히는 것을 경계하라고 말한다. 그것은 인습적 사고에 갇힌다는 뜻이다. 정치와 경제 분야에서 널리 쓰이는 게임 체인저(Game Changer)는 기존 인습과 다른 발상과 사고방식으로 판을 흔들어 변화를 이끌고 목표를 이루는 사람들이다. 게임 체인저, 즉 다르게 생각하는 사람을 보유하지 못한 집단에서 세상을 바꾸는 혁신이 나올 수는 없다. 애플의 스티브 잡스, 페이스북을 만든 마크 저커버그, 구글 창업자 패리 페이지 같은 게임 체인저들이 세상을 바꾸었다. 상상의 차이는 생각의 차이를 만들고, 상상의 크기에 따라 생각의 크기도 달라진다. 상상하라! 상상이 불가능한 것까지 상상하라! 그래야 혁신의 아이콘으로 거듭나고, 세상을 바꾸는 게임 체인저가 될 수 있다. 과학자처럼 집중하고, 시인처럼 엉뚱하게 상상하라! 사람들에게 미쳤다고 손가락질 당할 정도로 다르게 생각하라!

땅에서 멀어지면 행복에서도 멀어진다

당신이 하루 중 가장 많은 시간을 보내는 집은 어디에 있는가? 땅 밟을 일이 거의 없는 고층아파트에 살고, 고층빌딩 사무실에서 하루 시간을 다 보내는가? 인간은 땅에서 떨어질수록 행복에서도 멀어진다. 땅과 분리된 삶에 매여 산다면 당신 삶의 의미는 서서히 바닥을 드러낸다. 본디 인간은 땅(자연)에 속한 존재다. 한 시인은 "라일락이나 은행나무보다 높은 곳에 살지 않겠다/초저녁 별빛보다 많은 등을 켜지 않겠다"(김경미, 「오늘의 결심」)라는 결심에 이르는데, 이 시구는 땅을 배제한 삶의 공허함을 꿰뚫어 본 성찰에서 나왔을 것이다.* 이것은 인간의 행복이 땅과의 충만한 교감을 하는 신체 감각을 유지하는 것에 의존한다는 사유와, 땅의 노동이나 땅의 접촉에서 얻는 신체적 실감이 없는 삶은 불행하다는 의미를 함축한다.

　땅은 존재를 구성하는 성분을 품고, 생육에 필요한 영양분을 베풀며 우리를 기른다. 생육하고 번성하는 지구 생명체들은 땅에서 나오고 죽으면 다시 땅으로 돌아간다. 우리

---

　*　김경미 시집, 『밤의 입국심사』, 문학과지성사, 2014

는 땅이 기른 곡식과 채소를 먹고, 땅의 기운을 느끼며 산다. 땅은 생명의 기반이고, 삶의 시간은 곧 땅의 시간이다. 땅은 생명을 기르는 대지모신(大地母神)이다. 땅의 냄새를 맡고, 땅의 소리에 귀 기울이며, 땅의 아름다움과의 교섭을 깊은 감각의 층위에서 공감하는 것은 우리 삶의 중요한 토대다. 땅과의 연결이 없다면 죽은 삶이다.

철학자는 "땅은 자아를 저 자신에 갇혀 있는 상태에서 해방시킨다."라고 말한다.* 꽃과 나무들, 연못에 파문을 만들며 일렁이는 바람, 이마에 비치는 한 줄기 빛, 숲에서 들려오는 영롱한 새소리…들은 땅이 베푸는 색과 냄새와 소리들의 향연들로 풍성하다. 이 생동감 속에서 사는 것이 진짜 삶이다. 땅과의 연관에서 오는 강렬한 시간체험이 우리의 행복을 결정한다. 눈 뜨자마자 핸드폰을 보고 SNS에 게시된 글을 주르륵 읽으며 '좋아요'를 누르고 댓글을 달며 시간을 낭비하는 것은 소셜미디어에 관심을 착취당하는 행위이다. 신체 감각을 잃고 디지털의 세계에서 방향도 모른 채 떠도는 우리를 구원하는 구명 뗏목은 바로 땅이다. 땅을 향한 갈망 속에서 살기 위해서는 디지털 권력과 관심 경제(attention economy)로 흩어진 관심의 주권을 되찾고, 신체 감각을 땅에 연결하고 확장해야 한다. 디지털 기기의 전원을 끄고 자연의

---

* 한병철, 『땅의 예찬』, 안인희 옮김, 김영사, 2018

정적을 받아들이며 '아무것도 하지 않는 삶의 순간'을 느린 리듬으로 경험하는 것은 행복의 필수 조건이라는 뜻이다.

이즈막 고용노동부가 입법 예고한 근로시간 개편안은 노동 시간의 경계를 유연하게 하자는 것이 핵심이다. 이 개편안은 주당 최대 52시간 노동이란 근로 조건의 틀을 바꾸는 걸 전제로 한다. 일할 때 몰아서 하고 쉴 때는 푹 쉬자는 것이 개편안의 고갱이다. 인력난에 시달리는 중소 제조업체에서 성수기나 납품량이 급증할 때 노사 합의로 시행한다고는 하지만, 그래도 장시간 노동이 우리 신체와 정신에 일으킬 부작용을 세심하게 살펴야 한다. 좋은 노동이란 항상 땅과, 땅의 충만감을 갈망하는 인간의 욕구에 응답한다. 땅과의 접촉에서 분리되는 긴 노동은 우리를 과부하로 내몰아 죽음에 이르게 할 수도 있다. 노동은 삶을 좋은 방향으로 바꾸려는 노력이고, 자아실현이며, 우리 현존의 기반이지만 다른 한편으로 노동은 더 많은 돈과 여유, 경제적 안정을 미끼로 우리 하나하나를 식민지로 삼는 매개다. 내 주변의 워커홀릭 대부분은 행복하지 못한데 이것은 업무 성과와 생산성을 숭배하는 사회의 지배에서 자유롭지 못한 까닭이다.

워커홀릭은 아무것도 하지 않는 무위의 시간을 견디지 못한다. 그들은 한 장소에 고요하게 머물며 살아 있음을 느끼고, 신체 감각을 자연에 더 밀착시키는 기회를 잡지 못하는 불가능에 빠져 있다. 제 삶을 경영하는 자본가가 되라고 부추기는 후기 자본주의 사회를 지탱하는 시장 경제에 매인 탓이다.

스탠포드 대학교에서 미술사학을 가르치며 예술가로 활동하는 제니 오델은 반자본주의적인 도피와 게으름, 뜬구름 잡기에 몰두하라는 사상을 퍼뜨리는 선동가로 유명하다. "다른 생명체가 나를 보고 듣고 냄새 맡는 세계에서 나 역시 보고 듣고 냄새 맡는다. 이 사실을 기억하려면 시간이 필요하다. 아무것도 하지 않을 시간, 그저 귀 기울일 시간, 가장 깊은 감각으로 현재 우리의 모습을 기억할 시간 말이다."＊ 제니 오델은 자신만의 시간을 움켜쥐라고 말한다. 그는 '디지털 디톡스 휴가'를 권하고, 자주 산책하며 새와 나무와 바위를 눈여겨보고, 장미 정원 가꾸기를 하라고 권한다. 이는 '계량화할 수 없는 삶의 빛나는 시간'을 향유하라는 권유인 동시에 좋은 삶을 위해서는 노동에 속박된 유령이 되어서는 안 된다는 경고일 테다.

식물은 땅에 뿌리를 내리고, 동물은 땅에서 먹이를 구한다. 땅은 식물과 동물이 생을 구하는 바탕이자 미래일 테다. 첫 서리 내리고 기온이 영하로 떨어진 뒤 들판 초목들은 다음 세대에게 제 유전자를 전달할 씨앗과 뿌리를 남긴 채로

＊ 제니 오델, 『아무것도 하지 않는 법』, 김하현 옮김, 필로우, 2021

시들어 땅으로 돌아간다. 동물들은 자연수명을 다하면 숨을 거두고 땅에 묻혀 유기체로 분해된다. 너는 땅에서 왔으니 땅으로 돌아가라! 우리는 온갖 생명을 품은 땅의 숭고하고 장엄한 교향곡 안에서 먹고 사랑하며 행복을 구할 의무가 있다. 긴 시간의 노동에 진절머리를 일으키며 근육에 피로물질이 쌓이는 삶에 매이는 것은 어리석다. 우리는 노동 기계도, 노동이 만든 유령도 아니다. 땅으로 돌아가라! 우리는 땅과 교섭하는 특별한 감각 속에서 기쁨을 되찾는다면 무력감에서 벗어나 다시 행복해질 수 있다.

행복한 나라를
위한

지도는
없다

맨 정신으로 쓴 소설들은 시시해

도시를 등지고 시골로 내려간 뒤 돌연 밀회가 끝장나고 냉담해진 애인처럼 술은 내게서 멀어졌다. 그 저간의 사정을 꼽자면 술 마시는 일이 즐겁지 않을 뿐더러 주변에 술벗을 찾기도 어려운 탓이었다. 아마도 술의 마술적인 도취와 약동을 몸이 견디기 힘든 탓도 있을 테다. 이는 노화에 따른 자연스러운 현상이지만 서글픈 일이다. 헤밍웨이, 스콧 피츠제럴드, 포크너, 레이먼드 카버, 존 치버, 찰스 부코스키 같은 전설적인 술꾼 작가들에게 술은 마술적 상상력을 지피는 연료다. 우리 문학사에도 변영로, 염상섭, 김관식, 천상병, 김종삼, 조태일, 박정만까지 전설적 술꾼들이 등장한다. 술은 생기와 활력을 북돋우고 상상력의 몽환을 부르는 묘약이다. 술이 없었다면 우리 문학 유산 중 상당 부분은 사라질지도 모른다.

늦게 배운 걸 벌충이라도 하는 듯 삼십대에 술을 자주 마셨다. 입보다는 눈으로 들이켜고, 영혼이 마비될 때까지 마신 것은 생활이 삭막하고, 영혼이 가난한 탓이었다. 취기로 도피하여 마음의 가난이 만드는 지옥에서 벗어나고자 몸부림을 쳤다. 몽롱한 취기에 잠긴 채로 우울과 황홀 사이에서 비틀거렸다. 알코올로 한껏 고양되던 젊음, 오만, 신명을 온전하게 누리는 가운데 연애의 기쁨과 실연의 낙담도 술과 함께했다. 우정의 촉매제고, 당겨진 활시위만큼이나 생의 약동을 팽팽하게 만드는 묘약에 내내 빠져 지낸 건 아니지만 어쨌든 창백한 하늘을 가르는 번개 같이 젊은 날들은 사라졌다.

변명하자면 내 삼십대의 잦은 음주는 출판사를 꾸리며 이러저러한 사람을 두루 만나야 했던 탓이다. 어쩌면 숙취나 간 피로를 거뜬하게 감당하던 젊음 탓인지도 모른다. 술에 곯아 떨어져 블랙아웃이 된 채로 괴로워한 적도 있지만 알코올중독자는 아니었다. 시골로 자발적 유배를 택해서 조촐한 살림을 꾸리는 동안 사교의 폭이 줄고 생활은 단순해졌다. 시골 생활을 하면서 술자리의 소동과 활기에서도 멀어졌다. 취기가 만든 초긍정과 낙관주의의 후광이 사라진 뒤 나는 비로소 내가 애주가가 아니라는 사실을 깨달았다.

술 없이 건너는 중년의 삶은 적막했다. 텃밭에선 옥수수가 자라고, 밤중에 오소리가 왔다가 돌아가는 기척에 귀를 세우곤 했다. 앞산과 큰 저수지 물빛이 저녁 이내의 푸르름에 잠길 때 진창을 건너온 지난날의 격랑을, 젊음의 영광과 비루함을, 시행착오와 실수를 돌아보았다. 생활의 단조로움 속에서 타오른 건 생에의 의지가 아니라 내 안의 고독이다. 내 문학의 생산이 보잘것없다는 게 자명해지며 모란과 작약의 아름다움에 눈떴지만 나는 자꾸 숨고 싶어졌다. 술 없이 건디며 꽃 피고 지는 식물에게서 내 죄를 대속하는 황홀을 찾고, 가끔 마신 와인의 취기에서 빛줄기를 보았다. 봄가을에 한날을 정해 시골로 벗들을 불러 와인을 나누고 음악을 들으며 유흥의 저녁 한때를 보냈다. 이제는 와인마저도 사양하고 마시지 않게 되었다.

보들레르는 술꾼은 아니지만 취하는 것에 관심이 많았다. 보들레르는 댄디였는데 댄디는 이 세계에 불시착한 자들, 현실과 불화하는 자들이다. "댄디즘은 데카당스 시대의 영웅주의가 최후로 분출한 것이다. 댄디즘은 지는 태양이다. 댄디즘은 쇠하는 별처럼, 찬란하나 열기가 없고 멜랑콜리로 가득하다."* 보들레르는 무위의 낙오자이고, 미와 사치를 좇으며 멋 부리기에 여념이 없었다. 정신의 귀족 계급이고, 숭고한 이상에 제 생 전체를 봉헌할 준비가 된 자라는 점에서 댄디였다. 금치산자 선고를 받고 그 저주에 몸부림을 쳤는데, 그의 시와 산문은 그 고투의 흔적을 드러낸다. 이 세계 바깥이라면 어디로든! 이 외침은 위선과 뻔뻔한 악으로 가득 찬 이 세계를 견디는 일의 끔찍함을 드러낸다. 시인은 이 세계에서 끊임없이 달아난다. 이 넝마 같은 세계에서 달아나기, 그중 하나가 인공낙원을 건설하는 일이다. 해시시나 알코올을 매개로 향락에 빠지는 것! 보들레르의 시「포

---

* 샤를 보들레르,『화장예찬』, 도윤정 옮김, 평사리, 2014

도주의 혼」은 술이 도취와 망각으로 이끄는 도피처임을 노래한다.

어느 밤, 포도주의 혼이 병 속에서 노래한다.
사람아, 오 불우한 자여, 유리의 감옥 속에,
진홍의 밀랍 속에 갇혀서, 내 그대 향해
목청 높여 부르노라, 빛과 우정이 넘치는 노래를!

나는 알고 있나니, 내게 생명을 주고 영혼을 주려면,
저 불타는 언덕배기에서 얼마나 많은 고통과
땀과 찌는 듯한 태양이 있어야 하는가를,
그러나 나는 헛되거나 해롭지 않으리,

노동에 지친 한 사내의 목구멍 속으로
떨어져 내릴 때면 내 기쁨 한량없기에
그의 뜨거운 가슴속은 정다운 무덤이 되어
내 싸늘한 지하실보다 한결 아늑하기에.

그대 들리는가 주일날 저 우렁찬 후렴들이
내 설레는 가슴속에서 희망이 수런대는 소리가?
두 팔꿈치 탁자 위에 고이고 소매를 걷어붙여라,
그리고 나를 찬양하라 그러면 마음 흐뭇하리라.

나는 기뻐하는 그대 아내의 눈동자 빛나게 하고,
그대 아들에게는 힘과 혈색을 돌려주고
인생의 그 가녀린 투사를 위하여 나는 투사의
근육을 다져주는 기름이 되리라.

내 그대 가슴속으로 떨어져, 신들의 양식으로서,
영원한 파종자가 뿌린 진귀한 씨앗이 되리라,
우리의 사랑에서 시가 태어나
진귀한 꽃처럼 신을 향해 피어오르도록!

—샤를 보들레르, 「포도주의 혼」*

　　보들레르에게 포도주는 주류 중 하나가 아니라 번뇌에
서 도피하여 황홀경에 드는 해시시 같은 마약의 일종이다.
시인은 술의 생리학을 꿰뚫어보고 "술은 인간의 목구멍을
통해 제 공훈을 노래하고/여러 혜택 베풀며 진짜 임금처럼
군림하네."라고 노래한다. 술자리는 왁자지껄한 가운데 장
엄한 미사처럼 펼쳐지는 축제와 같다. 포도주의 혼에 빙의
되어서 부른 사랑의 시와 우정의 노래는 어떤가? 포도주는
유리 감옥과 진홍의 밀랍에 갇힌 영혼, 이것은 생명을 주고,

---

* 　샤를 보들레르, 장 뤽 엔그니, 『포도주 예찬』, 임희근 옮김, 21세기북
스, 2005

영혼을 고양시키는 것! 포도주는 쓸쓸한 자들의 혼을 만취에 밀어 넣고 피안의 눈부신 기슭을 헤매게 한다. 술은 하찮은 인류를 구원하는 "신들의 양식"이다. 이것을 들이킨 자들은 저 멀리서 다가오는 희망이 수런대는 소리에 귀를 기울이며 금빛 기쁨에 취해 우정의 노래를 부르리라. 나는 스콧 피츠제럴드가 했다는 "맨 정신으로 쓴 소설들은 시시해"라는 말을 기억한다. 그 많은 작가들이 왜 그토록 술의 도취에 기대어 인생을 낭비했는지 이제야 그 이유를 알 것 같다. 술에서 멀어졌지만 젊은 날의 신명 넘치던 술자리와, 술에 취한 채로 목청을 높여 부르던 빛과 우정이 넘치는 노래를, 그 순간 가슴에 벅차오르던 덧없는 삶의 공훈마저 잊을 수는 없다.

누가 길고양이를 죽였는가

파주의 한 동네에서 길고양이 네 마리가 사체로 발견되면서 작은 소동이 일어났다. 길고양이를 돌보는 일에 앞장서던 이가 동물 학살 사건을 시청에 신고하고, 고양이 사체 부검을 의뢰했다. 그 결과 비열한 누군가가 고양이를 해코지한 증거들이 낱낱이 밝혀졌다. 동물 혐오자들은 그냥 길고양이가 싫다고 말한다. 한밤중 울부짖는 고양이 소리가 음산하고 싫다지만 이 혐오의 가장 큰 이유는 '이유 없음'이다. 그들은 이유 없이 동물을 미워하고 학대하고 죽인다!

길고양이 급식 사료에 독약을 넣어 살해하려는 시도는 드물지 않다. 왜 동물을 혐오하는가? 사람과 동물은 생명의 인다라망 속에서 중중무진으로 펼쳐지는 연기(緣起)의 세계에 산다. 사람과 동물 사이에 종의 경계는 분명하지만 그 지위는 생명 세계 안에서 동등하다. 동물 살해는 생명체에게 공감 능력이 제로인 사이코패스들의 잔혹 범죄와 닮았다. 이것은 무지와 생명 경시가 빚은 혐오 폭력이고, 인간과 동물 사이 힘의 불균형에 바탕을 둔 악랄한 공격일 뿐이다.

과연 동물은 사람보다 열등한가? 사람은 숭고함이나 윤리라는 걸 고안하고 그걸 행위의 규범과 원칙으로 삼는다. 도덕 감정이 없는 동물에겐 숭고함이나 윤리 감각이 깃들

여지는 없다. 사람은 본성을 넘어 윤리의 통제를 받으며 부단하게 자기 성찰을 하고, 세계와 경험 일반에 대한 숙고를 하는 존재다. 사람의 덕목들은 동물적 욕구를 넘어서서 제 삶을 돌아보는 생각함의 바탕에서 나온다. 이 돌아봄이 관조(contemplation)다. 사람은 관조를 통해 자신이 전체의 한 부분이고, 우리가 선한 의지를 지향하는 세계의 작은 중심이라는 사실을 깨닫는다. 사람은 관조를 하면서 제 안의 악의를 분별하고 덜어내며, 그 자리에 단단해진 도덕 감정을 세워 야만과 불의에 맞서며 그 너머로 나아간다.

동물이 즉물적 삶의 한계에 갇히는 건 사실이다. 포식자와 피식자로 나뉜 세계에서는 생존과 생식에 집중된 벌거벗은 본능만이 불거진다. 영롱한 소리로 노래를 하는 개똥지빠귀조차 제 새끼를 키우려고 먹잇감을 물어뜯고 후려쳐서 살해한다. 포식자들의 발톱과 부리가 피로 물드는 잔혹한 살육이 없이 자연 생태계의 질서가 유지될 수 있을까? 그건 불가능하다. 자연에서는 자비보다는 개체의 생존과 종족 보존을 위한 살육이 다반사로 일어난다. 동물 일반을 가리켜 하이데거는 '세계의 빈곤'이라고 말한다. 동물에게는 복잡한 언어 체계, 상징 조작, 죽음에 대한 선험, 더 나은 공동체에 대한 갈망, 자아실현의 의지 따위는 존재하지 않는다. 동물은 욕망의 덩어리로 고립된 채 살다가 죽음의 자각도 없이 사라진다. 반면 인간은 생각과 행위 사이에 상호연관된 복잡한 프로세스를 통해 행동에 나서고 제 삶을 빚는다.

또한 죽음에 대해 사유하고, 상상력에 기대어 신화와 온갖 서사를 지어내며, 폭력과 야만에 맞서는 윤리의식을 고양한다.

얼마전 파양된 고양이를 입양했다. 고양이는 우리보다 일찍 깨어나 새벽에 밥을 내놓으라고 야옹거리고, 낮엔 느긋하게 누워 가르랑거리며, 심심할 땐 사냥놀이를 하자고 보챈다. 대부분의 시간을 제 털을 핥고, 입 벌려 하품을 하고, 긴 잠에 빠져 꿈을 꾸고, 기지개를 켜며 보내는 고양이는 지독한 이기주의자 같아 보인다. 하지만 고양이만큼 사람과 감정 교류가 가능한 동물은 드물다. 고양이 집사로 사는 동안 내가 베푼 것보다 고양이가 준 위안과 행복이 훨씬 컸음을 고백하지 않을 수 없다.

인류 문화에서 동물을 인간화하는 관습은 오래되었다. 이것은 사람이 고안한 상징체계 안에 동물을 불러들여 어떤 표상을 덧씌우는 문화적 전통으로 이어졌다. 우리는 동물의 생물학적 특성을 인간 종의 보편적 특성과 견주고, 동물의 습성을 타자의 사악함과 의심스러운 자질을 투영해 상징화하는데, 이는 동물이 우리 존재를 비춰주는 거울과 같은 존재인 탓이다. 속류 상징학에서 비둘기는 평화를, 개는 충직함을, 고양이는 불운을, 여우는 교활함을, 돼지는 무절제한 욕망을 표상한다. 동물에게 씌운 상징들은 동물의 내적 특성과는 상관없이 단지 우리의 통념에 꿰맞춰 조작된 이미지일 뿐이다.

　인류의 무의식적 상징체계에서 고양이는 불운, 악, 마법 같은 나쁜 이미지를 뒤집어쓴다. 누가 선량한 고양이에게 악의 프레임을 씌운 것일까? 고양이는 사랑스러운 동물이다. 니체는 "별들이 깔린 카펫 위를 걸어가는 달"이라 하고, 파블루 네루다는 "밤의 야경꾼"이라고 표현하며, 장 그르니에는 "짐승들의 세계는 온갖 침묵들과 도약들"로 이루어진다고 썼다. 새침하지만 애교와 무심함, 사냥과 향락, 부드러움과 잔혹함, 고요와 소란 같이 상호 충돌하는 성정을 품은 고양이의 사랑스러움과 불가사의함이 혼재된 매력에 빠진 예술가들은 흔하다. 헤밍웨이도, 보르헤스도, 도리스 레싱도, 피카소도, 앤디 워홀도 다 고양이를 사랑했다. 이들 예술가들은 종의 경계를 넘어 고양이와 우정을 나누었다. 그리고 고양이에게서 받은 영감을 헛되이 흘려보내지 않고 작품에 그 흔적을 남겼다.

　동물의 얼굴에는 희로애락의 표정이 나타난다. 표정은 곧 감정의 결과물이다. 고양이나 개도 공포와 불안을, 슬픔과 고통을 느낀다. 우리와 닮았으면서도 다른 동물의 철학적 정체성을 세계의 가난, 침묵에 속박된 우리의 가련한 형제들, 인류의 고독을 채워주는 반려 소임에서 찾을 수도 있겠다. 신화와 역사는 사람과 동물이 상호 필요에 부응하면서 인간의 주거 공간에 들어와 공존을 이어왔다고 말한다. 사람은 동물에게서 노동력과 고기와 가죽을 얻는 대신에 동물에게 생존의 기반이 되는 먹이를 주고, 은신처와 잠자리를 주었다. 사람과 동물 양쪽에게 생물학적 생존에 보탬이 되는 거래였으니, 이 거래는 나쁘지 않았다. 동물과 인간은 기후변화와 나쁜 날씨를 견디며 미래를 향해 나아가야 할 동반자다. 과거에도 그랬고, 현재에도 그렇고, 미래에도 그럴 것이다.

음악을 아는 것은 우주를 아는 것

내 영혼을 지금 이 모양으로 빚은 것은 무엇일까? 내 존재 어딘가에는 이방인 기질이 숨어 있다. 나는 주류가 아니고, 아무 데도 소속되지 않은 채 변방을 떠돌았다. 내 심연에 있는 정체성은 여럿이다. 내 안에 품은 사람이 여럿이라는 뜻이다. 나는 아웃사이더, 추방 경험이 없는 추방자, 이쪽도 저쪽도 아닌 '사이'의 존재, 문턱에 걸쳐 있는 자 따위를 내 정체성으로 수납하며 살았다. 세상은 처음부터 내게 호락호락하지 않았으니 나는 자주 법, 권위, 관습에 맞서고, 세계를 지탱하는 위계질서와 서걱거리는 관계로 살아왔다. 나의 내면, 피의 기질과 본성, 그리고 시대, 부모, 제도 따위와 같은 사회적 환경이 나를 흠결 많은 영혼으로 빚었을 테다. 나라는 감성 인간이 탄생하는 데 한몫 거든 것은 문학의 압도적 영향과 음악의 호혜도 빠트릴 수는 없다.

제도교육의 궤도에서 일탈한 17세까지 대중가요나 팝송을 듣지 않았다. 심심할 때면 가곡을 불렀다. 스무 살이 되자 사는 건 버거운 투쟁 그 이상도 이하도 아니었다. 내 영혼은 기댈 데가 없었다. 구멍 난 바지에 낡은 구두를 신고 알프스 산맥을 넘은 랭보처럼 나는 '오, 홈 없는 영혼이 어디 있으랴!'라고 울부짖지는 않았다. 우연히 고전음악에 귀를 기울이며 로시니의 〈윌리엄 텔의 서곡〉, 주페의 〈경기병 서곡〉, 차이콥스키의 〈1812년 서곡〉, 무소륵스키의 〈전람회장의 그림〉 같은 표제 음악을 즐겨 듣던 스무 살 무렵은 내 고전음악 편력의 시작이다. 서울 시내의 음악감상실에서 종일 음악을 듣는 게 유일한 보람이고 기쁨이었다. 음악을 듣기보다는 음악이 내 안에 차올랐다는 표현이 더 맞을지도 모른다. 광화문의 '르네상스', 충무로의 '필하모니'와 '티롤', 명동의 '전원', 명동성당 맞은편의 '크로이체' 등을 문턱이 닳도록 드나들었는데, 지금은 다 사라지고 내 기억에나 남아 있는 추억의 장소들이다.

절망에 빠져 있을 때 음악은 다른 무엇과 견줄 수 없는 위로를 준다. 음악, 이 숭고한 것! 마흔 해도 더 전에 읽어 기억이 가물가물한데, 스물여섯 살이란 젊은 나이에 세상을 떠난 독일 작가 볼프강 보르헤르트의 소설이었을 것이다. 한 청년이 징집되어 전쟁터로 나가는데, 어느 집에서 흘러나오는 모차르트 음악을 듣고 감동한다. 청년은 그 곡 전부를 듣는다면 자기의 생 10년을 떼어 주어도 좋겠다고 생각한다. 전쟁터로 나서는 청년이 죽음을 넘어서서 음악에서 생에의 낙관과 찬란함을 보며 행복한 몽상에 사로잡히는 그 찰나에 공감했다. 나는 그 병사와 같이 음악에 빠져 음악에 구애를 하며 내 어두운 청춘시절을 통과한다. 고전음악에 심취해서 아직은 세상이 살 만하다고 느꼈던 게 분명하다. 음악은 대가를 치르지 않고 얻은 보람이고 구원이며, 적

어도 서른세 살까지는 살아도 좋은 명분을 주었다고 생각한
것이다.

　나를 음악으로 이끈 사람은 없었는데, 그것은 내 안의 불
안인지도 모른다. 인류는 동굴에서 짐승들의 울부짖는 소리
에 생존의 위협을 느끼며 불안에 떨었던 조상의 후손이 아
닌가! 청각은 불안과 공포 속에 깨어 있는 유일한 신체 기관
이다. 어둠 속에서 나오는 음산한 소리들은 불안을 자극하
고, 불안할수록 청각은 더 예민하게 반응한다. 그런 경험이
누적되는 가운데 불안은 인류 선사시대부터 전해진 무의식
의 유전 형질로 굳어졌을 테다. 이 불안에 칭얼거리는 어린
인류를 잠재우려고 어른들이 발명해낸 것이 자장가다. 그
자장가를 통해 인류는 음악의 놀라운 효용을 발견하게 되
었을지도 모른다.

　음악은 소리의 원형질로 빚은 우주적 질서이고, 심연의
궁극이며, 고요의 파동으로 영혼을 깨우는 직관적 선지식이
다. 아울러 무상(無償)의 기쁨이며, 불안을 위한 처방전이다.
'건반 위의 철학자'라는 명성을 얻은 러셀 셔먼은 『피아노
이야기』에서 "피아노 연주는 놀라움과 즐거움으로 가득 찬
긴 모험이다."＊라고 쓴다. 선사시대 인간은 밤마다 짐승들

＊　러셀 셔먼, 『피아노 이야기』, 김용주 옮김, 이레, 2004, 83쪽.

이 이동하며 내는 소리, 공허하게 으르렁거리는 소리에 불
안에 떨었다. 그 소리들은 날카롭고 공포를 자아내는 불협
화음인데 반해 음악의 소리는 우리의 불안을 달래고 마음
에 평온을 가져다준다.

음악은 인생의 누추함에 대한 보상이다. 삶이 급류처럼
위험할 때조차 음악의 친구가 될 수 있다. 교향곡을 들으며
처음으로 다른 빛깔의 소리를 내는 악기들을 분별했을 때
정말 기뻤다. 나는 음악의 수맥 속에서 피아노의 트릴을 듣
고, 바이올린의 피치카토를 짚어냈다. 음악이라는 나무들이
내 안에서 자라는 동안 나는 청각을 두드리는 소음에서조
차 음악을 찾아 듣는 영재, 음악의 총아, 일등 수혜자로 성장
한다. 나는 이런 문장을 썼다. "괴테는 '건축은 얼어붙은 음
악'이라고 했다. 바꾸어 말하자면 음악은 흐르는 건축이다.
음악은 마음이 복잡해서 숨고 싶을 때 숨어 있기 좋은 섬이
다. 악기에서 울려 나오는 소리들은 한결같이 침묵의 세례
를 받은 것들이다. 음악은 내 속귀의 달팽이관 속에 소리가
아니라 침묵으로 차오른다."* 음악을 안다는 것은 우주를
안다는 것이다. 오, 숨어 있기 좋은 방이여, 내 달팽이 관 속
에 차오르는 기쁨의 소리들이여.

세상에 불시착해서 모욕과 불명예의 구덩이에서 나뒹

---

* 장석주, 『도마뱀은 꼬리에 덧칠할 물감을 어디에서 구할까』, 서랍의
날씨, 2014

굴 때 음악의 기쁨을 알게 된 것은 잘한 일이다. 아직 젊었던 어느 날 한밤중 청명한 연주가 들려왔다. 이웃집 라디오에서 흘러나온 곡이다. 그 곡이 어찌나 슬프고 아름답던지! 베개에 머리를 대고 귀를 기울이다가 눈물로 속절없이 베개를 적셨다. 비탈리의 '샤콘느' G단조였다. 막스 브루흐의 〈콜 니드라이〉를 들었을 때도 온몸에 같은 감흥과 전율이 왔다. 음악이 궁극적 도덕학이나 고결한 영혼의 교과서라고 할 수는 없지만 나는 음악이 불안과 고통을 경감시키는 묘약이라고 믿는다. 두 발이 진흙탕에 있을 때조차 고개를 들어 바라볼 수 있는 하늘의 별이 그렇듯이 음악은 숭고한 그 무엇이다. 오늘 오후엔 빨아서 깨끗해진 셔츠를 입고 바흐의 '무반주 첼로 모음곡'을 듣겠다.

고독은 당신이 잘 살고 있다는 증거다

저 혼자 어두운 운동장에서 혼자 캐치볼을 하는 소년은 외로운 기색이 역력하다. 운동장 저 멀리 공을 던지고, 포물선을 그리며 떨어진 공을 좇아 달리는 소년은 그 행동을 지치지도 않고 반복한다. 캐치볼은 둘이 공을 주고받는 놀이다. 둘이 할 놀이를 혼자 한다면 그것은 소년에겐 아버지나 형이 없기 때문일 것이다. 소년의 아버지는 일찍 죽었거나 외국에 체류하고 있을지도 모른다. 어쨌든 아버지의 부재가 소년에게 고독이란 심연과 마주치는 경험의 계기가 되고, 영혼의 성장을 위한 내적 자양분이 되었을지도 모른다.

사람들은 고독과 외로움을 혼동한다. 외로움이 밀도가 얕은 고독이라면 고독은 순도가 높은 외로움이다. 둘은 닮았지만 그 양상과 깊이에서 다르다. 외로움은 감정의 충일감을 주는 대상의 부재에서 비롯한다. 누구나 혼자 있을 때 외로움을 느낀다. 외로움의 원인은 비교적 또렷하다. 외로움의 바탕은 혼자 있음의 피로에서 비롯한 정신의 공회전과 소모를 낳는 무력감이다. 외로움은 침잠하는 기분, 고립에 따른 정신이 오그라드는 현상이다.

존재하는 것은 모두 고독하다. 산정의 고독, 물의 고독,

돌의 고독, 나무의 고독, 바다의 고독, 술의 고독, 개와 고양이의 고독, 먼 곳의 고독…… 사람마다 고독을 받아들이는 정도가 다를 뿐이다. 삶을 더 사랑할수록, 창조적인 일을 할수록 고독해진다. 작가나 화가, 음악가에게 고독은 낯선 감정이 아니다. 예술은 고독 속에서 빚어지기 때문이다. 또한 고독과 침묵은 짝패인데 창조에 몰두하는 순간 예술가는 제 주변의 소음을 차단하고 침묵 모드로 바꾼다. 어쩌면 고독이란 침묵의 소리에 귀를 기울이는 것인지도 모른다.

작가는 한밤중 고독과 마주한다. 글을 쓰기 위해 주변과 거리를 두어야 하기 때문이다. 글쓰기는 철저하게 혼자만의 작업이다. 고독과 마주하지 않고는 글쓰기는 불가능하다. 프랑스의 소설가 마르그리트 뒤라스는 주로 집에서 글을 썼는데 집 안에는 사람은 물론이고, 새나 고양이 한 마리도 없었다. 글을 쓸 때 그는 늘 혼자였다. 책을 쓰려면 사람들과 분리되어야 하고, 고독에 머물러야 한다는 믿음을 가진 그에게 고독은 글쓰기의 동기이자 시작점이었다. 뒤라스만 아니라 다른 작가들 역시 집 안에 혼자 덩그러니 앉아서 자신의 고독과 마주한 채 글을 쓰는 일은 드물지 않다.

왜 작가들은 글을 쓸 때 혼자여야만 할까? 그것은 방해를 받지 않거나 이전과 다른 글을 쓰기 위한 조건이다. "글쓰기의 고독은 그것 없이는 글이 만들어지지 않는, 혹은 더 써야 할 것을 찾느라 피 흘리며 부스러지고 마는 그런 것이다." * 뒤라스는 두 개의 고독을 날개처럼 펼치고 날았다. 저

자의 고독, 글의 고독. 고독이란 응축된 정념이고, 창조의 전제 조건이며, 집중된 가능성이다. 작가란 고독과의 싸움에서 살아 돌아온 자다. 고독의 홀로코스트에서 돌아온 생존자들! 그들은 고독을 통해 초월과 초극의 계기를 찾는다. 뒤라스의 경우가 그렇듯이 고독은 누구도 함부로 넘나들 수 없는 작가의 고유한 영토다. 고독에서 창조의 힘이 길러지고, 고독에서 빚은 것만이 삶과 세계에 대한 통찰의 찬란한 깊이를 머금을 수 있다. 그런 전제 하에서 고독은 존재의 싹, 창조의 동력, 에피파니, 그리고 존재의 최종 역량이다.

고독은 내면에의 침잠과 숙고를 독려하는 시간이 빚은 홀연한 창조의 조건이다. 그것은 혼자 있음 속에서 겪는 존재의 충일함이고, 관조적 휴식이 깃드는 계기이며, 정금 같이 빛나는 시간이다. 프랑스의 작곡가 에릭 사티 음악의 정조와 감흥은 그 음악에 깃든 고독에서 연유한다. 은둔형 외톨이로 고독이라는 의상을 걸치고 살았던 사티의 음악을 들을 때마다 고독이 고통이 없는 위리안치(圍籬安置)이고, 자기 안의 고요한 거주함이라는 걸 느낀다. 일찍 어머니를 여의고 고독을 내면화하며 까탈스런 청소년기를 보낸 사티는 13세 때 파리음악원에 입학하지만 게으름과 학업 태만 등

---

* 마르그리트 뒤라스, 『마르그리트 뒤라스의 글』, 윤진 옮김, 민음사

의 이유로 퇴학당한다. 나중에 파리 몽마르트르의 카바레 '흑묘(黑猫)'에서 피아노 연주로 밥벌이를 하며 파리의 퇴락한 아파트에서 독신으로 살았다.

펠트 모자를 쓴 채 염소수염을 기르고 코안경을 걸친 그의 외관은 누가 봐도 우스꽝스럽기 짝이 없다. 괴상한 차림과 거침없고 익살스러운 행동은 동료들의 분노를 샀다. 사티의 뒤에서 동료들은 그가 사기꾼이라고 수군거렸다. 술에 취해 몽마르트 거리를 활보하는 사티는 당대의 반항아, 이단자다. 그는 '미천한 우리의 여인'이라고 명명한 제 아파트에 누구도 들인 적이 없이 은둔한 채로 가난과 고독을 벗삼고 살았다. "나는 너무 낡은 시대에 너무 젊게 이 세상에 왔다."고 말한 사티의 음악은 오직 고독으로 빚어진 것이다. 고독의 광휘는 창조의 찰나에 빛난다. 바로 그래서 예술가들은 고독을 선호하고 스스로 고독에의 체류를 선택한다. 누구보다도 고독이 창조의 질료로 변환된다는 것을 잘 아는 까닭이다. 파리 변두리의 한 아파트에서 독신으로 산 사티의 〈짐노페디〉는 고독의 선율을 고스란히 담아낸 음악이다.

고독은 불현듯 찾아오는데, 이것은 보다 특별한 정신의 계기에 찾아드는 실존의 각성이다. 고독 속에서 정신은 번쩍 하고 깨어난다. 외로움이 흔한 현상이라면 고독은 내면이 강한 자가 누리는 특권이라고 할 것이다. 오늘날 생산과 성과만을 강요하는 세속의 바쁜 생활에는 외로움은 차고 넘칠지언정 고독이 틈입할 계기는 없다. 누구도 고독을 갈망하지 않고, 고독에 대한 숙고를 하지 않는 것은 그것이 불필요한 것, 잉여, 사치에 지나지 않는다고 생각하기 때문이다. 하찮고 공허한 홀로 있음에 지나지 않는 고독은 돌봄이 없는 방임이고, 구원의 불가능성이다. 자기 고립으로써 내면의 사막화를 초래하고, 생명을 갉아먹는다는 점에서 고독은 존재에의 침식이고, 메마른 죽음을 일으키는 질병이다. 현대인은 요양병원에서 고독이라는 병균의 침윤 속에서 노후를 맞고 시름시름 앓다가 죽음에 이른다. 온갖 매체에서 쏟아내는 소음의 기총소사를 받고 살해당하는 오늘날의 고독은 쓸모없고 무가치한 것 그 이상도 이하도 아니다.

보통 사람은 고독에서 황급하게 도망치기 일쑤인데, 그것은 고독의 중력에 영혼이 짓눌리지 않으려고 하는 까닭이다. 가난과 고독으로 얼룩진 형극의 삶을 꾸린 예술가들은 차라리 불행과 고독을 지복의 조건으로 바꾼다. 고독의 지복이라니! 고독은 예술의 창조와 생산의 동력으로 전환되는 내적 에너지다. 창조의 역량과 고독의 역량은 비례하는 듯하다. 예술가는 제 앞의 불행과 고독을 회피하지 않는다. 뒤라스나 사티가 그랬듯이, 제 눈을 찔러 애꾸눈이 되기를 마다하지 않은 화가 최북이나 "범인(凡人)엔 침을, 바보엔 존경을, 천재엔 감사를."라고 외치며 목숨을 끊은 조각가 권진규가 그랬듯이, 고흐나 랭보가 그랬듯이. 그들은 자기만의 고독을 발명하려고 애썼다. 그들은 도리어 불행과 고독이 없이 잘 먹고 잘 사는 것을 수치로 여겼다. 그것은 불행과 고독을 주요 성분으로 머금지 않은 예술은 생에 대한 감미로운 통찰이나 의미 있는 깊이를 갖기 힘들다는 걸 깨달았기 때문이다.

불행에서 벗어나는 방법

올여름(2022년)엔 하늘이 찢긴 듯 한꺼번에 쏟아지는 폭우로 도처에서 물난리가 났다. 반지하 주택이 삽시간에 물에 잠겨 사람이 죽고, 범람하는 물과 함께 사람이 맨홀 구멍으로 사라지고, 많은 수재민들이 발생했다. 수해로 가족을 잃거나 삶의 터전을 잃은 이들에게는 두 번 겪고 싶지 않은 악몽이었을 것이다. 수해 현장은 참혹했다. 그 참혹함을 뒤로 하고 여름은 끝나간다. 매미울음 소리는 쇠약해지고, 밤 풀벌레 소리는 한껏 높아진다. 매미는 성체로 고작 2주일 남짓 살고, 풀벌레들의 수명도 석 달을 넘지 않을 테다. 곤충이나 사람에게 닥치는 죽음을 막을 방법은 없다. 죽음이란 생체 안에서 대대적인 무질서가 번지는 상황이다. 모든 생은 저 무질서에로 끌려들어갈 운명인 것이다.

여름의 땡볕을 빨아들여 까맣게 익은 캠벨포도 한 송이를 먹거나 두텁게 썬 민어회 몇 점을 입에 넣고 그 식감과 풍미를 음미하는 동안 여름의 소동은 지나갔다. 최저주의 낙원에 불시착한 이들은 죽은 듯 미동도 하지 않는 도롱뇽처럼 웅크리고 재난을 견뎌냈을 테다. 과연 이 고온다습한 여름을 견디게 한 것은 무엇이었을까? 생에의 본능, 우리 안의 갈망들, 어둠을 견디면 머리 위로 별이 뜨리라는 가느다란 희망들, 여름이 끝나고 가을이 오리라는 설렘 같은 것이 아닐까? 인간이 무적의 존재는 아니지만 가난, 병고, 재난이나 권태 따위는 너끈히 이겨낼 만한 내구력을 갖고 있음은 분명하다. 우리는 너그러운 후견인 하나 없는 생을 외롭게 버티며 계절의 순환을 살아내는 것이다.

나는 눅눅한 습기에 젖은 채로 프랑시스 퐁주의 시집 『사물의 편』을 읽었다. 식물은 잎으로 광합성을 하고, 뿌리로 무기염류를 채집한다. 제 원형질을 생산하며 저만의 식생으로 군집을 이루는 식물은 우리가 갖지 못한 여러 덕목들을 품고 있다. 저마다 고립되어 개체로 불행을 감당하는 식물은 한 자리에 뿌리를 박고 붙박이로 살아가는 동안 자신에게서 멀리 달아날 수 없다. 식물은 제 안을 동물의 부재로 채우며 달아날 수 없음이라는 절망을 체화한다. 나무는 그 내밀한 삶을 열어 보인 적이 없다. 시인의 통찰에 따르면 식물의 본질적 자질은 그 자리를 떠날 수 없음, 즉 부동에 있다고 말한다. "양분이 되는 원천이 주변에 넘쳐나고, 온갖 거주지와 끼니 걱정으로부터 해방된 존재에게만 허락된 것이 있으니, '부동'이다."* 부동은 식물에게 구속이 아니라 해방의 다른 이름이다. 나는 무엇에 홀린 듯 『사물의 편』에 나오는 한

---

* 프랑시스 퐁주, 『사물의 편』, 최성웅 옮김, 읻다, 2022

구절 "나무를 방법 삼아서는 나무로부터 벗어나지 못한다."를 되새김질 한다. 그 문장을 변주하는 놀이를 하며 무더위와 그것이 불러오는 지루함과 싸웠다. 부처를 방법 삼아서는 부처로부터 벗어나지 못한다라거나 등등.

그러니까 "불행을 방법 삼아서는 불행에서 벗어나지 못한다."는 문장의 기원은 바로 시인 프랑시스 퐁주다. 불행을 방법 삼는 사람은 불행한 사람이다. 불행은 존재의 가능성을 무너뜨리고 뭉갠다. 이상하게도 불행의 그림자만을 밟는 사람은 늘 자신의 태어남을 문제 삼는다. 불행의 원인이 태어남에 있다는 믿음이 그들의 뇌 속에서 깊이 뿌리를 내리는 모양이다. 태어남에 대한 반감을 가진 사람을 비관론자라고 할 수 있다. 에밀 시오랑은 "태어나지 않았다는 것, 그것을 꿈꾼다는 것만으로도, 얼마나 큰 행복이며, 자유이며, 공간인가!"*라고 말한다. 사람의 태어남이 필연의 운명이라면 태어나지 않음을 가정하는 사유는 패러독스이고 형용모순이다. 노스탤지어를 부정하고 그것에서 도망칠 때 인간의 불행은 속수무책으로 깊어진다. 그 불행은 주체 내면에서 정화 작용을 하고, 인격을 고양시키는 슬픔을 배제한 건조한 불행이다. 또한 불행의 누적에서 빚어지는 염세주의는 우리를 살게 하는 동력인 갈망을 부정한다.

---

* 에밀 시오랑, 『태어났음의 불편함』, 김정란 옮김, 현암사, 2020

　　우리는 세월이 흐른 뒤 수해로 얼룩진 지난여름을 까마득히 잊고 심지어는 그리움에 사로잡힐지도 모른다. 기억은 세월이 흐를수록 빈곤해지며 동시에 풍요로워진다. 노스탤지어는 기억을 윤색하는 가운데 그때의 사람들, 슬픔과 기쁨의 찰나를 소환한다. 그것은 이미 돌이킬 수 없는 불가능의 시간이고, 돌아갈 수 없는 장소다. 노스탤지어는 단순히 과거의 부재에서 작동하는 정동이 아니라 손에 거머쥐지 못하는 것에 대한 애매모호한 슬픔이고 그리움을 넘어서는 그 무엇이다. 마치 맹인이 눈동자가 아니라 눈꺼풀로 점자책을 읽듯이 우리는 손으로 부재의 기원을 더듬는다. 노스탤지어는 "대상 없는 슬픔, 갈망을 만들어내는 슬픔"이고 "욕망에 대한 욕망"이다.＊ 수잔 스튜어트는 노스탤지어의 바탕이 슬픔이라고 말한다. 노스탤지어가 가리키는 최종 목적지가 에덴동산 같은 유토피아라면 그곳으로 돌아가는 길이 막힌 자의 슬픔, 갈망은 있으나 그 갈망하는 대상의 자리가 비어 있음을 확인한 자의 슬픔이다. 유토피아는 우리 안에 편재하는 태초의 세계, 상상계가 자아낸 꿈, 영원한 부재의 초월성의 자리다.

　　미래의 과잉이 현재를 과거로 밀어낸다. 과거는 늘 현재

＊　수잔 스튜어트, 『갈망에 대하여』, 박경선 옮김, 산처럼, 2016

의 일로써 문제를 끌고 들어온다. 이때 현재란 미래의 과잉으로 그 빛을 잃으며 현재에 흩어진 것은 과거의 껍데기뿐이다. 현재가 과거에 연루되었다는 점에서 과거 소환은 그 정당성을 얻는다. 과거는 결핍으로 저 스스로를 재생산해낸다. 이를테면 과거사 진실규명 위원회가 문제 삼는 것은 늘 현재의 시점으로 소환된 과거의 잔해들이다. 2005년 12월 활동을 시작한 1기 진실화해위원회는 5년간 8500여 사건의 진상을 캐내고 과거 판결을 바로 잡거나 국가를 상대로 한 손해배상 소송에서 위자료를 받아낸다. 과거사정리법에 근거해 반민주·반인권 행위의 사례들과 폭력·학살·의문사 사건 등을 일일이 캐서 잘못된 것을 바로잡고 은폐된 진실을 드러낸 것은 실은 '과거 규명'을 바탕으로 '미래'의 진실과 그 방향성을 짚어낸 것이리라.

　누구나 과거와 미래 사이에서 가면 뒤에 숨은 채로 살아간다. 타자들 앞에서 우리는 삶을 연기한다. 삶이라는 무한한 총체성을 연기로써 받아내는 것이다. 누군가는 착한 사람을, 누군가는 대인의 풍모를, 누군가는 타인을 환대하는 관대한 주인을, 누군가는 비극의 주인공을 연기한다. 연기하는 것은 우리 안의 자아다. 이 변덕스런 자아의 기분과 판단에 따라 각자의 배역에 최선을 다한다. 나는 늘 읽고 쓰는 자를, 노스텔지어에 빠진 자를 연기한다. 연기하며 산다는 것은 타자에게서 타자성을 훔치며 그 욕망을 흉내 내는 일이다. 다시 말해 우리는 자기의 삶을 산다면서 타자의 욕망을 흉내 내는 것이다.

올여름 재난을 겪었거나 그럭저럭 잘 견뎌낸 이들은 곧 서늘한 가을의 기운 속에서 생에의 의지를 북돋으리라. 여름은 끝났다. 이제는 우리 안의 갈망을 소비주의 욕망이 아니라 존재 생성의 에너지로 바꾸고, 우리 안에서 타오르는 노스탤지어를 존재의 진정성을 획득하는 계기로 전환할 때다. 안녕, 여름아! 우리의 전별을 받고 떠나는 이 계절은 다시 오지 않겠지만 해가 바뀌면 여름은 미래-과거로 돌아가서 또 다시 우리에게로 회귀할 것이다.

서울은 즐거운 지옥이다

영화 〈포레스트 검프〉를 다시 봤다. 또래에 견줘 영특하지 못한 지능을 가진 소년이 꿈을 좇아 달리는 이야기다. 배우 톰 행크스의 연기는 사실적 풍부함으로 생생하고, "인생은 초콜릿 상자와 같다."는 명대사는 오래도록 빛난다. 또래에게 따돌림을 당하지만 어머니와 첫사랑 소녀를 향한 사랑으로 난관을 넘는 포레스트 검프에게는 영악한 사람들에겐 없는 단순한 명석함과 품격이 있다. 달리는 재능 하나로 미식축구 선수가 되어 성공을 거두고, 베트남전에 참전해서 곤경에 빠진 동료를 구해낸 수훈을 세워 무공훈장을 받는 포레스트 검프. 하지만 첫사랑 제니와는 자꾸 어긋나고, 후원자인 어머니는 병으로 죽어 혼자 떠돈다. 그렇건만 편견과 차별에 꺾이지 않고 난바다 같은 세상에서 제 뜻을 펼쳐 나간다. 〈포레스트 검프〉의 장면들이 불현듯 나를 1960년대로 데려간다.

　1960년대 서울 인구는 300만을 넘어선다. 작가 이호철은 과밀 인구와 대도시의 세태 변화를 풍자하는 장편소설 『서울은 만원이다』를 내놓는다. 시골에서 상경한 나는 백명이 넘는 초등학생들을 한 교실에 우겨놓고, 그마저도 오전 오후반으로 나눠 수업하는 서울의 과밀 학급에 숨이 막힐 지경이었다. 1960년대는 우리에게 어떤 기억으로 남아 있는가? 《선데이서울》, 통기타와 생맥주, 주말 교외선마다 넘치던 젊은이들과 통기타와 노랫소리, 가을이면 열리던 문학의 밤들, 처음 발급된 주민등록증, 흑백TV의 대한늬우스, 프로레슬링, 혼분식 장려운동, 동백림 간첩사건, '증산 수출 건설' 같은 생산 독려 표어들, 여배우 문희와 남정임이 나온 달력들, 엄앵란과 신성일의 멜로 영화들, 박노식과 장동휘가 휘젓던 액션 영화들, 김희갑과 구봉서와 배삼룡 같은 전설적인 희극인들, 소화제 활명수, 국민교육헌장, 재건데이트, 겨울엔 연탄가게, 여름엔 얼음가게로 철을 바꿔 겸업을 하던 동네 가게, 새끼줄에 꿰어 낱개로 팔리던 연탄, 봉지쌀. 그리고 중절모를 쓰고 나와 노래를 하던 배호가 있었다.

인구 1천만 명이 넘는 메가 시티에 산다는 것은 어떤 느낌일까? "거의 모든 도시 거주자는 매일같이 음성들이 만들어내는 복잡한 합창에 참여한다. 거의 낯선 자, 완전히 낯선 자들 사이에서 가끔 아리아를 부를 때도 있겠지만 주로 합창에, 부르고 답하는 노래에 가담하여 사소한 언어적 응대를 주고받는다."[*] 어느 시대에나 상처받은 짐승이 제 상처를 핥듯 제 불우함에 속울음을 울며 외로움을 곱씹는 젊은이들은 제 정서를 대변할 가수를 찾는다. 1960년대의 젊은

이들이 호명한 가수는 배호였다. "비에 젖어 한숨짓는 외로운 사나이가/서글피 찾아왔다 울고 가는 삼각지"(〈돌아가는 삼각지〉, 1966), "막막한 이 한밤을 술에 타서 마시며/ 흘러간 세월 속을 헐벗고 간다"(〈황금의 눈〉, 1968), "사나이 가슴속에 비만 내린다"(〈비 내리는 명동〉, 1970) 같은 노래에 깔린 정서는 저 반세기 전 서울의 화사함과 풍요를 거머쥔 상류층이 아니라 농촌에서 올라와 향수에 허덕이며 뒷골목을 배회하는 자의 정처 없음과 막막함이었다.

배호의 두꺼운 중저음의 노래가 울려 퍼지던 서울에는 사기꾼, 야바위꾼, 소매치기, 좀도둑들이 들끓었으니, 시골 사람들은 이런 서울을 두고 '눈 감으면 코 베어가는' 세상이라고 경원시했다. 돌이켜보면 그런 서울에도 포레스트 검프 같이 제 재능을 갈고 닦는 착한 의지를 가진 사람들도 꽤 많았을 것이다. 달동네, 낮은 처마의 집들, 미로 같은 골목길이 있던 시절, 저마다 가난한 살림을 꾸리던 이웃 사이에 인정이 살아 있었다. 그들은 사랑하고, 마시고, 미소 짓는 것을 고민하지 않았다. 가난했을지언정 이웃의 것을 탐내지 않고 (혹은 탐내더라도 그걸 티나게 드러내지 않았다), 이웃이 이룬 성공을 시기하지도 않았다(왜 질투와 시기심이 없었을까? 그것을 지그시 눌렀을 뿐이다). 속절없이 가수 배호는 단명했다. 배호의 노래를 들으며 나이를 먹는 동안 서울시장이 몇 번이나 바뀌고 달동네가 사라지고 고층아파트 대단지가 들어선다. 골목들이 사라지고 그 골목안 착한 사람들, 언젠가 기쁨의 날 찾아오리, 하는 희망으로 삶을 잇던 이들은 어디론가 다 흩어졌다. 가난의 남루 속에서 어린 자식들을 거두던 어머니 아버지도 돌아가시고, 우리 다섯 남매도 다 뿔뿔이 흩어져 산다. 이제 남은 것은 다들 야무지고 똑똑한 사람들 뿐 착하고 어리숙한 사람은 찾아보기 어렵다.

물자는 풍부해졌지만 세상은 각박해지고 사는 건 팍팍해졌다. 악인들이 득세하고, 착한 사람들은 주저앉았다. 사악한 사건들이 더 자주 일어난다. 그중 하나가 2020년 10월, 생후 16개월 된 여자아이가 서울 양천구에서 양부모의 학대로 숨진 사건이다. 정인이는 심장이 멎은 채로 병원으로 이송된 후 사망하는데, 국립과학수사원은 사인을 '외력에 의한 복부손상'으로 발표한다. 외부 충격으로 팔꿈치와 갈비뼈가 부러지고, 췌장이 끊어지고, 후두부와 쇄골, 대퇴골 등이 부러진 채 숨졌다. 자기방어의 능력이 없는 어린아이를 학대로 죽음에 이르게 한 사건은 인간의 잔혹성을 드러내는 회대의 살인사건이다. 자신들이 얼마나 사악한지를 모르는 그들은 '괴물' 그 자체였다. 괴물들이 날뛰는 세상에서 산다는 게 끔찍했다.

우리의 소망이란 그리 거창하지 않다. 아침에 우짖는 새 소리를 들으며 사과 한 알을 먹는 것, 봄엔 뱀들이 동면에서 깨어나고 모란과 작약이 피어나기를 기다리는 것, 나무로 빽빽한 숲을 향해 한참 동안 서 있는 것, 밋밋한 저녁 모차르

트의 음악에 빠지는 것, 올빼미가 울부짖는 겨울밤을 식구
와 보내는 것, 여름에 수박과 복숭아를 먹는 것, 늦여름 장미
꽃을 보는 것, 눈 덮인 숲속에서 가만히 서서 나뭇가지 위의
눈이 떨어지는 소리에 귀 기울이는 것, 거짓과 사악한 악인
들이 쇠락하고, 착한 사람이 제 일에서 성공을 하고 보람을
누리는 것, 사소한 것들에 주어진 기쁨을 누리는 것 따위다.

인간의 불행은 자연을 거스르는 삶의 방식에서 비롯되
었을지도 모른다. 한 통계 수치는 백열등이 발명된 뒤 인류
평균 수면시간이 한 시간이나 줄었다고 일러준다. 더 일하
고 더 물건들을 사들이고 더 큰 집에 살아도 기쁨과 보람이
커지지는 않는 것은 수단은 진보했으나 현실은 한 뼘도 더
나아지지 못한 탓이다. 겨울밤에 잠자리에 누우며 길을 떠
도는 갈색 고양이를 잊지 마라. 벌이가 시원치 않고, 누추한
집에 산다고, 삶이 밋밋하다고 상처받지 마라. 우리가 영원
아래 잠시 서 있다 떠나는 존재임을 잊지 마라. 더 행복해지
고 싶다면, '고마워, 나의 운명아!'하고 제 평범한 삶을 끌어
안아라. 나날의 일들에 성실하고 작은 성공에 기뻐하며 웃
어라. 웃고 노래하고 춤추라! 행복해서 노래하고 춤추는 게
아니라 노래하고 춤추니까 행복해지는 것이다.

행복한 나라를 위한 지도는 없다

인간은 늘 크고 작은 불행에 휘둘리며 산다. 국민행복지수가 낮은 나라에서 불행에 치여 죽지 않은 게 천만다행일지도 모른다. 나를 불행하게 만든 것은 가난과 억압적인 공교육이었다. 가난은 불편과 굴욕과 불평등을 낳으며, 의지와 열망을 꺾는다. 고등학교까지 병영화를 시도하던 독재 정권 시절, 학교마다 폭력 교사들이 버티고 있었다. 학교는 무자비한 폭력이 난무하는 현장이었다. 내 능력치가 현실을 감당하기에 턱없이 모자라서 나는 불행에 더 자주 감염되었다.

한 경제신문에 격주로 기고하는 칼럼 '영감과 섬광'에 금주는 무엇을 다루냐고 물어봐서 행복에 대해 쓴다고 하니, 당신은 웃었다. 그 웃음은 무슨 의미였을까? 늘 권태에 짓눌린 주제에 행복에 대해 무엇을 쓴단 말인가! 그런 비웃음이었을까? 행복에 대해 말하려면 먼저 행복이 무엇인가를 물어야 한다. 원을 하나 그리고, 원 안을 행복이라 하고, 그 바깥을 불행이라고 하자. 불행은 행복 아닌 것의 총합이다. 그렇다고 불행을 뺀 남은 게 다 행복이라고 단정 지을 수는 없다. 과연 원이 행복이라면 당신은 그 안을 무엇으로 채우고 싶은가? 인류는 행복이라는 작은 구명보트를 타고 불행의 바다를 항해한다. 인류의 일원인 나 역시 시간과 열정을 바

쳐 행복이라는 구명보트를 힘차게 저어 불행의 바다를 건
너려고 했다.

　행복은 어떤 지복 상태다. 돈과 물질에 쪼들리지 않고,
생명과 신체의 안전이 지속되리라는 믿음을 갖고, 타인과의
관계에서 환대받고, 삶이 의미 있다고 확신을 갖는 것, 이것
이 행복의 조건이리라. 행복은 복권 당첨 같이 실재로 존재
하기보다는 추상이고, 말로 말해질 수 없는 그 무엇이다. 행
복은 감정이고 느낌이다. 그런 까닭에 행복은 조건의 문제
가 아니라 그걸 온전히 느끼고 향유할 줄 아는 능력의 문제
다. 그것은 의미로 가득 찬 시간, 우리를 기쁨의 충만으로 이
끄는 벅찬 경험이다.

　행복은 몸의 통점처럼 일률적이지 않은데 그것은 주관
적인 경험이기 때문이다. 사람마다 행복을 경험하는 포인트
는 다르다. 나는 영적인 깊이, 내적 고요함, 오랜 우정, 계절
의 신선한 느낌… 같은 것들에서 행복 지수의 밀도가 높아
진다. 이를테면 여행지에서 한가롭게 베토벤의 피아노 소나
타 23번 〈열정〉을 들으며 읽은 바슐라르의 책들이 나를 행
복하게 한다.

　가난의 고통 속에서 이러지도 저러지도 못한 채 음악에
만 기대어 기쁨을 구하던 20대 초반의 일이다. 어느 추운 겨
울날, 골목을 지나는데 차이콥스키의 피아노 협주곡 제1번
2악장이 들려왔다. 청년은 발걸음을 멈추고 어느 집 벽에

몸을 기댄 채로 남은 부분을 들었다. 연주가 끝났을 때 희열이 차오르며 전율을 느꼈다. 그 찰나 누구도 나를 불행하다고 말할 수는 없으리라. '아, 나는 이 순간 죽어도 좋겠네'라고 생각했다.

출판사 사장을 할 때 필화사건에 연루되어 두 달 동안 수형 생활을 했다.(살다보면 뜻밖의 경험도 하는 법이다) 늦가을 오후, 가을비는 추적추적 내리는데 맞은편 사동에서 노랫소리가 들려왔다. 한 청년이 창살을 붙잡고 노래를 불렀다. "푸른 물결 춤추고 갈매기 떼 넘나들던 곳/내 고향집 오막살이가 황혼빛에 물들어 간다/어머님은 된장국 끓여 밥상 위에 올려놓고/고기 잡는 아버지를 밤새워 기다리신다/그리워라 그리워라 푸른 물결 춤추는 그곳/아 저 멀리서 어머님이 나를 부른다."(「어부의 노래」, 이형탁 작사 작곡, 1980) 알고보니 사형수들이 애창한다고 해서 한때 교도소에서 금지곡이 되었다고 한다. 구슬픈 노랫소리가 사동과 사동 사이의 공간에 울려 퍼져나갔는데, 어느 대목에서 코끝이 시큰해졌다. 우울함에 희망 한 스푼을 넣고 저었더니, 내 안에서 들끓던 노여움과 분노가 사라지고 기분이 좋아졌다.

한때 미국은 물질적 풍요와 정치적 자유를 맘껏 누리며 사는 듯이 보였다. 다들 지구상에서 가장 부유한 나라를 부러워했다. 한국에서 미국 이민 붐이 크게 일었다. 미국에 가면 행복해질 거라는 환상이 퍼졌지만 '아메리칸 드림'이 신기루라는 게 곧 드러났다. 《뉴욕타임스》 기자를 지내고 작가로 활동하는 에릭 와이너는 "행복에 대해 생각하고, 걱정하고, 계획을 짜고, 행복하지 않음을 탄식하고, 행복을 추구하는 데서 미국은 단연코 초강대국이다."라고 말한다.* 여러 지표를 보면 지금 미국인의 행복지수는 다른 나라와 견줘 크게 높지는 않은 듯 보인다.

세계의 극빈 국가 중 하나로 꼽히는 부탄 국민들은 스스로 행복하다고 여긴다고 한다. 군인보다 승려가 많고, 범죄율은 낮으며, 금연국가이고, 마리화나를 돼지 먹이로 주는 사람들의 나라, 마리화나를 먹은 돼지는 자꾸 배가 고파져서 나날이 뚱뚱해지는 나라가 부탄이다. 마리화나를 먹이며 돼지가 뚱뚱해지기를 기다리는 사람들이라니! 도로망은 부실하고, 산업도 발달하지 않은 부탄이 행복지수가 높은 나라라는 게 우리를 어리둥절하게 한다. 행복은 우리가 생각하는 그게 아닐지도 모른다.

어딘가에 행복한 나라가 있다. 그 행복한 나라를 안내하는 지도가 있다면 다들 그걸 손에 넣으려고 하지 않을까? 하지만 그런 지도가 있을 리는 없다. 인류는 행복한 장소를 상상하는 걸 멈추지 않았다. 사는 게 고단할수록 그 열망은 커졌을 테다. 허균은 『홍길동전』에서 괴로움을 벗어나 바다

---

* 에릭 와이너, 『행복의 지도』, 김승욱 옮김, 어크로스, 2021

저편에 율도국이라는 이상국가를 세우는 달콤한 상상을 펼쳤다. 『홍길동전』은 '낙원 신화'를 바탕으로 하는 소설이다. 어딘가에 행복한 땅이 있을 거라는 상상이 에덴동산, 무릉도원, 유토피아, 엘도라도, 샹그릴라를 빚어냈을 테다.

인간의 불행은 왜 끝이 없을까? 소득 수준이 높아지고, 더 좋은 자동차를 탄다고 행복지수가 향상되는 것 같지는 않다. 오히려 불행하다고 말하는 사람들이 더 늘어난 데는 행복 감수성이 낮아진 탓이다. 부디 행복 감수성을 키우시라. 기대치를 낮추고 욕망을 덜어내면 작은 것에서 행복을 느낄 수 있다. 내가 금생에서 티베트 라마승의 12번째 현신이 될 수 없다는 사실은 분명해졌다. 나와 마주친 당신이 내게 미소를 보여준다면 내 불행은 묽어진다. 당신이 행복하다면 나도 행복해질 수 있다. 무엇을 하든, 어떤 처지든 오늘보다 내일이 더 행복한 사람이 되자. 조금이라도 더 행복해지려면 유머 감각을 키우고, 작은 것에서 의미와 보람을 찾으며, 남과 더불어 기쁨과 보람을 만드는 일에 열정을 불태워야 할 것이다.

고양이, 우리에게 온 기적

너는 어디에서 여기로 왔는가? 너는 틈날 때마다 먹고 오래 자며, 깨어 있을 땐 달리고 도약한다. 너는 달리고, 달리고, 또 달린다. 거실을 가로질러 질주하는 네 모습에 우리는 감탄한다. 너의 질주 본능은 네가 사냥꾼의 후예라는 걸 보여준다. 너는 여기에 나타나고 곧 저기에도 나타난다. 너는 호기심으로 주변 사물을 탐색하고, 모든 사물에게 말을 거는 듯하다. 문명 저 너머에서 온 너의 몸통이나 두개골은 아주 작고 사랑스럽다. 우리는 그 작은 두개골로 네가 무슨 생각을 하는지 알지 못한다. 다만 작은 너의 몸통을 안으면 따뜻한 체온과 함께 갈비뼈 아래에서 뛰는 심장 박동을 느낄 뿐이다. 너는 작은 만큼 그 몸통에서 내보내는 분뇨의 양도 소량이다. 너는 네 몸이 내놓은 분뇨를 꼼꼼하게 모래로 덮어 냄새가 퍼지지 않게 처리한다.

네가 오기 전 우리는 파양된 새끼 고양이 한 마리를 입양했다. 우리는 고양이 육아 경험을 쌓은 뒤 새로 아기 고양이를 입양하기로 했다. 충남 예산에서 구조된 길고양이가 낳은 아기 고양이 다섯 마리 중 하나다. 아기 고양이 입양처를 구한다는 소식을 듣고 너를 만나러 갔다. 우리에게 입양된 너는 생후 두 달된 아기고양이다. 본디 외래 종인데 한국에 터 잡고 대를 잇는 동안 토종화되면서 코리안 쇼트헤어라는 이름을 얻은 종의 후손이다. 겨우 몸무게 일 킬로그램을 갓 넘긴 네 몸통을 감싼 짧은 털에 두드러진 무늬는 고등어를 닮았다. 너는 우리 집에 온 두 번째 기적이다.

종일 관찰해보니 너의 활동량은 경이롭다. 너는 노동에 노예처럼 묶인 인간과는 다르다. 인간은 노동과 수고의 지속을 통해서만 무언가를 이루며 자기 성과를 드러낸다. 그 노동은 땀을 흘려야 하는 고역이고, 노동에 따른 수고는 즐거움을 배제한다. 그 노동이 존재의 생기를 소진시키는 탓에 인간은 자주 피로하다고 부르짖는다. 너는 활발하게 움직이되 그 움직임으로 네 존재를 드러낸다. 너는 뇌 중추에서 일어나는 본능의 찰나를 즉각 바깥으로 표출한다. 인간의 생각함은 뇌 중추에 갇힌 운동성이다. 즉 생각이 외부 운동을 내면화한 것이라면 너의 움직임은 곧 너의 본능을 외부화한 것이다. 본능을 곧바로 운동 에너지로 전환하는 뛰어난 능력 때문에 너는 피로나 고갈을 모른다. 너는 수고의 무거움을 찢고 곧 바로 솟구친다. 너는 자유이고 생명의 환희, 빛과 음악, 기쁨으로 빚은 존재 그 자체다.

불안이나 회의는 단 한 순간도 너를 사로잡을 수가 없다. 너는 놀이와 운동으로 빚은 신성한 긍정의 정수이고, 욕망으로 퇴행하는 대신 늘 새로운 생성으로 나아간다. 오늘의 너는 어제와 달리 새롭다. 어제라는 껍질을 벗고 새로운 존재의 옷을 입기 때문이다. 너는 존재의 최고 높은 단계의 양태를 아무렇지도 않게 드러낸다. 철학자 니체는 어린아이를 가리켜 최상위의 존재라고 말한다. 어린아이가 왜 최상위 존재가 되는 것일까? "어린아이는 순진무구함이며 망각이고, 새로운 시작, 놀이, 스스로 도는 수레바퀴, 최초의 움직임이며 신성한 긍정"*이기 때문이다. 아기 고양이는 어린아이와 같은 성분으로 빚어졌다. 아기 고양이는 그 자체로 새로운 시작, 놀이, 스스로 도는 수레바퀴다. 거기에는 한 점의 위선이나 의혹이 없다.

고양이를 반려동물로 삼은 이들을 집사라고 부른다. 인간 집사는 고양이를 소유하는 대신 고양이의 필요에 열심히 부응하며 그걸 그 수고를 보람으로 삼는다. 반려동물은 인간의 외로움을 달래주고 친밀감을 쌓으며 가족의 아류라는 직위를 얻는다. 야생 고양이는 인간에게 잠자리와 먹이를 얻고 그 대신에 자유와 대자연이라는 영역을 잃는다. 고양이 진화 연대표에 따르면 고양이는 4천 년 전 이집트 가정에서 기르기 시작했다고 한다. 2천 100년 전 이집트는 고양이 반출을 막았지만 인도, 그리스, 극동 지역으로 흘러나

---

* 프리드리히 니체, 『차라투스트라는 이렇게 말했다』, 정동호 옮김, 책세상, 2015

갔고, 500년 뒤 로마 제국이 번창과 함께 세계 전역으로 퍼졌다. 오늘날 고양이는 지구의 모든 대륙에서 흔하게 발견되는 종이고, 인류 다음으로 지구 생태계에 큰 성공을 거둔 생물 종이다. 우리와 사는 고양이 안에 길들지 않은 또 다른 고양이가 있다. 고양이 안에 숨은 또 다른 고양이, 그건 바로 야생고양이다. 이 야생고양이는 예기치 않은 순간 아주 낯선 방식으로 돌연 그 모습을 드러내 우리를 놀라게 한다.

누군가는 짐승의 세계가 "침묵과 도약"*으로 이루어져 있다고 지적한다. 고양이가 도약하는 존재라는 건 맞지만 침묵이 의미 있는 음성신호가 부재한다는 뜻이라면 이 말은 부분적으로 그릇된 정보를 담고 있다. 고양이는 자주 울거나 야옹 소리를 내며 종종 만족감에 겨운 상태에서 가르릉댄다. 고양이가 내는 소리는 100가지가 넘는다고 한다. 알고 보면 고양이는 대단한 수다쟁이다. 너 역시 늘 무언가를 소리 내어 말하는데, 인간 집사가 그 말을 주의깊이 듣거나 알아듣지 못할 뿐이다. 창밖 나무에 새들이 날아와 지저귈 때 고양이는 집요하게 새들을 응시하며 흥분해서 미친 듯이 빠른 소리를 낸다. 칫칫칫칫칫. 그 소리를 가만히 들어보면 짹짹거리는 새소리와 닮았다. 이걸 채터링(chattering)이라고 한다. 두 살 난 고양이가 창밖 나무에 와서 노니는 새들

---

* 장 그르니에, 『섬』, 김화영 옮김, 민음사, 2020

을 홀린 듯 바라보며 처음으로 채터링을 했을 때 우리는 놀랍고 신기해서 한참을 지켜보았다.

은유를 빌어 말하자면 태어남은 벼락 같이 피어나는 장미다. 인간은 표면 없는 심연으로 귀 두 개를 달고 태어난다. 하지만 내 안엔 장미의 평안이 없다. 오래 전에 출생했는데도 불구하고 아직 나는 여기에 도착하지 않는다. 동물은 태어남이 유예된 채로 여기에 도착한 몸들이다. 동물은 말이 없는 몸들, 침묵으로 굳어진 덩어리다. 그렇다고 동물을 인간보다 열등한 형제라고 말해서는 안 된다. 고양이를 관찰해 본 사람이라면 동물은 그 자체로 완벽하다는 걸 인정하지 않을 수 없다. 고양이는 대체로 평화스럽고, 다정하며, 행복해 보인다. 너는 단순함에 충직한 태도를 일관되게 따름으로써 우리를 부끄럽게 한다. 인간의 불행이란 많은 경우 복잡함에서 비롯한다. 악마는 우리에게 '복잡하게, 더 복잡하게 살아라!'라고 속삭인다. 법을 자주 바꿔 복잡하게 꾸리고, 새로운 금융시스템이나 도구에 구현된 기술적 복잡함 등을 항상 의심하고 경계하라. 복잡함은 삶이나 기술을 쉽게 진부함으로 물들이고, 타인을 교묘한 방식으로 배제시키며, 그것을 처음 고안한 자에게 잇속을 몰아주는 수단으로 변질되기 쉽다. 우리는 불행을 피할 기술이 없어서가 아니라 너무 많은 불행을 피할 기술로 인해 갈팡질팡하고, 무언가를 하지 않음 때문이 아니라 너무 많은 것을 하려는 욕

망의 과잉으로 불행의 덫에 빠진다. 건강 정보의 홍수 속에
서 허우적이다가 병에 드는 것과 같은 이치다. 삶에서 써먹
을 수 있는 다양한 정신적 기술들을 갖고 있지만 그게 다 무
슨 소용인가! 우리 안에 사는 욕망이라는 짐승이 인간의 착
함과 영리함을 집어삼킨다. 좋은 삶을 망치는 것은 우리 안
의 탐욕과 분노, 이기주의, 그리고 추악한 욕망의 형해(形骸)
들이다. 항상 심플한 게 더 좋다. 좋은 삶을 살려면, 부디 우
리 안의 욕망을 덜어내고, 복잡한 인생을 다운사이징하시라.

도무지 알 수 없는 일들 중 하나

석양에 물든 구름이 떠 있고, 거리의 플라타너스 나무의 너른 잎은 바람에 서걱거린다. 여름 저녁의 공기는 미지근하고, 종일 햇볕이 달군 땅은 뜨겁다. 나는 모색이 짙어지는 길모퉁이에서 서 있다. 모색은 낮과 밤 사이 해가 사라지고 다가오는 하얀 어둠이다. 너는 버스를 타고 온다. 내가 버스정류장에서 심장을 두근대며 기다린 것은 너의 얼굴, 너의 웃음, 너의 목소리다. 네가 버스에서 내릴 때 기다림의 순간이 끝난다. 너라는 현존이 내 앞에 나타날 때 나는 기쁘면서도 놀란다.

기다림은 사랑이 짊어지는 숙명이다. 시대를 막론하고 모든 사랑하는 자들은 늘 기다렸다. 덜 기다리는 자가 덜 사랑한다고 말할 수는 없지만 더 많이 기다리는 자가 더 많이 사랑한다는 것은 분명하다. 기다림은 사랑을 숙성시키고, 그 결속을 더 단단하게 다진다. 그런데 전자문명 시대는 이 기다림의 의미를 탈색시킨다. 기다림은 연인 사이에 불가피하게 생기는 물리적 거리에서 발생한다. 하지만 두 사람이 언제 어디에 있든지 실시간으로 연결하고 접속할 수 있는 인터넷과 휴대폰이 나오면서 그 거리를 지워버린다.

나는 당신을 사랑해. 그걸 의심할 수 있을까. 사랑은 외로움의 유일한 대안이라는데, 과연 그럴까? 타자를 통해 내 외로움을 해소하려는 행위는 자주 실패한다. 누군가는 사랑할수록 더 외로워진다고 말한다. 양희은은 〈사랑, 그 쓸쓸함에 대하여〉에서 "도무지 알 수 없는 한 가지/사람을 사랑하게 되는 일"*이라고 노래한다. 사랑은 잘 알 수 없는 일들 중 하나다. 사랑이란 그 윤곽과 형체가 불분명한 스캔들이고, 부풀린 의혹이며, 실체가 없는 판타지다. 알 수 없는 일이라고 해도 그것이 인류의 발명품 중 최고라는 사실은 바뀌지 않는다.

사랑은 우리 안의 살아 있다는 기척이고, 사로잡힘이며, 자기모순에 빠지는 사태다. 아울러 해방이자 구속, 에로스의 날갯짓, 헌신과 열정으로 포장된 욕망의 몸짓이다. 사랑이 심심함에 대한 모반이고, 불멸에의 욕망이 일으킨 불꽃이라면 그 핵심은 에로스다. 이것은 육체의 헐떡이는 갈망이며 숭고성의 승리에 대한 염원이다. 사랑은 그 자체의 동력으로 할 수 없음을 넘어선다. 믿기 어렵겠지만 사랑은 종종 재난이고 위험한 투자다. 사랑이 뜻밖에도 실존의 위기를 불러온다는 사실이 그 증거다. 누군가를 죽도록 사랑하겠다는 결의를 다진 자는 실제로 죽기도 쉽다.

---

* 〈사랑, 그 쓸쓸함에 대하여〉(이병우 작곡, 양희은 작사, 1991)

사랑은 식물 같이 자라서 무성해진다. 물과 햇빛을 주며 돌보지 않으면 식물은 시들시들 하다가 죽는다. 식물을 돌보듯이 사랑도 돌봐야 한다. 식물이나 사랑은 메마름을 견디지 못한다. 사랑을 키우는 것은 증여와 환대다. 사랑은 당신을 조건 없이 받아들이고 품는 일이고, 나를 당신에게 선물로 내어줌이다. 연인들은 애틋함, 관용, 포용력 같은 상징 자본을 베풀거나, 반지나 향수, 꽃이나 현금 같은 실물을 증여한다. 사랑이 깨지면 이 거래도 끝난다. 사랑의 종말 뒤에는 거래를 청산하는 절차가 따른다. 서로 준 것을 돌려주고 돌려받는 행위는 이것의 파산에 따른 절차다. 하지만 함께 보낸 시간의 소중함을 정산하는 일은 불가능하다.

사랑의 정념에는 중립이 없다. 사랑하거나 사랑하지 않음만이 있을 따름이다. 사랑은 과열 상태의 이상지속이고, 그 상태에서 감정 자본을 과소비하게 만든다. 사랑의 누추함과 지저분함을 휘발시키고 비현실적인 아름다움으로 포장하는 낭만적 사랑을 다룬 서사는 대중에게 늘 인기가 있다. 낭만적 사랑을 그린 영화들 〈사랑과 영혼〉, 〈프리티 우먼〉, 〈노팅힐〉, 〈뉴욕의 가을〉, 〈러브 어페어〉 등에 대중은 열광한다. 영원한 사랑은 낭만적 사랑의 신화가 제조해 퍼뜨린 관념이다. 절대 깨지지 않는 사랑, 죽음조차 갈라놓을 수 없는 사랑! 그런 사랑은 불가능하다. 사랑은 늘 어긋나고 깨지며, 연인들은 사소한 이유로 등 돌리고 제 길을 간다. 어느 영화의 주인공이 '사랑이 어떻게 변해요?'라고 순진한 얼굴로 묻는 장면이 기억난다. 진실을 말하자면, 사랑은 변하고, 변할 수밖에 없다. 나를 죽을 만큼 사랑한다던 당신은 왜 변할까?

당신을 사랑해, 이 말의 함의는 사랑의 지속에 대한 맹세다. 현재에도 사랑하고, 미래에도 사랑하겠다는 다짐이며 약속이다. 이 맹세, 이 약속은 자주 깨진다. 사랑은 타자를 내 안에 들이는 일. 타자를 들일 자리를 내려고 자기를 추방한다. 자기 추방은 나의 시간과 삶, 내 몫의 자유, 권리 따위를 포기하는 일이다. 이것은 타자를 나보다 먼저 환대하는 행위로써 완성된다. 타자를 환대하는 방식 중에서 가장 아름다운 사랑으로 인류는 지구 행성에서 번성하며 승승장구했지만 그렇다고 사랑이 불멸이라고 오해해서는 안 된다. 우리 삶의 시간이 유한자산임으로 사랑은 한 시절의 불꽃으로 타오르고 끝난다.

감정을 끓어 넘치고 춤추게 하는 사랑이 끝나면 변화무쌍한 감정은 아무 자취도 없이 사라진다. 사랑이 시작과 동시에 끝을 향해 내달린다. 결국 사랑은 어느 지점에서 끝난다. 이게 사랑의 진실이지만 이 진실은 숨겨진다. 사회학자 니클라스 루만은 사랑의 "과도함에는 자기 제한이 없으며, 따라서 충동, 욕망, 요구에도 제한이 없다."*라고 말한다. 과몰입에서 촉발된 사랑은 과몰입으로 종말에 이른다. 도를 넘은 열정은 사랑의 촉매제인 동시에 파국의 원흉이다.

어느 날 당신은 등을 보이고 떠난다. 이 사태는 '갑자기' 일어난 게 아니다. 파탄의 계기가 되돌릴 수 없을 만큼 진행되었음에도 당사자가 사랑의 관성에 잠긴 탓에 미처 인지하지 못했을 뿐이다. 사랑이 끝난 직후 현실은 엉망진창으로 엉켜버린다. 사랑이 지핀 예외적인 활기는 사라지고 우리는 다시 공허하고 밋밋한 일상으로 떠밀려간다. 일상이 택배상자처럼 도착하고, 똑같은 출근, 업무, 회식이 되풀이하며, 월화수목금토일은 메마른 리듬을 반복한다.

우리가 사랑에 목마른 것은 이것이 메울 수 없는 존재의 결핍인 까닭이다. 당신은 "다시 또 누군가를 만나서 사랑을 할 수 있을까?"를 묻는다. 사랑이 끝나면 회한과 후회가 앙금처럼 우리 내부에 가라앉는다. 사랑의 자본을 아낌없이 쓰지 못한 채 끝난 사랑은 더 큰 상처와 후회를 남긴다. 사랑하라, 더 많이 사랑하라. 그래야만 정말 사랑했다 말할 수 있다.

＊　니클라스 루만, 『열정으로서의 사랑』, 권기돈, 조형준, 정성훈 옮김, 새물결, 2009

아버지 노릇하기의 고단함

외할머니 아래서 외삼촌들 속에 끼어 자랐다. 오랫동안 만나지 못한 부모의 얼굴을 떠올리지 못했다. 젊은 부부는 낯선 고장에서 새로운 삶을 개척하느라 바빴다. 경기도 북부의 소도시에 있다고 했는데, 나는 그곳이 어딘지 알지 못했다. 아버지는 미군부대에서 용원으로 채용된 목수였다. 만이를 떼어 놓고 삶을 개척하는 젊은 가장의 수고와 고단함을 다 안다고 말할 수는 없다.

영유아기 때 아버지와의 접촉 기억이 거의 없다. 너무 어린 시절이어서 기억이 나지 않는 것이다. 아버지를 떠올리면 엷은 슬픔과 고통을 느낀다. 어쨌든 아버지의 자애를 경험하지 못한 채 성장한 것은 내 불운이다. 아마도 아버지의 사랑과 따뜻한 훈육을 충분히 받고 자랐다면 나는 더 나은 사람이 되었을 것이다.

아버지 노릇하기란 무엇인가, 라는 화두에 사로잡혔던 데는 그런 곡절이 있었다. 아버지에게 자식은 자신에게서 쫓겨져 나온 또 다른 자기다. 아버지는 자식에게 제 유전 형질을 물려주고 아들은 본능으로 아버지를 닮고자 노력한다. 육아에서 배제된 아버지가 자식의 성장에 끼치는 영향은 제한적이라고 알려져 왔다. 하지만 최근에는 아버지는 자식

의 지능, 사회성, 언어능력에 많은 영향을 끼친다는 게 정설
로 받아들여지는 추세다.

아버지가 제 자식에게 애정을 쏟고 돌보는 현상은 그리
낯설지 않다. 하지만 포유류 전체에서 보면 포유류 수컷 중
에서 제 자식을 돌보는 것은 불과 5퍼센트 정도라고 한다.
포유류의 95퍼센트에게 아버지의 돌봄 현상은 당연한 일이
아니라는 뜻이다. 아버지의 자식 돌봄은 자식의 사회경제적
성공을 위한 일종의 투자다. 아버지의 부재는 분명 자식의
신체나 인지 측면에서의 발달과 성장에 영향을 미칠 것이
다. 아버지와 떨어져 산다는 것은 그만큼 아버지의 돌봄 투
자가 줄어들 가능성이 높아진다.

모든 남성이 다 아버지가 되는 것은 아니다. 임신 가능한
이성 배우자와 결혼을 하고, 그 배우자가 출산을 하면서 아
버지가 된다. 물론 사회적 입양을 통해 아버지가 되는 경우
도 없지 않다. 아버지가 된다는 것은 자식 돌봄의 의무를 기
꺼이 지는 일이고, 자식의 사회성과 도덕성에 방향과 지침
을 주는 존재로 살겠다는 말없는 다짐이다. 아버지는 자식
이 따라야 할 깃대, 이상적인 모델, 자기만의 영웅이다.

전통사회에서 아버지 노릇의 가장 큰 부분은 가족을 굶
기지 않기 위한 식량 조달이다. 아버지는 가족의 기초 생계
를 해결할 능력을 갖춰야 한다. 가족들의 심신을 돌보고, 헐
벗지 않게 하며, 지붕 아래에서 잠을 재우는 일이야말로 아

버지 노릇의 고갱이다. 좋은 아버지는 자식과 감정적 소통
을 하고, 깊은 유대 관계를 맺어야 하며, 궁극적으로 자식의
생존 이익에 보탬이 되어야 한다. 아울러 자식에게 평생을
사랑하고, 마시고, 미소 짓는 법을 가르쳐야 한다.

내 아버지는 40대라는 나이에 일손을 놓고 물러나 허송
세월했다. 직업 없이 빈둥거리며 지내는 동안 아버지는 무
기력했다. 아버지의 관계는 그다지 매끄럽지는 않았다. 아
버지는 내 인생에서 기피해야 할 부정적 표상이었다. 난 아
버지처럼 살지 않을 거야! 나는 늘 반항하는 아들이고, 아버
지는 내심 그런 아들을 거두는 일을 버거워했을 것 같다. 나
와 아버지는 데면데면 했고, 나는 또 나대로 방황을 하며 성
장통을 겪었다.

세월이 지난 뒤에야 깨닫는 게 있다. 아버지를 이해하는
일도 그 중의 하나다. 아버지가 돌아가신 뒤 스무 해가 지났
다. 아, 아버지! 엷은 슬픔 속에서 탄식하듯이 아버지를 불
러보고 싶다. 세상의 아버지들에게 아버지 노릇하기란 얼마
나 고단한 일일까! 해방과 전쟁을 겪으며 혈혈단신으로 제
생의 길을 뚫어야 했을 아버지의 대한 연민은 너무 늦은 것
이었다.

사람은 제 등을 보지 못한다

어렸을 때는 자주 등짝을 얻어맞았다. 세세하게 기억하지 못하지만 내가 잘못을 저질렀던 탓이다. 어머니의 매운 손바닥이 등짝을 내리칠 때 정신이 번쩍 들곤 했다. 등짝을 때리던 어머니도 내 비행을 지켜보던 아버지도 다 세상을 떠나셨다. 부모와 함께 한 양명한 날들은 흘러갔다. 생각해보면 등은 애꿎게 천대받는 자리다. 등은 이별과 생의 고적함을 견디는 운명을 타고난다. 오늘 나는 쓸쓸함과 이야기로 붐비고, 날개를 펼친 계절들이 날아와 죽는 당신의 등을 바라본다.

우리는 주로 타인의 앞쪽을 주시하는데, 그것은 앞쪽에서 얼굴 표정, 손짓, 몸짓 같은 주체의 정보가 발신되기 때문이다. 뒤쪽은 늘 외면당하기 일쑤다. 견갑골과 등판, 허리와 엉덩이로 이어지는 뒷모습에서 가장 넓은 자리는 당연히 등의 몫이다. 등은 가슴과 배의 후면이고, 이 후면은 말과 몸짓들의 무덤이다. 손이 가닿지 못하는 한에서 등은 존재의 가장 먼 곳이다. 나는 뒷모습에서 슬픔을 체감하곤 했다. 등은 아무것도 은닉하지 않고 비밀을 다 누설한다. 은유적으로 말한다면 등은 식물의 영역, 달의 이면, 삭풍 부는 한대 지역이다.

　누구도 거울 따위의 도구 없이는 제 등을 보지 못한다. 등은 자기의 것이면서 안 보이는 것에 속한다. 우리가 기억하는 등은 대개는 타인의 것이다. 앞모습은 존재의 전면이어서 늘 당당하다. 등은 존재의 공백이자 슬픔의 여백이라 어딘지 서글프다. 등은 눈이나 콧날, 입술, 턱, 뺨과 이마 따위보다 주목을 덜 받는다. 우리가 생의 날들에서 거두는 공훈은 앞쪽이 다 가져간다. 하지만 오만한 얼굴 표정, 험담과 권모술수, 사악한 웃음, 비굴함 따위는 다 앞모습에서 일어나는 사태다.

　등이여, 서러워라! 떠난 자는 우리보다 먼저 저 너머 아름다운 세상에 가 있다. 등은 천상천하 유아독존하지 않는다. 등은 슬프지만 제 슬픔을 모르는 존재의 뒷면이고, 끝난 사랑의 무덤이다. 헤어져 돌아가는 자의 등에는 작별의 손들이 숨어 있다. 나는 등에 관한 시 한 편을 꼭 쓰고자 애타던 시절이 있었지만 한 구절도 쓰지 못했다. 내 영혼이 순정하지 못한 탓이라고 여겼다. 등이나 뒷모습에 관한 시를 찾다가 우연히 박규리 시인의 「치자꽃 설화」를 읽었다. 출가한 정인을 찾았지만 뜻을 못 이루고 산중 암자를 떠나는 여인의 슬픈 곡절을 고갱이로 삼은 설화를 담담하게 들려주는 시다.

　　사랑하는 사람을 달래 보내고

돌아서 돌계단을 오르는 스님 눈가에
설운 눈물방울 쓸쓸히 피는 것을
종탑 뒤에 몰래 숨어 보고야 말았습니다.

아무도 없는 법당 문 하나만 열어놓고
기도하는 소리가 빗물에 우는 듯 들렸습니다.

밀어내던 가슴은 못이 되어 오히려
제 가슴을 아프게 뚫는 것인지
목탁 소리만 저 홀로 바닥을 뒹굴다
끊어질 듯 이어지곤 하였습니다.

여자는 돌계단 밑 치자꽃 아래
한참을 앉았다 일어서더니
오늘따라 엷은 가랑비 듣는 소리와
짝을 찾는 쑥국새 울음소리 가득한 산길을
휘청이며 떠내려가는 것이었습니다.

나는 멀어지는 여자의 젖은 어깨를 보며
사랑하는 일이야말로
가장 어려운 일인 줄 알 것 같았습니다.

한 번도 그 누구를 사랑한 적 없어서

한 번도 사랑받지 못한 사람이야말로
가장 가난한 줄도 알 것 같았습니다.

떠난 사람보다 더 섧게만 보이는 잿빛 등도
저물도록 독경소리 그치지 않는 산중도 그만 싫어,
나는 괜시리 내가 버림받는 여자가 되어
버릴수록 더 깊어지는 산길에 하염없이 앉았습니다.

　　　　　　　　　　　　　　−박규리, 「치자꽃 설화」*

　속세와의 인연을 끊은 스님은 여인을 달래서 돌려보낸
다. 치자꽃 그늘 아래 앉았던 여인은 산길을 말없이 휘청이
며 내려간다. 이승에서 맺은 인연은 거기까지다. 헤어지는
자가 보이는 등은 이별의 최후통첩이다. 정인을 남기고 돌
아선 여자의 "젖은 어깨"와 여인을 떠나보낼 수밖에 없는
스님의 "잿빛 등"보다 더한 이별의 슬픔을 보여주는 것은
없다. 인연을 정리한 연인이 등을 돌리고 떠나는 장면은 애
닳다. 그 뒷모습에서 "사랑하는 일이야말로 가장 어려운 일
인 줄 알았다"는 깨침이 이 시의 전언일 테다.
　등에는 눈썹도 코도 입술도 없다. 그것은 혀가 잘린 입이

─────────────

*　박규리, 『이 환장할 봄날에』, 창비, 2004

고, 앙상한 관상수들만 서 있는 한겨울의 정원처럼 쓸쓸하다. 하건만 등은 수수께끼와 사촌간이고, 생의 슬픔을 혼자 짊어진 누이 같다. 우리 생애 동안 등의 비밀과 진실을 다 깨치기란 불가능한 일이다. 돌아보면 모든 연애는 쉽지 않았다. 나는 연애가 깨진 뒤 등을 보이며 떠난 이들을 기억한다. 등은 이별의 파국이 만드는 슬픔을 그대로 노출한다. 헤어지며 돌아선 자의 등은 이별의 슬픔을 먹고 자란다. 등의 슬픔은 사라지려 할 때만 존재하는 슬픔이다.

직립한 나무에겐 딱히 등이랄 게 없다. 앞뒤 분간이 없는 까닭이다. 낮과 밤이 그러하듯 척추동물에겐 앞과 뒤의 분별이 뚜렷하다. 멀리 보는 눈과 말하는 입이 있는 앞모습은 표정이 다양하지만 등은 거의 무표정하다. 등은 이별의 증언자, 피해자의 침묵, 계절의 끝, 더는 소리를 내지 못 하는 고악기다. 등의 존재감이 찰나를 드러나는 것은 헤어질 때다. 표정도 열광도 없는 침묵이 등의 전부이고, 또한 침묵은 등이 거머쥔 가시적인 진실의 전부일 테다.

등은 정직함이란 덕성으로 빛난다. 프랑스 작가 미셸 투르니에는 『뒷모습』에서 "모든 것이 다 정면에 나타나 있다. 그 이면은? 뒤쪽은? 등 뒤는? 등은 거짓말을 할 줄 모른다."*

---

* 미셸 투르니에, 『뒷모습』. 김화영 옮김, 현대문학

라고 썼다. 등은 진실 그 자체다. 애써 꾸민 가식이 없다. 자식을 위해 평생 자신을 희생한 아버지의 굽은 등이 그렇듯이 가식이 없는 것은 우리를 울린다. 단지 뒤쪽에 있다는 이유로 무시당하지만 이 세상에서 굽은 등보다 더 정직한 걸 찾기는 어려운 일이다. 등은 외롭고 진실한 탓에 잊힌 천사다. 등은 입맞춤도, 사랑도 갈구하지 않는다. 등은 늘 사랑의 파국을 숙명처럼 끌어안는다. 등이 늘 쓸쓸하고 애틋한 것은 그런 탓일 게다.

사진과 세계

사진은 순간의 명증한 응결이다. 사진작가는 프레임에 들어온 피사체를, 앞에 놓여 있는 것, 우리 삶을 에워싼 채 흐르는 현재를 2차원의 평면으로 응결시킨다. 현재라는 시간은 파동을 하며 흘러간다. 사진에서 현재는 연속성에서 떨어져 나와 과거의 일부로 편입한다. 그것은 항상 과거로서의 현재를 증언한다. 사진은 사라질 기억들, 즉 화석화된 현재라는 시간의 물증이고 증언이다. 사진의 세계에서는 프레임에 들어온 기억만이 유효하다. 프레임 바깥의 피사체는 잉여로써 잘려나간다. 프레임 안쪽의 것만이 유효한 기억의 전부라는 태도는 오만한 것이지만 작가들은 프레임 바깥의 것은 가차 없이 잘라내고 차단한다. 사진에서 프레임은 기억과 망각, 선택과 폐기, 이것과 저것의 구획으로 엄정하게 작동하는 권력이다.

사진은 실재가 아니라 실재의 이미지를 잡으려고 한다. 이미지는 양감과 뒷면이 없는 속이 텅 빈 껍데기다. 실재를 대체하는 시각적 기호, 물성이 없는 표면. 사진은 그렇게 장소와 사물과 인간에 대한 외면적 인상을 찍어 보존한다. 현실을 복제하는 게 아니라 현실의 이미지를 복제하는 사진은 이미지의 기술적 복제라는 한계에도 불구하고, 여전히 끊임없이 변화하는 삶의 찰나를 기록하는 표현의 한 방식으로 인정받는다. 사진은 "현재를 미래로 전송함으로써 시간의 방향을 틀었고, 까마득한 먼 공간들(지구 반대편, 달, 별, 해)을 재생 가능한 그 무엇, 모든 부르주아 가정의 응접실로 전송 가능한 그 무엇으로 만들었고(나중에는 잡지나 엽서의 사진이 모든 가정의 모든 방으로 전송 가능한 그 무엇으로 만들었고), 기억의 의미와 기능 바꾸어"* 놓았다. 사진은 변화하는 삶을, 그 변화를 만들어내는 사회 작용의 원인과 결과를 시각 이미지로 내놓는 그런 방식으로 "기술력에 의지하지 않는 기억을 생각할 수 없는 시대"**의 총아라는 지위를 얻어냈다. 처음 등장했을 때와는 견줄 수도 없을 만큼 복제 기술이 진화한 디지털의 시대에도 사진은, 여전히, 아니 그 전보다 훨씬 더 전면적으로 우리 삶 속에 들어와 있다. 디지털 기술의 시대에도 사진은 세계의 자명함을 이미지로 양산하면서 우리 일상 속으로 들어와 기억을 보완하고, 대체하고, 환기하는 방식으로 우리 삶에 관여한다. 사진이 막 세상에 알려질 무렵에는 더 많은 변화를 품은 가능성의 약속이었다면, 지금은 순간마다 우리 삶을 빚거나 적어도 우리 삶의 유의미한 찰나를 기록하고 증언하며 주석을 다는 방식으로 살아남았다.

---

* 에스터 레슬리, 『발터 벤야민, 사진에 대하여』, 김정아 옮김, 위즈덤하우스, 2018
** 에스터 레슬리, 앞의 책, 47쪽.

한국의 사진작가 구본창(1953~)의 〈긴 오후의 미행(尾行)〉은 1985년에서 1990년에 걸친 한국 사회의 이미지를 흑백으로 찍은 사진들로 채워진다. 한국의 1980년대 후반은 어떤 시대였는가. 세계사적으로는 동구권과 소련 연방의 해체, 내부적으로는 1987년 6월의 비민주주의적 정치 체제에 저항하는 대규모 민중 시위, 군부 독재자들이 만든 정치의 참담함을 기리려는 화려한 가장행렬(假裝行列) 쇼로 치러진 서울 하계올림픽 등등이 있었다. 여러 변화의 동인을 품고 겪어내면서 한국 현실은 크게 요동쳤는데, 내부적으로는 거대담론에서 미시담론으로, 이념에서 욕망으로 바뀌던 시대였다. 1979년 독일 함부르크 국립조형미술대학교로 유학을 떠났다가 막 돌아왔을 무렵 구본창이 찍은 사진들은 '미적인 아우라'에 대한 발견과 파편화된 시대의 이미지를 포획하고 드러냄에 더 전념한 것으로 보인다. 독일 유학에서 돌아온 사진작가의 눈에 비친 1980년대 후반 한국의 현실은 거칠고 낯설었을 것이다. 그는 거리에서 만난 피사체나 풍경을 찍었는데, 그것은 삶과 세계의 부조리함을 품은 채 음울하고 기괴한 형태로 꿋꿋했다. 사진은 명암 대비가 극적으로 대조되는 흑백으로 처리되어 그 암울함은 양감이 뚜렷했다. 구본창은 6년여의 시간차를 두고 변화된 조국의 모습을 '외부자의 시선'으로 바라본다. 외부자의 시선은 현실에 대한 소격(疏隔) 효과를 불러온다. 낯익은 것을 낯설게 하기. 정치와 이념이 구심력을 탕진하고 탈이념화와 탈정치화의 흐름이 거세질 때, 정치 혼돈과 분출하는 욕망이 격류로 바뀌던 때, 그는 외부자의 시선으로 무심하게 피사체를 붙잡아 프레임 안에 고정시킨다. 구본창의 흑백 사진들은 급류와 같은 현실 변화의 흐름 속에서 파생하는 존재의 소외와 부조리함을, 혼돈과 폭력의 일상화, 그 시각적 충격을 전달한다.

구본창이 포획한 파편화된 이미지들은 1980년대라는 역사 격동기를 증언한다. 1980년대 한국의 거칠고 무질서한 거리에서 만난 흔하디 흔한 피사체들. 이미지의 소용돌이를 이루는 것들. 물상과 색감은 생경하고, 풍속은 빈곤하고 맥락이 없었다. 길가의 소파, 박제, 무릎에 고개를 박은 청년, 인체 해부도, 라디에이터, 낙서와 벽화, 교각, 가림막, 폐비닐 뭉치, 담배꽁초, 건축공사장, 군화들, 벽에 부착된 선거 포스터들, 공중을 기하학적으로 분할하는 타워 트레인, 건물 철거와 방치된 잔해물, 콘크리트의 투박함, 쇼윈도 안의 조악한 마네킹들, 응달진 곳에서 번창하는 섹스 산업, 태극기와 애국가가 암시하는 값싼 애국주의, 벽과 전봇대들, 널브러진 개, 익명의 군상들, 거리의 음식들…. 지난 시대의 표상들인 이것들은 현실의 거친 표면, 그리고 욕망의 투박함과 조악함으로 생생하다. 이 흑백의 세계 안에 우리 욕망이 빚은 무질서, 혼돈, 종말론이 뒤엉켜 있다. 또한 삶과 죽음이 찰나로 엇갈리면서 만든 선악이 착종된 시간의 암울함이 불가피하게 드리워져 있다.

1980년대 중반, 우리가 견딘 시절은 과거와 미래가 충돌하고, 파열하며, 분출하는 욕망과 폭력으로 착종된 시간이었다. 방치된 철근의 뾰족함은 일상의 저변에 미만해 있고, 무의식에 음울한 그림자를 드리운 정치적 억압을 섬뜩하게 드러낸다. 정치와 자본의 권능은 현실을 힘과 아름다움으로 조형해내지 못하고 투박한 형태로 작동하며 우리 무의식을 찌른다. 구본창의 피사체들은 파편화된 현실의 이미지들이다. 그것은 여기저기에 흩어진 쇼비니즘의 흔적들, 미래 전망이 불투명한 시대의 혼란과 분열의 징후들, 그리고 파괴와 해체의 힘이 더 크게 작동하는 현실의 혼돈을 드러낸다. 내부자에겐 너무나 자명해서 드러나지 않는 것들이 뾰족하게 드러난 것들. 낯익은 것의 낯설음. 회색 도시의 반생명성에 짓눌린 채 역동을 잃은 사람들. 이 현실의 저 너머로 숨은 진실과 마주칠 때 돌출하는 정서적 반응은 불편함이다. 구본창의 사진에서 그 불편함에 따른 얇게 펴진 분노와 우울증의 전조 징후를 찾는 일은 그다지 어렵지 않다. 그의 이미지들은 세련되기보다는 거칠고 조악하며, 명랑하기보다는 음울하고, 미래를 향해 열린 전망보다는 꽉 닫힌 암울함이 더 크게 다가온다. 이 사진들에는 선지식의 직관이나 도덕의 피안에 대한 아우라는 의도적으로 배제되었다. 〈긴 오후의 미행(尾行)〉은 굴곡과 흠집이 많았던, 파열하는 현실의 이미지들, 이토록 어둡고 묵시록적인 풍경들을 포획하고 응결시킨다. 구본창의 사진 작업은 과거로 화석화 해버린 시

간에 대한 회색빛 회고와 더불어 그것을 지금 여기로 소환
해 되새기는 음울한 장엄미사가 아니었을까.

11월의 사랑은 11월에 끝난다

누군가가 보낸 택배처럼 11월이 도착하고, 그 내용물은 다 소진된다. 우리 사유재산의 목록에 11월, 불면증, 슬픔 따위는 없다. 그 가치를 도무지 증명할 길이 없기 때문이다. 11월에도 내 마음은 잉잉거리는 꿀벌로 가득 찬 꿀벌 통 같다. 내 마음은 그토록 많은 희망들로 붐비고, 나는 자주 강가에 나가 큰 귀를 열어 바람의 노래를 듣는다. 강가에는 야생의 향기 한 점 남지 않은 메마른 공기와 폐창고 하나가 서 있었다. 그리고 노래를 잊은 돌들이 구르고, 다만 갈대가 허리가 꺾인 채 서걱거릴 뿐이다. 11월의 우울과 사랑을 얘기하는 동안 지병이 있던 벗은 회복하지 못한 채 세상과 작별한다. 약간의 우울, 약간의 보람, 약간의 슬픔, 약간의 어리둥절함, 그것으로는 다 설명할 수 없는 이 짧고 아름다운 계절이 떠나면 바로 막달이 달려온다.

당신은 11월이 오면, 이라고 입을 여는데, 그 말에 끝맺음이 없었다. 말 없음만이 11월의 말이라는 듯 당신은 입을 조개처럼 다문다. 물은 차갑고, 물 위로 가랑잎이 떠간다. 아침에는 올리브 열매와 식빵 몇 조각, 뜨거운 커피로 아침 식사를 대신한다. 내가 사는 곳에서 가장 먼 고장의 수도원을 상상한다. 나는 프랑스 생방드리유 드 퐁토넬 대수도원을

가본 적이 없지만 아마도 서리 내린 시린 아침의 수도원에
는 침묵의 시간이 깃들 것이다. 낮빛 창백한 수사들은 종일
아무 말도 하지 않는다. 저녁의 흠송과 기도 시간까지 침묵
은 수행의 한 방편이다. 11월에는 가보지 못한 대수도원을
그리워하고, 그레고리오 성가에 귀를 기울이고 싶다.

　　오후엔 떫고 달콤한 홍차를 천천히 음미하며 마시는 것
이야말로 우리의 꿋꿋한 윤리다. 홍차에는 달콤한 절망 1인
분과 쓰디 쓴 희망 1인분, 비밀스런 슬픔 1인분이 녹아 있
다. 양파와 실과 고양이를 사랑하던 당신을 사랑했던가? 아
마도 그랬을 것이다. 나는 당신을 잘 알지 못했다. 당신이 떠
난 뒤에야 나는 당신을 이해할 수 있었다. 11월에 시작한 사
랑은 11월이 가기도 전에 끝난다. 당신 떠난 뒤 키는 더 이
상 자라지 않았지만 내 도덕과 윤리의식은 더 성장한다. 우
리는 마종기 시인의 시와 마야코프스키의 생애, 11월의 안
개와 가랑잎, 커피 냄새가 나는 햇빛, 그리고 11월의 정신건
강을 화제에 올린다. 가령 마종기 시인의 한 구절 "홍차를
마시고 싶다던 앳된 환자는 다음날엔 잘 녹은 소리가 되고
나는 멀리 서서도 생각할 것이 있었네"(『연가 9』)를 읊조리면
그 시의 몇 구절과 스무 살이 달려온다.
　　스무 살의 어느 아침, 나는 죽지 않았고, 하룻밤 사이에
유명해지지도 않았다. 나는 술과 담배를 못하고, 포커도 배
우지 못했다. 연애도 못한 채 시립도서관 주위를 맴돌던 의

기소침한 청년이었다. 그 스무 살 시절 마종기 시인의 시를 미친 듯이 외웠더랬다. 누군가 내 외로운 등을 쓰다듬는 손길이 느껴졌다. 죽은 친구도 찾지 않고, 그랬으니 죽은 친구가 귓속말로 "죽고 사는 것은 물소리 같다"고 속삭이지도 않았다. 스무 살은 비루하고, 쓸쓸했다. 내 청춘은 소모되고 사라졌다. 나는 여전히 자라지도 않는 나이를 먹는다. 살아온 날보다 살아갈 날이 짧아지는 이즈막 한밤중 깨면 먼 곳에서 누군가 나를 부르는 소리에 다시 잠 못 이룬다. 불면의 밤마다 키가 큰 고요에 귀 기울이면 먼 곳을 헤매는 사람들, 어디에 사는지도 모를 그들이 나를 찾는다. 그들이 나를 찾는 게 아니라 어쩌면 내가 그들을 애타게 찾는 것이다.

나는 당신을 사랑했고, 당신은 빈센트 반 고흐의 「사이프러스 나무와 별이 있는 길」을 사랑했다. 나는 빈센트 반 고흐, 당신의 자화상을 본다. 얼굴은 가시적인 것의 나타남이고, 벌거벗은 진실의 출현이며, 타인이라는 존재의 심연으로 들어서는 입구다. 슬픔의 왕, 열정의 왕, 상처의 왕, 그 앞에 비누거품처럼 많은 삶이 있었으나 그걸 다 살기도 전에 당신은 37세에 죽는다. 죽기 전 "모든 것이 끝나서 좋다"라고 했다지만 당신의 그림에서 사이프러스 나무는 수직으로 솟은 채 녹색의 불길처럼 타오른다. 당신의 그림에서 열정과 의지, 알 수 없는 현기증이 덮치는 것을 느낀다. 그림을 그리고, 그리고, 또 그렸던 당신의 육체는 "과열된 공장"이다. 안타깝게도 고흐는 아픈 왕이었다. 앙토냉 아르토는 이렇게 썼다. "왕은 자신의 건강의 분출을 알려줄 경보를 품에 안은 채 영원히 잠들었다. 경보는 어떻게 울리는가? 즉, 좋은 건강이란 닳고 닳은 병의 넘쳐남으로, 살려는 엄청난 열정의 넘쳐남으로, 썩은 백 개의 상처로, 또한 어쨌든 살려야 하고, 영원히 살게 해야 한다는 의지로 경보는 울린다."*

　11월은 활화산이 아니라 휴화산이다. 11월을 재와 폐허와 죽음의 계절이라고 단정하지는 말자. 이 계절에 누군가는 사랑을 시작하고, 누군가는 태어난다. 우리는 현관문 앞에서 도어락 비밀번호를 까먹은 자의 난감함으로 11월을 전송한다. 우리는 머리 위로 떨어진 빗방울의 무게를 잰다. 깨진 연애로 발생한 순손실을 덧셈과 뺄셈을 하며 계산을 한 뒤에 덧없이 11월을 떠나보낸다. 가라, 가서 돌아오지 말라. 소모가 많던 연애가 깨졌다고 우리는 금치산자처럼 울부짖지는 않는다. 아, 나는 당신의 눈동자 속에서 별의 궤도를, 이별의 전조를 보고야 만다. 11월에는 모든 금지를 금지시키자. 연애 금지, 슬픔 금지, 절망 금지, 좌절 금지, 실패 금지. 모과나무에서 모과 열매를 다 따 내린 11월 말 저녁, 나는 하염없이 아름다운 산문 한 편을 쓰려고 했으나 실패한다. 하지만 그 실패도 아름답다. 돌이켜보면 11월은 홀로 광

---

*　앙토넹 아르토, 『나는 고흐의 자연을 다시 본다』, 조동신 옮김, 도서출판 숲, 2003

야에 서서 매화 향기를 맡는 착란의 계절이다. 삶의 성분은 얼마간의 착란, 얼마간의 유치함, 얼마간의 고매함이 아니던가! 11월에 필요한 것은 담요와 보온양말, 약간의 사랑이다. 우리에게 화살기도가 필요한 것은 그 때문이리라.

사랑의 빛과 그늘

젊은 시절, 윌리엄 포크너의 「에밀리에게 장미를」이란 단편을 읽고 충격을 받았다. 미국 남부를 배경으로 삼은 소설인데, 주인공 에밀리는 몰락한 명문가의 딸이다. 에밀리는 퇴락하는 대저택에 칩거하다가 일흔넷에 죽는다. 호기심에 찬이웃들이 2층 침실에서 찾아낸 것은 그녀의 희끗희끗한 철회색 머리칼과 백골로 변한 한 남자의 사체다. 백골은 실종된 도로 포장 공사장 현장감독 호머 베른의 것이었다. 베른이 배신하고 떠날까 두려웠던 에밀리는 그를 살해하고 수십 년을 한 침대에서 잠이 들곤 했다.

이것을 '죽음을 넘어선 아름다운 사랑'이라고 할 수 있을까? 사랑은 대상의 유일무이함을 인정하고, 그의 아름다움과 매력을 이상화하는 행위다. 사랑에 미친 에밀리는 사랑을 잃는 비극보다 살인자가 되는 길을 선택한다. 그를 살인자로 만든 사랑의 실체는 광기와 비틀린 집착이었다. 광기는 사랑의 속성 중 하나다. 흔한 말로 '사랑에 미쳤다'라고하지 않는가? 누군가를 향한 사랑은 마음에서 점점 커져서주체마저 삼켜버린다. 그 삼킴의 뒤에 남는 것은 잡초 같이무성해지는 사랑의 병든 환상이다.

사랑이 빚은 병든 환상은 종종 현실에서 끔찍한 범죄로

이어진다. 2021년 3월 23일에 일어난 노원 세 모녀 살인사건 피의자는 일견 평범해 보이는 20대 남자였다. 두 달 전 피시방에서 만난 여성을 스토킹하며 그것을 사랑이라고 주장했으나 여성은 집요한 스토킹에 괴롭힘을 당한 피해자였을 뿐이다. 그는 사랑을 거절한 데 앙심을 품고 흉기를 들고 찾아가 세 모녀를 잔혹하게 살해했다.

사랑은 한 대상을 향한 열정의 과도함에서 움튼다. 하지만 과잉 집착은 사랑이 아니다. 사랑이 상호 관계여야 한다는 점에서 이 살인자의 사랑이란 과녁을 벗어난 비틀린 욕망일 따름이다. 사랑은 본질에서 타자와의 다정한 협업이고, 둘만의 무대에서 펼치는 정념의 정치학이다. 타인의 의지와 기대에 대한 관심과 보살핌 없이 제 감정이 시키는 대로 폭주하는 스토킹은 사랑이라는 이름으로 저지르는 괴롭힘이고 사악한 폭력이다.

사람들은 종종 집착과 질투에 투여되는 에너지를 자칫 사랑의 열정으로 오해한다. 열 번 찍어서 넘어가지 않는 나무는 없다, 라는 속담은 그런 오해에서 관대하게 받아들여졌다. 그러나 명확한 거절에도 불구하고 거듭 사랑에 집착하고 매달리는 행위는 오늘날엔 스토킹 범죄다. 타자를 향한 소유 욕망에서 시작한 괴롭힘을 미화하지 말자. 광기는 나태와 의욕상실에 대조되는 정념의 기이한 과잉 지속이고, 이것은 사랑으로 과대 포장한 격렬함이며, 자기모순과 폭력을 낳는 병적 집착이다. 광기에 사로잡힌 스토킹 범죄는 한 인간의 생명과 인격을 파괴한다. 사랑은 대상으로부터의 도주이자 동시에 대상을 향한 도주라면, 광기는 그 도주가 좌절할 때 파열하듯이 솟구치는 분노의 한 양태다.

사랑이 타인을 빌어 기쁨과 의미를 빚는 행위라면 타자를 배제하고는 어떤 사랑도 이루어질 수가 없다. 사랑은 미지를 향한 모험이고, 불투명한 미래에 제 상징 자본을 거는 위험한 투자다. 인류는 사랑에 자기를 거는 모험과 투자를 주저하지 않은 결과로 오늘날 생육하고 번성하는 데 큰 성공을 거둔다. 모든 사랑은 세월의 풍화 속에서 바래지고 모서리가 깨져나가며 빛이 바랜다. 그럼에도 사랑은 여전히 인류의 발명품 중 희귀한 빛을 발하는 것 중 하나다. 사랑이 다 아름답고 올바른 것만은 아니다. 때때로 영혼의 얼빠짐을 동반한 미친 짓이고, 수수께끼 같은 위험한 광기를 품는다. 어떤 경우에도 난폭함으로 상대를 굴복시켜 제 욕망의 지배 아래 두는 것을 사랑이라고 할 수는 없다. 사랑은 "존재의 강렬함, 완전히 녹아버린 하나의 만남"* 이고, 뼈와 살이 불타고 전 존재가 소진되어도 후회하지 않는 것이다.

---

* 알랭 바디우, 『사랑 예찬』, 조재룡 옮김, 길, 2010

나이 듦을 기피하는 세태

한 소녀가 오디션 프로그램에 나와서 부른 노래를 감탄하면서 들었다. 정말 노래를 잘 하는구나! 귀에 쏙쏙 박히는 노랫말에 홀린 듯 몰입했다. 오늘 이 순간이 내 인생의 가장 젊은 날이다, 라는 가사에 따르면 이 노래는 안티 에이징을 대놓고 주창한다. 나이의 제약은 밀쳐두고 오늘 내 인생의 가장 젊은 날을 누리자! 그러나, 나이에 따라 인생은 다른 시기로 옮겨가고, 필연적으로 다른 형태의 삶을 겪는다. 나이와 생물학적 신체, 나이와 삶의 형태와의 관계는 떼려야 뗄 수 없는 관계임을 부정할 수 없다.

늙음이 죄악이 아니건만 다들 나이 들어 보이는 것을 기피한다. 젊음이 더 가치가 있다는 사회 통념이 늙음을 기피하는 세태를 부추긴다. 오늘의 세태 속에 늙음에 덧씌워진 부정적 인식은 넓게 퍼져 있다. 본디 젊은이가 제 앞 세대를 낮춰 부르는 '꼰대'라는 어휘가 이즈막엔 나이 듦을 싸잡아 이르는 혐오 말로 통용된다. 과연 늙음이 수치고, 하찮음이며, 쓸모없음으로의 전락인가? 안티 에이징은 현대 의학의 힘을 빌려 노화를 늦추자는 것이다. 젊음을 숭상하는 세태가 안티 에이징의 유행을 부른다. 동안 숭배도 그 유행의 한 조각이다. 나이가 들면 얼굴에 주름이 생기고, 흑발에서 백

발로 변하며 늙어가는 게 자연스러운 일인데, 이것을 한사코 기피하는 세태가 우스꽝스럽다.

옛날에는 노인 하나가 죽으면 한 마을의 역사가 사라진다고 여겼다. 노인은 경험과 연륜, 거기서 생긴 분별력과 지혜로 존경을 받는 존재인 까닭이다. 명장이나 대가로 꼽히는 이들은 대개 노인들이다. 노인은 시련과 위기를 극복하고, 오늘의 업적을 쌓는 데 제 젊음과 재능을 다 바쳐 오늘에 이른 이들이다. 대의와 옳은 것에 자신을 비끄러매고, 숙고와 갈고 닦은 인격으로 지혜와 통찰력을 갖게 된 이들이 존경받는 건 당연한 일이다. 하지만 오늘날 노인의 처지는 노쇠로 생산 현장에서 밀려나 그저 하나의 퇴적층, 부양 의무를 지우는 천덕꾸러기에 지나지 않는다.

어렸을 때, 나는 각각의 세대들은 태어날 때 이미 정해지는 것이라고 믿었다. 어린아이는 어린아이로, 청년은 청년으로, 노인은 노인으로 태어난다는 믿음은 어린애다운 발상이다. 세월은 존재의 외면과 내면을 할퀴고 흘러가면서 그 흔적을 남긴다. 오늘의 나는 살아온 날들보다 살 날이 적은 나이에 이르렀다. 내게는 오지 않을 것만 같던 노년기가 닥친 것이다. 나이를 먹어 과거의 숱한 실수와 오류들에 회한을 품고, 내면의 미성숙과 결핍을 '반성하는 인간'이 되었다. 그렇다고 늙음에 투항하는 것은 아니다. 늙음의 징후가 또렷하고 죽음이 가까워졌음에도 내 마음의 꿈들은 등불처럼 환하게 빛난다. 나는 고립과 소외에서 허우적이다가 고독사에 이르는 비루한 존재로 남고 싶지는 않다.

물론 청춘은 풋풋하고 아름답다. 아리스토텔레스의 윤리학 한 구절을 꿸 만한 지적 능력이 없더라도 젊은이가 보여주는 생의 추동력은 눈부시다. 불의와 부조리에 반항하고, 꿈을 향해 나아갈 때 젊음은 빛나고, 생은 약동한다. 하지만 제 안의 모순과 윤리적 문제를 끌어안은 채 불안정한 모습을 드러내고, 경험의 결핍과 부족 속에서 방탕에 빠질 때 젊음은 혼란에서 자주 실수를 저지르고 어리석은 태도에 빠진다. 누군가는 이런 젊음을 가리켜 "혼란의 동맹군"이라고 했다* 그러니 청춘이 무조건 아름답다는 말만은 하지 말자.

늙는 일은 낯선 첫 경험이지만 노화는 인생의 당연한 과정일 뿐이다. 모든 생명체는 노화를 겪고, 노화는 개체의 죽음으로써만 끝난다. 다들 망각하지만, 늙은이도 한때는 청춘이었다. 난자가 정자와 결합하고 수태가 이루어진 생의 첫 순간부터 인간은 늙는다. 늙음은 추락도, 불명예도 아니라 약속된 생의 프로그램일 뿐이다. 늙으면서 상실과 쇠락을 겪는다는 것이 자랑스러운 일은 아니지만 수치나 악덕

---

* 크리스티안 생제르, 『우리 모두는 시간의 여행자다』, 홍은주 옮김, 다른세상, 2012

도 아니다. 달리 보면 노년의 시기는 쇠락 속에서 통찰과 지혜, 황혼의 평화와 같은 덕목을 드러내는 인생의 원숙기인 것이다.

노인에 대한 차별과 따돌림이 생긴 것은 존경할 만한 노인이 드물어진 탓인지도 모른다. 로마노 과르디니는 오늘날의 노인이 "값이 떨어진 청년"으로 취급받기 일쑤라고 말한다. 노인 폄하는 늙음이 부정적 현상이고 젊음을 상징 재화로 떠받드는 시대에 나타난 풍속이다. 이런 풍속을 뒷배로 안티 에이징과 관련한 패션, 화장품, 의료 기술은 산업으로 뻗쳐 나간다. 나이 먹는 것을 늦추는 것, 자연스러운 노화에 대한 저항으로 한몫 챙기려는 자들에 의해 안티 에이징은 산업으로 번성한다. 너도 나도 안티 에이징을 좇다보니 우리 주변에 어른-노인은 없고 철없이 날뛰는 가짜 청년들만 득실거린다. 이 볼썽사나운 나이든 철부지들에게는 성숙한 인격이 깃들 여지가 없는 까닭에 어른 됨의 의젓함도 찾아볼 수가 없다.

사람으로 태어나서 유년, 청년, 성년, 장년, 노년 등의 시기를 거치는 것은 자연스럽다. 인간은 삶의 마디가 되는 시기를 거치면서 어른으로 성장한다. 어느 한 시기라도 건너뛰는 것은 불행한 일이다. 각각의 시기를 대체하는 것은 불가능한 일이다. 시기마다 겪어야 할 경험과 윤리적 과제가 다르고, 삶의 형식과 형상이 다르기 때문이다. 그런데 안티 에이징은 인위적으로 시기마다 품은 생물학적·사회적 고유함을 뭉개고 오직 젊음이라는 하나의 획일화된 기준에 맞춰 박제한다. 젊음에 과잉의 가치를 부여하고 그것을 올바름의 표준으로 삼는 시대는 어딘가 부자연스럽다. 우리는 어린아이가 사라지고 그 자리에 영악한 '작은 어른'들이 출현하는 시대, 나이를 먹어도 어른이 되지 못한 채 철부지들로 붐비는 시대의 기이함 속에서 산다. 안티 에이징의 유행이 그런 기이한 시대를 만드는데 한몫을 거든다. 어린아이는 천진난만하고, 청년은 청년답게 젊음의 약동 속에서 자기를 빚는 일에 투신하며, 노년기 인간은 완숙한 내면의 고요를 지키며 지혜로운 존재로 빛나야 한다. 각각의 세대들이 고유한 형상을 이루고 조화롭게 어우러져 사는 사회가 좋은 사회다.

한국계 미국 이민 가족의 고통과 슬픔을 그린 영화 〈미나리〉에서 할머니 역을 소화한 배우 윤여정 씨가 오스카상에서 여우주연상을 거머쥐었다. 한국 영화사 100년 만에 거둔 성과라고 하는데, 이 놀라운 성과의 주인공은 나이 74세에도 한 점의 주눅 없이 당당했다. 누가 늙음을 잔인한 간수이자 감옥이라 하는가? 나이야 가라, 나이야 가라! 늙음이 추하다는 소문은 유언비어, 헛소문, 가짜 뉴스다. 청춘이란 영예는 거저 얻어진 것이지만 노년의 충만함과 완숙 경험은 공짜로 얻을 수 있는 게 아니다. 배우 윤여정 씨의 희끗희끗한 머리칼과 주름진 얼굴을 보면서 노년과 젊음엔 가

치의 우열이 아예 없음을, 저 백발의 광휘와 위엄이 숱한 시
련과 수고에서 살아남은 공훈이라는 걸 새삼 깨닫는다.

석가탄신일의 나무 생각

경기도 남단으로 거처를 옮긴 뒤 나무시장에서 모란과 작약을 구해 마당에 심고, 모란과 작약의 탐스런 꽃을 쓸쓸한 날들의 보람과 기쁨으로 여기며 살았다. 마을 어귀에는 수령 4, 5백 년 넘는 느티나무 몇 그루가 서 있는데, 이 느티나무들이 연두색 잎을 두르는 계절이 오면 가슴이 벅차올랐다. 모란과 작약의 꽃망울이 터지면 배낭을 메고 해발 4~500미터 능선을 무작정 걸었다. 가난에서 텅 빈 충만을 구하던 시절의 일이다. 산에는 상록활엽수 말고도 서어나무, 팥배나무, 졸참나무, 산딸나무, 단풍나무, 산벚나무, 싸리나무, 밤나무, 아카시나무, 때죽나무, 층층나무, 이팝나무, 칡덩굴, 으름덩굴 들이 어우러진다. 한반도 중부의 수목 생태계를 이룬 산의 능선을 따라 걷다가 땀방울을 식히며 저 건너편에 펼쳐진 녹색의 향연에 넋을 잃곤 했다. 배낭에 씻은 오이 한 개와 생수 한 병을 넣고 능선을 타고 넘을 때 바람이 불면 숲은 군무를 추듯이 한 덩어리로 출렁이었다.

혈관에 피가 돌 듯 나무의 수관에는 수액이 흐른다. 살구나무는 살구나무끼리, 복숭아나무는 복숭아나무끼리 인간 가청주파수 아래의 저주파로 속살거린다. 한 자리에 붙박이로 사는 나무의 삶은 내면적이다. 나무가 도달한 장엄함은 곧 침묵의 장엄함이다. 나무와 인간은 생태 공동체 안에서 하나다. 활엽의 나무는 어느 시점에 잎사귀를 떨구고 겨울을 맞는지를 안다. 데이비드 조지 해스컬이란 학자는 "식물의 기억은 세대를 이어 계승"되고, "뿌리와 잔가지는 빛, 중력, 열, 무기물"을 또렷하게 기억한다고 말한다.* 나무의 뛰어난 기억력과 영리함에 감탄하지 않을 수가 없다.

　사람은 나무에게서 양식과 은신처를 구하고, 불을 피워 추위를 피했다. 집을 짓는 재료를 구하고 심미적 기쁨을 구하고 위로를 받았다. 거친 토양과 기후 속에서 인고하는 나무들이 없었다면 인류 번영도 불가능했을 테다. 봄마다 연둣빛 잎과 화사한 꽃을 보며 사는 동안 하루 세 끼 밥을 끓이고 살았으니 내가 시골사람이라는 정체성은 뚜렷했다. "지방으로 내려와 사는 가짜 문화인들은 보통, 시간이 어느 정도 흐르면 그렇게 감동하던 첫눈도, 들새들의 지저귐에도, 아름다운 낙조에도, 사투리와 토속주에도, 민화에도 밤의 짙은 어둠에도 싫증을 내고 맙니다."** 시간이 지나면 시골의 감흥은 이내 시들해진다. 시골 사는 즐거움을 잃는 나는 그 흔한 가짜 문화인들 하나가 아니었을까? 아, 나는 정말 가짜 문화인 중 하나는 아니었을까?

＊　데이비드 조지 해스컬, 『나무의 노래』, 노승영 옮김, 에이도스, 2018
＊＊　마루야마 겐지, 『아직 오지 않은 소설가에게』, 김난주 옮김, 바다출판사, 2019

음력 사월 초팔일이다. 부처가 탄생한 날을 기려 절집에서는 색색으로 물들인 연등을 내다 건다. 이맘 때 잎이 돋은 나무들과 공중에 내걸린 연등은 잘 어울린다. 부처를 이르는 말은 여럿이다. 붓다, 석가, 여래, 세존 등이 다 부처를 가리킨다. 석가탄신일 즈음 연등을 보며 생각한다. 온갖 갈애와 사리사욕의 구덩이에서 허덕이는 중생에게 붓다는 이념의 푯대이다. 붓다가 나오기 전 인도 각지에는 이미 숱한 수행자들이 떠돌았다. 세속에서 부귀영화를 좇는 걸 그치고, 우주 만물에 궁극적 물음을 던지며, 수행에 제 몸을 바친 이들을 출가사문(出家沙門)이라고 한다. 기원전 6세기경 북인도의 카필라바스투에서 태어난 싯다르타도 그 출가사문의 하나였다. 왕자가 태어나던 날, 땅에서 연꽃이 솟아올랐고, 아기는 그 연꽃에 올라앉았다. 부왕은 점술가에게서 왕자가 집에 머물면 지혜로운 왕이 될 것이고, 출가하면 중생을 제도할 것이란 말을 듣는다.

왕자는 열네 살 때 도성의 동문을 나서 산책을 나서서 우연히 여러 사람을 만난다. 처음 노인을 만나고, 마부에게 물었다. 저 사람이 누구냐? 노인입니다. 나는 저런 운명을 피할 수 있겠느냐? 아직은 피하지 못하십니다. 다음으로 병자를 만난다. 이 사람은 누구냐? 병든 사람입니다. 나는 저런 운명을 피할 수 있겠느냐? 아직은 피하지 못하십니다. 그 다음으로 장례행렬을 만난다. 저것은 무엇인가? 시체입니다. 나는 저런 운명을 피할 수 있겠느냐? 아직은 피하지 못하십니다. 마지막으로 탁발승을 만난다. 저 사람은 누구냐? 그는 수행자입니다. 그는 자제심, 근엄한 태도, 인내심, 존재에 대한 동정심을 품은 사람입니다. 저 사람은 훌륭하구나! 왕자는 감탄하면서 그 말을 세 번이나 외쳤다. 왕자는 부왕에게 산책에서 겪은 일을 고하면서 자신이 생로병사의 고통에서 헤어나지 못했음을 느꼈다고 말한다. 부왕은 왕자가 출가할 것을 두려워하며 도성 주변에 '환락의 정원'을 지어 오감의 즐거움을 주는 일을 밤낮으로 벌이게 했지만 싯다르타는 때가 되자 도성을 떠나 출가를 한다.

싯다르타는 보리수 아래에서 명상과 수행을 하고, 훗날 붓다로 알려지게 되며, 불교의 창시자로 우뚝 선다. 부처는 우주 만물의 근원과 그 섭리를 궁구한 끝에 깨달음을 얻는다. 그 깨달음의 요체는 무엇인가? 부처의 깨달음은 인생이 고(苦)라는 성찰, 고의 원인에 대한 성찰, 고를 소멸시키는 수단에 대한 성찰에 바탕을 둔다. 부처는 말한다. 태어나는 것도 고요, 병드는 것도 고요, 죽는 것도 고다. 근심, 슬픔, 괴로움, 걱정, 번뇌도 고다. 싫어하는 사람과 만나는 것도 고요, 사랑하는 사람과 헤어지는 것도 고다. 원하는 것을 얻지 못하는 것도 고다. 이 고를 유발하는 게 갈애인데, 그것은 흔히 욕구라고 부르는 것으로 생의 동력이자 인간을 속박하는 족쇄다. 인간이 겪는 고가 이 갈애에서 비롯한다. 갈애를 어떻게 소멸시킬 수 있는가? 부처는 말한다. 고가 생기는 원인을 끊어버리는 것이다. 욕망이 소멸해버린 곳에는 어디나 즐거움과 기쁨이 있다.

활엽수에 연둣빛이 물들고, 조도가 몇 도는 더 높아진다. 지구 시간의 기록자인 나무가 지구를 생명 가득 찬 행성으로 만드는 데 기여한 바는 그 크기를 가늠하기 어렵다. 나무는 들쑥날쑥한 기후 변화에 맞서며 생존을 잇는 옹골찬 생명체로 인간과 대지를 연결하고, 지하세계와 천상계를 잇는 경이로운 현존이다. 부처가 계층을 가리지 않고 불법을 전하고, 세수 여든이 되었을 때 사자처럼 누운 채로 열반에 든 것도 사라나무 두 그루 아래였다. 중생이 부처의 길을 온전하게 따르는 것은 불가능하다. 차라리 나무들은 부처의 후예들이 아닐까? 나무처럼 산다면 갈애의 강을 건너지는 못하더라도 최악의 사태는 막을 수 있지 않을까? 산책을 하다가 매화나무 묵은 가지에 핀 흰꽃의 방향에 취해 한참을 서 있었다. 매화가 피면 매화가 피었다고, 목련이 지면 목련이 지었다고, 그리운 이에게 편지를 쓰던 시절이 아련하다.

속아도 꿈결 속여도 꿈결

앙리 루소의 〈잠든 집시〉(1897)란 작품을 꼼꼼하게 살펴보면, 화면 오른쪽 상단 푸르스름한 밤의 창공에 하얀 달이 떠 있다. 지평선 아래 대지에는 집시가 악기를 옆에 둔 채로 곤하게 잠들어 있다. 잠든 집시에게 수사자가 다가온다. 이 기이한 환각 같은 집시의 꿈을 묘사한 그림에 내 무의식은 자극을 받는다. 맑고 깨끗한 여름 아침 우리가 살아 있다는 건 꿈이 아닐까? 꽃 피고 새 울며, 못 속에 금붕어가 노니는 이 평화로운 아침에 맞는 오늘이 우리가 꾸는 긴 꿈 중 일부가 아닐까, 라는 생각에 빠진다.

사람이 자는 동안 최소한 다섯 번 이상의 꿈을 꾸는데 깬 뒤 기억하는 꿈은 극히 일부라고 한다. 우리는 깨기 직전의 꿈만을 기억한다. 수면 중 꾸는 꿈은 그림의 연쇄로 이루어진다. 이성의 영역이 아니라 비이성이 지배하는 무의식의 영역에서 일어나는 꿈은 뇌라는 스크린에 펼쳐지는 영화다. 꿈은 논리나 맥락 없는 이야기로 무의식에 웅크린 격정과 본능적 욕망이 활성화되는 것이다. 이 꿈을 빚는 재료는 낮 동안 겪은 경험들, 일화 기억들(episodic memory)이다. 때때로 존재의 깊은 곳에 숨은 무의식적 힘들이 생생한 현실의 이미지를 입고 나타나기도 한다.

우리가 잠든다고 뇌까지 잠드는 것은 아니다. 잠든 시간에도 뇌는 쉬지 않고 활동을 이어간다. 우리는 수면 상태에서 기억 중추 영역인 해마에 기억을 응고시켜 고착시킨다. 이 과정을 '기억 굳힘'이라고 한다. 꿈은 수면 중 감각기관에서 보내온 각종 정보를 처리하고 저장하는 가운데 파생하는 현상이다. 생리학자들에 따르면, 해마는 낮에 수용한 정보를 선별하여 신피질에 있는 장기 저장소로 옮기는데, 이때 꿈이란 현상이 파생한다고 말한다.

세상에서 널리 알려진 꿈은 『장자』 「제물편」에 나오는 '호접지몽'이다. 중국의 춘추전국시대에 옻나무를 관리하는 말단 공무원이던 장주는 낮잠에 빠져 꿈을 꾼다. 범나비로 변해 꽃 위를 날아다니는 꿈. 장주가 나비로 변해 꽃향기에 취한 채 날아다니는 동안 행복했다. 장주는 불현듯 꿈에서 깨어난다. 한동안 자신이 나비가 되는 꿈을 꾼 것인지, 혹은 나비가 장주가 된 꿈을 꾸는 것인지를 분간할 수가 없는 꿈과 생시의 경계가 희미한 몽롱함 속에 머무른다. 장주와 나비는 엄연히 다른 개체인데, 이 제의적 꿈을 통해 자아와 외물은 본디 하나임을 깨쳤다고 쓴다.

꿈에는 미래의 일을 암시하는 예지몽도 있고, 아이를 잉태하며 꾸는 태몽도 있다. 태몽 역시 일종의 예지몽이다. 과연 우리가 꾸는 꿈에 예지력이 있을까? 조선 선비 정철은 『대동야승』에 예지몽을 꾸는 신통한 능력을 가졌다고 기록되어 있다. 신묘년 꿈에 강계부사가 되더니 얼마 지나지 않아 실제로 강계에 귀양살이를 갔다. 위리안치 중에 아들이 장원 급제하는 꿈을 꾸더니 곧 문과인 용방(龍榜)의 선발에 뽑혔다. 이렇듯 꿈이 현실로 나타나는 경우가 부지기수였다.

　나이든 이즈막 꿈에 옛집과 돌아가신 어머니가 자주 나온다. 꿈에서 깨고 나면 마음은 어지럽다. 물론 이것은 좋은 꿈도, 나쁜 꿈도 아니다. 허망하기 짝이 없는 그 요령부득의 꿈을 곱씹어본다. 왜 나이가 들면서 더 자주 꿈을 꿀까? 아마도 숙면 주기가 짧아진 탓에 더 많은 꿈을 기억하는 탓이 아닐까. 사는 게 팍팍하고 괴로웠던 순간 이게 꿈인가, 할 때도 있다. 살다 보면 꿈이 생시 같고, 생시가 꿈 같은 찰나를 겪는다. 이상의 말대로, 속아도 꿈결 속여도 꿈결인 게 인생이다. 우리는 꿈으로 또 다른 생을 얻는다. 꿈은 우리가 현실에서 겪을 수 없는 이면의 삶으로 안내하는 것이다.

〈낭만에 대하여〉를 듣는 느른한 오후

라디오에서 흘러나오는 노래를 듣는 느른한 오후다. 이 노래는 후추 넣은 음식처럼 매콤하다. 〈낭만에 대하여〉(최백호, 1994)란 유행가는 추억에서 위로를 구하는 낭만 과잉의 시요, 퇴락의 그림자 짙은 세월의 덧없음에 바친 헌사다. 노래를 듣다보면 어느새 가슴이 뻐근해지다가 한쪽이 조용히 허물어진다. 청각을 두드리는 탁성은 거칠고, 그 가사가 전하는 외로움은 감미롭다. 농담과 담배연기 너머로 지친 기색이 역력한 얼굴이 떠오른다. 뻗친 머리카락, 이마와 눈가의 패인 주름들, 턱수염으로 추레한 얼굴은 막장 현실에 지친 자의 고단함과 상처들이 나무옹이처럼 굳어진 채다.

가수 최백호 특유의 탁성과 선율, 청승맞은 가사는 잘 어우러진다. 낭만을 열쇠말로 삼은 노래는 청승맞다. 하지만 그것은 늙고 지친 자의 안식을 감싸는 낭만의 광휘로 빛난다. 그 내용물은 현실적 실효를 잃은 지 오래다. 궂은 날 옛 정취가 남은 다방에 앉아 실연의 달콤함을 곱씹으며 값싼 위스키나 홀짝이는 낭만이란 신파 그 이상도 이하도 아니다. 이 노래가 호명한 추억의 세목은 도라지 위스키, 색소폰 소리, 변두리 다방의 마담, 선창가에서 듣는 쓸쓸한 뱃고동 소리, 다시 돌아올 수 없는 첫사랑 소녀 따위다.

노래의 주인공은 낭만과 현실의 사이에서 존재의 가난을 앓는 상태다. 더 내려갈 수 없는 바닥에 내팽개쳐진 자에게 외로움이란 존재의 곤핍이다. 망각의 세월 저 너머에서 늙어갈 첫사랑 소녀가 내미는 손길은 가망 없는 가느다란 기대요, 헛된 환상이다. 스쳐 지나가는 환상에서 깨면 세월의 덧없음과 파편으로 나뒹구는 청춘의 미련 따위와 마주할 테다. 세월이 데려간 것들로 생겨난 상실감이 찌르는 빈 가슴에서 외로움은 세균처럼 번성한다. 아, 존재의 가난 속에서 부르는 낭만 노래라니!

'낭만적'이란 말은 영어 '로만틱(romantic)'의 소리값을 빌린 일본식 조어다. 낭만은 진정성이란 함량이 헐거운 시답잖은 단어다. 이것이 지시하는 기의는 하찮음이고 껍데기며 진정성의 시능뿐이다. 사는 동안 낭만 운운 하는 사람치고 반듯하게 제 삶을 꾸린 이를 본 적이 드물다. 이것은 이성보다 영혼의 감성 능력을 앞세우는 지복의 누림이고 즐거움의 향유일 텐데, 타인의 수고와 고통을 배제한 개인의 낭만이란 거짓 즐거움, 윤리의 퇴락, 비루한 일탈이다. 그 바탕은 시난고난하며 먼 길을 돌아온 탕자의 퇴행하는 감정이다. 노동자가 제철소 용광로에 빠져 그 존재가 흔적 없이 녹아 사라지고, 생존의 막다른 골목에 내몰린 어미가 제 새끼를 굶겨 죽이는 현실의 엄혹함 속에서 낭만 예찬이라니! 이 낭만이 무른 정신과 과도한 센티멘털의 산물이라면 이것은 너무 한가롭지 않은가?

사라져 다시 돌아올 수 없는 것들을 노래하는 유행가가 분비해내는 멜랑콜리는 언제나 한도를 초과한다. 이 멜랑콜리가 우리 안의 슬픔, 회한, 애달픔, 갈망을 두드려 깨운다는 것조차 모른 척 외면할 수는 없다. 싸구려 위스키 한 잔에 속이 뜨뜻해지면, 불운한 인생의 뒤안길에서 돌아온 한 남자의 탄식은 잦아들고 돌연한 슬픔이 고개를 든다. 밤늦은 항구에 돌아올 사람은 없다. 첫사랑 소녀는 어디선가 늙어가겠지. 빈 가슴엔 세월의 서글픔과 다시 못 올 것들이 만드는 그리움이 차곡차곡 쌓인다. 삶에 지친 채 시드는 한 남자의 기억 속 첫사랑 소녀는 실재가 아니라 환(幻)이거나 망상에 더 가깝다. 가슴에 환 한 조각조차 품을 수 없는 사람에게 삶은 얼마나 더 팍팍할 것인가! 왠지 가슴 한 곳이 비어 있고, 가버린 세월이 서글퍼진다고 하지 않는가!

이 노래가 데려가는 장소는 옛날식 다방이고, 밤늦은 항구의 선창가 술집이다. 이런 장소는 세월의 흐름이 느려진 퇴락한 곳, 인생의 황금 같은 시간을 거덜 내고 돌아온 탕자의 자리, 뒤처지고 내쳐진 자, 즉 사회 부적응자의 고독이 오롯한 지대다. 노래가 애틋한 것은 사라진 것, 돌아올 수 없는 것들이 일으킨 서러움과 멜랑콜리 탓이다. 노래의 맥락 속에서 '이제'라는 부사는 꽤 큰 소임을 수행한다. 이것은 카오스를 뚫고 솟는 리얼타임이고, 지속하는 시간을 가르는 한 기준점이다. 이제라는 시공엔 과거가 되어버린 이전과 견줘 속도의 지체가 돌올하게 드러난다. 떠나고 남은 것들 사이엔 느린 시간만이 흐른다. 나이 듦이란 곧 느린 시간을 향유하는 일이 아닐까. 이 부사는 둥근 수박을 쩍 하고 가르듯이 찬란한 과거와 퇴락한 현재, 즉 환상과 현실에 간극을 만들며 두 쪽으로 나눈다. 첫사랑 소녀, 삶을 향한 갈망과 기대 따위가 이제 저쪽에 있다면, 지금 여기엔 실연의 달콤함과 청춘의 미련들, 덧없음, 멜랑콜리가 바글거린다.

첫사랑 소녀의 미소가 싱그러운 날들은 저 멀리 사라졌다. 사라진 것은 다시 돌아올 수 없다. 의미의 맥락 안에서 '이제'란 부사는 첫사랑과 늙음 사이에 놓인 휴지부다. 설렘과 기쁨으로 약동하는 첫사랑의 시간과 시들고 유동이 잦아드는 늙음의 시간은 '이제'를 경계로 둘로 나뉜다. 첫사랑을 잃은 자는 빨리 늙고, 더는 새로운 무언가를 도모하려 하지 않는다. 오, 늙음은 서럽고 아득해라! 순정한 영혼을 가진 사람이라면 늙어가는 자의 탄식과 비애, 돌이킬 수 없는 회한과 미련이 가슴 깊은 데를 두드린다는 사실에 동의할 것이다. 나는 이 노래가 전면에 내세운 낭만을 삼류 감성팔이의 한 품목이라고 생각하지 않는다. 그래서 용량을 초과하는 낭만을 고갱이 삼은 이 노랫말을 최고로 꼽는데 주저하지 않는다. 살다보면, 유행가에 담은 한 줌의 추억과 얼마간의 멜랑콜리도 필요한 법이다. 유행가가 우리에게 주는 한 스푼의 멜랑콜리와 두 스푼의 위로는 돌연 삶의 시련과

권태 따위를 능히 견디고 이겨낼 힘으로 전환하는 기적을
일으키는 것이다.

당신이

망각한 걸

말해 봐

누가 고통의 서사를 읽을까

누군가가 일부러 놓은 농약 묻은 먹이를 삼킨 개가 밤새 선 채로 울부짖을 때 함께 괴로워하며 새벽을 맞은 적이 있다. 아플 때 비명을 지르는 건 사람이나 동물이나 똑같다. 비명 은 몸에서 일어나는 통증 반응이다. 안락한 삶을 가로막는 요소는 여럿일 텐데, 그중 하나가 의미의 영역으로 편입되지 않는 통증이다. 몸을 찢고 으깨는 듯한 통증이라면 더욱 그 럴 테다. 통증은 생의 약동과 에너지, 그 밝음과 쾌활함을 갉 아먹고 신경망을 찢고 부순다. 이것은 비명과 오열을 부르 고, 삶을 망가뜨리는 악마의 장난이다. 통증이 지배하는 한 에서 그 주체는 더 이상 나빠질 수 없는 나락으로 떨어진다.

장애 후유증의 경험을 담은 서사는 통증의 위력이 전이 되는 강렬한 느낌과 함께 같은 처벌을 받고 있다는 착란마 저 느껴져 다시 들여다보고 싶지 않다. 날것의 통증에 집중 포화를 당하는 신체의 고통을 그린 황시운의 『당신이 모르 는 이야기』(교유서가)를 읽고 잠시 눈을 감는다. 그 끔찍함에 관자놀이가 지끈거린다. 이것은 몸의 지각과 의지 분리가 이루어진 상태에서 수시로 몸으로 밀려드는 날것의 통증에 관한 이제껏 보지 못한 생생한 서사다.

통증이 신체에 작용하는 물리적 고통이라면 이 책은 우

연한 추락 사고로 하반신 마비에 빠진 촉망받는 작가의 "인생을 찢고 부수고 으깨진" 불운과 신경병증성 통증에 관한 관찰 기록이다. 아울러 "불행과 불운에 온몸으로 맞선" 투쟁이며, 안간힘을 다해 세상에 다시 나와 소통하려는 갈망을 보여준다.* 작가는 척수 손상을 입고 통증의 먹잇감으로 던져진 몸을 제시한다. 통증의 불가해한 위력은 비장애인이 범접하거나 상상할 수 있는 수준이 아니다. 자기 연민이나 나르시시즘이 틈입할 여지없이 몰아치는 통증의 파노라마 앞에서 인간은 무력할 뿐이다.

통증은 우리를 벌거벗은 생명으로 호명한다. "살을 찢고 뼈를 갈아내는" 통증으로 생활이 무너지고 삶의 의지마저 사라진다. 차라리 죽음을 더 열망하게 하는 통증은 통제할 수 없는 규율 권력이고, 아주 나쁜 방식의 예속일 것이다. 범속하게 말하자면 이것은 신체에 가해지는 형벌이고, 몸의 자기 지각을 강화하는 특별한 형식의 테러다. 다른 한편으로 통증은 주체에게 자아의 윤곽을 부여하고, 현존의 의미와 질을 규정하는 표준으로 작동한다. 과연 통증에 사로잡힌 몸으로 사는 것에 무슨 의미가 있을까?

누구나 크고 작은 고통에 연루된 채로 살아간다. 고통은

---

* 황시운, 『당신이 모르는 이야기』, 교유서가, 2022

358

보편의 경험이고, 그래서 우리는 그것을 잘 안다고 생각하면서도 고통을 대상화하고 통증을 숙고하는 경우는 드물다. 그런 까닭에 우리는 고통을 모르고 그 본질도 깨닫지 못한다. 고통을 숙고한 철학자 하이데거는 이렇게 말한다. "고통은 작은 죽음이다. 죽음은 큰 고통이다." 아, 알겠다! 우리가 고통을 견디고 삶을 잇는 까닭은 더 큰 고통인 죽음을 피하기 위함인 것을.

단순하게 말하자면, 통증은 순간마다 찢기는 살이고, 날마다 들이키는 죽음이다. 결국 통증은 삶이 너덜너덜 찢기고 비루해지는 요인이다. 통증은 삶의 전 영역으로 침투해 문제를 일으킬 뿐 아무 뜻도 없다. 이것은 벌거벗은 신체에 각인된 고통의 현현이고, 찰나마다 가시화되는 죽음이며, 현존을 모욕하며 외설로 변질시키는 추문이다.

통증은 과거와 미래를 집어삼키고 실존 자체를 현재에 가둔다. 누군가는 통증을 참지 못하고 그 운명에 분노하고 비명을 지른다. 과연 누가 통증의 촘촘함으로 수놓인 고통의 서사를 읽을 것인가? 권태로운 사람에게 이 고통의 서사를 전해주고 싶다. 그 이유는 권태가 고통 없는 나날이 불러들인 마비이고, 고통을 배제한 안락의 과잉이 만드는 표장(表章)인 까닭이다. 날것인 고통의 낯섦 앞에서 권태는 사치, 부끄러운 과잉에 지나지 않음을 깨닫게 될 것이다. 좋은 삶의 최소 조건이 통증 없는 삶이라면, 어쩌면 우리는 이미 좋은 삶을 누리고 있는지도 모른다.

인생에서 가장 훌륭한 선택

어린 시절 그토록 책에 탐닉한 것은 심오한 뜻이 있어서라 기보다는 책이 재미있어서였다. 책에서 나오는 교향(交響)의 장엄함 속에서 내 영혼은 더욱 깊고 굳세졌다고 믿는다. 청 소년기에는 친구 집의 다락방에서 구한 책들을 읽고, 전업 작가가 되어서 그 수입으로 생계를 해결하려는 원대한 계 획을 세운 20대 초에는 시립도서관을 문턱이 닳도록 드나 들며 책을 읽었다.

　내 인생의 선택 중에서 가장 잘한 일은 책과 함께 한 삶 이다. 내 행복의 조건은 책, 의자, 햇빛이다. 그것에 더해 사 랑하는 사람들, 숲, 바다, 음악, 대나무, 모란, 작약이 있다면 이보다 더 좋은 삶은 없다고 믿었다. 책에는 가보지 못한 세 계, 낯선 장소와 풍경들, 미지의 시간들이 있다. 책을 읽는 동안 나는 그 세계 속으로 뛰어들어 지적 모험을 시작한다.

　누군가는 책 읽기를 "눈이 하는 정신 나간 짓"이라지만 책 읽기는 항상 그 이상의 함의를 갖는다. 우리는 책을 통해 세상과 '나'에 대한 지식과 이해를 구하고, 교양과 지식을 갖 춘 지성인으로 성장한다. 책을 읽는 사람은 뇌의 시각 피질 이 달라지고 문자나 문자 패턴, 단어 등 시각적 이미지를 떠 맡는 뇌의 세포망이 채워져서 지적 자극을 효율적으로 신경

회로에 전달하는 능력을 갖춘다. 또한 마음이 고요한 가운데 기쁨을 느끼고, 옳고 그름에 대한 윤리적 감각이 발달한다. 한 마디로 책은 우리를 보다 더 나은 사람이 되게 한다.

공자는 "아는 것은 좋아하는 것만 못하고, 좋아하는 것은 즐기는 것만 못하다"라고 했다. 나는 그 말에 전적으로 동의한다. 좋아하고 즐기는 것으로 이른 봄 종달새 소리, 모란과 작약 꽃들, 여름 아침 연못의 수련, 파초 잎에 떨어지는 빗소리, 벗들과의 담소, 여인의 환한 미소, 동지 팥죽, 흰 눈 쌓인 겨울 아침의 햇빛 환한 것들을 꼽는다. 그밖에 고전음악을 듣고, 그림을 보는 것, 벗과 바둑을 두는 것을 좋아하는데, 내가 좋아하는 것들 중에서 으뜸은 책 읽기다.

뼈가 약하고 살이 연할 때 나를 단련한 것은 책이고, 인생의 위기 때마다 나를 일으켜 세운 것도 책이다. 스스로 낙오자가 되어 시골로 내려와 쓸쓸한 살림을 꾸릴 때 힘과 용기를 준 것도 책이다. 평생을 책을 벗 삼아 살았으니, 내가 읽은 책이 곧 내 우주였다고 말할 수 있다. 내게 다정함과 너그러움, 취향의 깨끗함, 미적 감수성, 올곧은 일에 늠름할 수 있는 용기가 손톱만큼이라도 있다면, 그건 다 책에서 얻은 것이다.

내 인생의 큰 위기는 마흔 무렵에 왔다. 구속과 이혼을 겪고 시골로 들어왔다. 생계 대책이 막막한 가운데 종일 저수지 물이나 바라보며 시간을 보냈다. 날마다 노자와 장자,

그리고 공자의 책을 읽었다. 그 책들을 끼고 살며 마음의 고요를 되찾았다. "마흔은 인생의 오후, 빛은 따뜻하고 그림자 길어져, 걸음을 느리게 잡아당기면 곧 펼쳐질 금빛 석양을 기대하면서 잠시 쉬어가도 좋은 시간. 아침부터 수고한 마음을 도닥거리고 어루만지면서 남은 시간에 무엇을 할 것인지 평온하고 지혜롭게 사유하라. 그런 이에게 오후는 길고 충만하다."*(졸저, 『마흔의 서재』)

　세상을 크게 이롭게 한 바는 없지만 삶을 조촐하게 꾸려온 이의 자긍심마저 아예 없는 건 아니다. 스무 살에 등단해서 쉰 해 동안 시를 쓰고, 방송에 나가 책 얘기를 하며, 매체에 글을 기고했다. 독자에서 편집자를 거쳐 저자로 살아오며 기쁜 일도 궂은 일도 겪고, 여러 풍파를 견디고 넘어왔다. 그동안 책 읽기 덕분에 내가 누구인지를 더 잘 인식하고, 영혼은 지식들과 융합하며 나는 사색하는 인간으로 성장했다. 나는 봉급과 수고에 매이지 않은 채 읽고 쓰며 밥벌이를 한 삶에 만족한다. 나는 '책 읽는 인간'으로 일관하며 살아온 것을 기꺼워한다. 그걸 내 자존의 고갱이로 여기고, 그걸 오롯이 보람과 기쁨으로 여긴 것은 그게 바로 내가 갈망한 단 하나의 삶인 까닭이다.

---

*　장석주, 『마흔의 서재』, 프시케의 숲, 2020

젊건 늙건 인생은 어렵다

가을로 접어들자 숲에서 쉼 없이 울던 매미 소리가 뚝 그치고 거대한 침묵이 내려앉는다. 숲속 길에는 도토리 떨어져 구르는 소리가 그 침묵에 균열을 낸다. 지난여름의 폭염은 머리를 절레절레 흔들 만큼 끔찍했는데, 어느덧 그 기억도 아련하다. 가을날 오후의 빛이 드리워지며 도처에 생기는 잔영(殘影)은 애틋하다. 땅거미 지고 바람에 숲이 일렁이면 마을의 개들은 바람소리가 인기척인가 하여 공허하게 컹컹 짖는다. 추분이 지난 뒤 밤은 빨리 찾아온다. 그 무렵 침울해진 내 영혼에는 초조함과 불안이 깃든다. 그것은 밤을 두려워하던 선조에게서 받은 선험 기억의 흔적일 테다.

숲은 울창하고 빛으로 넘치던 여름은 당연히 젊음의 은유로 적당하다. 혼란과 열정이 뒤섞인 채로 맞은 젊음의 시기에 나는 자기 조절 능력이 부족한 탓에 미숙과 불안정성, 시행착오의 함정에 빠지곤 했다. 세상의 질서에 반항하고, 불가능한 꿈을 꾸었지만 나는 무능력했고, 외톨이로 외로웠다. 그것은 내가 문학에 투신했기 때문이다. 나는 시립도서관에서 책이나 읽고 습작을 하며 보내며, 그 밖의 것에 대해서는 무관심으로 일관했다. 좋아하는 것에 열광하고 들뜬 채 보내는 것은 젊은 감정의 특징이다. 그 질풍노도의 시기에 나는 늘 혼자여도 좋았다. 문학은 나를 압사시키지 못했다. 오히려 내 연약한 내면은 문학으로 말미암아 더 단단해졌다. 가난을 견디는 내구력 같은 게 생겨났을 때 나는 "나를 죽이지 못하는 모든 것은 나를 더 강하게 만든다"는 철학자 니체의 경구를 떠올렸다.

청춘, 그 '가장 행렬'은 빨리 지나간다. 어느 날 거울에 비친 늙고 지친 내 모습에 놀란다. 장년기는 '뺄셈의 계절', 사방에 넘치던 빛은 줄고 숲의 활엽수들은 조락을 시작하는 가을에 견줄 수 있으리라. 젊음을 감싸던 빛은 덧없이 시들고 사라진다. 대신 나이와 경륜이 쌓인 장년기엔 인생의 혼란은 가라앉고 체념과 원숙함으로 빚은 내면이 제법 확고해진다. 나이가 들고 보니, 알겠다. 나이든 자에겐 젊음이 갖지 못한 몇 가닥의 지혜와 한 스푼의 원숙, 그리고 고유한 슬픔이 있다는 사실을.

나이가 들며 늙는 일은 당혹스럽다. 늙는 것은 내 인생에서 처음 겪는 낯선 사태이기 때문이다. 내 안에 들끓던 그 많은 갈망은 마르고 동경은 시들었다. 인생의 시간이 덧없음으로 짜여진다는 사실쯤은 경험으로 충분히 안다. 빛나고 아름다운 나이를 지나 처음 맞는 노년도 의미가 없지는 않다. 봄과 여름은 꽃과 신록으로 빛나지만 가을의 단풍과 열매들도 충분히 아름답듯이. 젊음도 노년도 다 인생의 한 과정이다. 미숙과 만용과 실수로 얼룩진 저 젊은 시절로는 두 번 다시 돌아가고 싶지 않다.

진작 개봉 소식을 기다리던 영화를 보러 극장을 찾았다. 이언 매큐언의 원작 소설을 영상으로 옮긴 〈체실 비치에서〉다. 이 영화의 배경은 존 F. 케네디가 미국의 대통령으로 있던 1960년대다. 역사학도인 에드워드와 바이올린 연주자인 플로렌스는 첫 만남에서 사랑에 빠진다. 이 청춘남녀는 결혼식을 올리고 체실 비치로 신혼여행을 온다. 긴 해안 일대가 매끄러운 돌로 덮인 바닷가 신혼 여행지에서 둘은 작은 오해와 갈등 속에서 파국을 맞는다. 이 영화는 시종 잔잔하지만 체실 비치의 수려한 풍광과 베토벤, 바흐, 모차르트의 소름끼치게 아름다운 선율이 넘실대고 사랑의 서사와 하나로 녹아들며 관객의 가슴을 아리게 한다.

인생의 아이러니와 엇갈리는 사랑의 비극을 보여주는 이 영화에는 반전이 숨어 있다. 신혼여행지에서 자기가 부당하게 배척당했다고 오해하며 잔뜩 화가 난 남자는, 남자를 받아들이는 데 어려움이 있었던 여자에게 '돌덩어리'이고 구제받을 길 없는 '불감증 환자'라고 비난을 퍼붓는다. 둘은 등을 돌리고 각자의 길을 걷는다. 세월이 흘러, 여자는 다른 남자와 재혼하여 아들과 딸을 낳았다. 귀밑머리가 희끗해진 남자는 그 여자가 이끄는 실내악단의 고별 연주회 공연을 지켜보며 섬광처럼 스쳐간 사랑의 기억을 떠올리고, 뼛속까지 파고드는 회한으로 눈물을 주르륵 흘린다.

극장을 나서며 영화의 아름다운 잔상을 품은 채 '젊음'에 대해 다시금 생각했다. 예나 지금이나 젊은이들은 아침의 날빛이 밤의 어둠을 무찌르고 솟구쳐 나오듯이 무모한 열정과 모순의 혼재를 꿰뚫으며 나오는 승리를 꿈꾼다. 하지만 젊음은 그 내부의 방향 상실과 불확실성으로 얼룩진다. 그런 까닭에 모든 청춘을 아름다운 시절이라고 말하는 것은 섣부른 일반화의 오류에 지나지 않는다. 젊은이에게 결혼식은 미숙한 젊음에서 벗어나 성인기로 이행하는 일종의 입문 의례라고 할 수 있겠다. 젊음은 오랫동안 '미숙'의 표지였다. 그 표지를 떼어내고 '성인'으로 인증해 주는 절차가 바로 '성인식'이다.

결혼식이 '깃털 없는 두발 동물'에게 남은 젊음과 성인 세계 사이에 걸쳐진 성인 입문의 희미한 흔적이라면 이 영화의 주인공들은 성인식의 문턱에서 미끄러진다. 어른의 세계로 입문하는 절차에서 실패한 책임이 딱히 어느 한쪽에만 있다고 말하기는 어렵다. 관능적인 것에 대한 남자의 서투름과 여자의 과도한 두려움이 겹쳐져서 돌발적으로 일어난 '사고'이기 때문이다. 에드워드는 수석 졸업으로 학위를 취득하지만 성인식 입문 의례에서 미끄러지며 변방을 겉돈다. 체실 비치에서 홀로 서서 바라보는 일렁이는 바다는 그가 치러내야 할 길(방향) 없는 세계의 아득함과, 자기 자신에게서 뿌리 뽑힌 채 떠도는 방황의 고단함을 암시한다. 그가 겪은 어처구니없는 실패와 방향 상실로 빚어진 인생의 참담함은 청춘의 시기가 얼마나 위험하고 치명적인 것인가를 보여준다.

젊음이 인생의 가장 좋은 때라는 생각과 젊음이 인생의 가장 끔찍한 때라는 상반된 의식은 공존한다. 앞서의 것은 젊음이 인생의 창창한 가능성과 희망을 품은 까닭이고, 뒤의 것은 젊음이 실수와 시행착오를 품고 있기 때문일 테다. 오늘날 한국 사회에서 젊은이들이 과거에 견줘 더 많은 자유를 누리는 점을 부정할 수는 없다. 하지만 이들이 막상 제 벌이를 하며 어른이 되고자 할 때 사회적인 기회의 문은 협소하고 자립에 큰 어려움을 겪는다는 사실은 움직일 수 없는 진실이다.

오늘날 젊은이들은 전통사회에서 치르던 성인식 없이 손쉽게 어른이 된다. 젊은이들은 성인 입문 의례의 폐기로 인해 두 가지 함정에 빠진다. 첫째는 자신의 사춘기를 생물학적 필요 이상으로 길게 늘리는 것과 둘째는 '어른의 유소년화'라는 인지 부조화의 시기를 연장한다는 점이다. 이들은 성인 세계로 들어서는 취업과 결혼이라는 진입 장벽 앞에서 덩치만 커진 '어른의 유소년화'에 머물며 무자비한 경쟁 세계에 방치된 채 방황을 겪는다. 젊은이들이 문신이나 피어싱 따위를 어른의 징표로 과시하지만 이들은 성숙에 이르지 못한 채로 '유소년화의 몸'에서 탈피하지 못한다.

젊거나 나이가 들었거나 참된 방식으로 인생을 산다는

것은 어려운 일이다. 더구나 경험과 견문이 얕은 젊은이가 인생의 심오한 이치를 깨닫고 매사 지혜롭게 행동한다는 것은 불가능하다. 다른 사람은 모르겠지만 내 경우는 그랬다. 나이가 든 뒤에야 상상하는 모든 것이 현실이 되지 않는다는 점과, 세상이 내 의지대로만 되지 않는다는 사실을 깨달았다. 인생이란 풀어야 할 수수께끼와 같다. 시간을 되돌려 다시 살 수 있다면 더 근사한 삶을 만들 수 있을까? 아니다. 젊은 시절로 돌아가도 똑같은 어리석음과 실패를 되풀이하고 말 것이다. "인생은 뒤돌아볼 때 비로소 이해되지만, 우리는 앞을 향해 살아가야 하는 존재다."라고 말한 철학자 키르케고르의 말은 옳다. 왜 아니겠는가! 젊을 때 최선인 줄 알고 선택했지만 지나고 나니 그게 얼마나 어리석고 위험한 결정이었는지를 깨닫고 오싹해진다.

갑질의 우둔함

대한항공 086편 회항 사건은 많은 이들이 기억하는 갑질 사례다. 2014년 12월 5일, 케네디 국제공항에서 대한항공 총수의 딸이자 부사장인 아무개 씨가 객실 승무원의 서비스를 트집 잡아 항공기 회항을 지시한 사태다. 기업주 가족의 도에 넘치는 갑질이 불거지면서 비난이 폭주하고 기업 주가는 곤두박질쳤다.

고용주와 피고용주, 직장 상사와 직원, 아파트 입주민과 경비원, 선배와 후배… 사이에는 부나 직위, 나이의 격차로 인한 비대칭 구도가 생긴다. 힘의 위계에서 더 높은 지위에 있는 갑이 을에게 월권적 위력을 행사하는 게 갑질이다. 이 사태는 갑의 우둔함과 무신경함, 개별자의 그릇된 인성, 인권 감수성의 부재, 인격의 막돼먹음에서 비롯한다. 을을 누르고 위력을 행사하는 갑의 비루함은 그 인격의 실체를 흉하게 드러낸다. 피해자에게 모멸감을 안기며 큰 트라우마를 남긴다는 점에서 갑질은 심각한 범죄다. 갑질은 부당한 강요, 협박, 막말(반말과 욕설), 폭행, 임금 떼먹기, 열정페이… 따위를 포괄한다. 천박하고 과시적인 소비문화 속에서 갑질이 난무하는 것은 깊은 삶의 생태학이 부재하는 사회의 낮은 단계의 인권 감수성과 천박한 물질만능주의가 한몫 거들었을 테다. 갑질이 사회의 이슈로 불거질 때마다 대중의 분노가 들끓는데도 이것이 끊이지 않는 이유는 유교적 가부장제 내에서 작동하는 힘의 위계와 질서를 한국 사회가 관습적인 기율로 삼은 탓이다.

'갑질 사회'는 무엇보다 나와 너의 인권과 존재의 숭고함에 대한 인식이 얕은 사회다. 우리 내면을 직격하는 숭고함은 인간의 미적 감식 능력을 초과하는 알 수 없는 사태, 몸으로 가늠할 수 없는 웅장한 대상에서 비롯한다. 그것들은 말을 잃게 하고 형언할 수 없는 전율 속에서 경탄을 자아낸다. 숭고한 감정은 우리 안에 품은 인간적 자질들, 즉 우리 안에 깃든 왜소함, 지질함, 유한함, 무력감 따위를 되돌아보게 한다. 인간이 감각 지각으로는 측량할 수 없는 무한한 것에 다가갈수록 느끼는 두려움과 아름다움을 숭고라고 뭉뚱그려 말한다. 다시 말해 숭고함의 바탕은 나의 존재함에 견줘서 '더 이상 큰 것은 없다'는 느낌 속에서 나오는 외경심이다.

숭고라는 단어는 이미 그 바탕에 '높이'라는 의미를 품는다. 크고 높은 것, 근원을 알 수 없는 심연의 역상, 그 무엇과 비교할 바 없이 위대한 것은 무엇인가? 그중 하나는 신이리라. 그러니까 숭고함이란 신적인 것과의 마주침에서 나오는 미적 쇄신의 기쁨, 즉 경외감이 그 바탕이다. 숭고함은 번개와 천둥, 굉음과 용암을 토해내는 거대한 화산 같은 자연현상들이 그렇듯이 초자연적인 신을 향한 경외감과 관련이 있다. 광활한 우주와 수억 광년을 잇는 별들의 궤도를 관찰할 때 우리는 신을 향한 경외감을 갖는다. 수평선을 품은 바다나 가파르게 솟은 직벽의 위용을 드러내는 고산의 웅장함 같은 자연의 규모에서도 얼어붙는 듯 두려움을 느낀다.

삶이 오로지 말초 감각을 만족시키려는 활동과 성공과 성과만을 부추길 때 숭고함과의 고리가 떨어져 나와 비천함으로 추락한다. 먹고 마시며, 연애하고, 음주와 오락을 즐기는 일상 너머의 숭고함을 겪는 일은 매우 희귀하다. 숭고함은 우리가 얼마나 작고 지질한지에 대한 각성으로 이끌고, 우리의 아둔함을 일깨운다. 동시에 숭고한 감정 속에서 어떤 한계들, 즉 경험의 비좁음과 사유의 메마름에서 발호하는 태도, 교양, 문화와 같은 상징 자본의 빈곤에서 벗어날 계기를 찾기도 한다.

갑질에 대처하는 좋은 태도는 즉각적으로 갑의 부당한 행위에 항의하고 바로잡는 것이다. 강자들은 내심 약자의 저항을 두려워한다. 갑질을 속수무책으로 당하는 것은 철학자 니체가 말하는 바 우리 안에 잠재된 노예의 속성 때문일지도 모른다. 노예의 속성은 힘의 위세 앞에서 굴종을 낳는다. 이것을 약자가 살아남기 위한 불가피한 처세술이라고 호도해서는 안 된다. 부당함에 저항하지 않는 을이란 인격이 부당하게 모독당한 상황에서도 자기 자신을 지키려 하지 않는 자란 비겁한 사람이다. 그런 사람은 인내심이 강한 게 아니라 자기에 대한 존중감의 결여를 드러낼 뿐이다. 니체는 그들을 영합하고, 툭하면 개처럼 벌렁 드러눕고, 비굴함에 길들여진 자라고 비판한다. 그래서 니체는 "지나치게 인내심이 강한 자, 무슨 일이든 만족하는 자를 증오하고, 그런 자들에게 구역질을 느낀다."라고 말한다.* 갑질을 인내하는 것은 노예 도덕에 대한 비겁한 굴종이다. 아울러 자신을 향한 모욕에서 자존감을 지키는 올바른 태도가 아니다. 어떤 경우에도 갑질은 인간 사회에서 추방해야 할 악행이다. 그러므로 갑질에 분노하고 항의하라! 그 행위가 당신을 더 용기있는 사람으로 만들고, 당신의 자존감과 인격을 지켜줄 것이다.

---

* 프리드리히 니체, 『차라투스트라는 이렇게 말했다』, 장희창 옮김, 민음사, 2004, 일부 문장을 수정함.

당신이 망각한 걸 말해 봐

뭔가를 떠올려야 하는데, 기억이 나지 않아 낭패를 당한 적이 있습니까? 잔뜩 취한 채 귀가한 이튿날 자동차를 어디에 두었는지를 몰라 당황하거나, 중요한 서류를 잘 간직한다고 보관했는데, 그걸 찾을 수 없어 곤란했을지도 모릅니다. 통장이나 현관 잠금장치의 비밀번호가 기억나지 않아 난감할 것입니다. 기억이란 무엇일까요? 그것은 보고 듣고 겪은 경험이나 정보를 부호화해서 뇌에 응고시키고, 뇌 속에 응고된 기억을 인출하고 재생하는 전 과정을 포괄합니다. 우리는 기억회로의 활성화를 통한 시간과 경험의 소환을 통해 살아간다고 할 수 있습니다.

삶은 기억의 연속성 위에서 이루어지는 활동의 총합입니다. 따라서 기억에 장애가 생긴다면 우리는 인간관계에서 결락되어 고립무원의 처지에 빠지고, 토막 난 기억 안에서 찰나만을 살 것입니다. 청소기를 되풀이하며 돌리거나 밥을 먹고 또 먹을지도 모릅니다. 회사 출근도 집을 찾아 돌아오는 일도 불가능하다면, 우리는 일상에서 기본으로 수행하는 것들, 즉 먹고, 걷고, 말하고, 샤워하고, 이 닦는 법조차도 새로 배우고 익혀야 할지도 모릅니다.

기억 위에 삶을 세운다는 것은 불변의 진실입니다. 기억의 토대 위에서 오늘의 삶을 꾸리는 인간에게 과거(기억)가 없다면 오늘의 삶도 없습니다. 신경생물학에서는 기억을 뇌의 해마와 편도체가 쥔 정보와 경험의 응고화 현상이라고 정의합니다. 이에 따르면 기억이란 지속성의 감각이고, 정서·감정·인식의 토대를 세우는 데 필요한 기초 자원입니다. 기억력은 더 나은 생존을 위한 기술입니다. 이것은 서술 기억, 절차 기억, 의미 기억, 학습 기억, 작업 기억, 신념 기억 같이 다양한 양태로 존재하는데, 우리는 해마와 편도체가 거머쥔 일화들, 즉 삶의 이야기를 안고 삽니다. 기억 자체가 우리 자신이라고 할 수 있습니다. 이 명제를 뒤집으면, 무엇을 망각하느냐에 따라서 정체성도 달라진다는 뜻입니다. 네가 망각한 걸 말해 봐. 그러면 네가 누구인지를 말해줄게.

기억의 내용이 저마다 삶의 빛깔과 형태를 결정합니다. 다른 한편으로 망각은 식물에 꽃이 피고 열매가 맺는 것만큼이나 중요합니다. 기억력 감퇴와 망각은 조금 다릅니다. 기억력 감퇴가 뇌의 노화로 인한 자연스러운 현상이라면 망각은 뇌의 의도와 선택의 결과라는 점에서 그렇습니다. 사람은 기억의 동물이자 망각의 동물인데, 뇌는 더 잘 기억하기 위해서 망각이라는 선택을 합니다. 그 선택은 나뭇가지를 쳐내는 정원사의 전지 작업에 견줄 수 있습니다. 망각은 기억이 포화 상태라고 인지한 뇌가 덜 중요한 것을 정리하고 덜어내는 작업입니다. 그래야 새로운 기억을 저장할 공간을 확보할 수 있기 때문입니다.

뇌에 각인된 기억을 지울 수는 없고, 다만 기억의 발현이 억제될 뿐입니다. 모든 기억은 감정을 동반합니다. 우리는 감정의 맥락 속에서 기억을 습득하고 그것을 응고시킵니다. 기억은 침식이 만든 바닷가의 단층과 단구와 닮은꼴일 것입니다. 파리 사회과학원 인류학과 교수인 마르크 오제는 망각을 "기억의 살아 있는 힘이며, 추억은 그것으로부터 나오는 산물"*이라고 말합니다. 망각으로 기억의 가치 서열이 선명해지는데, 덜 중요한 기억은 퇴색하고 중요한 기억은 망각으로 보존됩니다. 이를테면 기억은 저수지의 물이고 망각은 기억의 유실을 막는 댐입니다.

우리는 생애 첫 번째 키스를 기억하지만 열 번째 키스는 기억하지 못합니다. 왜 어떤 경험은 기억하고 어떤 경험은 기억하지 못할까요? 이 차이는 어디에서 발생할까요? 인지과학자들은 인간의 기억을 작업기억, 일화기억, 의미기억, 섬광기억, 단기기억, 장기기억 등으로 분류합니다. 우리가 겪은 일들은 시각 신호, 소리, 정보, 감정, 의미 등을 신경 신호로 변환시켜 뇌에 입력시켜야 기억할 만한 것으로 바뀝니다. 이때 의미 있다고 여겨지는 경험은 뇌의 해마에서 기억으로 굳히는 과정을 거칩니다.

---

* 마르크 오제, 『망각의 형태』, 김수경 옮김, 동문선, 2003

    탄생과 죽음, 결혼과 이혼 같은 경험은 섬광기억으로 우리 뇌에 각인됩니다. 섬광기억은 공포, 분노, 기쁨, 슬픔 같은 강렬한 감정을 동반한 채 각인되어 잊을 수가 없습니다. 반면 작업기억은 몇 초만에 휘발되는 지속 시간이 짧은 기억을 가리키는데, 이것은 일상생활 중 항상 가동되는 것으로 뇌에 각인되거나 굳혀지지 않습니다. 누군가 불러준 전화번호는 단기간만 머물렀다가 곧 사라지는데, 이런 것을 작업기억이라고 합니다.

    솔로몬 셰레셰프스키라는 사람은 '아무것도 잊지 못했던 남자', 즉 비상한 기억력을 가진 사람으로 유명합니다. 러시아의 심리학자 알렉산드르 루리아는 30여 년 동안 셰레셰프스키의 기억력을 여러 가지 방식으로 실험합니다. 그는 무의미하게 나열된 숫자들, 낯선 외국어 시, 복잡한 과학 공식을 외웠고, 몇 해가 지난 뒤에도 놀라운 기억력을 과시했습니다. 그의 기억력은 뇌과학으로는 설명할 수 없는 수준이었습니다. 그는 과잉기억 증훈군에 빠져 망각하는 법을 잊은 사람이었던 것입니다.

    기억이 정보 저장과 정보 삭제의 균형점 위에 있을 때 온전한 삶을 꾸릴 수가 있습니다. 망각은 기억의 유실일 뿐만 아니라 기억의 승화입니다. 기억으로 호출할 수 없는 망각은 신경세포의 생물학적 연결 구조의 변화에서 일어나는 현상입니다. 우리는 망각 덕분에 무의미하고, 성가신 기억들, 노이즈를 일으키는 불필요한 기억의 강박에서 벗어납니다. 기억이 삶의 가능성이자 한계이고, 생애 동안 취득한 상징 자산이라면, 망각은 유실된 것, 기억에서 삭제된 경험입니다. 망각의 광휘에서만 기억은 빛납니다. 망각이 슬픈 것은 노래를 잊고, 열여덟 살의 여름을 잊고, 형제자매를 잊는 일이고, 생이라는 모래탑이 한 순간에 무너지는 일이기 때문입니다. 기억이 사라지면 우리는 설렘과 한 줌의 기쁨도 모른 채 망각의 순교자가 되고 말 것입니다. 우리는 망각으로 상징적 죽음을 맞고, 세계라는 거대한 무덤에 생매장되고 말 것입니다. 기억이 쇠퇴하는 당신에게 "기억의 축복을 누려라, 그러나 망각의 고마움도 잊지 마라!"라고 말해주고 싶습니다.

가끔 사람 이름이 기억나지 않아 조바심치고, 약속을 까마득하게 잊어 낭패를 봅니다. 나이 듦의 특징 중 하나는 단기 기억력의 현저한 감퇴입니다. 퇴화된 기억은 망각의 침식에 의한 산물이고, 망각은 기억이란 열차의 사라진 노선 탓에 일어나는 사태입니다. 늙은 뇌는 더 가까운 날들의 기억에 모호함과 미스터리한 깊이를 만듭니다. 경도인지장애는 선명한 기억의 인출을 방해하지만 사실 우리가 겪은 걸 다 기억하고 살 필요는 없습니다. 망각의 기술 역시 뇌가 살아남기 위해 익힌 생존의 스킬입니다. 그러니 더 잘 살고 싶다면 더 잘 잊는 기술도 배워야 합니다.

바둑과 리좀학

인간은 놀이하는 존재, 즉 호모루덴스다. 시, 음악, 가무, 그림 그리기, 술래잡기, 말꼬리 잇기, 스무고개 풀이 따위는 인류가 고안한 놀이들이다. 놀이는 즐거움을 추구하는 일이고, 동시에 사로잡힘이며, 노동과는 달리 현실에서 큰 쓸모가 없는 일이다. 어린아이에게 놀이는 자연(특히 동물)을 흉내내며 신명을 느끼는 유희이자 제의다. 아이들은 놀이라는 제의에 참여하며 사회 규범을 익히고 다른 사람과 협동하며 사는 법을 배운다.

  인간은 왜 놀이에 이끌리는가? 놀이는 일상의 질서 바깥에서 벌어지고, 일상의 규범이나 의무가 없는 자리에서 일어난다. "놀이는 놀이 스스로를 즐겨 비밀스러운 분위기로 감싼다".* 놀이는 탈규범적이고 비억압적이며, 그것만의 고유한 리듬에 따른다. 또한 놀이는 행위의 드라마화이고, 그 안에 흥분과 재미를 느낄 만한 여러 요소들을 집약한다. 하위징아에 따르면, "질서, 긴장, 운동, 변화, 장엄, 율동, 환희" 등등이 놀이의 고유한 요소들이다.

---

* 요안 하위징아, 『호모루덴스』, 이종인 옮김, 연암서가, 2018

바둑과 장기는 동양에서 여흥으로 즐기는 잡기이고, 체스는 서양에서 고안된 놀이이자 게임이다. 프랑스 철학자 들뢰즈와 가타리의 『천 개의 고원』에 따르면, 장기는 제도화되고 규칙화되어 있는 전쟁이고, 전선과 후방, 다양한 전투 등이 코드화되는데 반해 바둑은 전선 없는 전쟁이고, 전방과 후방의 분별이 없는 이상한 게임이다. 장기나 체스는 국가 같은 체계가 있고, 장기의 말은 왕과 신하로 나뉜다. 장기의 말에는 각각의 이름(혹은 계급)이 부여된다. 장기는 수목적 체계에 기반해 진영을 짜고, 말들은 일자(一者)를 중심으로 위계 안에서 질서정연하게 움직인다. 장기의 말들이 규범을 지킨다면 바둑알은 혼돈 속에서 흩뿌려지는 낱알이다. 장기의 말들은 왕을 중심으로 삼아 지키지만 바둑알은 지켜야 할 최고 존엄이 없다. 바둑알은 익명이고, 산술적 단위에 지나지 않는 무리로 흩뿌려진다.

바둑알은 큰 무리에서 떨어져 나온 작은 낱알이고 알약이다. 알곡의 성분 없이 텅 빈 상태이고, 어떤 플라시보 효과도 없다. 다만 너른 공간에 흩뿌려는 이것은 익명으로 흩어지고, 파업하는 무리이며, 집합적 단위로 평가를 받는다. 바둑알은 국가 기계 안에서 징집되는 국민이다. 이것은 낱낱으로 떼어진 상태로 공간에 투입되고 배치되는데, 이 투입과 배치는 무작위적이다. 포석 단계에서 바둑알은 흔히 널리 알려진 정석을 따른다. 이때 바둑알은 위상적이고 규범적으로 보일 수도 있지만 그 하나하나는 거의 아무것도 아니다. 바둑알은 하나의 개별자로서는 아무런 힘도 위상도 갖지 못한다. 이것은 상호 연결되고 접속하는 한에서 힘을 갖고, 다른 알과 조응할 때 비로소 위력을 발휘한다.

바둑알은 부피도 무게도 갖지 않는다. 이것은 몸이 없다. 따라서 바둑알엔 고통도 없고, 어떤 낙인도 찍을 수가 없다. 그것은 고통을 모르는 채로 공간 안에서 배치되는 무리지만 있음의 잔여물로 상호 배열 속에서 그 중요성이 드러날 뿐이다. 바둑알은 셀 수 없는 모래알들이지만 바둑 게임은 항상 인구조사를 하고, 그 수를 헤아린다. 바둑알은 생성의 유희를 위해 영토 안에 내던져지는 개체들이다. 이들을 징집된 자, 적진을 탐색하는 척후병, 군번을 부여받지 못한 채 삼인칭 기능을 하며 투입되는 무명용사라고 부를 수 있다.

바둑 게임은 영토의 경계를 설계하고 이것을 분할하는 전략을 세우고 그 힘과 지략을 겨룬다. 바둑에서 영토는 제일의적 가치이고, 승리를 산출하는 자산이다. 이 바둑에서 영토는 주인 없이 방치된 빈터이다. 주인이 없는 빈터들. 바둑은 이 빈터에 말뚝을 박고 대지를 분할하며 질서를 세우는 게임이다. 이것의 질서는 지배되고 포획되는 것의 원리를 따른다. 바둑이 중반을 넘어서면 벌써 영토의 경계가 확정되고 그 주인이 정해지면 빈터는 차츰 줄어든다.

바둑판은 고른판인데, 이 고른판에는 피 흘리는 이면이 없다. 다만 이 고른판을 지배하는 움직이는 손이 있을 뿐이다. 이 손은 상징적인 뜻에서 보이지 않는다. 사실을 말하자면, 바둑알을 옮기는 것은 사유하고 동요하는 손이다. 손이 안절부절 못하고 동요하는 것은 지배 욕망 때문이다. 바둑은 동요하는 손이 그린 그림일지도 모른다. 늘 중간에서 움츠리며 동요하는 손은 알고리즘을 찾는 집단 지성의 대체재라고 할 만하다. 바둑에서 승리를 산출하는 원리와 수학적인 계산이 중요하지만 이 손은 생산수단이나 규율권력으로 치환되지는 않는다. 이 손은 전략을 짜고 그 전략에 따라 바둑알의 투입을 결정하는 브레인이다. 이것은 전략의 위력을 드러내는 차이에 따라 급수를 갖는다. 바둑 급수는 인구조사, 리서치, 영토를 구획하는 감각, 변전과 지루함을 버티는 능력의 차이로 구분된다. 바둑은 의학이나 치료학이 아니라 전투의 시뮬레이션이고, 차라리 위상수학이나 서사학에 더 가깝다. 단순히 인습적 경험의 축적만으로 바둑 급수가 올라가지 않는 것은 그런 까닭이다.

바둑알은 중심도 주변도 없고, 주체나 객체와 같은 분별도 없다. 바둑알은 평등하다. 그것은 시작도 없고 끝도 없는 중간에서 불쑥불쑥 나타난다. 중간은 사이-존재의 거점이고, 간주곡이다. "리좀은 시작도 하지 않고 끝나지도 않는다. 리좀은 언제나 중간에 있으며 사물들 사이에 있고 사이-존재이고 간주곡이다."*(『천 개의 고원』) 리좀은 뿌리줄기인데, 이것은 제 마음대로 뻗어나가며 중간에서 싹이 돋아난다. 바둑알은 체계와 질서 안에서 움직이지 않고, 항상 중간에서 나오고 중간에서 침투한다. 바둑알의 들고 낢에는 어떤 규칙도 질서도 없다. 오직 흑과 백으로 나뉘어 공간의 분배를 놓고 부딪친다. 공간을 두고 벌어지는 싸움 과정에서 무수한 선택의 오류와 시행착오가 일어난다. 이것을 전선 없는 전쟁 게임이라고 규정할 수 있다면 바둑알은 유목적 전쟁 기계에 가깝다.

어쨌든 바둑알은 경로를 정하지 않은 채 흘러간다. 바둑은 흐름과 흐름의 충돌이고, 바둑알 한 점 한 점의 효율성을 극대화하는 게임이다. 목적도 목적지도 없이 움직이고, 무규칙하게 흩뿌려진다는 점에서 바둑은 리좀형의 사유 체계를 따른다고 볼 수 있다. 바둑에서 유목주의(nomadism)를 상상하는 건 자연스럽다. 유목주의란 토지나 영토에 종속되거나 정착하지 않은 채 흘러가는 방식을 따른다. 이 지점에서 저 지점으로 이동할 때 목적지를 정하지 않고 움직이는 노마드는 최단 경로라는 원칙을 따르지 않고 경로 선택은 늘 즉흥적이다. 이민자, 이주노동자, 홈리스, 입양아, 난민, 디아스포라로 나타나는 노마드는 토지·건물을 탐내지 않고, 주택청약예금도 좋아하지 않는다. 영토화에 저항하며 끊임없이 도주하기 때문이다. 이들은 언제라도 짐을 꾸려 이동할 수 있는 말과 게르를 선호한다. 21세기형 신인류로 등장

---

* 질 들뢰즈, 펠릭스 가타리, 『천개의 고원』, 김재인 옮김, 새물결, 2001

한 노마드는 지식과 정보, 스마트폰, 노트북, 디지털 기기 따위를 선호한다. 그들은 국경을 넘나들며 사업을 꾸리고 투자를 실행한다. 바둑알은 노마드 같이 움직이되 항상 공간에서의 생성(=되기)의 실현을 목적에 따른다.

세상에 존재하는 셀 수 없이 많은 놀이들 중에서 바둑은 그 기원이 3,500년 이상이 넘는 인류 사회에서 가장 오래 지속되어온 놀이다. 3,500년 동안 인류는 수억 판 이상 바둑이 두었을 테지만 단 한 판도 똑같은 판은 없다. 바둑은 인류가 만든 놀이 중 가장 변수가 많고 심오하며 재미있는 놀이다. 당신이 무엇을 상상하든 바둑은 항상 그 이상이다.

메멘토 모리

어머니는 요양병원에서 두 달 동안 간병을 받다가 돌아가셨다. 어느 날 '임종 준비를 해야 할 것 같다'라는 여동생 연락을 받고 요양병원으로 달려갔다. 산소마스크를 쓰고 링거를 꽂은 채 요양병원 침상에 미동도 하지 않고 누운 노인들은 마치 시신 같아서, 나는 흠칫 놀랐다. 여동생들은 의식 없는 어머니 곁에 모여 있었는데, 어머니 맨발이 담요 바깥으로 삐죽 나와 있었다. 그걸 보는 순간 묽은 슬픔이 빠르게 몰려왔다가 사라졌다.

그날 어머니는 돌아가시지 않았다. 나는 한밤중 요양병원의 텅 빈 복도의 긴 의자에 앉아 들고 간 책을 읽었다. 영생의 믿음을 가진 신실한 신자인 어머니는 죽음이라는 거대한 벽 앞에서 겁을 먹은 소녀 같았다. 어머니는 한번도 겪지 못한 낯선 세계로 넘어간다는 사실에서 오는 두려움에 떨었다. 이튿날 어머니는 평온한 죽음을 맞았다. 여동생들이 숨결을 거둔 어머니를 끌어안고 오열을 터뜨렸다. 잘 가시라고 나는 혼자 가만히 속삭였다.

어머니가 꽃을 살 줄 모르고, 명품 구두나 가방을 산 적도 없다. 어머니가 곤핍함 속에서 살다가 떠났다는 게 슬펐다. 어머니의 죽음 앞에서 떠오른 생각은 '이제 어머니의 시간은 멈추겠구나'하는 것이었다. 삶이 존재를 전유하는 것이라면, 그것은 삶의 지속에서만 가능하다. 우리가 가진 죽음에 대한 인식은 타인의 죽음에서 빌려온 것이다. 자기의 죽음이란 경험으로 환원할 수 없는 불가능성 그 자체인 탓이다.

감각하고 사유하고 활동하던 시간, 삶이라는 수고를 치르는 시간은 죽음의 순간 돌연 그친다. 살아 있는 자에게 죽음은 아직 도래하지 않은 저 너머의 일이다. 죽은 자의 시간과 산 자의 시간은 어떻게 다른가? 죽은 자의 시간은 기다림이나 불안이 없고, 일체의 의미작용이 정지된 시간이다. 산 자의 시간은 여전히 바글거리는 기다림과 불안으로 충만하고, 현존재의 존재함에서 발생하는 의미작용의 시간이다.

세상에 없는 몸으로 돌아간 어머니가 이 세상에 없다는 분별은 또렷했다. 어린 시절 외할머니의 손에서 자란 탓에 어머니와의 추억은 많지 않다. 메마른 내 가슴의 한가운데로 툭 던져진 어머니의 죽음은 덧없고 쓸쓸했지만 나는 울지 않았다. 장례를 치르고 돌아와 식탁 의자에 혼자 앉아 있을 때 비로소 낯선 슬픔이 한꺼번에 몰려왔다. 어머니와 지내던 집은 텅 비었고, 나는 탁자에 이마를 댄 채로 울었다. 내 슬픔은 어머니가 말할 수 없고 몸 없는 비존재의 시간으로 돌아갔다는 실감에서 비롯한 것이다.

우리는 몸을 기반으로 생존을 잇는다. 온갖 냄새와 소리로 가득 찬 이 세계를 보고 듣고 냄새를 맡는 것은 오감을 느낄 수 있는 몸을 가진 덕분이다. 우유와 버터를 먹고, 포도주를 들이켜고 취하며, 육즙이 풍부한 스테이크를 씹으며 만족감에 빠지는 것도, 타인과 살을 부비며 사랑을 나누는 것도 다 몸이 있기에 가능한 일이다. 몸이 없다면 삶도 없다. 그러니 몸이 정신, 혹은 이성의 부속물이라는 것은 헛소리다. 몸이 곧 자아이고, 삶을 실행하는 실체다. 몸이 아프면 곧 내가 아픈 것이다. 산 자에게 몸은 자아가 세계와 만나는 최전선이다. 죽은 자의 몸은 이 최전선에서 사라진 몸이다. 어머니는 이 세상에 없는 몸, 나와 얼굴을 마주하고 대화할 수 없는 몸이다.

우리 몸은 피를 가득 담은 부대자루라고 할 수 있다. 체중 70킬로그램인 사람의 경우, 약 5.6리터 정도의 혈액을 갖고 있다. 심장은 이 붉은 액체를 퍼 올리는 펌프다. 피는 혈관을 타고 온몸으로 흐른다. 인체 말단까지 펼쳐진 혈관의 총 길이는 9만 6천 킬로미터에 이른다. 이는 지구 두 바퀴 반을 도는 길이다. 피는 긴 혈관을 돌며 말단 세포에 필요한 산소와 영양분을 전달하고 노폐물을 나른다. 모세혈관은 산소와 이산화탄소, 영양분과 노폐물을 교환하는 자리다. 피가 없다면 우리는 산소와 영양 공급을 받지 못한 채 죽는다. 또한 피는 적혈구, 백혈구, 혈소판 같은 혈액 세포로 이루어지는데, 이 중 백혈구는 인체에 침투한 세균을 먹어치운다.

몸은 외부 물질을 먹고 삼켜서 신진대사를 한다. 외부 물질을 제 안에 들여 에너지로 교환하는 과정이 신진대사다. 몸이 풀무질을 하는 동안 우리는 몸으로 무언가를 한다. 몸은 유한한 시간을 가진 소비재다. 먹고 마시며 즐거워하는 가운데 죽음에 다가간다. 낭자한 선혈을 뿌리며 죽는 대신에 대개는 시름시름 앓다가 죽는다. 인간은 화장장에서 한 줌 연기로 사라지면서 존재의 끝에 도달한다. 몸을 삼키고 삶을 무화시킨다는 점에서 죽음은 존재의 소멸이고, 몸에서의 해방이며, 현상적 세계에서 없음(無)으로, 즉 몸을 해체하고 낱낱의 원소로 돌아가는 일이다.

어머니의 죽음을 겪으며 얼떨떨한 채로 어디선가 도래하는 낯선 시간과 마주했다. 죽음은 나타났다 사라지는 것, 시간의 종말에 다다르는 것이다. 철학자 에마누엘 레비나스는 죽음을 "나타남의 전복" *이라고 한다. 불쑥 나타나는 죽음은 존재 양태 안에 숨은 본래성이지만 정작 자기 죽음의 진상과 마주하는 건 불가능하다. 죽음은 존재 이해의 범주 안에서만 사유가 가능하다. 우리 앞에 열린 길은 죽음의 가능성에서 도망가는 일이다. 죽음에서 탈주하는 기획의 총체를 우리는 삶이라고 명명한다.

몸으로 살다가 죽는 점에서 동물과 인간은 다를 바가 없

---

* 에마누엘 레비나스, 『신, 죽음 그리고 시간』, 김도형, 문성원, 손영창 옮김, 그린비, 2013

다. 인간의 죽음과 자연에서 동물이 겪는 죽음은 어떻게 다른가? 인간만이 죽음을 두려워하면서 가능한 한 그것을 늦춘다. 인간이 온갖 연명치료를 하며, 죽음에 저항하다가 천천히 죽어가는 반면 동물은 망설임이나 두려움 없이 죽음을 맞는다. 동물은 병들거나 늙으면 혼자 죽을 자리를 찾아가 몸을 뉘고 죽는다. 새나 늑대가 시름시름 앓으며 연명치료를 한다는 소리를 들은 적이 없다.

죽음이 인간 실존을 옥죄는 최악의 조건, 무한한 불행이라고 할 수 있을까? 아마도 그럴 것이다. 인간은 이 불행 앞에서 무릎을 꿇는다. 죽음은 삶의 의미와 생기라는 즙을 다 빨아들이고 마른 껍데기만 남긴다. 죽음은 불안과 두려움을 갖게 하는 삶의 수수께끼다. 죽음은 모든 인간에게 화두로 던져진다. 누군가는 이 화두를 피해 달아나고, 다른 인간은 이 화두를 끌어안고 고뇌에 빠진다.

메멘토 모리(Memento mori)! 이 라틴어는 '네 죽음을 기억하라!'는 뜻이다. 인간은 죽음이 종말이고, 생의 약동을 그치는 것임을 안다. 그런데 왜 죽음을 기억하라고 했을까? 인간은 죽음이란 문지방을 넘어 존재 이전으로 건너간다. 아인슈타인 같은 석학도, 붓다 같은 성자도, 이걸 피할 수는 없다. 인간 역사는 곧 죽음에 대한 다양한 사유를 펼치며 그 두려움과 불안을 넘어서려고 투쟁한 역사다. 그 역사 속에서 죽음에 대한 인식은 변화를 겪는다. 죽음을 둘러싼 각 시대의 인식은 당대 문화의 양태를 결정짓고, 종교 의식으로 승화되기도 했다. 우리는 죽음에서 사유된 시간을 자기 시간으로 갖는다. 도래하지 않은 죽음을 선험하는 자만이 제 삶을 의미로 채울 수 있다. 잘-죽음은 잘-삶에 잇대어 있다. 메멘토 모리, 나는 혼잣말로 되뇌인다. 이 라틴어는 '나의 무화와 맞서고 살아 있음 속에서 충만하라!'는 뜻이 아닐까?

내륙의 인간은 바다를 그리워한다

바다는 내륙이 끝나는 곳에서 펼쳐진 신세계다. 여기 들이 있다면, 저기에 바다가 있다. 바다는 내륙의 외부다. 바다는 뭇 생명의 발생 조건으로 완벽했다. 바다에서 미토콘드리아를 갖춘 단세포 유기체인 진핵생물들이 생겨나고, 이것이 몇 억 년 동안 분화를 거쳐 뭇 생명들로 나타났다. 척추동물에서 진화한 인류의 조상도 바다에서 나서 내륙으로 이동했을 것이다. 바다보다 더 생명윤리학의 기초 교양을 기르기에 적당한 곳은 없다.

들과 바다는 다르다. 들은 굳어진 땅이고, 바다의 수량은 가늠할 수조차 없다. 물은 흐르고 유동하는 것의 총체인데, 바다는 온통 유동하고 출렁이는 시간으로 채워진다. 바다의 출렁이는 시간은 그 무엇에도 속박당하지 않는 비일상의 시간, 피안 저 너머의 시간이다. 바다는 내륙의 부동성을 밀어내며 출렁이는데, 이 바다를 바라보며 자란 이들의 인격은 구질구질하지 않다. 그것은 바다가 베푸는 부(富)와 너그러움 같은 자양분의 혜택을 듬뿍 받은 탓이다.

나는 내륙의 인간이다. 들의 사람으로 반평생을 사는 동안 들이 생산한 것을 먹고 살을 찌우고 뼈를 키웠다. 나의 피, 생리와 기질, 인격은 모두 들에게서 온 것이다. 들은 나의 가능성이자 한계다. 내 안의 내륙 기질은 바다의 부재 속에서 만들어진 것이다. 내륙의 인간은 땅의 배꼽에서 나온다. 땅의 향기, 땅의 기운생동, 땅의 무량함 속에서 인격의 바탕을 빚은 자는 내륙의 관점에서 세계를 보고 인식한다. 그게 자연스럽다. 들은 어머니의 어머니의 어머니의 땅이자 동시에 아버지의 아버지의 아버지의 땅이다.

땅은 솟고 가라앉는데, 그 지형에서 평평한 부분인 들은 비옥하다. 강과 하천들은 휘어지고 돌아나가며 들에 물을 공급한다. 조상에게 농법을 전수받아 농사를 짓는 이들에게 땅의 슬픔과 기쁨은 감수성의 바탕이고, 땅의 평등은 내륙 인간의 운명이자 이념이다. 땅은 자연발생적으로 생겨난 마을에 붙박이로 사는 자들의 생존의 터전이다. 들 위에 마을이 서고, 씨족공동체가 번성했을 테다. 그런 마을엔 낡은 신발을 질끈 묶고 일하는 사람들, 효와 불효자들, 도덕군자들, 그밖에 금치산자, 도박꾼, 미친 사람들이 모여서 산다. 어느 마을에나 금치산자, 감옥을 나온 자, 패륜아, 허풍쟁이들이 있다. 내륙은 온갖 인간 군상들의 박물관이다.

외할머니네 집 뒤안에는 장판지 두 장만큼 한 먹오딧빛 툇마루가 깔려 있었습니다. 이 툇마루는 외할머니의 손때와 그네 딸들의 손때로 날이 날마다 칠해져 온 것이라 하니 내 어머니의 처녀 때의 손때도 꽤나 많이는 묻어

있을 것입니다마는, 그러나 그것은 하도나 많이 문질러서
인제는 이미 때가 아니라, 한 개의 거울로 번질번질
닦이어져 어린 내 얼굴을 들이비칩니다.

그래, 나는 어머니한테 꾸지람을 되게 들어 따로 어디
갈 곳이 없이 된 날은, 이 외할머니네 때거울 툇마루를
찾아와, 외할머니가 장독대 옆 뽕나무에서 따다 주는
오디 열매를 약으로 먹어 숨을 바로 합니다. 외할머니의
얼굴과 내 얼굴이 나란히 비치어 있는 이 툇마루에까지는
어머니도 그네 꾸지람을 가지고 올 수 없기 때문입니다.

　　　　　　　　　　　　─서정주, 「외할머니의 뒤안 툇마루」*

아시다시피 땅은 농업의 신 사투르누스가 지배한다. 흙
에서 나와 흙으로 돌아가는 사람들은 사투르누스를 두려워
한다. 땅은 조상들의 묘지가 망망대해처럼 펼쳐지는 바다
다. 조상의 뼈와 고혼을 묻은 곳. 이곳은 고토다. 이 고토 위
에 세워진 게 '질마재'와 같은 마을들이다. 마을에 떠도는 온
갖 소문을 인류학적으로 솜씨 좋게 복원해낸 서정주의 『질
마재 신화』는 '이것이 삶이다!'라고 말하는 듯하다. 마을은

---

*　서정주 시집, 『질마재 신화』, 일지사, 1975

사건과 사고의 현장이다. 연애 소문이 무성하고, 인간관계의 비밀이 번성하는데, 시인은 마을 사람들의 슬픔과 해학, 음담패설과 풍속사를 뒤섞어 '마을의 신화'로 빚어낸다. 이 신화는 땅과 사람이 한데 어울려 빚은 '하도나 많이 문질러진' 이야기들의 집약이다. 이 이야기들이 전통사회에 떠도는 소문, 설화, 민담의 시원이다.

땅의 수확물을 거두어 먹고, 자연재해를 견디며 사는 내륙의 인간들에겐 땅과 맺은 관계의 양태로 인격이 부여된다. 들에서 태어난 자를 기른 것도 들이요, 그가 죽어 묻힐 곳도 들이다. 그들은 땅에서 죽는 숙명에 순응한다는 점에서 운명론자들이다. 그들은 대대로 땅을 갈고 씨앗을 뿌려 곡식을 수확했지만 봉건주의 왕조 국가와 지대(地代)의 지배에서 벗어나지 못했다. 토지 소유자는 따로 있었으므로 농사를 짓는 이들은 토지에 부과되는 조세와 지대를 국가에 바쳤다.

이시다시피 바다의 신 포세이돈이 하품을 하면 바다에서는 태풍이 일어난다. 누구의 소유도 아닌 바다는 날마다 변화무쌍하다. 격랑이 휘몰아치는가 하면 이내 잠잠해지기도 하는데, 이는 포세이돈의 기분이 시시각각으로 바뀌기 때문이다. 바다에 오면 파도의 말에 귀를 기울여라. 바닷가에서는 가난조차 누추하지 않다. 바다는 언제나 그 누추함을 넘치게 보상하는 까닭이다. 바다가 가르치는 것은 속박당하지 않는 자유와 숭고함, 삶의 영예다. 바다에서 배울 진리는 단 하나, "쩨쩨하게 살지 말라!"는 것이다.

일상의 반복과 관습에 질식할 것 같은 이들은 바다로 오라! 바다에 오면 가슴이 탁 트인다. 바다는 처음의 자유다. 우리 눈길이 저 수평선에 가닿을 때 망막을 때리는 망망대해는 인간의 불행을 축소시키는 효과가 있다. 내륙의 인간은 땅에 발을 딛고 서서 밤하늘의 오리온좌, 큰곰좌, 북두칠성 같은 별자리를 올려다보고 나아갈 길의 방향을 가늠하고, 미래의 길흉화복을 점쳤다. 땅에 매인 인간에게 바다는 영원한 결핍, 자유의 경험, 끝내 도래하지 않은 시간이다. 바다는 신분의 위계와 관계의 속박에서 해방될 수 있는 영역, 한 마디로 그 누구의 것도 아닌 자유가 넘치는 자리다.

들에서 나고 자란 나는 왜 그토록 바다를 좋아할까? 바다는 모두의 소유, 모두의 자유, 모두의 숭고를 상징한다. 3천만 년 전 영장류 가운데 일부가 처음으로 바다를 항해한 이후 바다는 줄곧 탈주의 길이었다. 많은 이들이 목숨을 걸고 낯선 나라, 낯선 도시에서 새로운 삶을 꿈꾸며 바다를 건넌다. 자기가 태어난 고토를 벗어나 탈주를 꿈꾸는 자들은 항상 여기 아닌 다른 곳을 동경하는 법이다. 바다 저 너머는 바다는 삶의 승리를 몽상하게 하는 깃발이고, 우리 실존을 중심에 고착시키는 닻이며, 무한하고 숭고한 고독의 자리다. 바다는 우리가 어디에 있든지 간에 무한의 리듬을 반복하며 우리를 부른다. 태풍과 격랑이 있고, 죽음과 난파의 위험을

숨긴 바다를 항해하는 일이 우리에게 보여주는 것은 인생
그 자체다. 인생이 무엇인지를 정말 알고 싶다면 바다를 찾
아가 종일 망망대해를 바라보라!

살아 있음의 의미로 충만한 순간

한반도의 북쪽은 유일영도 체제가 굳건하고, 남쪽은 법치주의 국가 수반으로 등극한 뻔뻔한 몽상가의 통치 아래에 있다. 자유선거로 통치자를 선출하는 자유주의 체제에서 몽상가가 아닌 통치자를 뽑을 가능성은 거의 없다. 유일영도 체제에 균열이 생기지 않는 한 북쪽 주민들이 삶의 복잡성에 침식당할 위험은 없다. 균등한 가난 아래 그들의 삶은 체제의 항구성 안에서 단순하고 견고하게 유지되기에 상대적으로 번민은 적고 행복한 편이다. 혹시나 그들이 위대한 영도자 아래서 행복을 누린다고 해도 나는 조금도 부럽지 않다.

　평양은 거의 유일한 천국, 카지노와 프로야구가 없고, 주식시장이 열리지 않으며, 술꾼을 유혹하는 호객꾼이 없는 땅이다. 그곳의 주민은 죽음을 거치지 않고 천국에 도착한다는 점에서 평양은 기적이 예사로 일어나는 땅이다. 자기가 사는 곳이 유토피아라고 선전하는(혹은 굳게 믿는) 땅에서 사는 사람들은 어떤 형태의 지옥도 두려워하지 않을 뿐더러 내면이 무의미나 공허함으로 오염될 여지는 희박하다. 토마스 모어가 통찰했듯이 모든 유토피아는 섬이다. 평양은 내륙에 고립된 유토피아일 것이다. 평양 주민의 불안은 어느 날 갑자기 이 유토피아에서 추방당하는 것이다.

한반도 남쪽 주민은 늘 불안정성 속에서 견뎌야 할 불행의 양상이 너무나도 복잡해서 더 불안하다. 괴물과 미치광이들이 날뛰는 이 체제에서 사는 주민들은 자유가 가장 흔한 공공재라고 믿는다. 맛있는 음식을 먹을 수 있는 자유와 일체의 음식을 거부할 자유가 있다. 너무나 흔한 오락들, 너무나 많은 채무들, 너무나 많은 사유재산도 자유주의 체제의 유산이다. 자유는 종종 제약을 받지만 그것은 제약을 받을수록 더욱 자유라는 조건 속으로 솟구쳐 오른다. 사유재산은 내 자유를 보호하지 못한다. 많은 이들이 자유롭다고 확신하지만 실은 그 자유는 헐벗은 자유다. 우리는 너무 많은 자유 속에 구속당한 채 살아간다.

회의주의자들은 날마다 빵집에서 빵을 사고, 주가의 변동을 주시하며, 세탁기에 빨랫감을 밀어 넣는다. 오후에는 개를 끌고 공원을 산책에 나서는 일상은 일견 평화롭고 평온해 보이지만 한 꺼풀만 벗겨보면 그 안에는 온갖 생활상의 번민과 고통들, 공허함으로 들끓는다. 좀도둑들은 금은방 보석들을 털 기회를 노리고, 오래전 마추피추로 떠나겠다고 했던 지인은 동네 카페에 자주 출몰한다. 아이가 놓친 풍선은 공중으로 떠오르고, 공중으로 솟구친 분수의 물은 땅으로 하강한다. 비 온 뒤 떠오른 무지개를 끊여 먹고 싶던 어린 시절이 있었다. 아름다운 것들은 속절없이 슬프다. 나비, 모란꽃, 까르륵 웃는 아이들. 그 찰나의 아름다움 속에서 우리는 영원을 엿본다. 영원은 오직 찰나에서만 반짝이는 법이다.

　오늘은 흐리고, 습도는 높다. 동물 사체의 부패가 빠르게 진행될 만한 날씨다. 이런 날씨 아래 사람들은 열반 없이 지내는 법을 배우지 못한 채 살아간다. 열반이란 터무니없는 희망이다. 어제 죽지 못한 사람이 오늘 새로운 날씨 아래 기지개를 켜고 일어난다. 죽고 싶다. 아니 죽고 싶지 않다. 사람들은 그 사이 어디쯤에 제 실존의 명분을 둔다. 산다는 것은 유언비어이고, 의심쩍은 루머이며, 곰팡이 포자와 같이 번져나가는 절망을 수락하는 일이다. 희망은 언제나 절망을 삼키고 뻔뻔한 얼굴로 돌아온다. 절망한 사람들에겐 희망이 없다는 게 희망이다. 내일 죽을지도 모른다는 것은 오늘 살아남은 자들의 유일한 희망이다.

　그제는 병원을 다녀왔다. 우리 건강은 크고 작은 질병들을 담보로 잡는다. 노화와 질병은 예견된 불행이다. 의사는 잠을 잘 자느냐고 묻는다. 나는 잠자는 데 아무 문제가 없다고 대답한다. 의사는 음식을 잘 먹느냐고 묻는다. 나는 소식이지만 잘 먹고 소화기능도 여전하다고 대답한다. 그제서야 의사는 당분간 내 건강에 문제가 없을 거라고 말한다. 나는 그의 말을 믿기로 한다.

　어제는 훌쩍 바다를 다녀왔다. 내 미래를 확신할 수 없고, 내 안의 권태감이 위험하게 부풀어 올랐기 때문이다. 바다는 온전함으로 출렁이는데, 저 출렁이는 것 앞에서 우리는 자기 안의 거짓을 숨길 수가 없다. 남자들이 바다에 와서 참회의 눈물방울을 떨어뜨린다. 바다는 쉬지 않고 꿈틀거리는 동물이다. 아, 바다! 나는 다시 살아봐야겠다. 지중해에서 태어나 어린 시절을 보낸 한 작가가 썼듯이, 바다는 가난조차 사치로 바꿔버린다. 바다 앞에서 우리의 남루를 부끄러워할 필요가 없다. 바다는 그 자리에 있고, 그 사실에 우리는 세상의 질서는 견고하고, 따라서 세상은 여전히 살 만하다고 안도하는 것이다.

나는 여전히 사는 게 서툴고 관계들이 불편하다. 살아 있음의 순간은 괴로움과 불편함으로 이루어진다. 우리는 집단에게서 자신을 완벽하게 떼어놓는 법을 알지 못하기에 다른 사람들과 어울려 산다. 나는 남과 어울려 사는 게 어색하고 불편하다. 나는 혼자만의 내밀한 시간 속에 머무는 걸 좋아한다. 주식 거래에서 큰 손실을 입은 사람은 새로 주식 투자에 뛰어들려는 사람을 애써 말리지 않는다. 불행에 뛰어드는 이들을 방관하기. 그것은 투자 손실의 평준화가 자기의 고통을 조금이나마 경감시키리라고 믿는 까닭이다.

태어남이 내게는 실존 사건이지만 다른 누군가에게는 '우스꽝스러운 사고'일지도 모른다. "나는 나의 태어남이 하나의 우연이며, 우스꽝스러운 사고였다는 것을 안다."* 우리가 모르는 아이들이 태어난다. 누군가 이승의 삶을 마치고 돌아가는 동안 새로운 아이들이 태어나고, 태어나고, 태어난다. 이 신생의 존재들이 인류의 미래다. 인간은 태어남의 우연이라는 기적 속에서 광대 노릇을 하다가 사라지는 존재다.

　오늘 등기우편물은 반송되고, 고양이를 학대하는 사이코패스는 여기저기에서 동시다발적으로 나타난다. 나는 동물을 학대하는 인간들이 지옥에 떨어지기를 바란다. 만약 지옥이 있다면 말이다. 동물의 사랑스러움을 모르는 사악하고 멍청한 존재들. 이토록 아름다운 존재를 학대하는 자들의 뇌는 어딘가 잘못된 게 분명하다. 이별을 통고한 애인을 살해한 남자가 애인 시신을 옆에 두고 며칠 동안 넷플릭스 동영상을 보다가 붙잡혔다. 자기가 박정희 대통령의 참모였고 삼성가 이병철의 양자였다고 주장하는 '허경영'의 허언은 일부에선 진실로 받아들여진다. 거짓말은 자본주의 체제 어디서나 증식한다. 나는 어떤 거짓말은 참으로 믿고 싶다. 이를테면 예쁜 애인의 거짓말들 말이다.

　오늘 인사한 당신이 누구인지를 나는 모른다. 오늘도 열반에 실패한 사람들이 도심의 거리를 메운다. 나도 그 무리

＊　에밀 시오랑, 『태어났음의 불편함』, 김정란 옮김, 현암사, 2020

속에 섞여 걸었다. 열반에 실패한 사람들도 뜨거운 수제비 한 그릇을 비우고 저녁의 소슬함을 소중하게 여긴다. 밀크 셰이크와 고양이를 좋아하고, 진공관 앰프로 듣는 라흐마니 노프 피아노 협주곡 2번을 좋아하는 당신. 나는 동네 카페에 서 책 몇 쪽을 읽고 집으로 돌아간다. 오늘 나는 머리칼을 짧 게 자르고, 하루의 몇 시간은 산책하는 데 썼다. 우리의 보람 은 사유재산이나 은행잔고, 혹은 가상화폐에 있지 않고, 우 리가 살지 못한 내일에 대한 동경에 있다. 나는 밤에 등불 아 래서 젊어서 일찍 죽은 시인의 시집을 설레며 읽을 것이다.

기쁜 설날은 어디로 갔을까

올해는 설 연휴 내내 먹고 빈둥대기를 되풀이하며 지냈다. 명절 음식으로 전과 잡채, 소꼬리 찜 등을 준비했다. 그 음식을 뱃속에 집어넣는 것 말고는 소파에 비스듬히 누워 TV에서 방영하는 철지난 영화나 오락 프로그램을 시청하며 지냈다. 빈둥거린 연휴 막바지엔 문득 설이 어린 시절 같지 않음에 쓸쓸해졌다. 겨레의 주기전승의례(週期傳承儀禮)들이 예전과 달리 아무 기쁨도 없는 것은 쓸쓸하고 허전한 일이다.

어린 시절엔 설레며 설날을 손꼽아 기다렸다. 평북 정주 출신의 시인 백석의 시「여우난골족」은 멸실되어버린 명절 풍속의 즐거움을 알알이 담아낸다. 명절날 '나'는 어매와 아배를 따라 진할머니 진할아버지가 사는 큰집으로 간다. 큰집엔 이미 고모와 고모의 딸, 또 다른 고모와 고모 아들, 삼촌, 삼촌엄매, 사촌 누이, 사촌 동생들이 부엌과 방바닥 그득히 모여 북적대는 것이다. 집안에는 새 옷의 내음새가 떠돌고, 인절미 송기떡 콩가루떡의 내음새도 난다. 끼니 때 상에는 두부와 콩나물과 볶은 잔대와 고사리와 도야지비계 모두 선득선득하니 찬 것들이 그득하다. 밤이 이슥하도록 엄매는 엄매들끼리 아랫간에서들 웃고 이야기하고, 아이들은 아이들끼리 윗간 한 방을 잡고 웃고 떠들며 노느라 정신이 없다. 일가친척들이 모여 명절을 지낼 때 집 안팎은 웃음과 소란으로 떠들썩해지는 것이다. 지금은 일가친척이 한집에서 흥성이며 명절 음식을 빚어 차례를 지내고 설을 쇠는 세시풍속을 찾기는 어렵다.

설날은 농업 노동으로 땀 흘리며 거둔 곡식으로 떡과 술을 빚어 조상님께 차례를 지내고 가족이나 이웃이 한데 모여 윷놀이 같은 전통 놀이를 하며 왁자하니 보냈다. 가난한 집 애들조차 설빔을 차려 입고 세배를 다니며 세뱃돈을 챙기고 기름진 음식을 배부르게 먹었다. 이즈막의 설날은 노동의 휴지, 즐거움의 교류, 행복을 빚는 공동체의 의식이 아니다. 농경시대가 끝나면서 설 풍속은 쇠퇴하고 조상의 은덕을 기리는 의미조차도 희미해졌다.

설날이 묵은해를 보내고 새해를 맞는 날이라면, 일요일은 한 주일을 주기로 돌아오는 노동에서의 해방과 휴식의 날이다. 생산 경제 시스템의 예속에서 벗어나 신체의 자유와 자기 휴식을 베푼다는 점에서 일요일은 짧은 휴가이고, 불꽃처럼 겪는 순간, 일상의 습관(Daily Routine)에서 벗어나는 예외적인 날이다. 직장 출근을 하는 대신에 늦잠을 자고, 누구의 지시를 받지 않은 채 시간을 온통 내 맘대로 쓸수가 있다. 일요일은 고대 이스라엘 민족이 지키던 안식일(Sabbath)에서 유래했다. 안식일의 규범을 지키는 일은 유대 민족의 전통이자 종교 계율로 전해진 것이다. 창세기 신화에 따르면 신이 엿새 동안 천지를 창조하고 이레째 되는 날에 안식을 취한 데서 기원한다. 안식일의 규율은 노동을 쉴 뿐만이 아니라 고요와 침묵을 명령한다. 노동의 유예 속에서 휴식을 누리고, 고요의 능동과 신성함으로 자기를 밀어 넣어야 한다는 뜻이다.

사람은 노동으로 가계에 쓸 돈을 벌고 일상 욕구를 채우는데 부응한다. 내 시간을 시급이나 임금으로 환산해서 맞바꾸는 과정으로서의 노동은 자발적인 게 아니다. 그것은 누구의 명령이나 요구에 의해 무언가를 생산하는 강제된 의무다. 자발적이든 강제된 것이든 노동은 삶의 중요한 축이고, 의미 있는 삶으로 나아가는 데 필요한 것이다. 노동의 성과를 내는 것, 그 부산물은 신체의 피로다. 노동의 성과는 경제적 보상으로 바뀌지만, 에너지 소모와 근육의 뭉침 현상은 후유증으로 남는다. 이레 주기로 돌아오는 일요일은 노동으로 쌓인 근육의 피로를 풀고 지친 마음을 보듬는 보상이다.

일가친척이 모여 혈연의 유대를 다지는 명절이 공동체의 기쁨과 보람으로 승화하는 광경을 지켜보는 일은 흥겹다. 얼굴만 봐도 반갑고 웃음이 터지던 명절의 즐거움과 보람은 사라졌다. 일가친척이 한 자리에 모이는 것도 힘들거니와 평소 왕래가 드무니 만나도 서먹서먹하기 일쑤다. 겨레가 전통으로 지켜온 설날의 즐거움이 휘발되어버린 오늘의 삶은 삭막하다. 설날의 삭막함은 농경사회의 쇠락과 맞물려 있다. 흥겨운 의식이고, 축제인 명절이 옛 정취를 잃은 것은 저마다 삶이 팍팍하고 자기 시간을 갖기가 어려워진 탓이다. 그래도 설날은 명절답게! 설날이 명절다울 때 삶도 본연의 빛깔과 모습을 되찾을 수 있을 테다.

왜 고장 없는 물건을 만들지 않는가

집에서 쓰는 프린터 기기가 고장 났다. 원고를 출력하는 도중 롤러 사이에서 인쇄용지가 끼여 작동이 멈췄다. 프린터 기기를 해체해서 종이를 빼내려다 실패했다. 난감해진 그 순간 기업은 왜 더 견고한 프린터 기기를 만들지 못할까 라는 의문이 떠올랐다. 그들은 왜 수명이 긴 컴퓨터, 고장 없는 프린터 기기를 만들지 못할까?

옛날에는 물건을 아껴 쓰고 고장 나면 고쳐 썼다. 할아버지나 할머니 때부터 내려오는 옛 물건이 집안에 드물지 않았거니와 아버지의 시계를 물려받아 쓰는 일도 흔했다. 물건을 "꿰매고, 수리하고, 수선하면서" 대를 이어 물려 쓰는 걸 자랑스러워하던 시대에서 낡은 물건은 버리고 새 것을 사 쓰는 소비주의가 미덕이라고 부추기는 시대로 넘어온 뒤 어디에나 물건은 차고 넘친다. 기업은 쉬지 않고 물건을 생산하고, 소비자에게는 '더 빨리, 더 많이 소비하라! 그래야 사회가 성장한다!'라고 설득한다.

제품의 내구적 견고함은 생산의 죽음을 낳는다. 기업의 처지에서 제품이 수명을 다 하고 폐기돼야 새 제품을 팔 수 있다. 애플은 아이팟 배터리를 만들 때 수명을 18개월에 맞춰 설계한다. 게다가 아이팟 배터리는 수리가 불가능하다.

소비자는 18개월을 주기로 새 제품을 사야 한다. 이것은 기술력의 한계 때문이 아니다. 제품의 긴 수명은 수요의 순환 주기를 늘리고, 생산성에 악영향을 끼치는 까닭에 애플은 일부러 제품에 기술적 결함을 심은 것이다.

컴퓨터, 프린터, 스마트폰, TV, 냉장고, 세탁기, 자동차 같은 공산품의 내구성은 영원하지 않다. 기업은 과잉 생산이 자초한 위기를 넘어서려고 진부화(obsolescence)라는 스킬을 쓴다. 프랑스의 경제학자이자 철학자인 세르주 라투슈에 따르면, 계획적 진부화를 "인위적으로 공산품의 수명을 단축시켜 새로운 소비를 자극하기 위해 사용되는 모든 종류의 기술"을 포괄하는 개념이라고 말한다.＊

심리적 진부화도 제품 순환 주기를 줄이는 마케팅 전략의 하나다. 이 전략은 쓰던 걸 버리고 새것을 구매하는 심리적 문턱을 낮추는 데 초점을 맞춘다. 기업은 자주 새 디자인, 새 기능을 탑재한 새 모델을 내놓고, 소비자를 과시적 소비로 유혹한다. 미디어와 광고는 우리 안에 좌절된 욕망의 긴장을 조장하고 구매 욕구를 부추긴다. 소비자는 유행에 편승해 멀쩡한 스마트폰을 버리고 새 것을 산다. 심리적 진부화가 구매 심리의 문턱을 낮추는 데 기여하기 때문이다.

＊ 세르주 라투슈, 『낭비 사회를 넘어서』, 정기헌 옮김, 민음사, 2014

낭비가 미덕이라고? 이건 헛소리에 지나지 않는다. 낭비는 지구를 쓰레기로 뒤덮는 원인이다. 쓰레기로 인한 지구 환경의 오염은 기후변화라는 재난을 불러왔다. 계획적 진부화는 이미 우리 생활에 침투해 과소비를 일으키고, 소비주의 사회를 이끄는 첨병 노릇을 한다. 계획적 진부화란 유령은 제품의 소비와 순환 주기를 줄여 더 많은 쓰레기를 양산한다. 문제는 이것이 삶과 도덕을 진부화로 잠식하고, 플라스틱 쓰레기 따위로 생태계를 위험에 빠뜨린다는 점이다.

제품에 구현된 계획적 진부화는 더 많은 폐기물을 양산해서 자연 생태계를 망친다. 지구 생태계를 죽음으로 내모는 반생태적이고 반생명적인 전략을 언제까지 용인할 것인가? 더 많이 만들고 더 많이 팔아라! 이것은 악마의 주문이다. 대량 생산과 대량 소비에 기대는 몰가치적 소비사회는 인류를 끔찍한 지옥으로 밀어 넣는다. 하지만 소비 없는 삶은 불가능하다. 따라서 지금은 지구를 폐기물에서 구할 수 있는 윤리적 소비와 지속가능한 성장에 대해 고민할 때다.

정동 시대를 돌아보다

'장소'와 '공간'은 어떻게 다른가? 먼저 공간에 대해 생각해 보자. 빈틈, 중력의 펼쳐진 장(場)들. 공간의 범주는 방에서 우주까지, 아주 넓다. 공간은 벌판·초원·바다·하늘·사막·협곡·고원·산악 지대 같은 지리적 자연 경관들, 학교·병원·감옥·병영·사무실·극장·쇼핑몰·상가들을 포괄한다. 아울러 집·건축물·주거 취락·거리·공원·광장·시장·전쟁기념박물관·관공서들·위성도시·대도시 등등 인간 활동이 일어나는 모든 깊이와 밀도와 입체성을 갖는 물리적 환경 일체를 아우른다. 공간은 내부와 외부를 갖는데, 그것은 시간의 화육(化肉) 속에서 나타나는 삶의 자리이다. 물질성을 받아내기 위한 텅 빔, 극단적인 결여로서의 실재!

공간은 항상 좁거나 넓다. 사람은 공간의 일부로 포획되고, 그 안에서 공간 지각을 바탕으로 제 삶을 꾸린다. 물질화된 삶이란 공간의 제약 속에서 실현되는 그 무엇이다. 문명화란 원시의 지리적 공간을 질서와 의미로 가득 찬 실존의 공간으로 바꾸는 과정일 것이다. 무엇보다도 공간들은 삶을 분할한다. 더 정확하게 말하자면 그 분할은 삶의 계기적 시간들의 나눔이다. 시간은 흐르면서 공간에 제 흔적들을 새긴다. 공간은 시간의 흔적들이 새겨지는 명판(名板)이다. 시간은 항상 부재와 망각의 형식으로서만 불러올 수 있다. 흘러간 시간, 과거의 역사는 어디에 있는가? 그것들은 공간 안에, 부재와 망각으로 명멸한다. 이광호는 장소에 대한 사유를 유려한 문장으로 풀어 쓴 책에서 그런 사정을 이렇게 적고 있다. "장소는 시간을 앞지르지 못한다. 장소는 시간의 몸을 입고 있으며 내밀한 이야기를 품고 있다. 장소를 둘러싼 이야기는 완전히 드러날 수 없으며 이해받을 수도 없다. 장소의 의미가 타오르던 극적인 순간은 결국 사라진다. 어떤 호명에 의해서도 장소의 의미가 온전히 드러나지 않는다는 측면에서, 장소는 이름으로부터 초연하다. 하나의 고독한 시선이 장소를 발견했다고 해도 장소는 그의 고독을 완성해주지 않는다. 장소는 시선보다 절대적인 고독 속에 있다. 장소는 위태로운 기억과 망각, 기다림의 순간 속에 명멸한다."* 장소에 응축된 시간성을 배제할 때 공간은 기억의 부재로 말미암아 보다 적나라하게 드러난다. 장소가 품은 공간들은 흐름이 멈춘, 유동성을 지운 시간의 피안(彼岸)이다. 그것은 부재의 현존을 생성하면서 망각에 저항한다. 장소의 공간성은 시간의 소여 속에서 의미화하지만 시간은 이내 그 의미들을 회수한다. 그리하여 공간들은 기억과 망각 사이에서 아주 희미한 반(反)-시간성으로만 겨우 반짝거

---

* 이광호, 『지나치게 산문적인 거리』, 난다, 2014

릴 수 있는 것이다.

가랑잎이 다정하게 어깨를 짚는 가을이다. 한 걸음, 두 걸음, 세 걸음. 서울 시청 청사와 대각선을 이룬 대한문에서 출발해 서대문 방향으로 뻗은 도로를 따라 걸을 작정이다. 길이 저마다 한 권의 역사책이라면 그것은 악기처럼 현도 울리지 않고, 메아리도 더는 없다. 길이 품은 기억은 우리의 청춘 안에서 죽는다. 빛은 꺼지고, 이름들은 지워졌다. 그런 까닭에 길은 역사의 뒤안길로 사라진 자들의 소유이고, 망자들의 장부, 근대의 지리학 속에서 사라진 무릎과 다리, 상처의 도상학, 별들의 잔해가 깔린 터널이다. 장소들이 저만의 규범과 풍습으로 역사를 쓴다면, 나는 '정동'이라는 장소가 쓴 역사를 곱씹어 보려고 한다.

우리는 공간과 장소의 차이를 구별하지 않고 쓴다. 인간은 장소를 실존의 거점으로 삼고, 공간을 신체 활동의 영역으로 여긴다. 공간은 움직임이 자유롭고, 장소는 움직임을 제한한다. "공간을 움직임(movement)이 허용되는 곳이라고 생각한다면, 장소는 정지(pause)가 일어난 곳"이다.* 장소는 본디 울퉁불퉁한 땅이고, 경관이며, 무엇보다도 실존의 거점이다. 인간적 시간이 훑고 지나간 서판이며, 인간의 현존

---

* 이-푸 투안, 『공간과 장소』, 윤영호, 김미선 옮김, 사이, 2020

을 꿰뚫는 깊이라는 맥락에서 장소는 인간과 관계를 맺고 삶의 리듬을 겪는 가운데 그 정체성을 얻는다.

정동은 서울시청과 광화문 광장, 프라자 호텔과 마주 보이는 대한문에서 덕수궁을 감싸는 돌담을 따라 왼쪽으로 서소문로를 끼고 직진해서 강북 삼성병원이 있는 서대문 초입까지를 아우르는 지역이다. 어느 장소든지 시간을 품지 않은 장소는 없다. 시간의 중첩이 역사를 만든다면 역사는 장소에 깊이를 부여한다. 한 장소에 아우라와 깊이가 있다면 필경 시간의 누적이 빚어낸 것이다. 시간의 흐름이 중첩되면서 장소에 의미의 켜가 생겨난다. 서울 한가운데 있는 정동은 한국 근현대사의 유적을 품은 은둔과 지체의 시간이 머무는 장소다. 오늘의 정동은 역사 유적은 시간의 장소화에 따른, 혹은 도망가는 시간이 남긴 고착화의 흔적이다.

정동은 옛 왕조의 그늘에서 벗어나 근대도시로 우뚝 선 서울의 중심이고 근대 문물이 유입되는 입구였다. 정동은 한국 근현대의 정치, 외교, 종교, 문화, 교육 시설이 집중적으로 배치된 장소였던 것이다. 정동길 중간쯤에서 서소문로로 연결되는 작은 언덕에 러시아 공관과 1885년 미국인 선교사 아펜젤러가 세운 배재학당이 있다. 배재학당이 이전하고 그 자리엔 기념관이 남아 있다. 평안도 정주 출신 김소월이 배재고보에 편입한 것은 1922년경인데, 그 무렵은 그의 시적 재능이 여물어 활화산처럼 터져 나온 시기다. 김소월은 「엄마야 누나야」, 「금잔디」, 「진달래꽃」 같은 절창의 시를 잇달아 내놓으며 문단의 주목을 받는다. 거기서 몇 걸음 지나면 유관순 열사의 모교인 이화여자고등학교가 나온다. 이밖에도 정동에는 영국, 미국, 프랑스 영사관을 비롯해 구세군, 정동제일교회, 프란치스코교육회관, 구세군사관학교, 성공회성당 같은 종교 시설, 경기여고 같은 근대 여성 교육 기관, 정동극장, 세실극장, 신아일보사, 경향신문사 등이 밀집해 있다.

정동 시대의 기점은 구한말 대한 제국으로 거슬러 올라간다. 1897년 10월 12일, 왕조국가인 조선이 인접 국가의 간섭을 뿌리치고 자주 독립한 대한 '제국'으로 우뚝 섬을 선언한다. 이날 나온 독립신문 사설에서 그 의의를 이렇게 짚는다. "광무 원년 시월 십이일은 조선 사기에 몇 만 년을 지내더라도 제일 빛나고 영화로운 날이 될지라." 정동의 시간은 이 날을 기점으로 삼는다. 하지만 '영화로운 날'을 열망하며 들어선 대한제국의 소망은 가망 없는 꿈으로 가뭇없이 지워진다. 불가피하게 조선 왕조 쇠락의 그늘이 정동에도 드리워진 것이다. 이 무렵 정동은 주한 미국, 영국, 프랑스, 러시아 공관들이 앞서거니 뒤서거니 들어서면서 서구 열강들이 힘을 겨루는 외교의 각축장으로 변한다. 19세기 말 서세동점의 기세가 거세지던 대한제국에서 대한민국으로 유동하는 시간이 정동을 덮친다. 그리하여 근대와 전근대의 시간이 섞이고 엇갈리며 서양 문화와 동양 문화가 하나로 비벼지는 혼종 속에서 정동이라는 장소가 탄생한다.

내가 한반도 중부의 논산평야를 품은 농경민의 촌락에서 서울로 올라온 것은 1964년이다. 외할머니가 지어주신 새벽밥을 먹고 외삼촌 손을 잡고 걸어 나와 버스를 타고 논산역에서 도착해 다시 호남선 열차를 갈아타고 예닐곱 시간이나 걸려 서울역에 도착했다. 서울의 거리는 인파로 북적거리고 머리가 지끈거릴 정도로 혼잡했다. 내가 서울에 상경한 때는 서울 인구가 300만에 이르고, 인구 밀집의 과밀화 신호들로 '서울은 만원이다'라는 비명 섞인 탄식이 쏟아질 무렵이다.

나는 서울 서촌의 가난한 동네에 살았다. 무엇보다도 처마가 낮은 서민 가옥들과 미로 같은 골목길은 일종의 문화 충격을 안겼다. 항상 길을 잃을지도 모른다는 두려움을 안겼던 그 많은 골목길들은 서울이 거대 도시로 탈바꿈하면서 사라졌다. 내 기억에 오래 남은 것은 시내를 가로질러 공중에 뻗은 전선에서 파란 불꽃을 일으키던 전차들이다. 서울에 서대문과 청량리를 잇는 첫 전차가 개통된 것은 1899년이다. 전차는 반세기 넘게 서울 시민의 발이었다. 도심 이면에는 초가집 몇 채도 드문드문 남아 있었고, 외진 동네에 닭을 치는 집이 있었는지 새벽마다 수탉이 홰를 치며 우렁차게 울음을 뽑는 소리도 들렸다. "까마득한 날에 하늘이 처음 열리고,/어데 닭 우는 소리 들렸으랴"라는 이육사의 「광야」에 나오는 수탉 울음 소리는 아직 근대 서울이 저 까마득한 태초의 시간과 잇대어 있음을 실감하게 했다. 생활 오수가 쓰레기와 엉킨 채 악취를 풍기던 청계천이 복개되고, 시민들이 난방과 취사용으로 쓰는 연탄 때문에 대기에는 늘 일산화탄소 냄새가 희박하게 떠돌았다.

반세기 넘게 서울에 살았는데, 그 사이 서울 경관은 눈이 휘둥그레질 지경으로 바뀌었다. 서울은 항상 공사 중이었다. 자하문 밖 둔덕에 능금나무들이 빼곡하게 자라던 과원은 사라지고 다세대 주택들이 빽빽하게 메웠다. 낮은 지붕의 단독 주택들은 고층 아파트 대단지로 바뀌었다. 1970년대 중반 광화문 일대의 자이언트, 귀거래, 연, 아리스 다방들은 당대 문인과 예술가들의 사랑방이었다. 잡지사나 출판사 직원이 원고를 받아가거나 원고료를 지급하는 등의 문단 행정이 이루어지던 다방들은 다 사라졌다. 그 자리에는 프랜차이즈 커피숍과 카페들이 들어서고, 조선총독부였던 중앙청은 일본 제국주의 잔재 청산이라는 명분으로 철거되면서 경복궁이 복원되었다.

나는 광화문 일대를 발품을 팔며 걸어 다녔지만 광화문 지척인 정동은 심정적으로 멀고 낯선 장소로 남았다. 정동의 첫 인상은 이국적 정조로 또렷하게 각인되었다. 서양 공관들이 늘어선 정동과 나의 인연은 매끄럽지 않고 내내 서걱거렸다. 정동은 농경문화가 속속들이 인 박인 소년에게 곁을 내주지 않았다. 중학교 미술반에 속해 스케치를 하고 수채화를 그리려고 덕수궁을 뻔질나게 드나들었다. 스무 살 무렵엔 국립현대미술관 덕수궁 분관에서 열린 피카소 초대전을 보러갔다. 덕수궁과 담을 맞댄 영국 대사관, 성공회 대성당, 대한성공회 서울교구관 서양식 근대 건축물들은 아름다웠다. 그 건축 양식의 아름다움에 마음을 빼앗기곤 했다. 1980년대 세실소극장에서 연극을 보고, 세실레스토랑에서 양식을 먹었다. 덕수궁을 끼고 정동길을 걸을 때 전경들이 둘 셋씩 짝 지어 순찰을 돌며 불심검문을 했다. 근처에 미국 대사관이 있었기 때문에 치안이 더 삼엄했다. 나는 정동길을 걷고, 정동 안의 여러 공간에서 사람들을 만났다. 시인으로 이름을 얻은 뒤에 경향신문사 초청 강연을 하러 가기도 했다.

정동이 누린 굴욕과 영화의 시간은 덧없이 흐르고, 그 화양연화의 시절은 다시 오지 않을 테다. 한 번 흘러간 것은 돌아오지 않고, 돌아오지 않음으로 애틋하다. 고종은 쇠락한 왕조의 부흥을 꿈꾸었지만 일본 제국주의가 동원한 부랑자들에 의해 왕비가 시해되는 굴욕과 수모를 겪었다. 겨우 명을 부지하던 왕조의 운명은 위태로웠다. 정동의 주한 영사관에서 일하는 서양의 외교관들은 사교를 위해 외교구락부를 꾸렸다. 공식 명칭은 외교관 및 영사단 클럽(Cercle Diplomatique et Consulaire)이었다.

한 왕조의 멸망과 세계열강의 서열이 힘의 세기에 따라 재편되는 격동의 세기를 거치며 정동의 시간은 현대와 대한 제국의 시간을 동시에 품고 흘렀다. 러시아에서 온 앙투 아네트 손탁이 정동에 세운 손탁호텔은 내외국인이 북적이는 사교장이었다. 손탁은 러시아어, 영어, 프랑스어, 조선어를 구사했는데, 이 재기발랄한 여성은 조선 임금의 신임과 다언어 구사 능력을 바탕으로 구한말 왕실과 조선에 주재하는 외국 외교사절과의 가교 역할을 훌륭하게 수행한다. 고종과 명성황후의 두터운 신임 아래 나라에서 하사 받은 왕실 소유 토지 위에 세운 '손탁 빈관'은 우리나라 최초로 꼽히는 서양식 호텔이다. 서양 외교관들이 주로 드나들던 이 공간은 사라지고 지금은 이화여자고등학교 교정 한 귀퉁이에 표지석만 남아 있다. 1908년에 세워져 이인직의 「신세계」를 각색한 신연극을 선보이거나, 〈춘향가〉, 〈심청가〉, 〈수궁가〉, 〈흥부가〉 같은 창극의 공연장이던 원각사는 정동극장으로 이름을 바꿔 부활한다.

길은 양 날개를 펼친 책이다. 이 길에 흔적을 남기고 사라진 역사는 과거완료 시제로만 말할 수 있다. 정동길을 빠져나와 왼쪽으로 방향을 틀어 서대문 방향으로 몇 걸음을 떼자 농업박물관이 나온다. 나는 정동이라는 장소를 빠져나온다. 나는 어떤 장소를 통과한 것이 아니라 시간의 긴 터널을 빠져나온 것이다. 내 걸음은 생물학적 리듬과 음악을 품고 있다. 이 시각, 서대문 사거리에서 횡단보도를 건너려고 인파 속에 서 있다가 무심코 정동 방향을 바라본다. 그 찰나 강한 기시감과 부조리함이 내 몸을 덮친다. 정동은 서울의 다른 지역과는 결이 다른 시간의 누적 속에서 또 다른 장소의 운명을 살고자 준비 중이다. 몰락하는 왕조를 살리려던 의혈 청년들이 걷고, 젊은 서양 외교관들이 사교를 나누고, 근대의 매혹에 취한 채 흐느적이던 식민지의 댄디 보이와 댄디 걸이 걸은 그 길을 따라 나는 걸었다. 나보다 앞서 정동길을 걸었던 이들은 다 역사의 뒤안길로 사라졌다. 이 정동에 새 미래를 열 젊은이들이 온다. 그들은 이전 세대와는 다른 경험의 양상들을 거느리고 온다. 정동은 죽은 사람과 화석화된 과거로 이루어진 자리가 아니다. 정동은 새로운 시대의 흐름을 타며 탈바꿈할 것이다. 그때 정동이 겪어낼 시간은 과거와 현재를 품은 미래의 시간일 테다. 미래의 사람들이 와서 만들 새로운 정동의 시간을 그려본다.

개는 여름을 몇 번이나 날까

2019년 7월 13일, 여느 날과 다를 바 없는 평범한 아침이다. 서울 연남동 경의선숲길에서 한 사내가 물체를 바닥에 내리쳤다. 그 물체는 살아 있는 고양이였다. 고양이는 사지가 늘어진 채로 즉사했다. 고양이에게 세제를 섞은 사료를 먹여 죽인 인간도 있었다. 이 사내는 실형을 선고 받았는데, 취업 사기로 명의 도용을 당해 소송을 당하고, 신용불량자 신세로 전락한 것에 불만을 품고 길고양이를 화풀이 해소대상으로 삼았다, 라고 진술했다. 동물 학대 이유로 도무지 납득할 수 없는 비열한 변명이다.

우리는 왜 반려동물과 함께 사는가? 시골에서 개를 반려동물로 삼고 함께 지냈다. 삽살개와 진돗개의 천부적인 다정함과 상냥함, 날쌤과 영리함에 반하곤 했다. 개들은 걱정거리와 문제를 안고 고적한 생활을 하던 내가 척추를 세우고 잘 버티도록 격려를 한 충직한 벗이라고 할 수 있었다. 개들은 외출에서 돌아온 나를 한결같이 반겼다. 꼬리를 격렬하게 흔들며 내 품으로 펄쩍 뛰어들어 제 온몸을 문지르며 기쁨을 표시한다. 생명체의 저 순진하고 격렬한 환대는 감동스럽다. 개들은 우리에게 비가 오나 눈이 오나 환대하고 변함없는 신뢰를 보낸다. 발치에 납작 엎드려 심장의 고동과 맥동에 귀를 기울이다가 숨을 색색거리며 잠든 개를 보면 알 수 있다. 그토록 깊은 잠에 빠지는 것은 사람과의 깊은 연대와 신뢰의 증거일 것이다. 개들은 언제나 단 한 점의 의심도 없이 우리를 신뢰한 채로 제 운명을 전적으로 의탁한다.

개들이 인간과 동거한 지 수천 년이 지났건만 그 내면 어딘가에는 야생성이 살아 있다. 개들은 코를 땅바닥에 대고 킁킁 거리며 온갖 냄새를 맡는다. 후각을 통해 작은 밭쥐나 새 같은 동물이 남긴 흔적을 찾아 좇는다. 목줄에 묶인 동안 개들은 눈에 띄게 시무룩하지만 목줄에서 풀려나면 들판이나 바닷가 백사장을 미친 듯이 즐거워하며 뛰어다닌다. 무섭게 질주하며 자유를 만끽하는 개들이 천부적인 사냥꾼이라는 점은 의심할 여지가 없다. 개의 무의식에 은닉된 야생성이 돌연 튀어나올 때 안락한 문명생활에 길들여진 우리 안에 희미하게 남은 본성도 활짝 깨어난다.

미국 오하이오 주에서 태어난 메리 올리버는 스물여섯 권의 시집을 펴낸 시인이다. 누구보다도 개의 덕목들을 잘 알고 그만큼 개를 향한 사랑이 지극한 사람이다. "개는 우리에게 우아한 운동 능력을 지닌 육체의 쾌감, 감각의 날카로움과 희열, 숲과 바다와 비와 우리 자신의 숨결의 아름다움을 상기시킨다. 깡충거리며 자유롭게 뛰어다니는 그들 중에 우리에게 가르침을 주지 않는 개는 없다."* 메리 올리버는 개의 정직한 눈과 아름다운 짖음을 예찬하고, 뛰어난 후각으로 세계를 탐색하는 능력과 인간을 환대하는 그들의 본성적 친화력에 감탄한다. 개들은 "학교에 다닌 적 없는 작은 야생의 존재"로 위험한 송곳니를 가졌지만 보통은 우리의 믿음을 단 한 번도 배반한 적 없는 신실한 친구다. 이들은 타고난 장난꾸러기이고 탐식가이며, 더러는 쾌락주의자의 면모를 드러내기도 한다. 개들의 기분이 변화무쌍하다는 사실은 놀랍다. 개들이 착하고 고분고분하다는 생각은 잘못된 것이다. 대개는 충직하지만 어느 때는 사춘기 아이들처럼 반항한다. 가끔은 흥분해서 으르렁거리고, 새 소파를 날카로운 발톱으로 긁어 흠집을 남기며, 화분을 넘어뜨리고, 책을 갈기갈기 찢어놓는 만행도 저지른다. 대부분의 개들은 짧은 생애를 마치고 우리 곁을 떠난다. 개의 죽음은 우리 품을 떠나는 일이면서 동시에 "특정성과, 유일성, 가시성의 세계"에서 퇴장하는 일이다. 개들이 표표히 떠날 때 우리는 이별과 죽음에 대해 더 많은 것을 배운다.

개들은 바닷가로 산책을 나가고, 폭설이 내려 하얗게 변한 과수원에서 신나게 뛰어 논다. 짖고, 달리고, 물어뜯고,

---

* 메리 올리버, 『개를 위한 노래』, 민승남 옮김, 미디어창비, 2021

흙을 파헤치는 장난을 좋아한다. 살아 있음의 기쁨과 경이를 활달하게 드러내는 이 존재들을 어떻게 사랑하지 않을 수 있을까? 메리 올리버는 「개들의 다정함」에서 바닷가 모래밭에 개와 함께 앉아 달이 떠오르는 아름다운 순간을 보낸 경험을 노래한다.

모래밭에 앉아 달 뜨는 걸 주인과 함께 구경하는 개라니! 인간이 공중에 뜬 달의 완벽한 아름다움에 경탄하듯이 개도 주인 얼굴을 달을 보듯 감탄하며 올려다본다. 개들은 인간이 들을 수 없는 소리를 듣고 인간이 맡을 수 없는 냄새를 맡는다. 인간을 압도하는 청각과 후각 능력에도 불구하고 우리 앞에서 우쭐대는 법은 없다. 이 야성적인 존재들은 늘 겸손하고 다정하며 흔들림 없는 우정의 가치를 깨닫게 한다. 개들이 우리에게 베푼 환대와 친절을 생각하면 가슴이 먹먹해진다. 나는 개들이 없는 천국은 진짜 천국이 아닐 것이라고 믿는다.

개들이 구름을 타고 온 것이 아니지만 그들이 어떻게 왔는지를 우리는 자주 망각한다. 먼 곳에서 와서 한집에서 거주하지만 그들은 우리 소유물이 아니다. 우정과 환대를 베풀고, 기쁨과 경이의 존재로 살다가 어느 날 사라지는 존재들이다. 개들은 너무 빨리 성체로 자라고 사람보다 짧은 햇수를 살다가 떠나는데 이들이 우리 곁에 머무는 것은 고작해야 15년 안팎이다. 시인 올리버도 깊은 감정을 나누고 소통하는 이 경이로운 존재가 우리 곁에서 너무 빨리 사라진다는 사실을 슬퍼했다. "개의 질주하는 삶은 몹시도 짧다. 개들은 너무 빨리 죽는다." 개들이 늙는 것은 우리가 부주의하거나 방치한 탓이 아니다. 우리 곁의 저 작은 개가 몇 번의 여름을 보낼까, 하고 생각하니 돌연 슬픔이 밀려온다.

타인의 고통

고통은 날것이다. 여러 번 겪어도 익숙해지지 않는다. 얼마 전 위통으로 밤을 꼬박 세운 적이 있다. 고통의 맥시멈 속에서 몸은 내가 통제할 수 없는 이물 같이 느껴졌다. 추상이나 관념이 아니라 생생한 실감으로 고통을 겪어본 자들은 안다. "손톱과 발톱이 살갗에서 서서히 분리되는 정교하고 불안한 날것의 고통"*을 상상해 보라! 고통의 먹잇감으로 내던져진 몸뚱이는 비현실적으로 낯설었다. 혼자 진땀을 흘리며 뒹구는 가운데 고통에 대해 생각할 계기를 얻은 것은 하나의 수확이었다.

1999년 6월 30일, 씨랜드 청소년수련원 화재로 유치원생 19명을 포함해 23명이 숨진 사건이나 2014년 4월 16일, 세월호 침몰로 안산 단원고 학생 250명을 포함한 304명이 숨진 참사를 우리는 잊지 못한다. 자식을 잃은 부모의 고통을 감히 가늠조차 할 수가 없다. 자식의 죽음은 생의 의미를 빨아들여 고갈시키는 블랙홀이다. 그 고통은 이중적이다. 자식을 잃은 데서 오는 고통과 '자식새끼 하나 제대로 지키

---

* 앤 보이어, 『언 다잉』, 양미래 옮김, 플레이타임, 2021

지 못한 부모'라는 사회적 낙인에서 오는 고통이 그것이다.

자식을 앞세운 부모가 창자를 토해내듯 비통하게 우는 울음소리를 들어보았는가? 오죽하면 그 슬픔을 표현하는 참척(慘慽)이란 말이 생겨났을까. 참척은 참혹하게 슬퍼함이다. 가슴에 한이 쌓인다고 말하는데, 이 한은 고통의 불가해함과 개별자의 무력감이 합쳐지며 빚어진 특별한 감정이다. 불행을 낳은 현실이 개선될 기미도 없이 지속될 때 한이 쌓인다. 한은 슬픔의 현실태이고, 한이 맺힌 가슴은 고통의 현존 그 자체일 것이다.

1980년 광주 항쟁 유족을 조롱하거나, 진상 규명을 요구하는 세월호 유가족에게 '잊어라', '지겹다', '그만하라'고 다그치는 것은 고통의 당사자에게 가하는 폭력이다. 이런 폭력이 빚어지는 것은 우리 사회가 타인의 고통에 감응하는 능력을 잃은 탓이다. 물론 우리는 타인의 감각 중추에 머물 수 없기에 타인의 고통을 실감하는 건 불가능하다. 하지만 어떤 경우에도 타인의 고통을 조롱의 대상으로 삼는 것은 야비한 짓이다. 타인의 고통에 둔감함으로 제 도덕적 자본의 빈곤과 감응 능력의 빈곤을 동시에 드러낸다. 그런 남루한 인격을 가진 자들의 말과 웃음은 늘 소름끼치게 징그럽다.

고통의 스펙트럼은 꽤 넓다. 고문은 몸을 날것의 고통이 발현하는 장소로 만든다. 어느 시대에나 고문이 있었다. 중세 시대에는 마녀나 이단으로 낙인찍힌 자들이 잔혹한 고문을 받은 끝에 죽음에 이르렀다. 그들은 불구덩이에 던져지고, 사지가 찢기는 형벌을 받기도 했다. 오늘날에도 정치적 반대자를 굴복시키기 위해 고문을 자행한다. 몸에 가해지는 직접적인 고통인 고문과는 다른 고통도 있다. 집단에서 따돌림이나 차별로 인한 고통은 생존을 위협하는 사회화된 고통이다. 현대 사회는 어떤 형태의 고통이든지 회피하라고 한다. 삶을 일그러뜨리는 나쁜 것으로 고통을 낙인찍는 사회는 탈고통화를 지향한다. 고통은 테러리즘, 위기와 균열의 징후 속에서 숨은 자아를 돌연 드러내는 계기가되기도 한다.

　타인의 고통에 대한 감응 능력을 표현하는 게 지성의 행위이고, 사람으로서 지녀야 할 올바른 태도이다. 타인의 고통에 감응하며 연대할 때 인간은 인간을 넘어설 수 있다. "우리 아닌 다른 사람이나 우리의 문제 아닌 다른 문제에 감응할 능력이 없다면, 도대체 인간이란 어떤 존재이겠습니까? 아주 잠깐만이라도 우리 자신을 잊을 능력이 없다면, 도대체 인간이란 어떤 존재이겠습니까?"* 고통의 양조(釀造) 속에서 그것을 관조할 때 타인의 고통에 대한 연민과 감응 능력도 길러질 수 있다. 가장 좋은 것은 자신의 고통으로부터 타인의 고통에 대한 연민과 감응을 산출하는 것이다. 먼

---

　*　수전 손택, 『타인의 고통』, 이재원 옮김, 이후, 2004

저 자신의 고통을 직시할 것. 그리고 타인의 고통에 능동적으로 감응할 것. 그게 타인의 고통을 대하는 인간의 예의다.

고통 없는 삶은 없다. 고통은 삶의 상수다. 질병에서 오건, 불공정과 혐오, 따돌림과 증오에서 오건 고통은 삶을 망가뜨린다. 그럼에도 타인의 고통을 포르노그래피 보듯 하는 관음증은 널리 퍼진다. 당신의 고통은 나와는 상관없는 일이야! 이런 관음증의 안쪽에 도사린 것은 현실 둔감증이다. 그렇다고 고통이 보편의 현실이라는 것과, 고통에 처한 타인은 나의 밖에 있는 또 다른 나라는 사실을 바꿀 수는 없다. 타인의 고통에 감응하는 행위는 우리가 연민과 감정이입을 할 줄 아는 인간이기에 가능하다. 타인의 고통에 겹쳐 제 삶을 돌아볼 때 타인의 고통을 단지 연민으로 소비하는 태도를 경계해야만 한다. 연민은 타인의 고통에 대한 가장 낮은 단계의 감응이고 피동일 뿐이다. 그것이 타인의 고통을 외면할 명분이 될 수는 없다.

이육사의 「광야」를 읽는 아침

암흑에 휩싸인 천지간에 별에서 뻗치는 한 줄기 섬광은 벼락보다 더 우렁차고 강렬하다. 죽을 때까지 시집 한 권을 내지 못한 시인 이육사의 시는 그런 강렬함을 지녔다. 새해 첫달은 묵은 것을 보내고 신생의 기쁨을 누리기에 맞춤한 달이다. 지금은 무른 마음을 깨우는 시, 빛깔과 울림이 강렬한 시가 필요한 때다. 이육사의 「광야」는 이 계절에 맞는 좋은 시다. 일제강점기에 감옥을 제집 드나들 듯하며 독립 운동에 투신한 그가 마지막으로 일본 경찰과 헌병대에 체포된 것은 1942년 여름이다. 이육사는 그 여름 서울에서 붙잡혀 중국 베이징 감옥으로 압송되는 기차 안에서 칼날 같은 추위로 삼엄한 광야에 매화 향기가 공중으로 퍼지는 시적 환상을 떠올렸으리라.

천지개벽이 일어난 태초의 날을 물들인 것은 두께를 가늠할 수 없는 흑암이다. 하늘과 땅은 온통 검정색으로 뒤덮였으리라. 검정색은 밤, 비밀, 혼돈, 짓누름의 색이다. 광음의 세월이 지난 뒤 지금의 흰색은 인고 끝에 얻은 낮, 가능성, 해방, 자유의 색이다. 그 흑암의 날이 지나고 광야는 흰색으로 물든다. 시인이 호명한 흰눈, 매화, 백마의 이미지가 공통으로 보여주는 흰색은 색깔보다는 빛에 더 가깝다. 시인은 춥고 어둔 광야에 흰빛으로 충만한 세상이 도래하기를 꿈꾼다. 그저 꿈꿀 뿐만 아니라 장차 목 놓아 부를 노래의 씨앗을 심는다 했다.

까마득한 날에
하늘이 처음 열리고
어데 닭 우는 소리 들렸으랴

모든 산맥들이
바다를 연모해 휘달릴 때도
차마 이곳을 범하든 못하였으리라

끊임없는 광음을
부지런한 계절이 피어선 지고
큰 강물이 비로소 길을 열었다

지금 눈 내리고
매화 향기 홀로 아득하니
내 여기 가난한 노래의 씨를 뿌려라

다시 천고의 뒤에
백마 타고 오는 초인이 있어
이 광야에서 목 놓아 부르게 하리라

—이육사, 「광야」 전문

태고와 현재, 바다와 산맥, 매화 향기와 겨울의 대비는 매우 또렷하다. 초인은 이 광야에 백마를 타고 온다고 했다. 흰말은 사물들이 분별되지 않은 채 뒤섞인 도착(倒錯)과 혼돈의 시간인 밤을 가로질러 온다. 밤의 한가운데를 뚫고 오는 흰말이 여명의 빛에 대한 은유라면 초인은 고난의 극한을 넘어서 오는 사람을 가리키는 것이리라. 백마는 닭이 홰를 치며 우는 동이 트는 새벽에야 도착한 뒤 흰색의 판타지가 완성될 테지만 아직은 때가 아니다. 흰말은 저기 먼 데서 달려오는 중이니 현재는 목 놓아 노래 부르기에는 이른 시간이다. 우리의 인고와 기다림이 결실을 맺기에는 이른 때라는 뜻이다.

이육사만큼 호방하게 공간적 상상력을 드넓게 펼친 시인은 드물다. 이국적 공간을 즐겨 상상했던 그의 시에 툰드라, 사막, 코카서스 평원 따위가 나오는 것은 낯설지 않다. 광야는 너른 땅이고 동시에 거칠게 버려둔 황무지다. 곡식이 자라는 비옥한 땅과 대비되는 거친 땅이다. 바위와 메마른 흙, 엉겅퀴와 잡초들만 무성한 채로 버려진 땅이다. 산술적 평균에도 못 미치는 쩨쩨한 삶을 꿰뚫는 광음의 세월이 지나가는 동안 숱한 계절들이 하늘, 광야, 산맥, 바다를 스쳐간다.

지금은 흰눈 내리고 매화가 피는 계절이다. 천지 사방이
결빙하는 겨울, 얼음은 단단하고 바람은 귀때기를 떼 갈 듯
차다. 이 혹한을 무엇에 의지해 견딜 것인가? 대개는 손을
놓고 있거나 허둥대며 움츠리겠지만 시인은 홀로 나서 광
야에 가난한 노래의 씨앗을 심겠다는 결의를 다진다. 노래
의 씨앗이란 미래를 품은 현재의 단단함이다. 씨앗의 현재
가 얼음이라면 얼음은 미래를 가둔 현재다. 씨앗의 단단함
이 균열한 뒤에야 싹이 돋는다. 노래가 미래고 꿈이고 희망
이라면 그 노래의 씨앗이란 오늘의 고단함을 감당하는 시
인의 마음이다. 백마를 타고 올 손님을 맞아 조출한 잔치를
벌이려는 준비로 노래의 마음보다 더 좋은 것은 없다.

광야에 목 놓아 부르는 노래와 꽃의 향기가 공중으로 퍼
지는 황홀경을 꿈꾼 사람은 선량하고 낙관적인 영혼의 소
유자였으리라. 까마득한 날 하늘이 처음 열리는 우주적 시
간에 홀연 펼쳐진 광활한 시공간과 견주자면 나날의 일상
시공은 아주 작고 하찮은 것이었으리라. 어제의 삶은 이미
죽은 삶이다. 새 날이 온다고 고난이 그치는 기적이 일어나
지 않는다. 지금은 나쁜 날씨에 맞서 기초와 뿌리를 다지고,
팽팽한 활의 시위를 당기는 심장이 필요하다. 그 심장으로
느끼고, 외치고, 사랑하라! 혹독한 날은 문 앞에 와 있고, 불
안과 공포를 감지하는 이마는 차갑다. 서로의 가슴에 귀를
대고 심장 뛰는 소리를 들으며 꺾이지 않은 마음을 내는 것

이 우리의 최선이다. 누구도 손대지 못할 척박한 광야에 노래의 씨앗을 심는 시인의 결의를 헤아릴 때 우리 가슴은 더워진다. 그 참담한 시절에 열일곱 번씩이나 감옥을 드나들면서도 끝내 노래의 씨앗을 심는 신념을 포기하지 않은 이육사는 1944년 1월 16일 중국 베이징의 감옥에서 차디 찬 주검이 되어 실려 나온다.

늦게 찾아온 그리움

자고 일어나니, 간밤에 폭설이 내렸는지 천지간이 하얗다. 키가 큰 전나무 가지마다 쌓인 눈이 소담하다. 전나무 너머 너른 회색빛 하늘 아래 자리한 먼 산도 순백이다. 고요가 켜켜이 쌓인 날에는 턴테이블에 즐겨듣는 음반을 찾아 올리자. 오늘은 베토벤의 피아노 소나타나 차이코프스키의 피아노 협주곡을 듣자. 음악이 주는 환희와 위안에 기대어 스스로에게 조금 더 관대해지자. 음악의 무아지경 속에서 마음의 격랑은 잦아들고 가슴은 기쁨으로 벅차오른다.

폭설이 내린 날에도 생명 가진 것들은 몸을 움직여 먹이를 찾느라 바쁘다. 먹고 사는 일은 사람이나 담비와 족제비들, 말과 황소들, 뭇 조류에게도 생명의 숭고한 업이다. 산수유나무 가지에 달린 빨간 열매를 쪼으러 곤줄박이 몇 마리가 날아든다. 곤줄박이가 산수유 열매를 쪼는 광경을 바라보다가, 문득 일하러 나간 어머니를 종일 기다리던 어린 날의 저녁들, 붉은 피에 잠긴 황혼이 사라지고 어둠 내린 마당을 가로질러 오신 어머니가 부엌에서 서둘러 쌀보다 보리가 많은 밥을 안치던 섣달그믐을 떠올린다. 마당엔 차가운 어둠이 차오르고 앙상한 나뭇가지에 걸린 하늘엔 별 한 점도 안 보였다. 저녁밥을 기다리다 지친 소년이 깜빡 잠이 들면 어머니는 기어코 흔들어 깨운다. 소년은 잠이 덜 깨어 비몽사몽 중이다. 그런 소년이 한밤중 밥상 앞에서 목구멍으로 넘기던 밥은 꺼끌꺼끌했다.

가난은 조금도 자랑스럽지 않았다. 그 시절의 남루와 모욕을 견디고 살 용기를 준 것은 어머니다. 오, 열이 펄펄 끓던 소년의 이마에 차가운 손을 얹던 어머니, 나를 변함없이 사랑해주세요! 계절은 삐걱거리는 거룻배처럼 흘러가고, 당신 가슴 속 숨은 비탄과 환희는 감히 짐작조차 못하던 소년은 늙어 귀밑머리가 희끗희끗해졌어요. 자식을 위해 늦은 저녁밥을 짓고, 구호물자로 받아온 우유를 데우던 어머니는 지금 이 세상에 안 계시다. 어머니는 자식들에겐 날마다 뜨는 태양이다. 그 태양이 사라진 세상은 텅 비고 어둠은 고집 센 바위처럼 여린 마음을 짓누른다.

나는 행복했던가? 눈 덮인 겨울 마가목 열매는 붉고, 태양계에 속한 행성은 제 궤도를 이탈하지 않고 돈다. 그런 세상에 사는 동안 나는 아주 불행하지는 않았다. 내 안에서 죽음과 무가 자라난다. 나이 들어 허리가 굽을 때 우리 안의 짐승들은 살이 쪄서 뚱뚱해진다. 그런 불행쯤은 견딜 만했다. 봄엔 모란과 작약 꽃이 피고 여름밤엔 반딧불이가 꽁무니에 푸른 인광을 단 채 군무를 추었으니까. 무엇보다도 자기 몫의 감자도 심지 않고, 대리석으로 마을을 건설하는 업적을 남기지 않아도 우리의 낡고 해진 옷을 꿰매고 떨어진 단추를 달아주던 어머니가 살아 계셨으니까.

　오후에도 폭설에 덮인 세상은 여전히 고요하다. 돌이켜보면 좀 먹은 옷감 같이 헐벗은 내 영혼을 위로해준 건 어머니, 바다, 음악들이다. 어머니는 안 계시고, 바다는 저 멀리 있다. 그런 오후엔 잔치국수 한 그릇으로 출출한 배를 채우고, 행복에 겨워 가르릉거리는 고양이를 품에 안고 음악을 듣자. 오, 살아 있는 동안 당신의 어머니를 사랑하라. 어머니가 세상을 등진 뒤라면 편지 몇 줄이라도 쓰자. 그 편지를 부칠 데가 마땅치 않더라도 괜찮다. 어머니가 계신 천국의 주소를 아는 자식은 이 세상에 한 명도 없다. 우리 피난처이자 안식처인 어머니가 이 세상에 안 계신 걸 어떻게 받아들일까? 들짐승처럼 세상을 헤매던 자식을 안아줄 어머니가 안 계시다면 우리는 탄식을 하고 말겠지. 적막이 늙은 개처럼 짖는 밤에 우리는 흙이라도 한 줌 삼키는 심정으로 어머니를 그리워하겠지. 어머니, 무릎에 앉아 새처럼 종알거리던 소년은 늙었어요. 이게 믿어지시나요? 어머니도 믿지 못하실 거예요. 어머니, 어디에 계시든지 자식들의 때늦은 탄식과 그리움을 기억해주세요. 저희에게 부디 시련과 고난을 견딜 용기를 주시고, 죽음의 휘둘림에 의연하게 맞설 담대함을 갖게 해주세요. 어머니, 당신을 사랑합니다.

독립출판과 동네책방

21세기는 여러 문화들이 섞이고 스민 문화의 혼종시대라 할 만하다. 인종, 이념, 세대, 국경의 벽이 사라지면서 지구촌 문화들에 스밈과 섞임의 흐름이 활발해진 덕분이다. 이 혼종의 시대가 도래한 데는 디지털 기반의 문화가 큰 흐름으로 자리를 잡고, 문화 교류를 막는 규제가 느슨해진 것도 보탬이 되었을 테다. 소비, 노동, 여흥, 예술, 스포츠 분야에서 경계를 넘어 다른 문화 속으로 섞이고 스미는 게 쉬워졌는데, 이는 문화의 오고 감과 누림의 방식에 큰 변화가 따랐기 때문이다.

사회학자 자크 아탈리가 지적했듯이 21세기는 노마드의 시대다. 여행과 이동의 증가에 힘입어 가치의 위계와 삶의 방식에 균열과 변화가 일어난다. 디지털 문화는 시공간을 압축하고 물리적 거리를 좁혔다. 동시에 여러 문화 집단 간의 동시간대 소통이 늘고, 문화다양성의 융성을 가속화하는 계기가 작동되었다. 낯선 문화를 향한 포용성이 커지고, 문화의 차이와 이질성을 향한 거부감이나 혐오가 준 것은 문화의 혼종성이 시대적 당위라는 증거다.

2008년 미국발 글로벌 금융위기 이후 극단적 실용주의에 치우치는 시대가 오고, 너나없이 팍팍해진 삶과 마주해야 했다. 만성화된 경제 불황에 더해 인구 감소라는 위기 속에서 사람들은 각자도생의 처지에 내몰린다. 우리가 최저 생계에 허우적이는 동안 출판 산업에도 불황의 그늘이 드리워진다. 불황이 깊은 시대일수록 자기계발서, 경제경영서, 재테크 책들이 쏟아지며 출판 시장을 쥐락펴락한다. 출판계에 밀리언셀러가 자취를 감춘 대신 잘게 쪼개진 다양한 의제들, 즉 피로사회, 사회정의론, 세대론, 세월호, 페미니즘, 채식주의, 뇌과학, 퀴어문학, 웹소설, SF 문학을 다룬 책들이 넘쳐난다. 그런 출판의 흐름 가운데 대중 교양서인 『지적 대화를 위한 넓고 얕은 지식』이 밀리언셀러가 된 것은 이채로운 현상이다. 아울러 마이클 센델 교수의 『정의란 무엇인가』, 토마 피케티의 『21세기 자본』, 유발 하라리의 『사피엔스』, 조남주 작가의 『82년생 김지영』 등이 호응이 컸던 것은 눈여겨 볼 만한 현상이다.

2010년대 들어서며 출판은 소량 다품종 생산 시대를 맞는다. 이 시기에 소자본 창업이 가능한 독립출판(independent publishing)이 새로운 트렌드로 떠오르는데, 이것은 최소 인원이 최소 자본으로 소량의 출판물을 제작해 유통시키는 소규모 출판 방식이다. 메이저 영화사의 시스템 속에서 독립영화가 존재하듯이 출판계에도 독립출판이 하나의 흐름이 된 것이다. 대형 출판사들이 대량 생산과 유통으로 시장 지배력을 키운다면 독립출판사들은 소량 출판으로 시장에 대응하며 살 길을 찾는다. 주류 출판사들이 거대 자본과 분업화된 시스템을 가동한다면 독립출판사들은 소규모 출판 제작의 방식을 지키며 그 활로를 열어가는 것이다.

독립출판은 '1인 출판', '인디출판', '개인출판', '셀프 퍼블리싱(self-publishing)' 등등으로 불린다. 기획, 편집, 디자인, 제작, 마케팅 등으로 나뉜 채로 협업하는 기존 출판 방식과는 달리 독립출판은 기획에서 편집(교정, 교열), 제작, 마케팅까지 출판 전 과정을 혼자 떠맡는 방식이다. 기존의 출판사에서 경험을 쌓고 나온 편집자나 마케터들, 저자들이 독립출판에 뛰어든다. 이들은 사무실을 따로 마련하지 않고 제 살림집이나 공용 사무실을 얻어 쓰는데, 그런 방식이 인건비나 사무실 임대에 따른 고정비 지출을 줄여 창업 리스크를 낮출 수 있기 때문이다.

2010년 이후 독립출판사가 빠르게 는다. 한국출판문화산업진흥원이 펴낸 2015 출판산업실태조사에 따르면 국내 출판사 3,606개 중 2,761개, 즉 76.6퍼센트가 1인 출판사라고 한다. 새로 창업한 출판사 10개 중 8개가 독립출판사라는 점은 독립출판이 트렌드로 안착했음을 알리는 지표다. 다양한 경험과 아이디어를 가진 개인들이 창업에 뛰어들며 독립출판의 융성기를 이끈다. 어쩌면 독립출판은 저비용으로 고효율을 산출할 수 있는 문화다양성의 시대에 최적화된 출판 방식일지도 모른다. 독립출판은 소자본 창업이 가능하고, 진입장벽이 낮은 데다 개인의 이상과 취향에 따른

책을 더 자유롭게 펴낼 수가 있는 이점이 있다. 독립출판사들은 출판의 틈새를 보완하며, 출판 생태계에 활력을 불어넣는 작은 씨앗들이다.

독립출판사가 문화다양성의 가치를 당위로 요구되는 시대에 맞춘 출판 방식이라지만, 콘텐츠를 확보하는 경쟁이나, 광고나 홍보에서 주류 출판사를 따라가기는 힘들다. 독립출판사와 주류 출판사 간의 경쟁은 공정 경쟁 자체가 불가능한 '기울어진 운동장'이다. 그런 가운데 소수의 독립출판사들은 약진을 보여준다. 제철소, 위고, 코난북스 출판사세 군데가 협업으로 펴내는 '아무튼' 시리즈는 야무진 출판 기획의 사례로 꼽을 만하다. 이 시리즈는 이념이나 사회정치 아젠다가 아니라 독자의 개별 기호와 미시적 취향에 맞는 생활밀착형 작은 주제들, 즉 개별자의 꿈과 욕망에 주목한다. '아무튼' 시리즈는 독립출판의 잠재 시장을 키웠다는 평가를 받는다.

2010년 이후 모바일을 기반으로 블로그, 트위터, 페이스북, 유튜브, 인스타그램 같이 플랫폼의 다변화도 독립출판에는 우호적인 환경이다. 독립출판이 개인 미디어를 통한 사적인 소통과 자기표현의 욕구를 공적인 것으로 바꾸는데 더 유리한 까닭이다. 디지털 문명이 주도하는 시대에 출판이 대표적인 사양 업종으로 꼽히지만 지식 생산의 거점이라는 점에서 국가 산업에서의 중요성이나 비중은 줄지 않는다. 독립출판은 기존 미디어나 주류 출판사들이 놓친 개

성 있는 출판, 다양한 콘텐츠의 생산을 자극한다. 문화다양
성과 독자의 다양한 욕구에 부응하는 대안이라고 할 독립
출판이 출판계의 위기를 넘어서는 하나의 방식이 될 수도
있을 테다. 생물다양성이 자연 생태계의 균형을 만들 듯이
독립출판도 출판 생태계를 풍성하게 만드는 데 기여할 게
분명하다.

　서울의 동네 상권이나, 경주, 전주, 남원, 거제, 안성, 김
포, 강화, 파주 같은 중소도시들, 제주도의 작은 마을에 들어
선 동네책방들의 약진은 반갑다. 작은 동네에 숨은 책방을
용케도 알고 찾아오는 독자 역시 반갑고 신기하다. 온라인
서점과 서점의 대형화에 밀려 도서 유통의 중간자 소임을
하던 도매서점들이 한꺼번에 문을 닫았다. 중고교와 대학교
앞마다 터줏대감처럼 존재하던 동네 중소형 서점들은 폐업
했다. 그 뒤로 주인 혼자서 관리하는 지역의 작은 서점들이
나타났다. 규모가 적으니 매장에 진열한 책의 종수도 적을
수밖에 없다. 하지만 동네책방들은 중심의 해체와 파편화된
중심의 흩뿌림, 플랫폼의 다변화, 개인 욕구의 다양한 분출
에 맞춘 취향 공동체의 출현이라는 점에서 눈길을 끈다.
　동네책방과 독립출판의 출현은 그 시대가 겹친다. 2015
년 9월 전국에 70군데이던 동네책방은 2017년 7월에는 257
군데로 늘어난다. 동네책방 지도에 이름을 올린 277개 동
네책방 중 문 닫지 않은 책방은 총 257군데(92.8퍼센트)다. 그

뒤 문 닫은 곳은 20군데(7.2퍼센트)이고, 한 해 이상 꾸린 곳은 204군데(73.6퍼센트)였다. 2017년 한 해에 문을 연 동네책방은 31군데(19.1퍼센트)다. 1주일에 1개꼴로 생겨난 셈이다. 독립출판이 늘면서 동네책방도 늘었는데, 이는 둘이 상호 연동되어 있다는 증거일 테다.

서울과 제주도 등지의 동네책방들, 서울 망원동 골목에 있는 '어쩌다 책방'이나 제주도 종달리의 '소심한 책방'을 비롯한 몇 군데에서 강연이나 북토크를 했다. 무엇보다도 동네책방은 대형서점과는 다른 방식으로 책을 골라 진열하고, 책방의 컨셉에 맞는 워크숍과 프로그램을 꾸리기에 적당하다.

지역에 자생적으로 생겨난 소규모 책방들은 책만 파는 게 아니라 독서 모임을 주도하고, 글쓰기 같은 동아리를 꾸리는 거점 공간이다. 동네책방에서 책을 사는 지역 주민들과 동네책방 주인 사이에 두터운 유대 관계가 형성되는 일도 드물지 않다. 독자의 취향에 맞춘 북큐레이션을 하는 동네책방들은 여행책, 그림책, SF, 어린이책, 중고서적, 독립출판물 등으로 쪼개서 책들을 집중 진열한다. 동네책방이 북카페나 책바(bar)를 겸하면서 커피나 맥주를 마시는 휴식과 치유의 공간으로, 때로는 작가의 북토크나 낭독회를 통해 작가와 독자 사이를 잇는 커뮤니티 노릇을 하기도 한다.

동네책방은 복합문화를 누리는 공간이고, 지역 공동체를 연결하는 거점이다. 문화공동체 구실을 떠맡는 동네책방이 존재해야 할 당위는 두터워진다. 그럼에도 오늘의 현실은 열악하고 미래는 불확실하다. 동네책방들은 책 판매가 안 되거나 해마다 오르는 임대료 부담에 손을 들고 문 닫기 일쑤다. 온라인 서점이나 대형서점과의 차별화를 통한 생존 전략을 찾아야 하겠지만 그게 쉬운 일은 아니다. 동네책방들이 지역의 문화 거점으로 뿌리를 내리고 자생 능력을 갖추기 위해서는 지역 주민의 관심과 정부의 세심한 뒷받침이 더욱 필요할 것이다.

지구의

종말 시계는

몇 시인가

너의 얼굴

첫 얼음이 얼고, 첫눈이 내렸다. 어느 아침에 한 계절이 끝나고 새로운 계절이 다가옴을 깨닫는다. 오늘 너는 거울에서 지난 계절보다 더 늙은 너의 얼굴을 본다. 잔주름이 늘고, 피부가 늘어진 그 얼굴은 낯설다. 항상 '너'라고 주장하는 얼굴은 전면을 응시하는 벽이다. 너의 얼굴은 검은 구멍을 가진 벽이다. 이 자아의 기호적 표면을 거울에 비춰보며 살아가는 네가 거울에 너의 얼굴을 비춰보는 행위는 무의식의 성찰이라고 할 수도 있을 것이다. 너는 누구인가? 너는 거울 속에 떠오른 얼굴을 향해 묻지만 거울에 비친 너의 얼굴은 이 물음에 대답하지 않는다.

거울은 세계를 이쪽과 저쪽으로 경계를 나눈다. 거울이 드러내는 것은 사물의 표면이다. 눈과 코와 입을 가진 얼굴도 그 표면들 중 하나다. 아마 거울의 발명과 얼굴의 발명은 그 기원이 하나일 테다. 인류는 제 얼굴을 보려고 거울을 발명했을 것이지만 왜 굳이 제 얼굴을 보고 싶어 했을까? 얼굴에서 신의 흔적을 찾기 위해서였을 것이다. 우리보다 더 성스럽고 전지전능한 초월자를 향한 무의식의 갈망이 인류를 거울로 이끌었지만 이 시도는 번번이 실패한다. 거울에 비친 너의 얼굴에서 보는 것은 신에서 한껏 멀어진 채로 헐벗은 존재의 가난이다. 네가 거울을 볼 때마다 한숨을 짓는 것은 그 때문이다. 거울은 진리의 매개자가 아니라 단지 현재라는 순간에 나타나는 표상들의 집합을 보여줄 뿐이다.

90여 년 전 근대의 입구에서 서성이던 시인 이상은 거울을 통해 제 분열하는 얼굴을 보고 깜짝 놀란다. 그 놀람이 「거울」이라는 시를 쓰는 동기가 되었을 것이다.

거울속에는소리가없소
저렇게까지조용한세상은참없을것이요

거울속에도내게귀가있소
내말을못알아듣는딱한귀가두개나있소

거울속의나는왼손잽이요
내악수(握手)를받을줄모르는 - 악수를모르는왼손잽이요

거울때문에나는거울속의나를만져보지를못하는구료마는
거울이아니었던들내가어찌거울속의나를만나보기만이라도했겠소

　　나는지금거울을안가졌소마는거울속에는늘거울속의
내가있소
　　잘은모르지만외로된사업(事業)에골몰할께요

　　거울속의나는참나와는반대(反對)요마는
　　또꽤닮았소
　　나는거울속의나를근심하고진찰(診察)할수없으니퍽
섭섭하오

　　　　　　　　　　−이상, 「거울」, 1934 카톨릭 청년

　　거울은 동일한 것의 차이를 드러내며 대상을 여러 개로
쪼갠다. 거울 속의 '나'와 거울 밖의 '나'는 다르다. 거울을 경
계로 존재하는 둘은 닮았으되 다르다. 이상은 거울이 타자
에게 부딪쳐 나온 '나'를 환수하는 도구, 자기 동일성을 쪼개
고 분리하는 도구 사물이라는 걸 인식한다. 거울의 타자성
에 부딪쳐 되돌아오는 너의 얼굴은 날마다 분열하며 조금
씩 달라진다.
　　카페에서 맥주를 마시며 어딘가를 바라보던 자, 죽은 새
를 보며 가여워하는 자, 누군가의 사랑을 갈구하던 자, 함께
창공에 떠오른 별자리를 응시하던 자, 모든 게 뒤죽박죽이
되었을 때 망연해진 채로 실망을 보여주던 자, 너는 하나의

얼굴을 가진 자다. 너의 얼굴은 해를 바꾸며 봄과 가을을 겪어낸 얼굴이다. 너의 얼굴은 비누처럼 날마다 닳는다. 얼굴은 닳는다고 해서 얼굴이 사라지지는 않는다. 너는 끝없이 되살아나는 네 얼굴과 함께 생을 살아낸다. 얼굴은 계절이 만든 소모의 흔적, 찰나의 감정이 현현하는 막(幕), 세월을 탕진한 자의 허망이 무방비하게 노출되는 자리다. 오늘 아침 너는 네 얼굴에서 여러 가능성을 소진한, 더 이상 젊음으로 돌아갈 수 없는 자의 절망을 보고야 만다.

　의도하건 그렇지 않건 너의 얼굴은 한 시대의 표정을 언뜻 드러낸다. 표정이란 무엇인가? 무서운 표정, 상냥한 표정, 천진한 표정, 어색한 표정, 난감한 표정, 낯선 표정……. 표정의 스펙트럼은 아주 넓다. 표정이 주체 내면에 숨은 감정을 반영한다는 것은 단선적인 이해에 지나지 않는다. 표정은 감성과 취향의 영역이 아닐 뿐더러 개성이나 의지의 영역도 아니다. 표정은 도상학적으로 삶의 형태를 외시한다. 얼굴이 골상학의 영역에 속해 있다면 표정은 얼굴로 환원되지 않는 불가역적 시간을 드러낸다. 표정은 외부의 힘과 질서에 반응하는 운동이고, 세계에 대한 너의 대응, 삶이 네게 강제한 수고와 노고에 대한 힘겨움을 드러낸다. 아울러 표정은 세월의 속절없음과 타자의 외재성에 대한 조응이다. 얼굴이 항상 포획하는 것은 주름들과 안면 근육의 요동이다. 너의 얼굴에는 웃음이 없다. 그렇다고 슬픔이나 고통으로 일그러진 것도 아니다. 행복도 고통도 없는 얼굴! 타자를 향하여 내면의 외면화를 이룬 채 그 동일성을 유지하는 얼굴! 너의 얼굴은 삶과 죽음 사이 분열하는 자의식이 등장하는 무대이고, 생존의 히스테리와 나르시시즘이 증식하는 주름진 표면이다. 너의 얼굴은 아무 동요도 없이 고요하게 정지해 있다. 시인 이상은 이것에서 증식하는 현대의 서사를 끄집어낸다.

한 현대 철학자는 얼굴-기계라는 이상한 개념을 만들어낸다. 본디 철학자란 모호하게 말하는 자, 이상하게 말하는 자가 아니던가. 이 철학자에 따르자면, 얼굴은 동시적인 지층들과 상이한 속도들 속에서 끝없이 연결접속을 만드는 기계다. 철학자 질 들뢰즈와 펠릭스 가타리는 얼굴이 "흰벽-검은 구멍"이라고 말한다. "인간 안의 비인간적인 것"이라는 한에서 얼굴은 말하고 웃거나 찡그리며 감정을 드러내는 자의 외부를 둘러싼 표피 그 이상이다. 얼굴이 공공재는 아니지만 그렇다고 개인의 소유로 귀착하지도 않는다. 얼굴은 하나의 표면이고, 독자적으로 존재한다. 그것은 무언가를 끝없이 만드는 공장이고, 일종의 생산 기계다. 다시 이상하게 말하는 철학자의 말을 빌리자면 얼굴은 "빈도나 확률의 지대를 규정"하고, "그 자체로 잉여"이며, "주체성의 검은 구멍, 카메라, 제 3의 눈"이다. "얼굴은 공명이나 주체성의 잉여들은 물론이고 의미생성이나 빈도의 잉여들을 갖고 자신을 잉여로 만든다. 얼굴은 기표가 부딪쳐 튀어나와야 하는 벽을 구성하며, 기표의 벽, 프레임 또는 스크린을 구성한다."* 산다는 것은 얼굴을 갖고 산다는 뜻을 함축한다. 면목이 없다. 면목은 얼굴을 지칭하고, 이 말은 의미와 당위가 휘발되었음을 내포한다. 얼굴이 없다는 것은 살 가치가 없을 만큼 수치스럽다는 뜻이다.

돌이켜 생각해보면 너의 얼굴은 너의 생각, 의지, 욕망을 내보이는 살의 가면, 파동의 표면이다. 이것은 항상 부동하지 않고 수축하고 일그러지며 출렁인다. 각기 다른 외부의 힘이 작용하기 때문이다. 너의 얼굴은 그 자체로 매체이자 메시지다. 너의 얼굴이 항상 많은 말을 한다는 게 그 증거다. 우리는 타자의 얼굴을 보고 타자가 보내는 메시지를 수신한다. 너의 얼굴은 종종 일그러지는데, 그 일그러짐은 얼굴이 행하는 기예의 증진 속에서 증식한다. 이미 괴물로 바뀐 얼굴들도 있다. 얼굴은 시대의 속살을 파먹으며 기괴하게 바뀌고 있다. 인간이 제 안에 에일리언을 품고 사는 까닭이다. 너는 네 얼굴에서 자꾸 도망친다. 너의 얼굴은 수시로 변한다. 삶이라는 광대놀음에도 지치고, 내면의 역동성과 투지가 줄며 안색은 창백해지고 피부는 헐거워진다. 노년의 얼굴은 주름이 많아지고 흑자와 검버섯이 돋고 피부는

---

* 질 들뢰즈, 펠릭스 가타리, 『천 개의 고원』, 김재인 옮김, 새물결, 2001

늘어진다. 얼굴이 바뀌는 것은 세월의 흐름과 연동되는 까닭이다. 이렇게 달라진 얼굴은 현실의 흐름과 변화를 수납하는 미시물리학적인 결과다. 언제 처음 나는 거울을 보았을까? 그 기억은 아득하고 모호하다. 오늘 거울에 비친 너의 얼굴은 어땠는가? 네가 누군지를 알고 싶다면 거울을 보라. 거울이 보여주는 것이야말로 너의 정체성이다.

당신을 이해한다는 말

당신을 이해한다는 게 가능한가? 당신을 이해하는 일은 우주를 아는 것과 맞먹는다. 아니 당신이 곧 우주다. 몇 억 광년이 흐른다 해도 당신을 이해할 수는 없다. 당신을 생각하며 먼저 작은 한숨을 내쉰다. 당신은 손닿을 수 없는 무한, 불가능한 영역에 속한다. 거울 속에서 깨어나는 당신은 아름답다. 그것은 당신이 세상에 도착하지 않은 존재이기 때문이다. 당신은 언제나 미래에 도착한다. 바람이 문을 두드리면 나는 당신의 바깥에서 당신을 두드린다. 당신의 문을 열어 나를 들여 보내달라고!

내 앞에 선 당신은 한 사람이자 동시에 여럿이다. 당신은 하나의 자아가 아니다. 여럿의 자아로 사는 당신 내부는 무수한 지층으로 이루어진다. 당신은 우주와 맞먹을 만큼 엄청난 복잡성을 품는다. 당신은 거기 있음, 존재의 구멍, 가뭇없는 연민, 활동하는 무, 계속 태어나는 죽음, 예측 불가능한 찰나들, 타자적 현존의 불가해한 총합이다. 당신은 내게로 오면서 동시에 멀어진다. 당신이 먹는 음식을 말해봐. 그럼 내가 당신이 어떤 사람인지를 말할게, 라고 나는 말한다. 당신은 무언가를 먹는 존재다. 그건 움직일 수 없는 욕망이고 본성이다. 나는 당신이 아침에 먹는 것과 저녁에 먹는 것을 안다. 당신에게 나를 통째로 줄게. 나를 사랑한다면 내 살을 홍어처럼 씹고, 내 피를 포도주처럼 목구멍으로 삼켜다오! 당신이 나를 씹어 삼키면 나는 당신의 위와 장에서 낱낱으로 으깨지고 소화 과정을 거쳐 당신의 일부가 될 것이다. 우리는 그렇게 완벽한 합일에 이를 수가 있다. 당신이 목구멍으로 삼킨 음식은 당신의 살과 피, 당신의 인격과 취향, 당신의 내면 형질을 드러낸다. 당신이 먹는 게 바로 당신이다!

당신은 밤에 잠들지 못한다. 밤이 내 손에 성냥개비 하나를 쥐어주면 나는 그걸로 등을 켠다. 등을 중심으로 어둠이 한걸음 물러난다. 당신의 외투가 잠들고, 읽다 만 책이 잠들고, 당신의 의자가 잠든다. 하지만 당신은 자정 넘은 시각 등대처럼 깨어 있다. 당신은 왜 밤에 잠들지 못하는가? 당신은 귀를 쫑긋 세워 바깥의 기척에 집중하는데, 그 사이 메마른 걱정이 당신을 삼킨다. 당신의 의식은 찢겨 있다. 밤은 당신의 의식을 들여다본다. 오, 불면의 메마름으로 깨어 밤을 응시하는 건 당신이 아니라 이 세계 자체다. 밤은 이 세상의 모든 불면을 지키는 야경꾼이다. 당신이 한밤중 세탁기에 빨래를 넣고 돌리는 행위는 불면증에서 도피하려는 시도다. 불면증을 피해 도망가는 당신! 저 멀리로, 세계 저 너머로! 당신은 결국 자신에게로 돌아온다. 메마른 불면을 찢고 밤의 한가운데로!

인간은 그저 작은 혈액 보관함이자 분뇨를 담은 가죽부

대에 지나지 않을지도 모른다. 보통은 욕망하는 죽음, 최악의 경우는 살인기계! 아울러 노래하는 혀, 생각하는 식물이며, 꽃피는 두개골이다. 당신은 다르다고 느낀다. 깊이를 헤아릴 수 없는 심연인 당신의 고독의 깊이를 잴 수 없다. 당신은 늙은 산, 개간하지 않은 황무지, 봉인된 절망, 세월이 낸 상처들, 내륙의 영혼, 타지 않은 천 개의 불꽃이다. 당신은 담배를 피운다. 끽연 습관은 꽤 오래되었다. 당신의 손가락 사이에 끼워진 담배, 이 가느다란 연소성 물질을 태워 없애느라 당신은 얼마나 많은 시간과 돈을 썼던가! 당신은 초조하거나 무언가에 집중할 때 무심코 담배를 입에 문다. 담배는 당신이 이제껏 말하지 않은 것, 그리고 미래에도 말하지 않을 욕망과 결핍에 대해 많은 걸 설명한다. 담배는 작은 쾌락으로 인도하는 매개물, 무와 고요의 싹을 내밀게 하는 햇빛, 충족 불가능한 결핍의 심연, 아무 쓸모없고 덧없는 것을 향한 조촐한 향연이다.

당신이 웃을 때 세계의 고요가 출렁인다. 당신은 잘 웃는다. 웃음은 아삭, 하고 씹히는 오이 같다. 오이향이 나는 당신의 웃음이 좋다. "웃어라, 세계가 당신과 함께 웃으리라"(엘라 윌콕스). 당신은 벌거벗은 신체로 이 세계에 강림하고, 때때로 비명을 지른다. 쥐에게 통째로 뜯어 먹혀 몸통만 남은 닭이 사방으로 뛰어다니는 광경을 보지 못했더라도 당신은 고통에 대해 아주 잘 안다. 당신은 자주 아프다, 라고 말하지만 나는 그 아픔을 미처 다 헤아리지 못한다. 당신과

나 사이에는 뛰어넘을 수 없는 간극이 있다. 당신은 태고의 침묵, 태어나지 않은 태아, 풀지 못한 수수께끼, 미래의 징후! 당신을 이해한다는 것은 이 세상에서 가장 부조리한 사태다.

산다는 것은 우리가 상호 연루되는 일이며, 동시대를 함께 겪고 무언가를 도모하는 일이다. 세상은 우리 생각과 행동이 빚은 결과물이다. 당신은 어디에 살았는가? 나는 요람과 묘지 사이에서 진자운동을 하다가 사라지는 당신을 모른다. 당신이 당나귀였다면, 촛불이었다면, 튤립이었다면, 나는 당신을 더 잘 이해했을 테다. 당신은 당나귀도, 촛불도, 검은 튤립도 아니니까 내가 당신을 다 이해한다는 말은 양치기 소년의 거짓말이다. 당신은 세계를 가로질러 와서 강의 얼음 위에서 운다. 강의 얼음 위에서 처연하게 우는 당신을 어떻게 이해할 수 있다는 말인가? 당신은 내 존재 바깥으로 미끄러진다. 나는 당신을 이해한다는 말을 회수한다. 당신은 하나의 불가능성, 속이 보이지 않는 육면체, 열리지 않은 문이다. 당신은 나의 가능성이자 이 세상에서 가장 다정한 미스터리, 해독이 불가능한 문장이다. 돌아보라, 당신이 문득 돌아보는 곳에 내가 있다. 내가 곧 당신이다!

날씨의 속삭임에 귀 기울여라

날씨는 우리가 겪은 원초적 미의 경험이고, 내 안에서 증식하는 무모한 희망이며, 때로는 거쳐야 할 고통과 시련의 터널이다. 날씨가 우호적이라면 우리 인격은 더 고결하고, 삶은 더 윤택해졌을 것이다. 하지만 날씨가 항상 우호적이었던 것은 아니었다. 내 인생을 망친 건 날씨야. 내가 말하자 당신은 웃었다. 날씨에 대한 내 엉뚱함이 농담이라고 판단했을 수도 있다.

날씨는 지구 환경이 베푸는 경이로운 보상이고, 실존의 형태를 결정짓는 거푸집이다. 이 변수가 없다면 우리 삶은 더 단조롭고 밋밋했을 테다. 날씨는 늘 시와 음악과 그림 같은 예술 창작의 촉매제였다. 하지만 인간이 마음대로 할 수 없음의 영역에 속한 것들 중 하나다. 땅의 질서를 만드는 이 변화무쌍한 날씨 앞에서 인간은 한낱 추구(芻狗)에 지나지 않는다. 이 얘기를 듣고 당신은 또 웃었다. 당신은 나를 날씨에 홀린 사람이라고 여겼을 지도 모른다.

날씨는 우리 감정의 안쪽에 다양한 무늬를 새기는 자연의 맥박이다. 우리의 오감에 비벼지는 날씨는 늘 현재에서 그 생생함을 키우고 번성한다. 우리는 비와 눈을 혀로 맛보고, 햇빛의 향기를 코로 맡으며, 살갗을 간질이는 것을 촉각으로 느끼고, 폭풍의 함성을 고막의 진동으로 흡수한다. 현재가 아니라면 날씨는 유효기간이 끝난 음악회 티켓이나 다름없다.

봄날의 밝은 햇빛으로 녹색 잎들은 반들거리고, 이끼와 잔디는 파랗게 자란다. 햇빛은 누리에 번성하는 생명체의 골수에까지 파고들어 양기를 북돋우며 생육에 기여한다. 햇빛은 땅속 구근이나 씨앗을 격려해 싹을 틔우고, 새나 야생 짐승들이 짝짓기를 하도록 이끈다. 18세기 사람들은 햇빛이 해롭다고 여겼지만 햇빛은 삶을 선물로 바꾼다. 물론 햇빛이 지나치면 해로운 게 사실이다. 태양의 불꽃이 만든 무더위는 체액을 덥히고, 모공을 열어 땀을 내게 하며, 기력을 방전시킨다.

비는 어떤가? 풍부한 강수량은 곡식 수확량을 늘려 인류의 생존에 큰 보탬이 된다. 하지만 필요 이상으로 쏟아지는 비는 주택이나 농경지 침수를 일으키고, 땅에 묻은 감자가 싹이 나지 않은 채 썩게 해서 한 해 감자 농사를 망친다. 비는 심술궂다. 어린 시절 소풍이나 운동회 날엔 어김없이 비가 내려 행사들이 취소되었다. 그 실망감이라니! 비는 야외 결혼식에 훼방질을 하고, 노점상들의 장사를 망친다. 또한 대지를 진흙탕으로 만들어 보병의 전진을 더디게 하고, 작전 수행을 지연시킨다. 결과적으로 병사들의 사기를 떨어뜨려 전쟁의 패배를 불러온다. 이렇듯 비는 불의와 독선으로 자주 물의를 일으킨다.

인간의 기다림은 대개는 날씨 안에서의 기다림이다. 인간은 날씨 안에 서 있고, 날씨에 의해 지배되고 포박되는 존재다. 날씨는 삶의 상수다. 눈, 비, 우박, 구름, 바람, 햇빛, 안개, 추위, 얼음, 이슬, 서리… 같은 기상 현상들은 신체의 자기수용성 감각에 관여하고, 생체 리듬과 꽤 깊은 상관관계를 맺는다. 날씨는 야외 행사, 노동의 성과, 인간관계 따위에도 두루 작용을 한다. 이를테면 비와 안개와 바람은 예술가의 창의력을 자극하고, 위생과 복지와 주택설계에 영향을 미치며, 혹서와 혹한은 시련과 동시에 견인주의를 학습할 기회를 준다. 그러니 날씨가 우리 삶을 빚는 데 관여하지 않는다고 말하지 못한다.

날씨를 만드는 건 기우제나 부활절 미사는 아니고, 더더구나 소금이나 후추 따위도 아니다. 날씨는 저 먼 데서 오는데, 이것은 태양의 흑점이나 태양풍, 별자리의 변화 같이 복합적인 요소들로 빚어진다. 음양의 순환과 계절에 따라 낮과 밤의 길이가 달라지고, 기온의 편차가 생긴다. 바다 해수면의 온도나 극지방 유빙들의 상태, 지역의 지형지물도 기류와 날씨에 영향을 미친다. 누구도 밀크셰이크를 제조하듯이 날씨를 간단하게 만들지는 못한다. 인간에게는 날씨를 빚을 능력도 결정권도 없다. 오로지 순응만이 있다.

아침에 '안녕!'하고 인사를 건네는 게 바로 날씨다. 우리는 하늘이나 구름을 보고 그날의 날씨를 예측한다. 안타깝게도 죽은 자들은 날씨의 특수를, 그 기쁨과 보람을 누리지 못한다. 날씨는 산 자만이 누리는 특권이다. 화창한 날씨는 화창해서 좋았고, 불순한 날씨는 불순한대로 좋았다. 다양한 날씨로 인해 나는 덜 외로웠고, 내 소규모 삶은 덜 지루했다. 인간은 날씨가 초래하는 불편에 소심하게 대응한다. 양산은 자외선에서 피부를 보호하기 위한 방편이고, 우산과 우비는 흩뿌려지는 비의 심술에 대한 소심한 저항이다.

바람은 산불을 키우고, 기상 변수는 인류 생존을 위협한다. 날씨는 인류가 풀어야 할 암호와 같은데, 이 암호를 해독한다면 천하를 다 가질 수 있다. 태풍, 홍수, 가뭄 따위는 무섭고, 난폭하며, 상상하는 것보다 훨씬 더 힘이 세다. 내 인생이 그나마 순탄했던 것은 날씨가 좋았기에 가능했다. 좋은 삶은 좋은 날씨가 주는 자양분 속에서 빚어지는데, 우리는 그 단순한 사실을 자주 놓친다. 모든 날씨들아, 고맙구나! 우리의 행복과 평안은 날씨 덕분이다. 지난 3백 년 동안 인류가 잘 살았고, 문명 건설에 성과를 낼 수 있었던 것도 지구 날씨가 큰 변덕을 부리지 않고 좋았기 때문이다.

날씨가 날마다 배달되는 사건이자 흥미진진한 드라마라면 이것을 음미하는 것만으로도 인생은 지루할 틈이 없다. 우리보다 앞질러 미래를 살며 미래를 선포하는 날씨의 속삭임과 전언을 흘려듣지 말라. 시인은 날씨에서 영감을 얻고, 아이디어가 넘치는 기업가는 신사업에 대한 착상을 얻는다. 수면 리듬이나 체온, 호르몬 분비에 변화를 낳고, 생물학적 변수를 빚는 날씨에 투자하라! 지구가 태양계를 도는 행성의 지위를 내려놓지 않는 한 날씨는 무한자원에 가깝다. 날씨를 쓰자. 이 무한자원을 흘려보내는 건 낭비다. 날씨를 살피며 상상력을 살찌우고, 번개 같이 내리꽂히는 영감을 구하자.

한국인으로 산다는 것

나는 한국인이다. 이것은 내가 한국인 부모에게서 태어나고, 한국어로 소통을 하며, 주식으로 한국 음식을 먹는다는 의미다. 나는 음식을 집을 때 젓가락을 쓰고, 된장이나 김치 같은 발효식품을 즐겨 먹는다. 한국어는 몽골 어군(語群), 만주·퉁구스 어군, 튀르크 어군 등과 더불어 알타이 어족(語族)이다. 나는 한국인이라는 나르시시즘 속에서 자아를 빚는다. 내가 쓰는 언어, 즐겨 먹는 음식, 누구의 자식인가 하는 요소들은 내 정체성 바탕에 각인된 원초의 경험들이다. 얼굴의 골상학적 특징, 피부색, 식습관, 미적 취향이나 사물에 대한 감응방식을 통해서도 내 정체성을 확인할 수 있을 테다.

한국에서 태어났음의 불편함을 수락한 채로 사는 사람이 한국인이라면 나는 그 집단의 일원임이 틀림없다. 모든 한국인이 제가 한국인인 걸 자랑스럽게 여기지는 않는다. 누군가는 다른 나라, 다른 시간, 다른 장소에서 태어나기를 간절하게 바랐지만 어쩌다 한국에서 태어나 반감과 혐오, 절망과 분노 속에서 스스로를 한국인으로 빚으며 사는지도 모른다. 한국인 중 일부는 현실에서 오는 압박감과 알 수 없는 곤핍에 시달리는데, 그 원인 중 하나는 압축 근대로의 이행에 따른 과부하일 것이다. 외국의 노동자들과 견줘 우리의 노동 강도는 세고, 노동 시간은 길다. 그런 연유로 한국인은 '세계 최고의 일 중독자'라는 소리를 듣는다.

한국은 자원 빈국이고, 인구 과밀 사회이며, 자녀 교육열이 높은 나라다. 얼굴 성형을 많이 하는 나라이고, 외래종교인 기독교가 이상 부흥하는 나라이기도 하다. 반면에 최고 수준의 가전제품을 만들어 파는 나라이고, 첨단 반도체와 자동차를 수출하는 산업 강국이다. 지난 1백 년을 돌아보면, 한국인은 동아시아의 최빈국에서 전쟁과 남북 분단을 거쳐 빠르게 도시화·산업화로 이동한 집합경험의 물렁물렁한 시간을 뚫고 나온다. 한국인들은 근대의 강제된 정처 없음으로 자기를 빚고 어느덧 신자유주의 체제 안으로 들어왔다. 스스로 생산자이자 착취자로 변신하는 성과사회의 집단 광기 속에서 이념·세대·남녀 간의 갈등, 취업 절벽, 인구소멸, 과잉 노동, 계층 간 사다리의 실종, 폭등하는 집값… 따위를 다 겪으며 각자도생의 지옥을 뚫고 겨우 살아서 돌아온 사람들이다.

그 생존자 중 일부는 이민이나 유학, 혹은 이주노동자로 비자를 얻어 다른 나라로 떠난다. 보랏빛 미래를 꿈꾸며 외국으로 떠난 그들에겐 시난고난하는 이민자의 삶이 기다린다. 'H마트'는 미국 내 한인들이 주로 먹는 식재료와 한국 화장품과 한국 음식을 파는 식당들이 있어 한국 문화를 경험할 수 있는 장소다. 'H마트'는 미국에서 향수병을 앓는 한국인에겐 더 할 수 없이 좋은 안식처와 같은 장소다. '나'는 엄마가 죽은 뒤 이곳에 올 때마다 운다. 미국인 아버지와 한국인 어머니 사이에서 태어나 미국에서 자란 여성이 쓴 자전에세이 『H마트에서 울다』란 책은 새삼 한국인으로 산다는 것의 의미를 곱씹게 한다.

이 책을 쓴 미셸 자우너는 인디 팝밴드 재패니즈 브렉퍼스트의 가수이자 기타리스트이고, 영혼의 절반은 한국인인 젊은 여성이다. "내 영혼 한구석에 한국말의 일부가 자리 잡고 있다"라는 고백은 "태어나서 머릿속에 언어 체계가 잡히는 첫 1년 동안 나는 영어보다 한국말을 훨씬 더 많이 들"은 삶의 배경과 관련되어 있다. 미국인 아버지가 출근한 뒤 집 안엔 한국인인 할머니와 엄마의 자매들뿐이고, 그들은 다같이 "천둥 같이" 울려 퍼지는 낯선 한국말을 쓴다. 처음 배운 말은 '엄마'라는 한국어였고, 자연스럽게 '자장자장', '아이고 착해' 같은 말로 소통하는 언어 환경 속에서 자라난다. 김밥, 된장찌개, 미역국, 삼계탕, 잣죽, 냉면… 같은 음식은 한국인 엄마와 반쪽만 한국인인 딸을 잇는 정서적 매개다. 엄마를 잃은 깊은 상실감 속에서 '나'는 유튜브에서 한국 아줌마가 일러주는 레시피에 따라서 된장찌개와 잣죽을 만든다. 그것은 "엄마를 돌보는 데 실패한 기분을 심리적으로 만회해보려는 노력이자 내 안에 깊숙이 새겨져 있다고 느낀 문화가 이제 위협받는 기분이 들어 그것을 보존하려는 노력"이었다. 자신이 한국인도 아니고 미국인도 아닌 '사이'의 존재라고 생각하지만, 그의 본성을 이루는 여러 요소는 그가 한국인임을, 어느 한국인보다 더 한국인의 특성을 가진 사람임을 가리킨다.

미셸이 한국인 엄마를 잃은 뒤 그 부재의 자리에서 확인한 것은 제 안에 온전한 형태로 남은 한국인이라는 정체성이다. 한국인 엄마가 딸에게 퍼붓는 야만스러운(한국인의 극성스러움!) 헌신과, 한인마트에서 구한 재료로 자식에게 해먹인 한국 음식을 매개로 하는 정서적 핏줄이 얼마나 질긴가를 보여준다. 한국과 미국을 오가며 보낸 시간을 추억하는 문장은 수다스러우면서도 적확하며, 준비되지 않은 채 엄마를 떠나보낸 딸이 갖는 상실과 애도, 그 고통과 슬픔은 경이로울 정도로 유려하고 솔직하다. 모녀가 함께 먹은 그 다채로운 한국 음식은 혀에 생생하고, 말기암 환자의 투병과 끔찍한 고통을 감내하는 모습을 이보다 더 잘 쓸 수는 없을 테다.

엄마가 숨을 거두자 '나'는 애도의 시간을 견디며 엄마의 유물을 정리한다. "엄마는 나의 대리인이자 기록 보관소였다. (중략) 내가 태어난 때, 결실을 맺지 못한 열망, 처음으로 읽은 책, 나의 모든 개성이 생겨난 과정, 온갖 불안과 작은 승리, 엄마는 비할 데 없는 관심으로 지칠 줄 모르고 헌신하면서 나를 지켜보았다."* 엄마는 떠났다는 것은 자신의 대리인이자 기록 보관소를 상실했다는 뜻이다. 한편으로 '나'는 엄마가 남긴 유산이다. '나'는 그 유산이 망각 속에 방치되고 사라지게 하지 말아야 하는 게 제 의무임을 깨닫는다. 애도의 한 의례로서 한국인 엄마에게서 '나'에게로 이어진 한국 문화는 "내 심장 속에, 내 유전자 속에 펄떡펄떡 살아 숨쉬고" 있음을 실감하고 되새기는 일은 애틋하고 신성하다.

타자라는 거울을 통해 비친 몰골은 내가 한국인임을 부정할 수 없게 한다. 생긴 모습도, 정서적 형질도 내가 한국인임을 가리킨다. 나는 『H마트에서 울다』란 책이 나를 비추는 거울이라고 생각을 했다. 엄마라는 닻에서 풀려나기 위해 반항을 하던 미셸이 자기와는 조금은 다르게 생긴 한국인 엄마라는 거울을 통해 자기 정체성을 확인하듯이, 나는 타자의 거울을 통해 내 안의 과대망상과 허장성세, 피상성과 보잘 것 없음을, 그리고 내 정체성이 한국인임을 다시 확인한다. 한국인으로 태어나 한국인으로 산 나는 뼛속까지 한국인일 것이다. 한국인으로 사는 일의 고달픔과 자긍심은 내 심장에서 살아 펄떡인다.

나는 인생의 승리를 꿈꾸지 않는다. 어쩌면 인생은 극복만이 전부인 것! 나는 한국인이라는 정체성의 가장 바깥에서, 달리 말하면 예외 지대에서 외부를 끌어와 내부를 사유한다. 어제는 지구가 소행성과 충돌하는 일은 일어나지

＊ 미셸 자우너, 『H마트에서 울다』, 정혜윤 옮김, 문학동네, 2022

않았고, 낯선 누군가가 와서 '우리 전에 만난 적이 있죠?'라고 묻지도 않았다. 오늘은 멀쩡한 팔 다리를 한 채로 아침에 사과 반쪽을 먹고 커피를 마신다. 그리고 "눈 먼 자들의 시장에서 거울을 팔지 말라"는 페르시아 시인의 시를 읽은 뒤 책상에 엎드려 한 일간지에 기고하는 원고를 마무리 짓고, 오후에는 빛의 격려를 받으며 노란 꽃망울을 터트린 산수유나무 옆을 지나 산책을 한다. 나는 지난날의 불행을 담보로 미래의 행복을 빌린다. 인생이 매끄럽게 흘러가지 않음에도 실망하지 않는 것은 내일이 올 것을 굳게 믿기 때문이다.

동네 기원들은 왜 자꾸 사라지는가

바둑을 사랑한 사람으로 동네 기원이 사라지는 사태는 씁쓸하고 안타까운 일이다. 짜장면 한 그릇으로 허기를 달래며 승부에 몰입하던 시절이 있었다. 주말마다 기원으로 달려가 바둑에 빠져 살던 즐거움은 그 무엇과 견줄 수 없었다. 바둑에는 패배의 쓰라림이 있고, 승리의 달콤한 쾌감과 명예로움이 있다. 동네 기원이 사라지고 있는데, 이는 바둑 인구가 줄고, 기원 운영이 어려워졌기 때문일 테다. 승부의 짜릿함에 취해 기원에서 흘려보낸 시간은 이제 아련한 추억일 뿐이다.

바둑은 흑백으로 나뉜 상대가 가로 세로 19개의 줄이 교차하는 361군데 중 한 곳에 한 점씩 착점하며 승부를 겨룬다. 규칙은 단순하지만, 그 수의 깊이는 헤아릴 길이 없다. 돌 하나는 무한이고 그 수의 깊이는 심연에 가깝다. 바둑판 네 귀에 화점이 있고, 중앙엔 천원이 있다. 바둑판은 하나의 우주다. 바둑에는 동양의 우주관과 철학이 집약되어 있다.

바둑과 장기는 비슷한 경기 같지만 규칙은 다르다. 장기는 차, 포, 마, 상, 졸로 나뉘고 저마다 이동 경로가 다르다. 차는 전후좌우 자유자재로 움직이고, 졸은 뒤로 물러설 수 없고 오직 한 칸씩만 전진한다. 바둑의 돌은 그 자체로 동등하지만 돌과 돌은 상호연관 속에서 그 가치의 경중이 달라진다. 어느 지점에 놓이느냐에 따라서 돌은 폐석이 되거나 요석이 된다. 한 점 한 점 놓일 때마다 판세가 요동치며 천변만화가 일어난다. 승부는 한쪽으로 기울다가도 뜻밖의 변수로 뒤엎어지며, 국면의 흐름이 바뀌는 것이다.

바둑은 영토를 두고 이익이 상호 충돌하는 까닭에 크고 작은 전투가 벌어진다. 돌을 놓을 때마다 효율을 따진다. 그래서 계산에 밝고, 직관과 논리에 뛰어나며, 판세를 읽는 힘과 자기 제어 능력이 좋아야 바둑이 세질 수 있다. 바둑은 수없는 시뮬레이션을 해보고 한 점 한 점을 놓아야 한다. 초보자는 정석(定石)을 외우고, 행마법과 기리(棋理)를 익혀야 하지만 어느 정도의 기력에 이르면 이마저도 다 버리고 자유로운 발상을 기반으로 자기 바둑을 두어야 한다.

바둑은 아무것도 생산하지 않는다는 점에서 노동이 아니다. 고대 사회에서는 교양이자 예도, 인격을 갈고 닦는 수행법이었다. 엄격하게 말하자면, 오늘날 시나 무용, 기악 합주, 공놀이, 수수께끼 풀기 따위가 그렇듯이 바둑은 딱히 큰 쓸모가 없다. 프로기사가 아닌 다음에야 바둑이 소득을 창출하는 수단이 될 수는 없고, 그게 생존에 보탬이 되는 경우도 없을 테다. 바둑은 쓸모없음으로 빛나는 것들 중 하나인데, 그럼에도 바둑에 푹 빠진 것은 내 안의 놀이 본능 때문일 것이다.

　바둑을 둔다는 상상만으로도 흥분한 것은 우리가 호모 루덴스, 즉 놀이하는 인간이기 때문이다. 사람은 놀이에 미치거나 열광한다. 어린아이들은 놀이를 통해 사회화 훈련을 받는다. 바둑은 놀이이되 지적이고, 정신적인 면을 고양시키는 측면이 있다. 문화사가인 하위징아에 따르면 놀이는 "어떤 표출이며, 형상화이며, 대리적 현실화"＊이다.

　1970년대 무렵 도시에서는 기원 간판을 흔하게 만날 수 있었다. 기원은 동네 사랑방이고, 남자들의 사교장 구실을 톡톡히 해냈다. 기원에 가면 언제라도 반가운 얼굴을 만날 수 있었다. 기원을 찾는 손님이 준 데는 굳이 기원이 아니더라도 온라인에서 대국 상대자를 찾을 수가 있었기 때문일 테다. 한때는 온라인에서 신원을 알 수 없는 대국 상대자를 찾아 바둑을 둔 적이 있지만 요즘은 온라인 대국을 하지 않는다. 온라인 대국에서 바둑 두는 기쁨을 온전하게 누릴 수가 없고, 더러는 무례한 대국자를 만난 불쾌했던 경험이 뇌리에서 지워지지 않았던 탓이다.

　한 동네에 살며 기원에서 만나던 H교수도, 작가인 S선생도 세상을 떠났다. 두 분 다 바둑을 놀이를 넘어선 마음의 수련이고, 지적인 즐거움을 추구하는 한 방편으로 즐겼다. 그 분들이 떠나고 바둑 둘 상대가 없었다. 그 분들과 바둑판

＊　요한 하위징아, 『호모루덴스』, 이종인 옮김, 연암서가, 2018

을 가운데 놓고 고요한 일합을 겨루던 날은 한가로운 추억이 되었다. 바둑에서 욕심이 지나치면 필경 패배에 이르고, 평온함과 무심함으로 대국을 조망하면 승리에 이른다. 물러나 상대와 화평을 도모해야 할 때가 있고, 나아가서 힘을 겨룰 때가 있으며, 그것을 헤아리는 지혜가 깊을수록 고수가 가능성이 높다. 바둑은 기술, 용기, 힘뿐만 아니라 집중력, 응용력, 창의력을 갖추어야 하는데, 이것은 사람에게 두루 필요한 덕목들이다. 내게 어린 아들이 있다면 반드시 바둑을 가르치겠다. 바둑이 청정한 도락이고, 균형 잡힌 인격과 교양을 갖추는 데 보탬이 될 것이기 때문이다.

나는 몸이다

아버지는 뼈를 주고, 어머니는 피를 주었다. 덕분에 나는 몸으로 사랑하고 몸을 써서 사람으로서 해야 할 일을 한다. 몸이 없다면 사랑도 일도 불가능할 테다. 몸이란 자아의 '벙커'이자 존재를 감싸는 '거푸집'이다. 몸은 하나의 기적, 가장 경이로운 미스터리일 것이다. 타인은 나를 항상 신체로 발견한다. 채혈을 하려고 주사바늘이 몸을 찌를 때 나는 진저리를 친다. 이 끔찍함은 내 몸이 이를 무의식적으로 공격으로 오인하는 탓이다.

　나는 전립선과 괄약근을 가졌다. 두 신체기관은 뇌나 심장에 견줘 덜 중요하다고 여겨진다. 이것은 존재감이 미약해서 아프기 전에는 제가 있음을 잘 드러내지 못한다. 나는 전립선과 괄약근이 그 나름으로 내 존재를 떠받친다고 생각한다. 종합건강검진을 받은 뒤 내 전립선이 커진 걸 알았다. 주치의는 비뇨기과에서 정밀 검사를 받아보라고 권하지만 나는 그 검사를 차일피일 미루고 있다.

　몸에는 혈관들이 있고, 이 혈관으로 피가 흐른다. 혈관의 길이는 지구를 두 바퀴 반이나 도는 길이다. 피는 신체 말단의 세포들에 산소와 영양분을 운반하고, 노폐물과 찌꺼기는 수거한다. 우리가 생명을 유지하는 것은 피가 쉬지 않고 일하는 덕분이다. 피는 혈장과 적혈구·백혈구·혈소판 등으로 이루어진 붉은 액체이자 내 기질과 존재론적 특성을 간직한 생명 물질이다. 이것은 내가 나임을 증명할 수 있는 수단이고, 내 살아 있음의 역동을 드러내는 진액이다. 몸 안에 피가 모자라면 생명은 불꽃이 사위듯 꺼진다. 아마도 이것이 내 존재의 증명 수단인 탓에 한 철학자는 '피로 써라!'라고 명령했을 것이다.

물고기가 물속에서 지느러미를 살랑이며 움직이는 걸 관찰하며 나는 자주 놀란다. 물고기를 좋아하는 것은 내가 물고기를 관찰하는 눈이 있기 때문이다. 눈은 수정체, 망막, 동공으로 이루어지고, 이것을 시신경이 감싸고 있다. 눈꺼풀 아래 눈이 있다는 사실은 얼마나 다행인가! 눈꺼풀은 늘 눈을 보호한다. 나는 눈으로 달빛 너머의 세상을 보고, 눈으로 본 것을 시로 쓴다.

위는 신체의 축소판이다. 나는 위를 통해 인생의 비통함과 비루함을 배웠다. 적게 먹어도 내 위는 금세 포화 상태에 이른다. 위는 크기가 주먹만 하지만 신축성이 뛰어나 잘 늘어난다. 네가 먹은 것을 말해봐. 네가 누구인지를 말해줄게. 위는 음식물을 분자 단위로 분해하고 위액을 섞어 소화시킨다. 위는 휴식을 모르고 일하는 일꾼이고, 가장 겸허한 노동자다.

담낭이 몸에서 어떤 일을 하는지 나는 모른다. 의사조차도 종종 담낭을 무시한다. "담낭은 쓸모가 없어요. 문제를 일으킨다면 당장 떼어내세요."라고, 의사는 말한다. 더구나 담낭 제거 수술은 아주 간단하다고 한다. 하지만 나는 담낭을 없앨 계획이 없다. 쓸모없는 것은 쓸모없는 그것대로 그냥 두고 싶다. 담낭이 쓸모없게 된 것은 담낭의 문제가 아닐 테다. 농업 혁명 이후 크게 바뀐 생활환경 탓도 있겠지만, 담낭의 쓸모가 다한 것은 내 책임이 아니다.

나는 갑상샘 제거 수술을 받은 적이 없다. 목 아랫부분에 위치한 이 작은 분비샘은 티록신이라는 호르몬을 생산한다. 나는 갑상샘 항진증이나 저하증을 앓는 이의 고통을 잘 모른다. 아내는 갑상샘이 고장 난 탓에 가끔 식욕이 폭발해서 폭식을 한다. 그래도 체중은 준다. 열량을 과소비하고 신진대사가 빨라진 탓이다. 뇌하수체가 티록신의 양을 조절하는데, 그게 제대로 작동하지 않는 탓에 아내는 늘 피곤하다는 말을 입에 달고 산다.

"반짝이는 존재의 둔덕, 쥐색 세포들의 의회, 꿈의 공장, 공 모양의 뼛속에 들어 있는 작은 폭군, 모든 것을 담당하는 뉴런들의 밀담, (…) 그 변덕스러운 쾌락의 극장"*이것은 무엇일까? 바로 인간의 뇌다. 이것은 "복잡한 화학공장"이자 "자그마한 번개들이 여기저기 번쩍이는 무정한 공간"(앞의

---

* 다이앤 애커먼, 『마음의 연금술사』, 김승욱 옮김, 21세기북스,

책)이다. 뇌는 작게 쪼개진 자아들이 머무는 방이다. 뇌는 경험을 배열하고 직관과 기억을 깨우고 은유를 길어내는 만능 천재다. 이것은 미래 계획을 세우고 여러 사안을 결정하며, 특정 취향으로 이끌고 삶을 빚는다. 뇌는 일상의 감시인이자 생물학적 필요에 부응하며 삶을 빚는 장인이다.

몸은 삶의 수고와 고단함을 감당하는 존재의 기반이자, 음식 강박, 트라우마, 조현병, 치매, 노화의 현장이다. 탄생과 죽음을 겪어내는 것도 몸이다. 내 삶의 온전함은 곧 몸의 온전함에서 온다고 해야 할 것이다. 그러므로 나는 몸이다.

승리보다 더 값진 것

2020년 하계올림픽 TV 중계가 무더위에 지쳐 비몽사몽 하던 나를 화들짝 깨운다. 나는 TV 앞에 앉아 우리 선수들의 선전에 즐거워하고 흥분한다. 수영의 황선우, 양궁의 안산과 김제덕, 탁구의 신유빈, 남자 높이뛰기의 우상혁 선수 모두 스물 안팎의 파릇한 젊은이들이다. 황선우는 수영에서 한국 신기록과 아시아 신기록을 세우고, 우상혁은 육상 높이뛰기에서 묵은 한국 기록을 고쳐 썼다. 젊은 신체에 깃든 탄력과 비상한 활기, 솟구치는 열정과 명석함은 눈부셨다.

스포츠는 인간 신체가 감당하는 중력과 무게, 속도의 한계를 시험한다. 운동선수들은 강건한 신체로 그 한계를 넘어서기 위해 제 땀과 눈물을 다 바친다. 근육을 단련하고 기량을 가다듬느라 그들의 숱한 낮밤은 땀과 눈물로 채워진다. 기량의 양질 전환은 혹독한 연습의 반복과 그 누적의 결과물이다. 승리는 피와 땀과 눈물, 그리고 자기희생을 감당한 사람에게 주어지는 보상이자 그 열매다. 그런 까닭에 운동선수들이 한계를 넘어서는 초극의 순간은 우리를 감동과 열광으로 이끈다.

2020년 도쿄 하계올림픽은 코로나 팬데믹으로 한 해가 늦춰지는 우여곡절 끝에 무관중 경기로 열렸다. 최악의 올림픽으로 꼽힐 만큼 탈도 뒷말도 많았지만 이런 난관들이 각 나라 선수들의 빼어난 기량과 집중력, 담대함, 열정이 주는 감동마저 사라지게 할 수는 없었다. TV중계로 올림픽 경기를 관전하며 선수들의 플레이와 휴먼드라마에 가슴이 더워졌다. 젊음의 솟구치는 기개와 단련된 육체가 뿜는 열정과 만개한 기량에 감탄하며 박수를 치는 것은 즐거운 일이다.

한국 축구 대표팀은 이바라키현 가시마 스타디움에서 열린 뉴질랜드와의 첫 경기에서 아쉽게 분패했다. 우리 대표팀에게는 불운하고 아쉬운 경기였다. 1948년 이래 진 적이 없던 뉴질랜드에게 패배한 선수들이 받은 충격과 아픔은 가늠하기조차 어렵다. 경기가 끝난 뒤 뉴질랜드의 크리스 우드 선수가 패로로 어깨가 쳐진 이동경 선수에게 다가와 악수를 청했다. 이동경 선수는 악수를 거절하고 그라운드를 빠져나가는 장면이 중계 카메라에 잡혀 방송을 탔다. 아차, 싶었다. 이동경 선수는 나쁜 매너로 구설수에 올랐다. 이겨야 할 경기에서 진 탓에 실망하고 기분이 나빴겠지만 패자의 품격을 보여주지 못한 점은 아쉬웠다.

남자 유도 100kg급의 조구함 선수는 유도에서 첫 은메달을 땄는데, 은메달보다 더 값진 매너로 찬사를 받았다. 조구함 선수는 도쿄 일본무도관에서 열린 4강전에서 포르투갈의 조르지 폰세카 선수와 경기를 치렀다. 경기 시작 1분 만에 상대 선수는 왼손을 움켜쥐고 쩔쩔맸다. 상대선수가 쥐가 나서 뻣뻣해진 왼손을 풀려고 애쓰는 동안 조구함 선수는 공격을 멈춘 채 조용히 기다렸다. 경기 종료 16초를 남기고 업어치기 기술로 상대를 이겼지만 그 승리보다 조구함 선수의 배려와 존중이 더 빛난 경기였다. 경기가 끝나자 두 선수는 꼭 끌어안았다. 조구함 선수는 폰세카의 품에서 눈물을 흘렸다. 이번 올림픽에서 내가 꼽는 가장 감동을 주는 순간 중 하나다.

선수들은 올림픽 참가를 위해 4년 동안 제 땀을 쏟아 부으며 갈고 닦은 기량을 겨룬다. 하지만 올림픽 경기는 메달 경쟁이 전부가 아니다. 올림픽은 인종·종교·이념을 넘어서 신체의 강건함과 높은 기량으로 승부를 겨루는 스포츠 제전이다. 아울러 스포츠를 매개로 우정을 쌓고, 인류 공동의 선을 향한 의지를 다지는 의례이자 세계인의 축제다.

승리를 거머쥐려는 선수들의 분투는 숭고하면서도 아름답지만 매너를 무시한 승리 강박과 집착은 볼품이 없다. 그 이유는 인간 내면의 야비함과 추함을 노출하기 때문이다. 기량의 연마도 중요하지만 매너가 없는 승리는 빛이 바래진다. 매너는 상대를 향한 배려와 존중의 시작점이고, 제 안의 사람됨을 드러내는 기초 교양이다. 운동선수뿐만 아니라 누구에게나 매너는 도덕의 기본이며 인격의 정수라고 할 만하다. 지금보다 더 나은 삶의 표준을 제시한다는 점에서 매너는 참된 삶의 바탕이 될 것이다. 우리는 승리보다 앞서 마땅히 좋은 매너를 추구하고 열망해야만 한다.

지구의 종말 시계는 몇 시인가

몇 해 전 뉴질랜드에서 자연사박물관을 들른 적이 있다. 오클랜드 시내의 자연사박물관을 돌아보는 동안 가장 경이로 웠던 것은 대형 조류의 박제와 마주쳤을 때다. 이제는 멸종 으로 볼 수 없지만 모아(Moa) 새는 키가 3.7미터, 몸무게 230 킬로그램에 달하는 압도적인 크기로 눈길을 끌었다. 이 새 가 뉴질랜드에서 사라진 것은 불과 1백 년 전이다. 날개를 가졌지만 날지 못하는 대형 조류가 긴 다리를 껑충거리며 섬을 돌아다녔다는 게 믿기지 않는다. 숱한 생물 종이 서식 지 파괴, 환경오염 등으로 멸종 위기를 맞는다. 다음 세기에 는 눈표범, 자바호랑이, 흰수염고래, 코뿔소, 매너티, 듀공 같은 포유류를 더는 볼 수 없을지도 모른다.

지구는 약 1천 만 종 넘는 생물이 생태계 안에서 상호 작용을 하며 균형을 이루고 생명이 번성하는 유일한 별이다. 처음으로 지구 바깥으로 나간 우주비행사들은 이 녹색별의 아름다움에 취해 감탄을 했다. 지구와 견줄 수 있는 아름다 운 별은 아직 없다. 유혈 폭력과 전쟁들, 파시즘, 노예무역, 홀로코스트, 생태계 무차별 파괴, 쓰레기 양산 같은 인류의 죄악은 끊이지 않는다. 이 녹색별을 거점 삼아 생존을 이어 온 인류는 어느 시점부터 지구 생태계의 균형을 망가뜨리고, 생물 다양성을 파괴하는 존재로 지목되고 있다.

2010년 10월 27일, 일본 나고야에서 열린 제10회 생물다양성총회에서 세계자연보전연맹(IUCN)의 생물 종 연구 보고는 해마다 숱한 척추동물이 사라지고, 그보다 더 많은 무척추동물이 멸종되고 있다고 발표한다. 이 연구 보고에 생물다양성총회의 참석자들은 충격에 빠졌다. 현재 양서류 6,638종 중 41퍼센트, 어류 3만 1천 6백 종 중 15퍼센트, 파충류 9천 84종 중 22퍼센트, 포유류 5천 490종 중 25퍼센트, 조류 1만 27종 중 13퍼센트, 식물 30만 7천 674종 중 68퍼센트, 무척추동물 130만 5천 250종(곤충 1백만 종 포함) 중 30퍼센트가 멸종 위기 종으로 분류된다.

인간이 지구 주민으로 군집생활을 시작한 지 30만 년쯤이다. 인류는 불과 도구를 다루고, 언어로 쓰면서 진화상의 약진을 거듭한다. 1만 년 전에 시작한 농업은 인류 진화사에서 분기점이 되었다. 인류는 사냥과 채집 활동을 그만두고 정착해 토지를 갈아 씨앗을 뿌리고 수확하는 농경 시대로 들어섰다. 그 뒤 야생 동물을 길들여 땅을 갈고 짐을 이동하는데 이용하고, 동물에게서 젖과 고기, 가죽을 얻는다. 인류의 식생활은 풍요해졌으며, 인류는 더 똑똑해졌다. 여기에 더해 "손재주, 지략, 융통성, 꾀, 협동"*을 배우고 익히며 지구 정복자라는 지위를 얻는다.

기원전 1000년에 지구 인구는 100만 명 안팎이었다. 기원후 100년에는 3억 명으로 늘었다. 16세기 레오나르도 다 빈치는 이탈리아 피렌체에서 명화 〈모나리자〉를 그리고 군사와 건축 자문위원으로 활동하고, 동아시아의 조선에서 사임당 신씨(師任堂申氏)의 아들인 율곡 이이는 호조좌랑에서 시작해 이조판서의 지위에 오른다. 르네상스 부흥기로 들어선 이 시기 지구 인구는 5억 명에 도달한다. 현재 인구는 약 80억에 이른다. 인류는 지식, 지혜, 유머에서 능력을 발휘하고 협업한 결과 과학과 산업의 발전은 정점을 찍는다. 인류 문명이 정점에 이른 지금, 어쩐 일인지 미래학자들이 예측하는 지구의 근미래는 그다지 밝지가 않다.

지구에서 인터넷이나 자동차가 없고, 인류가 사라진 가상 세계를 상상해 보자. 먼저 과학과 기술의 집약인 인공 구조물과 거대 도시가 자연의 침식으로 사라지겠지. 오염으로 중병을 앓던 해양과 대기는 살아나고, 휴경으로 토양은 잃어버린 생산력을 되찾겠지. 열대 우림도 살아나 지구 내륙은 온갖 생물들이 우글거리는 야생 낙원으로 바뀌겠지. 생태계의 먹이사슬이 제자리를 잡으면 멸종 위기 종의 개체 수가 늘고, 한반도에도 늑대나 여우, 호랑이나 표범 같은 대형 고양잇과 동물들이 북적거리겠지. 인류가 사라진다면 지구는 온갖 생물이 번성하는 애생 낙원으로 바뀔 텐데… 물

---

* 다이앤 애커먼, 『휴먼 에이지』, 김명남 옮김, 문학동네, 2017

론 이런 상상은 백일몽에 지나지 않을 테다.

바이러스 감염병이 팬데믹에 이르자 전 세계의 산업 활동은 둔화되고, 국경 봉쇄와 지역 이동이 금지되었다. 그러자 뜻밖의 기적이 나타난다. 인도 편잡 주에서 대기오염에 가려졌던 히말라야 산맥이 육안으로 관측되었다. 관광객이 끊기자 이탈리아 베네치아 운하에 돌고래와 어류가 돌아왔다. 멕시코 아카풀코 해변에는 60년 만에 발광 플랑크톤이 밤바다를 찬란하게 물들였다. 브라질의 한 해안에서 멸종 위기 종 바다거북의 알에서 새끼 거북들이 잇달아 부화되었다. 인류가 생산 활동을 멈추자 온실가스가 줄고 대기 오염은 사라졌다. 지구를 망가뜨리는 인간의 활동이 줄면서 지구 생태계가 제 안의 놀라운 회복 탄력성을 드러낸 것이다.

인간의 고립과 활동 감소로 지구가 자기 조절 메커니즘을 되찾는 걸 목도하며 위기의 실체는 신종 바이러스 팬데믹이 아니라는 데 생각이 뻗친다. 지구 생태계를 위기로 몰아넣는 것은 바로 우리 자신, 즉 지구를 정복한 오만한 인간 종(種) 중심주의라는 유령이다. 가이아(Gaia) 이론을 창시한 생태주의 과학자인 제임스 러브록은 "지구에서 인간은 병원균이나 암세포, 아니면 종양처럼 행동한다. 인류는 숫자로 보나 지구를 교란하는 정도로 보나 너무 많이 증식되어서 인류 자신의 존재 조건마저 교란하는 지경에 이르렀다."라고 경고한다.* 위기는 너무 많이 증식해 바글거리는 우리 자신이 만든 것이다. 인류의 자기 증식은 여러 생물 종의 멸종을 초래하는 파국적 결과를 낳았다. 이런 지구적 재앙을 '파종성 영장류 질환'의 결과라고 할 수 있을 테다.

과연 인류 문명의 진보는 언제까지 지속가능할까? 종교와 과학이 인간을 구원할까? 암울하지만 이 두 물음에 부정적인 답변을 내놓을 수밖에 없다. 신종 바이러스의 백신이나 인공 지능 로봇이 위기를 종식시킬 수는 없다. 오랫동안 지구 생태계의 약탈자로 군림해온 인류는, 세포 생물학자의 견해를 빌리자면, "고대 박테리아 공동체가 유전자적 생존을 위해 만들어낸 기술적인 장치"거나 "원생 박테리아들이 지구에 번창하던 시대부터 나온 복잡한 네트워크의 일부"에 지나지 않는다.** 우리는 환경과의 상호작용 속에서 우연히 발생한 한줌밖에 안 되는 이기적 유전자의 조합이고, 지구에 빌붙어 기생하는 세균이거나 유해 박테리아일 따름이다. 인류 번성은 지구 생태계에 만성적 감염의 과부하와 함께 대멸종의 시대를 불러올 것이다. 호모 라피엔스(homo rapiens, 약탈하는 사람)가 사라진 뒤에야 지구는 생태적 평화와 안정을 얻을 수가 있다. 이건 저주다! 이 저주의 주술에서

---

* 존 그레이 『하찮은 인간, 호모 라페엔스』, 김승진 옮김, 이후, 2010, 21 쪽, 재인용
** 린 마굴리스, 도리언 세이건, 『마이크로 코스모스』, 홍욱희 옮김, 김영사, 2011

벗어나려면 인간 종 중심주의라는 사고에서 깨어나야 한다. 자연을 토벌하고 착취하는 방식의 생존방식을 멈추고, 생명애에 기초한 윤리감각 속에서 자연 생태계와 공생하는 방식을 찾아야 한다. 과연 이게 가능할까, 아니면 가망 없는 몽상에 지나지 않을까?

지금 이 순간도 지구의 종말 시계(Doomsday Clock)는 빠르게 째깍대며 움직인다. 2015년, 자정 5분 전에 맞춰져 있던 지구 종말 시계의 시곗바늘은 자정 3분 전으로 당겨졌다. 어쩌다 이 지경에 이르렀을까? 지구 온난화, 열대우림 남벌, 오존 손실, 해양 산성화, 유해 물질과 변이 생물체를 퍼뜨린 당사자는 나와 당신, 바로 인류 공동체다. 인류는 지구 생물의 대멸종을 불러오는 유해 동물이다. 지구에 기생하며 파종성 영장류 질병을 퍼뜨린다는 점에서 인류는 지구의 재앙이고 골칫덩이다. 과연 인류는 집단 지성으로 지구의 종말 시계를 조금이나마 늦출 수 있을까?

내가 기분에 따라 변할 것 같소?

여름 하늘에 솜사탕처럼 떠 있는 뭉게구름 아래서 샐러드를 먹는 사자의 기분이 들 때가 있다. 기분은 평온하고 몸은 느긋해진다. 도파민이나 세로토닌 분비가 활발해지고 신체 활력의 각성 수치가 높아지는 것을 실감할 수 있다. 콧노래를 흥얼거릴 때 인생에서 걱정거리 따위는 아무 문제도 되지 못한다. 기분이 좋을 때는 미래를 낙관하거나 타인을 관용하는 품이 넓어지고 매사를 긍정하게 된다. 반면 기분이 미치광이처럼 종잡을 수 없게 날뛸 때 나는 어쩔 줄 모른다.

〈내가 날씨에 따라 변할 사람 같소?〉는 몇 사람이 작당해서 비 오는 날 부자인 척하면서 벌이는 소동을 그린 이강백의 희곡 작품이다. 소극장에서 이 연극을 본 지가 하도 오래되어서 이야기의 디테일은 잊었다. 그런데 기발한 제목은 기억에 남아 있다. 볕이 화창한 날은 빛의 양명함 속에서 우리 기분도 한결 명랑해진다. 비가 오는 날은 땅을 두드리는 단조로운 빗소리에 귀를 기울이다 기분이 가라앉는다. 그런 날은 느른한 권태와 이유가 분명치 않은 울적함이 몸을 지배하고, 미동조차 하기 싫어진다. 분명 기분이 날씨에 따라 민감하게 움직인다는 증거다.

날씨는 생체리듬을 장악하고, 기분을 쥐락펴락한다. 변

화무쌍한 기상 현상은 마음과 감정 상태에 영향을 미친다. 빗방울이 맺힌 나무의 초록 잎들과 작은 새들의 명랑한 지저귐은 우리 기분을 상쾌함으로 이끈다. 공중의 태양, 쾌청한 하늘, 신록 속에서 기분이 나빠지는 경우는 드물다. 겨울철 일조량은 수면 리듬이나 멜라토닌 같은 호르몬 분비에 영향을 미친다. 더 자주 우울감에 젖는 것도 그 때문이다. 춘분을 기점으로 일조량이 늘면 사람들이 더 활기찬 모습을 보인다. 이것은 화창한 햇빛에 영향을 받기 때문이다.

인류는 제 마음을 잘 제어하기 위해 감정 조절 기제를 발명했을 테다. 기분이 좋아 활력 각성이 높아지면 좋은 짝을 만날 가능성이 커지고, 포식자들의 위험에 더 빠르게 대처할 수도 있다. 항상 예측할 수 없이 날뛰는 기분은 불화와 분란과 곤경의 시작점이다. 기분이라는 유령을 그냥 놓아두었다가는 우정에 금이 가고, 부부 싸움으로 번지거나, 예기치 않은 분쟁이 터질 수도 있다.

기분은 실존을 관통하고 삶의 질을 결정하는 중요한 문제다. 사람은 느낌이나 감정을 포괄하는 기분에 따라 즐겁다, 기쁘다, 들뜨다, 화난다, 울적하다, 라고 제 마음의 상태를 규정한다. 현실이라는 외부와 '나'라는 내부의 상호작용에 따라 생기는 불안, 초조, 우울, 슬픔, 분노, 기쁨, 행복, 공포, 절망 따위를 기분의 양태로 빚는 것이다. 사람은 기분과 기분 사이에서 진자운동을 하고, 모호하고 복합적인 심리

기제 속에서 발생하는 기분은 감정이나 행동과 연동하며 나타나는 마음의 결이다. 신체 리듬과 활력, 수면의 질, 질병의 유무, 음식, 사건, 피로감의 정도에 따라 기분은 무시로 바뀐다. 기분을 정동(情動, affect)이라는 용어로 대체하기도 한다. 기분과학자인 로버트 E. 세이어는 기분을 "오랜 시간에 걸쳐 지속되는 이면의 감정(background feeling)"이고, "내부적·외부적 사건을 반영하는 체온계"라고 정의한다.＊ 기분은 외부 자극에 대해 감정 층위에서 일어나는 생화학적 대응이자 의식적 재현이다. 아울러 감정·인지·의향 같은 성분들의 합인데, 생각과 행동 속에서 하나의 유기적 덩어리로 움직인다. 기분에 따라 신진 대사의 속도, 외부 자극에 대처하는 반응의 양상과 강도가 달라진다는 뜻이다.

　기분 좋을 때는 활력과 낙관적인 생각이 증강되고, 긍정과 활력 지수는 커진다. 신체의 활력은 뇌와 근육과 혈관의 운동성을 자극한다. 기분 좋은 상태는 결과적으로 자존감을 높이며, 신체 반응과 환경 대응의 능동화로 이어진다. 반면 기분이 나쁘면 부정적 생각에 빠지고, 의기소침해지거나 공격적인 분노를 드러낸다. 기분이 나쁘면 의욕이 떨어지고, 피로감을 호소하며, 일의 성과도 낮아지는데, 이는 나쁜 기분과 함께 나타나는 공포, 불안, 초조, 분노가 몸의 활력을

＊　로버트 E. 세이어, 『기분의 문제』, 김태훈 옮김, 청림출판, 2020

낮추는 까닭이다. 나쁜 기분은 스트레스 호르몬을 분비시키고, 신체 기능의 저하를 불러온다.

사람들은 생각과 감정에 끼치는 영향에도 불구하고 기분을 하찮게 여기는 경향이 있다. 기분은 미처 알아차리지 못한 몸의 기본적인 정보를 말해 주는 지표이고, 내 인생이 안녕한가 그렇지 못한가를 가늠하는 계기판이다. 기분은 우리 감정을 강렬한 방식으로 사로잡으며, 누군가와의 만남, 대화, 언쟁 따위에 두루 영향을 미친다. 기분은 우리를 느긋하게 만들거나, 극단적인 우울감에 젖게 한다. 부정적인 생각은 기분을 가라앉히고, 이런 때는 몸이 피로해지고 활력은 떨어진다. 그에 반해 긍정적인 생각은 기분을 한껏 고양시키고, 신체 활동에 활력을 불어넣는다. 산책을 하거나 고요한 상태에서 음악에 몰입하며 기분 전환을 시도하는 것도 그런 이유에서다. 기쁨, 활기, 느긋함, 평온함은 긍정적인 기분의 지표라면 우울, 짜증, 초조, 불안, 두려움, 침체, 긴장 따위는 부정적인 기분과 연관이 있다. 기분은 생리적 차이를 만들며 삶의 질을 결정하는 중요한 요인이다.

기분과 섭식은 불가결하게 생리적으로 이어져 있다. 무엇을 어떤 방식으로 먹느냐에 따라 기분이 달라진다. 기분을 조절하는데 음식을 활용하는 사례도 있는데, 이를테면 스트레스가 쌓이고 짜증이 날 때 매운 음식을 먹고, 무기력한 기분을 떨쳐내려고 카페인 음료를 마신다. 신체 리듬과 호르몬 분비 같은 생화학적 요소들, 수면과 식습관, 건강과 영양 상태 등이 우리 기분을 조정한다는 건 의심할 여지가 없다.

기분은 감정과 어떻게 다른지 그 구분이 모호하다. 기분과 감정을 혼동하기도 하는데, 둘은 행동의 촉매로 작용한다는 점에서, 그리고 주관적인 것으로 에너지의 뿌리라는 점에서 닮았다. 감정이 보다 포괄적인 것이라면 기분은 하위 단계에서 일시적인 상태로 겪는 감정의 파동이다. 기분은 정서적 속성을 가진 것으로 기저에서 올라오는 가벼운 마음, 혹은 생리적 리듬이다. 타자와 세계에 대한 마음이 작동하는 방식이고, 타자와 세계에 반응하는 마음의 움직임이다. 도덕 감정이나 정의감보다도 날씨에 따라 더 쉽게 변할 수 있는 게 기분이다. 기분은 시시각각으로 바뀌며 우리 감정과 신체에 지속해서 영향을 미치는데, 이것은 항상 생각과 연동되는 한편 일에의 의지나 의향과도 관련이 있다. 산책을 하고 싶다거나 술을 마시고 싶다거나 쇼핑을 하고 싶은 것, 이런 내면의 욕구는 다 기분의 일종이다.

사람들은 기분에 취해 어리석은 행동을 취하기도 한다. 기분은 욕구나 생각을 지배하고 행동을 촉발하는 강력한 동기다. 이것은 사람이 심신상관체의 존재라는 가장 확실한 증거일 테다. 누군가를 만나고, 무엇을 먹고 마시며, 어떤 일을 도모하는 것, 당신의 충동과 행동은 기분에 연계되어 일어난다. 내가 기분에 따라 변할 사람 같소? 내 경험에 근거한다면, 이 말은 맞다. 우리는 기분에 따라 변하고 그 변화무쌍한 기분에 따라 산다. 이렇듯 기분과 몸은 하나로 연동되고, 생각과 행동은 기분에 의해 촉발되는 것이다. 기분은 인생의 모든 것을 걸러내는 일종의 거름망이다. 열정과 활력이 넘치는 삶을 살고 싶은가? 그렇다면 기분의 생리적 리듬을 잘 살피고 능동적으로 관리해야 한다.

잘 버려야 잘 산다

사람은 합법칙이 작동하는 물질세계에서 사랑하고 살다가 죽는다. 살면서 도구들의 조력을 받고, 따라서 우리 일생은 도구-물건과의 협업 속에서 이루어진다고 할 수 있다. 아침 식사를 위해 전기밥솥을, 오븐이나 에어프라이와 프라이팬을, 칼과 도마를, 포크와 나이프를, 컵과 접시들을 쓴다. 이런 도구들이 생명을 뒷받침 하는 토대다. 우리는 삶의 전 과정에서 부득이하게 쓸모가 없는 물건을 버리며 산다. 입지 않는 옷과 신지 않는 신발, 다 쓴 화장품 용기들, 유행이 지난 물건들, 낡은 가구, 에너지 효율성이 떨어지거나 고장 난 가전제품들을 내다버린다.

오늘 당신은 무엇을 버렸는가? 당신이 버린 것의 목록을 얘기해주면 당신이 어떤 사람인가를 말할 수 있다. 재활용 쓰레기 분리수거일에 내다버린 물건들은 지방자치단체와 계약한 청소업체의 노동자들이 수거해 갔을 테지만 우리는 청소노동자들과 마주친 적이 없다. 그들은 새벽에 와서 이 것들을 수거해 간다. 종이나 유리병 같은 재활용품은 재활용 업체로 보내고, 생활 쓰레기는 수도권 매립지나 소각장으로 보냈을 것이다.

　우리가 버리는 것은 생활의 잉여, 쓰레기, 폐기물이다. 버린다는 것은 눈앞에서 치워 사라지게 한다는 뜻이다. 나와 격리된 장소에 내놓는 쓰레기들은 필요와 쓸모를 다했기에 굳이 그걸 끼고 있을 이유는 없다. 이 잉여물은 쓰레기통으로 사라진다. 쓰레기통은 검은 구멍, 버려진 것을 삼키는 블랙홀이다. 플라스틱, 과자 봉지, 온갖 포장재들, 철지난 잡지와 신문들, 주방에서 조리하고 남은 것들은 이 검은 구멍 속으로 사라진다. 쓰레기 하치장은 더 큰 검은 구멍, 더 많은 것들을 삼키는 블랙홀이다. 이 블랙홀로 사라진 것들은 다시 돌아오지 않는다. 인간이 제조한 물건들의 미래가 쓰레기라는 사실은 단 한 점의 모호함도 없이 명확하다. 버려진 물건은 매립이나 소각의 운명을 피하지 못한다.

　생명은 탄생하고, 물건은 제조되는데, 탄생하는 것과 제조되는 것의 운명은 다르다. 생명의 미래는 예측도 통제도 할 수도 없는 반면 물건의 미래는 예측 가능하고, 통제가 가능하다. 정신이라는 심연과 자주 변하는 감정을 품고 살아가는 인간은 예측할 수 없고, 기계적으로 통제할 수도 없다. 그러나 생명과 물건의 최종 귀착지는 동일하다. 생명이건 일회용품이건 그 수명을 다한 것들은 무(無)와 공(空)의 세계에 의해 삼켜진다. 다만 생명의 성분들(물, 탄소, 질소 따위)은 죽음과 함께 분해되어 원자 상태로 돌아간다. 이것들은 생명의 순환 고리 속에서 다른 생명으로 이동한다. 재활용 과정 없이 버려진 물건들은 쓰레기 매립지에서 썩거나 소각로에서 자취도 없이 사라진다.

생산과 제조가 없다면 쓰레기도 나오지 않는다. 쓰레기는 생산과 제조의 과정에서 떨어져 나오는 잉여이고 부산물이다. 잉여란 쓸모를 다 하고 관계의 맥락에서 떨어져나간 모든 것을 포괄한다. 굳이 그게 없더라도 사는 데 지장이 없는 것, 아무 쓸모없이 남아도는 것, 그게 잉여다. 매립지에 묻히거나 소각시설에서 사라지는 폐기물은 재활용이라는 순환에서 벗어나 완전하게 버려진다. 우리는 쓸모를 다한 물건을 두 번 다시 보고 싶어 하지 않는다. 매립이나 소각은 보고 싶지 않은 것들을 눈앞에서 치워주는 효과를 낳는다.

폐기물, 즉 쓰레기가 인류가 해결해야 할 중요한 과제 중 하나로 떠오른 것은 당연한 사태다. 쓰레기를 양산하는 낭비사회에서 이것의 분리와 수거는 골칫거리다. 이것을 그냥 놔두면 이내 악취를 풍기고 환경을 오염시키는 물질로 변한다. 각 지자체와 계약한 청소업체 노동자들이 파업을 하고 일손을 놓으면 곧 쓰레기 대란이 일어난다. 쓰레기가 쌓이고 악취가 진동할 때 청소노동자의 존재감이 또렷하게 드러난다. 청소 노동자들은 삶을 쓰레기 더미와 위생적으로 분리하고 우리를 오물 더미에서 구출해내는 숨은 영웅들이다. 청소노동자들의 노동이 비록 화사하지는 않지만 그들이 "찬미 받지 않는 현대의 영웅들"인 것은 분명하다.

지그문트 바우만은 쓰레기와 그것의 처리 문제에 대한 의미 있는 사유를 펼쳐 보여준다. 그에 따르면 쓰레기는 "우리 시대의 가장 괴로운 문제인 동시에 가장 철저하게 지켜지는 비밀"이고, "모든 생산의 어둡고 수치스러운 비밀"이다. 우리는 쓰레기의 지배와 영향을 받는다. 쓰레기는 삶의 여러 부면에 침투하고 우리 활동에 개입한다. 바우만은 "(쓰레기 문제가) 사회생활의 가장 중요한 분야 전반에 침투해 삶의 전략을 지배하고 가장 중요한 생활 활동들을 다양한 색깔들로 물들이며, 이를 통해 각자 고유한 쓰레기(사산된, 부적합하고, 쓸모없고 유지될 수 없는 인간관계 곧 폐기처분될 것이라는 표시가 찍힌 채 태어나는 인간관계)를 만들어내도록 부추긴다"라고 지적한다.*

쓰레기를 지구 바깥으로 내보낼 방법이 있을까? 현재로서는 불가능하다. 지구 바깥으로 내버린 쓰레기는 우주를 오염시키고 말 테다. 사라진 쓰레기는 고작해야 지구 이곳에서 지구의 저곳으로 이동했을 뿐이다. 대한민국 수도권의 매립지에는 서울·경기·인천 등 수도권 지역 64개 기초자치단체에서 생긴 생활폐기물, 사업장폐기물, 건설폐기물 등을 한데 모아 매립한다. 날마다 수도권에서 들어오는 폐기물의 양은 엄청나다. 수도권 매립지는 이내 포화 상태에 이른다. 현재 쓰는 폐기물 지상 매립지의 사용 종료 시점은 2025년이다. 서울시와 경기도, 환경부는 서둘러 대체 매립지를 찾

---

* 지그문트 바우만, 『쓰레기가 되는 삶들』, 정일준 옮김, 새물결, 2008

아야 할 처지다. 두 차례에 걸친 새 매립지 공모에 응한 지자체는 단 한군데도 없었다. 2차 공모에서 매립지 부지면적을 줄이는 등 공모 조건을 헐겁게 바꾸었지만 대체 매립지를 찾지 못했다. 대체 매립지를 찾는 데 실패한 정부는 여러 대안을 강구했으나 별 뾰족한 대책이 없어 보인다.

고대 그리스의 철학자 디오게네스는 평생 금욕생활을 했다. 최소한의 물건 외엔 가지면 안 된다고 다짐한 그는 남루한 옷 한 벌과 지팡이, 흙으로 구운 물컵 하나만 남기고 다 버렸다. 어느 날 옹달샘에서 한 소년이 두 손을 모아 물 떠먹는 것을 보고 진흙으로 구운 물컵마저 버렸다. 디오게네스가 그랬듯이 물건 욕심이 적은 사람은 복잡한 삶보다 단순한 삶을 더 좋아한다. 그들은 물건들을 쌓아놓고 살기보다는 늘 검소하고 절제하며 사는 방식을 선택한다. 우리는 너무 많은 것들을 거머쥔 채 살아가는가? 버리고 비우자. 잘 버려야 잘 산다. 더 인간다운 삶을 살려면 뺄셈의 삶을 살아야 한다는 뜻이다.

비누에 대하여

비누는 응집과 균질함의 산물이다. 비누는 물에 젖은 손 안에서 미끄러지며 거품을 낸다. 그 거품으로 손에 묻은 땀이나 먼지 따위의 불순물을 씻어낸다. 비누는 미와 추 사이에 말없이 존재한다. 거품과 세척력이야말로 이것의 정체성이라고 할 수 있겠다. 비누는 씻고 싶은 격렬한 요구에 부응하는 것으로 최선을 다한다. 비누가 우리의 정화 제의에 참여하지 않는다면 우리가 숭고해지는 기적도 일어나지 않을 테다.

비누는 평상시에는 세면대 옆에 놓인 비눗갑 안에서 건조한 상태로 누워 있다. 비누의 메마름은 비누가 침묵을 유지한 결과 때문일 테다. 이것의 단단함은 자연에서 뒹구는 조약돌과 닮았지만 돌은 아니다. 비누의 단단함이 이 사물의 내면 도덕 함량을 보증하지는 않는다. 비누는 닳아 없어지는 계열에 속하고, 그 어떤 사물보다 자기 과업에 충실한 편이다. 비누는 야위는 방식으로 제 빈곤한 삶을 드러낸다. 이것의 덕성은 말없는 헌신과 두려움 없는 자기희생이라고 할 만하다.

비누가 우리 욕망, 피로, 배고픔, 분노와 연관되는 법은 없다. 비누가 약탈자 노릇을 하는 일은 일어나지 않는다. 시종 중립적이거나 초연한 태도를 취하는 이 작고 얌전한 사물이 우리를 위대한 영웅으로 만드는 바도 없다. 비누는 그저 제 안에 함축된 시간을, 응축된 에너지와 힘을 풀어내며 인생에 가장 하찮은 방식으로 끼어든다. 우리 몸의 청결을 유지하는 데 기여하는 비누가 우리를 불행하게 만드는 법은 없다는 것은 두말 할 것 없다.

사람은 비누를 쓴다. 샤워를 하다가 비누가 없으면 당신은 난처해진다. 당신은 마치 구조신호를 보내 듯 욕실 바깥의 누군가에게 비누 좀 줘요, 라고 외친다. 프랑스의 시인 프랑시스 퐁주는 『비누』라는 시집을 완성하는데, 비누 해부학의 집대성이라 할 만한 이 시집은 비누를 감싸고 빚어진 사색의 결과물이다. "사용하지 않은, 흠 없는, 단단한,/균질한 작은 비누를/종이 포장지에서 꺼냅니다"* 비누는 비활성 상태일 때 단단하다. 이 물건이 거품들로 풀어지며 샤워기 아래 선 우리 신체 구석구석을 씻어낸다. 이 시간은 비누가 청결이라는 방식으로 우리 노동과 수고에 대한 보상을 베푸는 지복의 순간이라 할 만하다.

비누는 몸을 깨끗하게 만드는 데 유용한 사물이다. 비누는 늘 청결 문제를 해결하는 사물로 주목을 받는다. 청결은

＊ 프랑시스 퐁주, 『비누』, 이춘우 옮김, 읻다, 2021

인간 신체에서 분비해내는 오물들, 즉 똥과 오줌에서 멀어
지는 행위다. 청결이 근대 이후 인간 도덕 기원의 발생론적
근거라는 사실을 깨닫는 사람은 많지 않다. 물론 비누가 우
리의 도덕적 완성이나 정치적 올바름에 기여한다고 말할 수
는 없다. 인간 신체의 청결 유지에 보탬이 되는 한에서 우리
가 도덕적으로 고양되는 데 미력하나마 보탬이 될 뿐이다.

비누는 시간과 견줄 수 있는 거의 유일한 사물이다. 비누
의 단단함을 무너뜨리는 것은 오직 시간 밖에 없다. "시간은
만물의 보이지 않는 영혼, 돌이킬 수 없는 어떤 진리처럼 우
리 경험에 붙어 다닌다."* 그렇다. 비누는 시간이 그렇듯 보
이지 않는 영혼이고, 우리 곁에 머물며 우리 경험에 밀착한
다. 비누는 세척에 능한 일꾼이지 망가지고 부서진 것을 복
원하는 일꾼은 아니다. 우리 영혼의 점진적 성장이나 내적
갈등을 해결하는 데 도움이 되지도 않는다. 우리는 가진 게
많지 않지만 제 모든 것을 조건 없이 내놓는 비누의 자기희
생에 감동한다.

비누는 세상에 만연한 악과 싸우는 투사가 아니라 세상
의 물리법칙에 순응하는 침묵의 일꾼이다. 이 고집이 세고
과묵한 사물은 내면의 도덕 감정이 여물지 않은 촉법 소년
처럼 작은 악에 물들지 않는다. 비누는 잊힐 뿐 영원히 죽지

---

* 로버트 그루딘, 『당신의 시간을 위한 철학』, 오숙은 옮김, 경당, 2015

도 않는다. 이것은 주(週)와 달[月] 사이에서 닳다가 우리들 곁에서 사라진다. 한 점 기쁨이나 보람도 탐하지 않은 채 자기 소멸의 운명으로 뛰어드는 비누라니! 우리 뇌는 망각에 길든 탓에 비누가 보여준 인내와 신중함 따위는 쉽게 잊는다. 비누가 물에 녹아 사라지면 금세 다른 비누가 온다.

옥스퍼드 사전에 새로 등재된 한국어들

2021년판 영국 옥스퍼드 사전에 한국어 표제어가 26개나 새로 실렸다고 한다. 그 표제어들은 한류, 먹방, 언니, 오빠, 갈비, 불고기, 김밥, 잡채, 동치미, 반찬, 치맥, 트로트, 한복, 만화 등 요즘 한국인이 자주 쓰는 말이다. 나는 옥스퍼드 사전에 새로 등재된 표제어 26개 중 '대박'이란 말에 주목했다. 한 세대가 가고 새 세대가 오면 가장 먼저 달라지는 게 말이다. 말의 주인이 바뀌니 부리는 말 또한 달라진다. 시대와 풍속이 바뀌면서 새 말이 나오는 것은 자연스럽다. 유명인이 방송에 나와서 '대박!' 따위의 말을 시도 때도 없이 뱉어낸다. 말의 전염이나 모방의 규모가 클수록 사회적 정합성이 크고 쓰임새가 넓다는 증거일 테다. 대박이란 말은 '대박이나다'라는 기본형에서 왔을 텐데, 두루 널리 쓰임에도 그 발생론적 근거가 무엇인지 제대로 밝혀진 적은 없다. 2014년 1월, 당시 박근혜 대통령이 연두 교서에서 '통일은 대박이다'라고 선언해서 더 유명해진 말이다. '통일은 대박이다'라는 선언으로 통일에 대한 국민의 합의를 결집시키는 효과가 없지 않았지만 공적인 언어로는 천박하다는 느낌이 들었다.

　　말이 사회의 거울이라면 '대박'이란 말에 비친 우리의 모습은 어떨까? 대박은 큰 횡재나 산술적 평균을 크게 웃도는 성공을 일컫는다. 카지노에서 쓰는 '잭팟!'과 비슷한 뜻일 테다. 대박은 심리적 절망감을 꿰뚫는 예기치 않은 성공에서 터져 나오는 환호성이다. 무엇보다도 대박이란 말은 천박하다. 조악한 이익추구라는 함의를 품고, 물신주의를 도드라지게 까발려 드러낸다. 대박이란 말은 공정성을 깨는 뜻밖의 요행이나 일그러진 욕망의 천박함을 집단적 소망표상으로 포장한다. 어쨌든 대박은 대유행의 시기를 지나 옥스퍼드 사전에 등재될 정도로 공인된 한국인의 일상어다.

　　대박이란 말이 대유행하는 사회는 '대박 사회'라고 부를 만하다. 대박 사회란 대체적으로 윤리적 함량이 모자라는 사회일 테다. 자기가 투자한 시간이나 노력에 견줘 훨씬 더 수익을 벌어들이는 한탕주의를 포괄한다는 점에서 이 말은 정당한 노동과 수고의 가치를 무화시킨다. 대박 사회는 삶을 한탕주의로 오염시키고, 세상이 일확천금의 백일몽을 키우는 자리임을 폭로한다. 요행이 활개 치는 병든 사회, 혹은 비정상이 정상을 압도하는 사회, 결과적으로 인격의 헐벗음을 불러오는 천박한 사회인 것이다. 우리는 제 노력에 견줘 훨씬 더 큰 성공을 꿈꾸는 배금주의를 지향하는 사회이자 존재를 공회전을 시키는 환각사회를 통과하는 중이다.

　　한동안 '행복하세요!'나 '부자 되세요!'라는 말이 유행했다. 이 말은 시대의 덕담이자 정언적 명령이었다. 한국 사회에서 행복 강박은 그 위세를 떨치지만 정작 행복한 사람을 찾기는 어렵다. 행복은 노동과 수고에 대한 달콤하고 경이로운 보상이 아니다. '행복하세요!'가 그렇듯이 '대박!'도 현실의 정합성에서 일탈한 엉뚱한 과대망상을 키우고 이내 휘발되고 말 헛소리에 지나지 않는다. 대박이란 말은 우리 안에 숨은 탐욕과 우리 사회의 비정상적이고 병리적인 구조를 드러낸다. 장기불황에 겹쳐 코로나 팬데믹이 덮친 사회는 소규모 자영업자의 꿈과 희망을 삼켜버리는 개미지옥이다. 대박은 이 지옥을 뚫고 나갈 수 있다는 망상을 심어준다. 그래서 대박이란 말은 더 달콤하고 유혹적으로 들린다. 꿈이 실현될 가능성이 없는 사회에서 대박의 꿈을 막무가내로 좇는 것은 고통과 분노를 더할 뿐이다. 곰곰히 생각해도 대박은 사회적 의미의 생산과 무관하다. 이 말에 투사된 무의식의 정동은 자본에 대한 과잉의 욕망, 즉 '나도 성공하고 싶다'가 아닐까? 우리는 대박의 백일몽에 취해 산다. 실제 대박 같은 일은 일어나지 않고 오직 대박이라는 말만 과소비되는 사회에 사는 셈이다. 대박은 마법의 주문이 아니고, 우리를 지켜주는 최후의 보루도 될 수가 없다. 그건 계층 간 이동 사다리가 사라진 사회에 울리는 공허한 우레고 썩은 동아줄이기 십상이다. 대박이라는 몽매함에서 깨어나야 현실을 바로 볼 수가 있다.

도시의 보이지 않는 것들

인간 편의에 최적화되고, 취업과 문화적 향유의 기회가 더 많은 곳으로 사람이 몰리는 현상은 당연하다. 도시는 돈과 사람을 빨아들이는 빨판이다. 그런 맥락에서 거대 도시의 인구 밀집은 불가피한 일이다. 나는 온갖 것이 뒤섞이고, 이 주민과 정주민, 이주민의 문화와 정주민의 문화 사이에서 충돌이 일어나는 도시에서 살았으니 당연히 나를 만든 성분의 큰 조각은 도시 경관과 문화, 그 이면의 보이지 않는 것일 테다.

　도시에서는 새것과 옛것이 섞이고 출렁이며, 날마다 숱한 사고와 사건들로 새로운 드라마가 엮인다. 랜드마크는 도시 경관학의 거점이다. 뉴욕의 타임스퀘어, 로마의 트레비분수, 시드니의 오페라하우스, 파리의 에펠탑, 암스테르담의 운하, 베이징의 톈안먼 등은 저마다 특이점을 갖춘 경관을 자랑한다. 도시 경관은 도시 행정가와 시민의 심미적 이성과 취향, 물질의 풍요를 드러낸다. 아울러 보이는 것과 보이지 않는 것들로 이루어진 도시의 네트워크 인프라는 치차처럼 맞물려 움직인다.

　도시를 공학적 기적이 빚은 산물이라고 말하는 마이크로 인문학자 로먼 마스 콜스테트에 따르면, 도시는 1퍼센트의 보이는 것과 99퍼센트의 보이지 않는 것들로 빚어진다. 도시는 1퍼센트의 보이는 것들, 즉 도로와 보도들, 교통표지 판들, 자동차, 고층빌딩, 광고판들, 쇼핑몰, 시장, 지하철, 배 기구, 하수구, 가로수, 주유소, 백화점, 관공서들, 금융기관, 공원들, 관광객들, 노숙자들, 비둘기, 길고양이들로 촘촘하 게 구성된 시스템이다.*

서울올림픽 개막식 때였나, 폐막식 때였나? 푸른 하늘 로 일제히 비상하는 비둘기 떼는 볼거리였다. 본디 비둘기 는 유럽 왕실에서 길렀고, 귀족 사이에 선물로 주고받던 새 였다. 16세기에 유럽에서 캐나다로 건너온 뒤 미국 전역으 로 퍼졌다. 비둘기는 흔해지면서 인간의 관심과 사랑 밖으 로 밀려나며 천대받는 처지가 되었다. 한때 서울의 서쪽 양 화대교 부근으로 자주 산책을 나갔다. 한강공원엔 늘 낚시 꾼들과 비둘기들이 북적거렸는데, 비둘기에게 모이를 주다 가 한 낚시꾼에게 지청구를 들었다.

사람들은 비둘기를 아무 짝에도 쓸모가 없는 골칫덩이 라고 생각한다. 평화의 상징물로 사랑받던 비둘기는 어쩌 다가 천덕꾸러기가 되었나? 음식 찌꺼기나 토사물을 먹어 치우는 도시의 청소부, 초대받지 못한 불청객이자 "하늘을 나는 쥐"라는 불명예도 비둘기의 몫이다. 비둘기가 유해조

---

* 로먼 마스 콜스테트, 『도시의 보이지 않는 99%』, 강동혁 옮김, 어크로 스, 2021

수로 낙인찍히면서 여러 퇴치 기술이 개발됐지만 비둘기가 도시에서 둥지를 틀고 살게 된 것은 그들의 의지가 아니다. 비둘기를 불러들인 건 사람들이 아닌가?

덜 중요한 것은 불도저로 밀어내거나 개발이라는 명목으로 없애버리는 방식으로 도시는 수용과 배제의 드라마를 엮는다. 수용과 배제의 기준은 오직 인간 중심의 효용가치다. 도시의 매끄러운 경관 이면에는 존재하지만 인지되는 않는 것들, 음지 쪽에 머물러 안 보이는 더 다양한 존재들이 우리와 공존한다. 서울 도심 한가운데에 있는 종묘에 야생 너구리 가족이 터를 잡고 길고양이와 공생하는 게 밝혀지기도 했다.

비둘기와 길고양이를 도시 환경의 잉여로 낙인찍고 따돌리는 게 옳을까? 길고양이나 비둘기들은 도시 환경의 엄연한 일부라는 점에서 우리의 이웃이다. 이들을 지역개발로 건축학적 경관과 조경이 수시로 바뀌는 도시로 불러들인 것은 우리들이다. 따라서 이들을 홀대하고 적대하는 건 옳지 않다. 도시의 골칫덩이가 된 게 이들의 잘못만이 아니라면 이들에게 관용을 베풀어 공생하는 길을 찾는 게 옳다. 비둘기와 길고양이들이 사람과 한데 어울리며 역동할 때 도시는 더 활기찬 생태계의 본 모습을 자랑할 수 있을 것이다.

장석주

날마다 읽고 쓰는 사람. 시인, 에세이스트, 인문학 저술가. 그밖에
출판 편집자, 대학 강사, 방송 진행자, 강연 활동으로 밥벌이를 했다.
그동안 시집 여럿을 포함해『20세기 한국문학의 탐험』,『풍경의
탄생』,『상처 입은 용들의 노래』,『일상의 인문학』,『일요일의
인문학』,『동물원과 유토피아』,『이상과 모던뽀이들』,『은유의 힘』,
『글쓰기는 스타일이다』,『마흔의 서재』,『사랑에 대하여』,『철학자의
사물들』,『불면의 등불이 너를 인도한다』 등 시적인 직관과
인문학적 통찰이 어우러진 책을 썼다.
아내와 반려묘 두 마리와 함께 파주에서 살고 있다.

에 밀 시 오 랑 을 읽 는 오 후

초판 1쇄 발행 2023년 6월 20일
초판 2쇄 발행 2024년 8월 14일

지은이 장석주
펴낸이 조미현

책임편집 박이랑
디자인 나윤영

펴낸곳 (주)현암사
등록 1951년 12월 24일 (제10-126호)
주소 04029 서울시 마포구 동교로12안길 35
전화 02-365-5051
팩스 02-313-2729
전자우편 editor@hyeonamsa.com
홈페이지 www.hyeonamsa.com

ISBN 978-89-323-2313-8 03100